21世纪中国高校
法学系列教材

实用法律逻辑教程

主　编　胡春华　邓陕峡

撰稿人（以撰写章节先后为序）

胡春华　曾文祺　陶钟太朗　张正印
邵文星　陶　昇　邓陕峡　林国强

中国人民大学出版社
·北京·

图书在版编目（CIP）数据

实用法律逻辑教程/胡春华，邓陕峡主编.—北京：中国人民大学出版社，2018.12
ISBN 978-7-300-26230-7

Ⅰ.①实… Ⅱ.①胡… ②邓… Ⅲ.①法律逻辑学-高等学校-教材 Ⅳ.①D90-051

中国版本图书馆 CIP 数据核字（2018）第 209013 号

21 世纪中国高校法学系列教材
实用法律逻辑教程
主　编　胡春华　邓陕峡
Shiyong Falü Luoji Jiaocheng

出版发行　中国人民大学出版社
社　　址　北京中关村大街 31 号　　**邮政编码**　100080
电　　话　010－62511242（总编室）　　010－62511770（质管部）
010－82501766（邮购部）　　010－62514148（门市部）
010－62515195（发行公司）　　010－62515275（盗版举报）
网　　址　http：//www.crup.com.cn
http：//www.ttrnet.com（人大教研网）
经　　销　新华书店
印　　刷　北京市鑫霸印务有限公司
规　　格　185 mm×260 mm　16 开本　　**版　　次**　2018 年 12 月第 1 版
印　　张　17.75 插页 1　　**印　　次**　2018 年 12 月第 1 次印刷
字　　数　426 000　　**定　　价**　39.00 元

主编简介

胡春华，男，1969 年 2 月生，四川乐山人，现为成都大学法学院讲师，成都仲裁委员会仲裁员，成都律师协会涉外专业委员会副主任，四川汇韬律师事务所兼职律师。主要从事法律逻辑、法律英语、国际法、律师与公证制度、仲裁法等法学专业课程教学。研究方向为国际贸易法与国际投资法，尤其“一带一路”国家及地区的法律研究，在《西南民族大学学报（人文社科版）》《成都大学学报（社科版）》《西华大学（哲学社会科学版）》等学术期刊发表论文数篇，参编《国际私法教程》《最新国际商法英文案例选编》等教材 2 本，主持四川省教育厅人文社会科学课题 1 项。

邓陕峡，女，1976 年 10 月生，陕西汉中人，法学博士，现为成都大学法学院教授，副院长。研究方向：刑事诉讼法学、证据法学。主持国家社科基金项目 1 项、教育部人文社科项目 1 项、省厅市级项目 10 余项；主持省级、校级教改项目 4 项。公开发表学术论文 20 余篇，出版专著 1 部、合著专著 2 部；学术获奖 3 项；参编教材《刑事诉讼法学》。

编写说明

法律逻辑是法学专业的一门基础课程，旨在培养法科学生的法律思维方式。然而，法律思维方式培养的是学生何种能力？我国法学家王泽鉴指出："学习法律，简单言之，就是培养论证及推理能力。"① 美国法学家富勒（Lon L. Fuller）也表达了相同的观点："教授法律知识的院校，除了对学生进行实在律令与法律程序方面的基础训练以外，还必须教导他们像法律工作者一样去思考问题（think like a lawyer）、掌握法律论证与推理的复杂艺术。"② 英国法学家麦考密克·魏因贝格尔在其《制度法论》一书中也持相同意见："我们需要法律的技术人员、能干和有想象力的技术人员。但是，要成为这样一个技术人员，其任务就是仔细研究技术。在律师们的技术当中主要的就是进行正确的推理和有力的论证的技术。"③ 而逻辑学就是关于推理与论证的科学。我们认为，逻辑学作为一门工具性学科，其主要任务就是提供识别正确的或有效的推理和论证与错误的或无效的推理和论证的标准，并帮助人们正确进行推理和论证，识别、揭露和反驳错误的推理和论证。故，本书在编写时省略或简化了形式逻辑的一些实用价值不高、意义不大乃至过于技术化的东西，注重逻辑学的基本思维规则的掌握和运用；同时，融通当代非形式逻辑（论证理论、批判性思维和谬误理论）、语用学和语用逻辑学的知识与理论，以期达到法律逻辑课程所设定的目标。

本书按照思维的三种形式（概念、判断、推理），设概念篇、判断篇和推理篇，并增设实质法律推理内容。同时，单设"论证篇"，涉及论证的一般原理、思维基本规律与论证的规则、逻辑谬误、法律论证的建构与评价、法律论证与法律辩论等内容。本书由胡春华、邓陕峡共同主编，由胡春华、邓陕峡统稿。各章作者分工分别是：

绪论：胡春华（成都大学）

第一章概念篇：胡春华（成都大学）

第二章判断篇（上）：曾文祺（成都理工大学）

第三章判断篇（下）：陶钟太朗（成都大学）

第四章推理篇（上）：曾文祺（成都理工大学）

第五章推理篇（中）：张正印（西南科技大学）

第六章推理篇（下）第一、二、三、四、六节：邵文星（西南科技大学）

第六章推理篇（下）第五节：陶昇（四川建筑职业技术学院）

第七章法律实质推理：邓陕峡（成都大学）

第八章论证篇（上）：胡春华（成都大学）

第九章论证篇（中）第一节：林国强（河南科技大学）

① 王泽鉴．法律思维与民法实例．北京：中国政法大学出版社，2001：301.

② E. 博登海默．法理学—法哲学及其方法．邓正来，等译．北京：华夏出版社，1987：492.

③ 麦考密克·魏因贝格尔．制度法论．周叶谦，译．北京：中国政法大学出版社，1994：131.

第九章论证篇（中）第二、三节：胡春华（成都大学）

第十章论证篇（下）：胡春华（成都大学）

本书的编写与出版得益于多方面的支持与帮助。作者在教学与编写本书的过程中，阅读了大量的有关文献资料，尤其是本书参考文献中所列教材，获益颇多。我们所教授的历届学生也曾提出很多颇有启发性的问题及建议；成都大学教务处提供了经费支持；中国人民大学出版社为本书的出版给予了鼎力支持，在此我们一并向他们表示最诚挚的谢意！

本书虽包含着各位作者多年的教学探索与思考，但因作者水平有限，定会有诸多的不足和有待进一步深入探讨的问题，祈望读者批判指正，以待今后修改完善。

编者

2018 年 9 月 19 日

目　录

绪　论

你们自己去教自己法律，我负责来训练你们的思维。你们来的时候满脑子糨糊，但如果能挺过来，你们走的时候就会像法律人那样去思考（thinking like a lawyer）。

——电影《力争上游》（*The Paper Chase*）金斯菲尔德教授

第一节　逻辑学研究对象与性质

一、逻辑与思维

“逻辑”一词是英语“logic”的音译，它来源于古希腊语“λογοζ”（逻各斯），其意为思想、言辞、理性、规律等。中国本土并没有“逻辑”这一术语，而采用“名理探”“论理学”“理则学”“名学”“辩学”等名称来指称西方所说的“logic”。清朝末年的著名学者严复在翻译《穆勒名学》时，首次将“logic”译为“逻辑”。在现代汉语中“逻辑”有多种含义，在不同的语言环境里它的含义有所不同：一是指客观事物的规律性，如“适者生存、优胜劣汰”。是自然界发展的逻辑；二是指思维的规律、规则，如“论证要合乎逻辑”；三是指某种特殊的理论、观点，如“属相相克就不能婚配，这是什么逻辑”；四是指研究正确思维的规律性，研究推理、论证有效性的学科，即逻辑学，如“学点文法和逻辑”。

逻辑学与思维有着密切的关系。辩证唯物主义的认识论认为，人们对客观世界的认识是一个由浅入深、由低级到高级的辩证发展过程。这个过程有两个阶段，即感性认识阶段和理性认识阶段。在感性认识阶段，人们通过实践接触客观事物，这些事物作用于人的感官，使人们产生了感觉、知觉和表象等感性认识的形式。在理性认识阶段，通过人脑的思考作用，对丰富的感性材料进行去粗取精、去伪存真、由此及彼、由表及里的加工和整理，从而使人们的认识把握了事物的本质，获得了对事物规律性的认识，产生了概念、判断和推理，这就是理性认识。理性认识系认识的高级阶段，思维则属于理性阶段的认识。思维就是人在感性认识基础上，运用概念、判断和推理的认识活动过程，或者说，思维是人的意识对客观现实间接、概括的反映。

思维具有三个特征：第一，间接性，即思维是人脑对客观事物的间接反映。思维是一种理性认知，它是在感性认识基础上产生的，只有对感性材料进行头脑加工，才能上升为思维，认识到感觉、知觉所不能直接提供的或尚未提供的东西。第二，概括性，即思维是对事物的概括反映。思维能从许多个别事物的各种各样属性中，撇开次要的、非本质的属性，把握共同具有的一般属性。第三，思维和语言的不可分割性。无论是思维的产生，还是思维活动的实现，抑或思维成果的表达，都离不开语言。与此同时，语言也离不开思维，思维是语言的思想内容，离开了思想内容的语言就成了一组毫无意义的声音和笔画。总之，思维和语言是不可分割的，语言是思维的物质载体，思维是语言的思想内容。

语言可分为对象语言与元语言。对象语言是指作为研究对象的语言。元语言是指用来研究对象语言的语言。如："张三是南方人并且是商人"这一命题是复合命题，在这里，引号内"张三是南方人并且是商人"即为对象语言，引号外则为元语言。区分对象语言和元语言是非常必要的，否则就有可能出现"语义悖论"的逻辑混乱。如："我正在说的是一句谎话。"这句话之所以出现语义悖论，是因为它混淆了语义层次，未能把对象语言和元语言区分开来。正确的表述应为："我正在说的'……'是一句谎话。"

语言又可划分为自然语言和人工语言。自然语言是人类进行和表达日常思维的语言。汉语、日语、英语、法语、德语等都是自然语言。自然语言有两个重要特点：一是自然语言是人们在长期社会实践中约定俗成的；二是自然语言通常有歧义，同一语词、语句在不同的语境下可以表达出不同的含义。人工语言是指人类为进行某种科学研究，通过严格定义的方式而专门创立的语言。数学语言就是典型的人工语言。逻辑学所运用的人工语言被称为符号语言，符号语言区别于自然语言的重要特征在于前者排除了歧义性。本书主要以自然语言为工具，在刻画思维的形式结构时引入必要的符号语言。

二、逻辑学的研究对象

逻辑学是研究思维形式的结构、思维的基本规律和思维方法的科学。

（一）思维形式的结构

任何事物都有内容和形式两个方面，思维亦有内容和形式。思维的内容是指思维所反映的特定对象及其属性。思维的形式就是概念、判断和推理。概念是通过对认识对象特有属性的反映来指称对象的思维形式，其表现形式相当于语言学中的语词或词组。判断是对认识对象的情况有所断定的思维形式，它是由概念联结而成的，表现形式相当于语言学中的句子。推理则是根据一个或一些判断而得出另一个或另一些判断的思维形式，它是判断与判断之间的联结，相当于语言学中的"因为"和"所以"之间的语句关系。

形式逻辑主要研究思维形式的结构，也就是研究概念、判断和推理这些思维形式的逻辑结构。虽然思维的内容不尽相同，但是思维形式的结构可能是相同的。思维形式的结构，是指思维各个组成部分之间的联系方式，即概念在判断中的联系方式，判断在推理中的联系方式等。

例子：

A. 所有抢劫罪都是故意犯罪。

B. 所有原告都是当事人。

C. 所有法官都是司法人员。

从逻辑上看，上述三个判断，它们分别反映出三类不同的对象具有不同的属性，这就是这三个判断的思维内容。虽然这三个判断的思维内容不同，但是从形式上看它们有着相同的结构。如果用S、P来表示思维对象的概念，S即“抢劫罪”“原告”“法官”，P即“故意犯罪”“当事人”“司法人员”，那么上面这三个判断的共同形式结构可以用如下公式来表示：

所有S都是P

再看下面的例子：

例1：所有违法行为都是要受法律追究的；
所有偷税行为都是违法行为；
所以，所有偷税行为都是要受法律追究的。

例2：所有公民都是民事权利的主体；
超计划生育的孩子是公民；
所以，超计划生育的孩子是民事权利的主体。

以上两个推理，它们的内容完全不同，但是，它们有着共同的形式结构。如果用M、P、S分别表示其中三个不同的概念，那么，这三个推理的共同的形式结构就是：

所有M都是P
所有S都是M
所以，所有S都是P

思维形式的结构又叫思维的逻辑形式，它是由两部分组成的：一是逻辑常项，二是逻辑变项。逻辑常项是指逻辑形式中不变的部分，即在同一种逻辑形式中都存在的部分。逻辑变项则是指逻辑形式中可变的部分，即在逻辑形式中可以表示任一具体内容的部分。例如，在“所有S都是P”中，“所有”和“都是”是逻辑常项，S和P是逻辑变项。各种思维的逻辑形式之所以不同，原因就在于它们的逻辑常项不同。所以，逻辑常项是判定一种逻辑形式为何种逻辑形式的唯一根据，同时也是区别不同种类逻辑形式的唯一根据。而无论逻辑变项代入何种不同的具体内容，都不能改变逻辑形式。

无疑，具体思维是具体思维内容和具体思维形式的结合。思维的形式也是从内容各不相同的判断、推理中抽取出来的共同联结方式。逻辑学暂时撇开思维的具体内容，代之以符号，是为了更好地研究一定思维形式的结构中内在的联系性和规律性。

（二）思维的基本规律

思维的基本规律有四项，即同一律、矛盾律、排中律和充足理由律。同一律要求：在同一思维过程中，一个思想是什么，它就是什么，而不能将不同的思想混为一谈。矛盾律要求：在两个互相矛盾的思想中，必须指出其中一个是假的，不能同时承认它们都为真。排中律要求：在两个相互矛盾的思想中，必须承认其中一个是真的，不能同时都加以否定。充足理由律要求：断定任何一个思想为真，必须有充分的理由。只有谨遵上述四项思维的基本规律，才能有效地运用概念进行判断、推理和论证，才能使思维具有确定性、首尾一贯性、明确性和论证性。如果违反了这些规律，就会引起思维混乱，不能正确地认识事物和表达思想。

（三）思维方法

逻辑学还研究思维的逻辑方法。所谓思维的逻辑方法就是人们在日常的思维过程和交往活动中，所形成的明确概念和进行有效推理、论证的方法。它们包括三类：一是明确概念的逻辑方法，如下定义、划分、限制与概括等；二是收集和整理经验材料的方法，例如，观察、实验、分析、综合、统计中的抽样等；三是简单枚举归纳法、科学归纳法、探求因果联系的“五法”和类比法等。

三、逻辑学的性质

1. 工具性

逻辑学的性质是由逻辑学的研究对象所决定的。逻辑学的研究对象决定了它只能是一门规范思维的工具性学科。逻辑学所揭示的思维的形式结构以及其规律性联系，是人类在长期社会实践中形成的。人类在实践中逐渐意识到思维应当具有规范性和有效性，并且建立了以思维的形式及规律为研究对象的科学。逻辑学为人们正确地思维提供了必要的工具。

2. 基础性

作为一门规范思维的工具性学科，逻辑学本身并不能直接给人们提供任何具体的科学知识，但任何科学知识都需要借助思维的形式结构来承载具体的思维内容，所以逻辑学的基本理论在其他学科里被当作一些普遍适用的原则和方法。从这个意义上说，逻辑学是各门学科建立的基础。

3. 全人类性

无论何人，只要是想要正确地思维或想要让思维具备有效性与可靠性，那么他的思维活动就必须遵守逻辑规律，必须符合或满足有关的逻辑要求。而逻辑学所提供的知识是全人类进行思维的一种共同的、必要的工具，它的规范作用对所有的人一视同仁，所以作为一门工具性学科，逻辑学具有全人类性。

四、逻辑学的产生和发展

逻辑学是一门非常古老的学科，它从产生至今已有两千多年的历史。古代的中国、印度和希腊是逻辑学的三大发源地。

中国早在春秋战国时期，逻辑思想就有很大的发展，随之产生逻辑学说，史称“名辩之学”。其主要内容主要表现在惠施、公孙龙、墨子和后期的墨家、荀况、韩非等人的著述之中。墨子及其后人所著的《墨经》讲述了概念、判断、推理等各种思维形式，明确提出“以名举实”“以辞抒意”“以说出故”，论述了“辟”（比喻）、“侔”（附比）、“援”（类比）、“推”（间接的归纳与演绎）四种形式的推理，同时还对思维规律的基本内容进行了阐述。所以说，《墨经》对中国逻辑学的贡献十分卓著。尤其是《墨子·小取》，比较集中完整地讨论了逻辑的基本内容，是中国古典逻辑的一个纲要。

古代印度的逻辑学被称为“因明”，萌芽于公元前6世纪。“因”是指推理的依据，“明”是指阐明，故“因明”就是古代印度关于推理的学说。《正理经》是古代印度逻辑思想的最早总结，是完整保存下来的阐发“因明”的较早文献，奠定了因明逻辑思想发展的基础，为因明学成为世界三大逻辑体系作出了贡献。

古希腊是逻辑学的主要诞生地。古希腊哲学家亚里士多德对逻辑学进行了全面研究，并且在理论上有系统建树，故他被称为“逻辑学之父”。其逻辑学著作是《工具论》。该著作分为“范畴篇”“解释篇”“前分析篇”“后分析篇”“论辩篇”“辩谬篇”六篇。亚里士多德主要研究了概念、范畴和定义问题，判断及其种类和关系，三段论学说，逻辑证明的理论，辩论的方法和驳斥诡辩的方法等内容。此外，亚里士多德在其重要哲学著作《形而上学》中明确地提出并阐述了矛盾律和排中律，同时也涉及同一律。总之，亚里士多德对逻辑学的重大贡献是奠定了西方逻辑学发展的基础。之后，古希腊的斯多噶学派以及欧洲中世纪的一些逻辑学家，研究了假言判断、选言判断、联言判断以及由它们组成的推理形式，并且提出了推理的规则和逻辑公式，进一步充实了亚里士多德逻辑学说的内容。

17 世纪初，随着经验自然科学的兴起和发展，英国哲学家弗兰西斯·培根提出了科学归纳法，奠定了归纳逻辑的基础。培根在其逻辑学著作《新工具》中提出了“三表法”和“排除法”等归纳逻辑方法。英国哲学家约翰·穆勒后来又进一步发展了培根的归纳逻辑，在其《逻辑体系》一书中系统地论述了寻求因果联系的契合法、差异法、契合差异并用法、共变法和剩余法等归纳方法，在逻辑史上被称为“穆勒五法”。到 17 世纪末，德国哲学家莱布尼茨提出了用数学方法处理演绎逻辑并把推理变成逻辑演算的重要思想，他也因此成为数理逻辑的奠基人。数理逻辑的建立是逻辑学发展的重要成果，它是逻辑学的现代形式，现代逻辑建立的标志就是逻辑学的数学化，即对推理、论证的研究彻底形式化和符号化。19 世纪初，英国的数学家布尔建立了“逻辑代数”，初步使莱布尼茨的思想成为现实，成为数理逻辑的早期形式。随后，弗雷格、罗素和怀德海等人建立了命题演算和谓词演算两种数理逻辑基础演算形式，使数理逻辑进一步系统和完善。到 19 世纪末、20 世纪上半叶，随着现代逻辑（即数理逻辑）的创立和进一步发展，逻辑学在计算机和电子技术、人工智能、系统论、信息论、控制论、数学、语言学、符号学、心理学、哲学认识论、思维学等各个学科领域被广泛应用。

虽然形式化方法具有重要作用，但是它对人们日常的推理、论证只进行形式研究的局限也越来越显露出来，主要表现在：一是形式化的适用范围是有限的，并非一切理论都能形式化；二是形式化的方法离实际思维太远，人类的日常思维并非建立在符号体系的逻辑推演上，人们依靠自然语言的论断和推论来表达和交流思想；三是现代逻辑在取得辉煌成果的同时却基本丧失了逻辑最初的教导作用，即通过学习逻辑使人们的逻辑性增强、思维能力提高、思路清晰、说话有条理、能言善辩等。因此，从传统逻辑向现代逻辑的发展来看，尽管推理、论证的形式化程度提高了，但与日常推理、论证之间的距离渐行渐远。人们的日常思维对实用逻辑呼声日益高涨，然而数理逻辑对此无能为力。在这一背景下，非形式逻辑作为一门独特的逻辑学科脱颖而出。

20 世纪 60 年代末开始，在西方被称为“新浪潮”的“批判性思维运动”（Critical Thinking，CT）是伴随着逻辑的非形式转向产生的，二者之间有着天然的联系，以至于 20 世纪 70 年代在北美兴起的教育改革和逻辑学教学革新浪潮被称为“批判性思维与非形式逻辑运动”[①]。日常思维所运用和处理的大量推理不是形式推理，而是非形式推理。处理非形式推理的逻辑，即谓非形式逻辑。非形式逻辑以论证为中心，传统逻辑也与论证密切相关，但非形式逻辑的论证远强于传统逻辑的论证，非形式逻辑在某种意义上可以被看作是对传统逻辑的复归。非形式逻辑理论认为，一个推理或论证是合乎逻辑的，那么在此意义上，使用它或接受它就是合理的，即使前提并不蕴涵它的结论。非形式逻辑专注于论证，不过这种论证不是形式化的论证，而是经验的和实际的论证。非形式逻辑有三个重要的理论渊源，即佩雷尔曼和提泰卡的《新修辞学》(1958 年)、图尔敏的《论证的使用》(1958 年) 和汉布林的《谬误》(1970 年)。佩雷尔曼将焦点从证明转移到了论辩，强调听众的可接受性。图尔敏则指出几何学模型的逻辑对于实际使用的论证并不普遍适用，强调论证域 (argument field) 的概念。汉布林则把独白式的论证改变为以承诺而非真命题为中心的对话。

第二节　法律人的思维与法律逻辑

法律人的思维在本质上是一种职业思维。按照西谚即像律师那样思考 (think like a lawyer)，或者说像法官那样思考，统称为法律人的思维。

一、法律人思维模式类型[②]

(一) 涵摄思维模式

涵摄思维是一种建立在三段论的基础之上，主要运用演绎推理方式进行思维的模式。涵摄思维把法律看成是一个涵盖能力极强的规范体系。在法律所涵盖的范围内，运用演绎推理方法就能调整众多的事物，解决许多的纠纷。涵摄思维的经典模式就是形式逻辑中的三段论运用：在根据法律进行思维的总前提下，将法律的一般性规定运用于其所欲调整的具体情况，在对事实解释的过程中，以法律规则或合同的约定为大前提进行直接的推理。在传统的涵摄思维模式中，假设法律隐含了调整事实所需的共性条件，法律人的任务是从个案事实中抽象出共性，然后将其涵盖在法律的共性之下进行推理，最终得出法律结论。这种涵摄思维模式在维护法治方面作用巨大，但由于运用的僵化，其近百年来受到了学界的批判，而批判的最主要理据有：一是从逻辑上看，法律 (主要是制定法) 作为推理的大前提在与事实遭遇的时候，会出现模糊性、不确定性、不周延性；二是从法律与社会的关系上看，具有稳定性的法律难以适应不断变化的社会现实，即法律的进步追赶不上社会变化的步伐；三是从语言学的角度看，法律语言的概括性虽然很高，但所能概括出来的规范与原则，在面对丰富多彩的事实时，常常显得力不从心，只能涵摄进部分内容，而无法与活生生的案件完全衔接。

---

① 批判性思维的基本理论预设是：在理性和逻辑面前，任何人或思想都没有对质疑、批判的豁免权。一方面，任何思想都没有受质疑的豁免权，任何观点或思想都可以并且应该受到质疑和评价；另一方面，任何观点或思想都应该通过理性的论证来为自身辩护，任何思想都有为自己辩护的权利。

② 本部分参见陈金钊，熊明辉．法律逻辑学．2 版．北京：中国人民大学出版社，2015：35 - 37.

虽然涵摄思维有这样那样的缺陷，但它仍然是法律思维最基本的形式。尽管早期有些法学家存在对三段论过度褒扬的问题，但是学者在批判和反思三段论的时候，显然也过度地夸大了疑难案件的数量，又过度地贬抑了三段论的作用。客观而言，三段论和其他任何方法一样只能解决典型的案件，而不能解决所有的问题。因此，我们主张法律思维的主线仍然是根据法律的思维也是源于这一判断。涵摄思维既不像部分早期思想家吹嘘的那样万能，也不像有的学者贬抑的那样一无是处。涵摄思维就是一个普通或常用的思维方式，三段论仅是其特征之一，而且三段论的运用并不排除其他思维方法的运用，有时甚至必须和其他方法结合起来，以避免解释结果的荒唐。

三段论的难题不在于涵摄思维这一思维形式本身有什么问题，三段论的正确性到现在为止也没有人能够推翻。关键的问题可能在于，对事实的类型概括能否和法律命题进行有效的衔接。“三段论对演绎推理进行了很好的说明，如A类型的情况有规则x规范；本案的实际情况属于x支配。在法律演绎推理中，困难在于如何定义或界定案件的类型或种类，如何陈述x规则以及判断某一案件是属于A类还是属于其他类（是一个确定评价事实的问题）。极有可能存在几个竞争性的大前提。但前提可能是制定法规定的命题或者是先例中的判决依据，或一个一般性的命题从几个先例的判决中的判决依据中被归纳出来，或者权威性著作的叙述中进行归纳。”① 此外，对作为大前提的法律的认识，不是法律思维本身能解决的问题。法律规范本身正确与否的问题是和政治学、伦理学、社会学、经济学等联系相关的，不属于法律逻辑能够解决的范畴。不过，新兴起的法律论证理论正为解决大前提是否具有正当性的问题提出了许多的方法设计，试图在论证中完善大前提与事实类型的关系。而这恰好是对涵摄理论最好的修正，即在一定程度上舒缓了把法律条文直接作为推理的大前提的机械性。

（二）类型思维模式

类型思维运用的是类比推理的方法。类型化思维在英美法系国家与大陆法系国家还是有所不同：在英美法系国家，类型思维包括了先例与当下案件的类比，强调相同类型同等对待；而在大陆法系国家是作为概念的类型与具体事实的类比，具有共同性的类型同样处理，这是法律解释的核心模式。类型化思维是一种更加贴近司法现实生活的思维方法，其功能和涵摄思维一样，是把一般的法律具体化，或者说把具体事实法律化，通过对类型的比较来得出法律化的结论。

在法律和事实之间，人们常用法律涵摄事实来进行推演，但是法律实际上能够涵摄的事物和行为极其有限，规范性的法律涵摄不了事实全部。事物的多样性和复杂性常常与涵摄作对，几乎对每一个规范都可轻易地找出例外，发现其模糊和不周延的地方。于是有些学者提出了另外一种思维方法表征法律思维即类型思维的观点。考夫曼等学者认为法律的概念、规范和原则都是对事物和行为的类型性表述。魏因贝格尔将事实分为法律中的事实与生活中的事实两种，鉴于法律也是一种事实，法律和事实之间就有了同质性，具有了可比性。由此，法律思维即是拿着法律中的事实和生活中的事实进行比照，然后根据法律中的事实来阐释生活中事实的法律意义。所以诸多法学家认为，法律思维是一种类比思维，即拿法律中的事实和生活中的事实进行比照，得

---

① 沃克．牛津法律大辞典．李双元，等译．北京：法律出版社，2003：942－943.

出法律结论。正如考夫曼所说："法律思维，本质上是类推思维，是从事物本质产生的思维。"①

类型思维和涵摄思维的一致之处就在于：思维的难点在于对生活事实如何进行归类。因为法律中的类型是现成的、概括好的模式，而生活中的事实相当复杂，如果归类不当就不会产生恰当的法律意义，但如果完全按照法律进行类型化处理，又不一定行得通。法律中的类型毕竟有限，于是就特别需要法律人高度的抽象和归类能力。所以，法律推理最主要的不在于推理过程，而在于建构类型之间的逻辑有效关系，即在大小前提之间建立某种恰当的对应关系。

（三）论证思维模式

传统的法律思维很大程度上是一种"证明（demonstration）思维"或者"推论思维"。这种思维的一般模式的基本含义是：在预设的封闭法律体系中，法官通过严格的涵摄推理，即可寻找到适于个案的唯一正确的法律答案，并对此给出充足的法律理由。此种思维运用形式逻辑的方法，寻求法律命题及其推导系统的形式化，希冀以此增强裁判的合法性与客观性。正如有的学者所言，"单单根据在逻辑上推出正确结论的技艺，法官还根本'不可能'作出任何判决"②，因为法律思维追求的并不是"纯粹的知识"，而是"实践的知识"。不过，传统法学思维所追求的这种"唯一正确的法律答案"被人认为几无可能：裁判何时是真正正确的，似乎永远也无法得到确切的回答。由此，当代科学哲学中的批判理性主义的"证伪"观念对传统的充足理由观念与"证明思维"提出了根本性挑战，批判考察的观念替代了证明观念的位置。吊诡的是，批判考察的观念体现的就是论辩的观念、论证的观念。而在司法中，这种观念要求法官必须在逻辑证明的前提条件尚未事先给定的领域，懂得如何理性地加以论证。

（四）反省思维模式

法律思维表面上是一种以形式逻辑为主要工具的思维形式，许多法律人运用形式逻辑的方法似乎是一个不自觉的过程。但形式逻辑的方法只是思维的理论指导，法律思维并不等同于形式逻辑的运用，而是一个糅合了诸多因素的复杂过程。在法律思维中更重要的因素是法律修辞、法律事实、法律文化等，其中以法律修辞对思维判断的影响最大，因此我们也把法律修辞视为重要的法律思维方式。

我们常说法律思维的逻辑基础是形式逻辑，仅仅是强调法律人在理解法律的时候，可能会自觉或不自觉地使用形式逻辑所提供的演绎和归纳等方法。事实上，把法律思维和形式逻辑联系起来最重要的意义并非以形式逻辑作为思维的指南，而是把它作为一种反省的工具。美国大法官亚狄瑟在其专著《法律的逻辑》一书中提出"法律思维是反省性思维"，其反省的基本方式就是运用形式逻辑的规则对法律判断进行反思。

很多学者认为，在法律解释的问题上存在不同答案，没有正确或者错误答案。如果将这种说法放到历史长河中或者放到社会学中考察似乎有一定的道理，但如果把它放到逻辑学中则肯定是有问题的。因为以逻辑规则为标准来进行衡量的话，无疑答案是有正确或者错误的区分的。故，在法律思维过程中形式逻辑的规则是检验思维正确

① 考夫曼．类推于事物的本质．吴从周，译．台北：学林文化事业有限公司，1999：129.

② 罗伯特·阿列克西．法律论证理论．舒国滢，译．北京：中国法制出版社，2002：30.

或错误的工具。“法律推理比其他任何法律程序都更需要仔细推敲。在形成论证或说服的过程中，法律是诉状与法院判决的核心，也是证成的本质。”“要充分评估一个法律论证当中的推理，就必须去除无关的细节与赘词，将论证缩减到三段论的组成。别管那些言之无物的答辩状或判决意见，只要把注意力放到三段论法本身即可，但很少人能做到这样。律师和法官都写得和说得太多，他们的论证都充满了说明性的句子，而这些并不是我们论证的必要命题，他们的植入是为了说服读者在争论不休的情况下接受该论证。不过论证最终还是由三段论法决定其成立或不成立。”① 因此，逻辑思维的规则是我们进行法律判断的基本工具或者标准，形成法律思维离不开形式逻辑对法律人思维的训练。

二、法律人思维与逻辑的关系

从狭义上讲，法律思维是指法律共同体成员的通用思维模式。具体而言，是指包括法官、检察官、律师和法律专家在内的法律共同体成员，在考虑将法律规则如何适用于具体案件时的整体思维模式及具体思维形式或思维方法。法官、检察官、律师和法律专家，尽管他们的法律思维存在职业差异和个体差异，但是作为法律共同体成员，其法律思维又具有许多共同之处。我们认为法律思维的共性远远大于个性。在法律共同体成员中，尤以法官的法律思维最为典型，可以将其作为考察法律共同体成员法律思维的代表。

虽然从构成上分析，法官的思维包含着逻辑思维和非逻辑思维（如灵感、直觉、预感、经验等）两种，但由于法律系人类理性的体现，因而逻辑思维必然成为法律实现人类理性的重要工具，注定成为法律思维的主要成分和重要表现形式，也从而在法官的法律思维中占据着主导地位。

霍姆斯曾经说过：“法律的生命不是逻辑，而是经验。”② 不少人认为霍姆斯讲这句话是用经验否定逻辑，进而否定了逻辑思维是法律思维的主要形式。但是我们读一读卡多佐和博登海默对霍姆斯这句话的解释，并对法律思维中逻辑与经验的关系作比较全面的思考后就会发现，霍姆斯并不是在否定逻辑的作用。

首先，卡多佐在引证了霍姆斯的这句话后专门作了解释，并强调逻辑对于形式正义的重要性。卡多佐认为，法律并不总是完全合乎逻辑的，“但是我们不能将真理推演得过远。逻辑一致并不因为它并非至善就不再是一种善了。霍姆斯这句已成为经典的话中曾告诉我们，‘法律的生命一直并非逻辑，法律的生命一直是经验’，但是，霍姆斯并没有告诉我们当经验沉默无语时应当忽视逻辑。除非有某些足够的理由（通常是某些历史、习惯、政策或正义的考虑因素），我并不打算通过引入不一致、无关性和人为的例外来糟蹋法律结构的对称。如果没有这样一个理由，那么我就必须符合逻辑，就如同我必须不偏不倚一样，并且要以逻辑这一类东西作为基础”。卡多佐法官接下来从同样案件同样处理的形式正义角度，强调了法官必须遵守逻辑的理由：“人们不能在这一对诉讼人之间以这种方式决定案件，而在另一个类似案件的另一对诉讼人之间又

① 亚狄瑟．法律的逻辑．唐伟欣，译．台北：商周出版社，2005：94-95.

② 霍姆斯．普通法．冉昊，等译．北京：中国政法大学出版社，2006：1.

以相反的方式决定案件。如果有一组案件所涉及的要点相同，那么各方当事人就会期望有同样的决定。如果依据相互对立的原则交替决定这些案件，那么这就是一种很大的不公。如果在昨天的一个案件中，判决不利于作为被告的我，那么如果今天我是原告，我就会期待对此案的判决相同。如果不同，我心中就会升起一种愤怒和不公的感觉，那将是对我的实质性权利和道德权利的侵犯。如果两个案件都一样，每个人就都会感受到这种感情的力量。”①

其次，博登海默在引证霍姆斯的这句名言后也强调了逻辑的重要作用。他主张，“虽然演绎逻辑并不能解决法律秩序中最为棘手的问题，但是这并不意味着逻辑与经验之间的相互关系是对立或相悖的”，“否认或缩小形式逻辑在法律中的作用也是不恰当的。当霍姆斯法官提出其‘法律的生命并不在于逻辑而在于经验’这一经典格言时，他所关注的乃是如何‘确定人们应当受其支配的规则’的问题，而不是在讨论这样一种情况，即法官有责任按照某一明显应适用于一个诉讼案件的法律规则来审判该案件。在这种性质的情形中，形式逻辑是作为平等、公正执法的重要工具而起作用的，它要求法官始终如一地和不偏不倚地执行法律命令。例如，如果有一条规则规定要对政府官员行贿受贿进行惩罚，而且某个人已被确定采取了这种行贿受贿的行为，那么法官或陪审团就应当得出三段论逻辑所要求的必然结论，而且还应当制止用偏见或其他无关的考虑来解决该案件。”②

总而言之，尽管法官在审判活动中处理案件或解决相关法律问题时的法律思维中，经验、直觉等非理性因素也在发挥作用，但是由于法官的法律推理是一种辩护性推理，其主要功能还在于说服案件当事人和社会大众，因而，逻辑论证在法律思维中占有极其重要的地位。正如《牛津法律大辞典》所述，“事实上法律研究和适用法律，均要大量地依靠逻辑。……在实际适用法律中，逻辑是与确定某项法律是否可适用于某个问题，试图通过辩论说服他人，或者决定某项争执等因素相关联的”③。诚然，法律思维也不能局限于形式逻辑，在实际适用法律过程中，固然形式逻辑发挥着作为公正执法工具的作用，但是论证逻辑等非形式逻辑可以弥补形式逻辑在解决法律疑难问题时的局限性，在更高层次上保障法律适用的公正。

三、法律逻辑学的研究对象

法律逻辑学是逻辑学原理在法律领域具体运用而产生的一门学科，研究法律领域特别是法律运作过程中的法律思维方式和方法。我国对法律逻辑的研究起步较晚（始于20世纪80年代初），所以，关于法律逻辑学的研究对象学界至今仍存争议。法律逻辑学作为研究法律推理与法律论证的科学，是着力于研究法律思维主体在法律领域运用逻辑方法分析、解决法律问题的科学。从应然的角度看，法律逻辑学的研究内容主要有以下几个方面。

---

① 本杰明·卡多佐．司法过程的性质．苏力，译．北京：商务印书馆，1998：17－18.

② 博登海默．法理学—法律哲学与法律方法．邓正来，译．北京：中国政法大学出版社，1999：496－497.

③ 戴维·M. 沃克．牛津法律大辞典．中译本．北京：光明日报出版社，1988：562－563.

（一）法律思维的基本形式

法律思维的基本形式包括法律概念、法律判断和法律推理三种。法律思维主体或司法主体在从事法律活动或司法活动时，提出或使用的法律概念要明确，作出的法律判断要恰当，进行法律推理要有逻辑有效性，进行法律论证要真实充分。这是正确进行法律思维活动的基本要求。

第一，提出一个法律概念要准确界定其内涵与揭示其外延。明确一个概念的内涵和外延系正确使用这个概念的前提条件，这对于法律概念的使用非常重要。由于有些法律概念含义比较模糊或者其适用的范围并不清晰，因而对法律概念的说明、解释是非常必要的，如立法中会对一些重要的法律概念用法律条文的形式明确规定它的内涵和外延，通过立法解释或司法解释对一些法律概念作出补充性的说明、解释等。

第二，法律判断是法律推理的前提条件，构成法律推理的基本要素。法律逻辑特别强调法律判断内容的真实性、正确性，即断定的内容必须符合案件的实际情况和法律规定的精神。只有如此，才能保证法律推理前提的真实性和结论的正确性。

第三，法律推理是法律思维的重要形式和基本方法，是整个法律逻辑研究的核心问题。法律推理贯穿于法的整个实施过程，在司法过程中的作用尤为明显。根据案件事实寻找法律规定，进而对法律规定进行解释，最后将法律规定（大前提）和案件事实（小前提）结合在一起，最终得出对案件的处理结论，是法律思维主体，特别是法官的基本思维方式，即演绎推理模式。在法律适用中，归纳推理和类比推理同样是法律推理的基本形式。学界通说认为，演绎、归纳和类比推理是形式法律推理，与形式法律推理相对应的还有实质法律推理。一般而言，形式法律推理通常适用于简单案件，实质法律推理适用于复杂、疑难案件，尤其是法律疑难案件。有时，法律适用过程的复杂性决定了上述两类推理的运用难以截然分开，而是需要将两者结合在一起进行综合运用。

第四，法律论证是法律思维的典型特征。法律思维的本质是论辩说理，法官在作出裁决或判断时，必须给出理由。在为法律问题提出解答方案时，法律思维应始终遵循“理由先于结论”的规则。换言之，法律结论必须是有论证理由的结论，是对法官本人、当事人以及其他人均具有说服力的结论。这就要求论证必须做到言之有理、持之有据、令人信服，同时也要求具备一套高超的证据学和法律解释学的原理和技术。

（二）法律思维的逻辑规则和逻辑思维规律

按照法律逻辑的要求，法律思维活动必须遵守有关的逻辑规则，并应当符合逻辑思维的基本规律。逻辑规则和逻辑思维规律的作用在于保证法律思维的确定性、一致性和一贯性。由于法律问题的复杂性和法律思维的特殊性，有时逻辑规则对法律思维的规范作用似乎显得不那么重要，有时法律思维甚至不受逻辑规则的约束。这种情况出现的一个重要原因是，法律思维最终受到法律规定的约束和法律运作过程的制约，而不是相反。

法律思维必须遵守逻辑思维的基本规律，即同一律、矛盾律、排中律和充足理由律。在法律适用过程中，同一律要求思维内容（法律概念、法律判断）具有同一性，即保证思维的确定性；矛盾律要求排除思维内容的逻辑矛盾，即保证思维具有一贯性；排中律要求在是与非（如罪与非罪、合法与违法等）的选择中，排除居中状态，即保证思维具有明确性；充足理由律要求法律论证的内容真实、充分并且论断与理由之间有逻辑联系，即保证思维具有论证性。在法律适用中，遵守逻辑思维基本规律的要求，可以有效地防止出现逻辑错误，保证适用法律的一致性、确定性和一贯性，符合法治的基本原则要求。

（三）法律思维的形式合理性与实质合理性的统一

形式合理与实质合理是法律思维的两个非常重要的特征，也是其区别于普通逻辑思维的重要标志。所谓形式合理，就是法律思维的过程和方法遵守逻辑规则、符合逻辑思维规律，不存在逻辑错误。法律思维是法律人（特别是法官）在法律领域运用逻辑方法分析、解决法律问题的过程，其目的就是通过运用逻辑方法得出正确的结论。因此，正确进行法律推理的首要条件就是形式有效。法律推理形式有效才能保证思维内容的确定性、不矛盾性和一致性。所谓实质合理，强调的是法律思维的内容合法、合理。合法，是指法律思维必须受现行法律的约束。法律是法律思维的前提和条件，合法是法律思维内容正确的首要条件。合法标准要求在有明确的法律规定的条件下，法官必须不折不扣地适用法律，不允许在法律规定之外寻找所谓的法律根据。合理是指在法律存在缺陷，如法律没有明确规定或者法律规定相互冲突等情况下，法官如何分析、解决法律问题来实现法律价值。法律思维内容合理性的标准应与法律价值，诸如公平、正义、秩序、效率、利益等，相一致，应与司法公正的目标相一致，归根结底，是与法治社会的要求相一致。因此，法律逻辑除研究法律推理的形式合理性外，还研究法律推理的实质合理性，而根据我国司法实践经验，可以作为法律推理实质合理性检验标准的因素有：法律原则、法理、立法精神、立法目的、政策、道德、习惯等。

四、关于本书编写体例的说明

首先，鉴于法律逻辑是研究法律思维形式及规律的科学，而法律思维的基本形式包括法律概念、法律判断和法律推理，故本书分概念篇、判断篇与推理篇予以对应。其中，概念篇设一章；判断篇根据判断的类型包括模态判断（含规范判断）和非模态判断，非模态判断包括简单判断（性质判断、关系判断）、复合判断（包括联言判断、选言判断、假言判断、负判断），因此，判断篇将分二章内容予以介绍。推理篇共四章，该篇内容既包括形式推理，也还包括法律实质推理，其中，形式推理主要介绍演绎推理和归纳推理与类比推理。而演绎推理包括三段论推理、关系推理、模态推理以及复合判断的联言推理、选言推理、假言推理等内容，共分两章介绍。归纳推理包括完全归纳推理、不完全归纳推理、求因果联系归纳推理、概率归纳推理与统计归纳推理等内容。归纳推理和类比推理合并为一章。实质法律推理单独成章，主要针对在司法过程中缺乏明确适用的法律规范的情形，阐述如何从法律规范中或在创建新规范中作出选择，以解决法律适用问题，具体包括：解释推导、还原推导、演绎与类比推导、辩证推导、衡平推导、目的推导、价值推导等。

其次，本书单设“论证篇”。论证（argumentation）在法律中起着极其重要的作用。提出某一法律命题的人都要提供支持该命题的论述（argument）。律师向法院提交案件时，必须通过论述证立（justify）其案件。法官作出裁决，则要通过论述支持其裁决。立法者提出一个法案时，要有充足的理由支持他的提案。甚至法学专家在提出某些观点时，也必须对其予以证立。任何提出法律主张并期望被他人接受的人都必须提出论证充分的论述。故，法律论证应是法律逻辑学需要研究的一个非常重要的领域，这也是我们将“论证”单独成篇的缘由。按照通说，法律论证分为逻辑的、修辞的和对话的三种方法。其中，逻辑方法是最为悠久的传统方法，在这种方法中，形式合理性的作用被当作法律论证的合理性标准，而逻辑语言被用于重构各种法律论述。从逻辑学的角度看，某一法律证立之可接受性的一个必要条件是：支持该证立的论述必须是逻辑有效的论述（另一个条件是，支持某一证立的理由依据法律标准是可以接受的）。只有当某一论述在逻辑上有效时，才能从法律规则和事实（前提）当中得出裁决（结论）。而修辞方法注重论述的内容以及可接受性之语境的依赖向度。依此方法，对于所面对的听众而言，论证的可接受性取决于论证的有效性。① 而在被称作对话的方法中，法律论证被看成是一场关于某种法律观点的可接受性的对话的组成部分。论述的合理性取决于商谈程序是否符合可接受性的某些形式标准和实质标准。② 本书论证篇共三章，前两章介绍论证的一般原理、思维的基本规律与论证的规则、逻辑谬误等内容，最后一章讲述法律论证的建构与评价、法律辩论与法律论证等内容。

第三节 培养法律职业者逻辑思维能力的意义

逻辑学就是关于推理与论证的科学，而法律的实施或适用需要法律职业者具备较强的推理与论证能力。英国当代著名法哲学家麦考密克·魏因贝格尔曾言：“我们需要法律的技术人员是能干和有想象力的技术人员。但是，要成为这样一个技术人员，其任务就是要仔细研究技术。在律师们的技术当中主要的就是进行正确的推理和有力的论证的技术。”③ 培养法律职业者的法律论证与推理能力有两条途径：一是系统学习和掌握法律逻辑学的基本原理；二是结合法律工作实践自觉运用法律逻辑分析和解决法律问题。通过上述两种途径，将使法律逻辑成为法律职业者从事法律实践的思维工具和思维方法，使法律职业者具备适合法律实践需要的逻辑思维能力。

一、保证适用的法律具有确定性、一致性和一贯性

法律推理是法律适用过程中的主要逻辑方法，没有法律推理就无法进行法律适用。法律推理规制了法官适用法律处理具体案件的思维过程和路径，即将一般的法律规范与具体案件有机结合（经过司法归类、法律解释等环节），最终得出裁判结论。经过规范的、有效的逻辑推理过程，抽象的法律规范成为适用于具体案件的法律规定和对案

① 修辞方法的杰出代表作有佩雷尔曼的《新修辞学》，图尔敏的论证模型和维韦格的论题学方法。

② 对话方法的杰出代表作有阿尔尼奥（1977 年、1987 年）、阿列克西（1989 年）和佩策尼克（1983 年、1989 年）的著述。

③ 麦考密克，魏因贝格尔．制度法论．周和谦，译．北京：中国政法大学出版社，1994：131.

件事实进行评价、判断的标准，以及最终对案件作出处理结论的法律根据。由此可见，从一般性的法律规范适用于具体案件到得出裁判结论的整个过程所适用的法律，必须具有确定性、一致性和一贯性。可以说，法律的确定性、一致性和一贯性既是正确适用法律的前提条件，又是法律正义的体现。

二、保证法律思维活动的严密性、论证性

首先，从立法层面而言，立法者制定法律条文时，不但要遵循立法原则与立法政策，而且还要讲究法律条文的准确性、一致性、恰当性，换言之，也就是具有逻辑性。因此，在立法过程中，立法者对于所制定的法律条文，必须进行严密的逻辑分析，准确地遣词造句，使法律概念明确、法律判断恰当，整个法律条文应前后一致、结构严谨、合乎逻辑，符合法律规范形式合理性的要求。

其次，在司法运作层面，法官适用法律解决具体案件的过程，不单是运用法律推理根据法律规定和案件事实作出裁判结论的过程，也是对裁判结论进行逻辑论证的活动。法官必须运用论证方法，充分表达支持其裁判结论的理由，包括认定案件事实的理由和适用法律规定的理由。前者是法官运用证据证明案件事实，阐述判决的事实根据，后者则是在此基础上引用有关法律规定，阐述判决的法律根据。法官将二者有机地结合在一起，形成作出判决结论的全部理由。可见，整个裁判过程是法官运用逻辑推理方法表述认定事实正确、引用法律条文适当的逻辑证明过程，其判决的正当性、合理性、合法性正是通过严密的逻辑论证来表述的。

三、提高法律职业者的论辩能力

所谓论辩，是指持不同见解的各方彼此间为抒己见所进行的论证和反驳的说理过程。在诉讼中，论辩则是指诉讼双方的代理律师（刑事诉讼中为公诉人与辩护人）为达到胜诉目的所进行的辩论活动。双方当事人的诉讼代理律师，一方面要依据事实和法律论证诉讼主张的合理性、合法性，另一方面要反驳对方的诉讼意见和理由，由此双方展开激烈的法庭辩论。在法庭辩论过程中，由于一方或双方自觉或不自觉地违反逻辑规则而出现的逻辑错误，甚至产生谬误、诡辩等情况并不少见，诸如偷换或混淆法律概念、偷换或转移论题、由论据不能推出论题等。通常对于逻辑错误、谬误或诡辩揭露的有效方法就是根据逻辑规则、逻辑思维规律的要求予以反驳，由此来证明对方的论题虚假或者不能成立、论据不充分或论证方式错误等，以达到驳倒对方的目的。在法庭辩论中，诉讼双方不仅要依据事实和法律论证诉讼主张成立的理由，同时还要借助逻辑方法、手段揭露对方论证中存在的逻辑错误、谬误或诡辩。这是法律职业者必须具备的论辩能力。

参考文献

[1] 金岳霖．逻辑．北京：中国人民大学出版社，2010.

［2］张继成．实用法律逻辑教程．2 版．北京：中国政法大学出版社，2012.

［3］张斌峰，李永铭，李永成，张莉敏．法律逻辑学导论．武汉：武汉大学出版社，2010.

［4］郝建设．法律逻辑学．2 版．北京：中国民主法制出版社，2013.

［5］陈金钊，熊明辉．法律逻辑学．2 版．北京：中国人民大学出版社，2015.

［6］张大松，蒋新苗．法律逻辑学教程．3 版．北京：高等教育出版社，2014.

［7］孔庆荣．法律逻辑学基础．3 版．北京：中国法制出版社，2008.

［8］姜祖桢，刘梅．法律逻辑学．北京：中国物价出版社，2002.

［9］陈康扬，潘利平．法律逻辑．成都：四川大学出版社，2007.

［10］濮方平，王萍丽．法律逻辑新编教程．上海：上海大学出版社，2016.

［11］雍琦．法律逻辑学．北京：法律出版社，2013.

［12］雍琦．法律适用中的逻辑．北京：中国政法大学出版社，2002.

［13］缪四平．法律逻辑：关于法律逻辑理论与应用分析的思考与探索．北京：北京大学出版社，2012.

［14］武宏志，周建武．批判性思维——论证逻辑视角．修订版．北京：中国人民大学出版社，2010.

［15］罗伯特·阿列克西．法律论证理论．舒国滢，译．北京：中国法制出版社，2002.

［16］菲特丽丝．法律论证原理——司法裁决之证立理论概览．张其山，等译．北京：商务印书馆，2005.

［17］图尔敏．论证的使用．修订版．谢小庆，王丽，译．北京：北京语言大学出版社，2016.

［18］弗里曼．论证结构：表达和理论．王建芳，译．北京：中国政法大学出版社，2013.

延伸阅读

贺卫方．司法判决与逻辑//贺卫方．中国古代司法判决的风格与精神——以宋代判决为基本依据兼与英国比较司法的理念与制度．北京：中国政法大学出版社，1998.

课后练习题

一、指出下列各段语句中“逻辑”一词的含义

1. “适者生存、优胜劣汰”这是自然界发展的逻辑。

2. 有些所谓“偶像派”明星自我感觉良好，其言谈常常不合逻辑，这的确“非同一般”。

3. “属相相克”就不能婚配，这是什么逻辑！

4. 有人认为，抽象的东西没有用，逻辑就是如此。难道有的科学不是抽象的?

二、下列判断或推理中，哪些具有共同的逻辑形式

1. 胜者或因其强，或因其指挥无误。

2. 如果死者背上有自己无法形成的致命伤，那么死者都是被人杀害的。

3. 某起凶杀案或者图财害命或者报复杀人。

4. 一切交通事故都是违章造成的。

5. 如果国家工作人员利用职务之便犯走私罪，那么从重处罚。

6. 一切真知都是来源于实践的。

7. 如果溶液是酸性的，就能使试纸变红。这瓶溶液是酸性的，所以它能使试纸变红。

8. 如果被告人已经死亡，就不再追究其刑事责任。现在某被告人已经死亡，所以，不再追究其刑事责任。

三、选择题

1. 与“兵不在多而在于精”具有共同逻辑形式结构的是：(　　)。

A. 将在于勇也在于谋　　B. 甲不出国而乙出国

C. 甲出国而乙不出国　　D. 将在于谋而不在于勇

E. 甲出国乙也出国

2. 在“并非他或者是法官或者是律师”这一命题中，逻辑常项是：(　　)。

A. 或者　B. 法官　C. 律师　D. 并非　E. 他

3. 思维的逻辑形式之间的区别，取决于：(　　)。

A. 思维的内容　　B. 逻辑常项

C. 变项　　D. 语言表达形式

4. 在司法审判中，所谓肯定性误判是指把无罪判为有罪，也即错判，否定性误判就是把有罪判为无罪，也即错放，而司法公正的根本原则是“不放过一个坏人，不冤枉一个好人”。某法学家认为，目前，衡量一个法院在办案中对司法公正的原则贯彻得是否足够好，就看它的肯定性误判率是否足够低。

如果为真，以下哪项能最有力地支持上述法学家的观点?(　　)

A. 错放，只是放过了好人，错判，则是既放过了坏人，又冤枉了好人。

B. 宁可错判，不可错放，是“左”的思想在司法界的反映。

C. 各个法院的否定性误判率基本相同。

D. 各个法院的办案正确率普遍有明显的提高。

E. 错放造成的损失，大多是可弥补的，错判对被害人造成的伤害，是不可弥补的。

5.“赵科长又戒烟了。”从这句话中不可能得出的结论是：(　　)。

A. 赵科长一直吸烟，且烟瘾很大。

B. 赵科生过去戒过烟，次数可能不止一次。

C. 赵科长这次戒烟一定能成功。

D. 赵科长过去戒烟都没能成功。

E. 赵科长这次戒烟很可能又不成功。

四、用逻辑学的知识分析判断下列各题

1. 你没有失去的东西你仍然具有，你没有失去角，所以你有角。

2. “马者，所以命形也；白者，所以命色也。命色者非命形也。故曰：白马非马。”

3. 不学逻辑照样说话写文章，因此学不学逻辑一样。

五、综合题

有甲、乙、丙、丁、戊五个人，每个人头上戴一顶白帽子或者黑帽子，每个人显然只能看见别人头上帽子的颜色，看不见自己头上帽子的颜色。并且，戴白帽子的人当且仅当他说真话，戴黑帽子的人当且仅当他说假话。已知：甲说：我看见三顶白帽子一顶黑帽子。乙说：我看见四顶黑帽子。丙说：我看见一顶白帽子三顶黑帽子。戊说：我看见四顶白帽子。根据上述条件，请推理：谁说真话？谁说假话？谁戴白帽子？谁戴黑帽子？

第一章 概念篇

概念乃是解决法律问题所必须的和必不可少的工具。没有限定严格的专门概念，我们便不能清楚地和理性地思考法律问题。没有概念，我们便无法将我们对法律的思考转变为语言，也无法以一种可理解的方式把这些思考传达给他人。如果我们试图完全否弃概念，那么整个法律大厦就将化为灰烬。

——博登海默．法理学—法律哲学与法律方法．

第一节　概念的逻辑学基础

从思维内容的角度而言，人们通常以概念为起点形成判断，再由判断形成推理。然而，逻辑学撇开思维的具体内容，通过语言的形式结构，研究思维形式的结构。故，我们的学习将概念——对语词的逻辑抽象作为最基础的部分。

一、概念及其逻辑特征

（一）概念的含义

概念是人对思维对象的本质或特有属性的反映。概念所反映的对象，包括一切能被思考的对象，如，自然界的日、月、星、辰，社会上存在的商品、货币、国家、制度，精神层面的感觉、思维，等等。并且，社会上不存在的现象，如上帝、造物主、神、永动机、方的圆等，同样能被作为思考的对象。

人们所思考的对象均具有一定的性质，如颜色、形态、美丑、善恶等，也与其他对象之间发生一定的关系，如上下、轻重、同异、对称等。事物的性质和关系统称为事物的属性，事物因为属性的同异而形成各种不同的类，具有相同属性的事物构成一类，具有不同属性的事物则构成不同的类。

事物的属性又分为本质属性和非本质属性。事物的本质属性系决定该事物为该事物的最重要、最具有决定性的属性。它是一类事物共同具有并且仅为该类事物所具有的特性，即为一类对象所共有（特有），而不为其他对象所具有。非本质属性虽也为该类对象所有，但它不是决定该事物是该事物的本质特性，如黑、白、红、蓝等颜色，只是“笔”的共有属性；而“用来书写或画画的工具”，则是“笔”的特有属性。概念是舍弃了对象的非本质属性，抽象地反映了对象的本质属性。

由此可见，一方面，概念是事物的特有属性在人脑中的反映，而不是事物特有属性本身，属于意识的范畴，因而是主观的；另一方面，概念反映的是事物的特有属性，而事物及其特有属性是客观存在的，因而又是客观的。因此，概念是主观和客观的统一。

（二）概念与语词的关系

首先，任何概念都必须通过语词来表达，但不是所有的语词都表达概念。一般来说，汉语中所有的实词如名词、动词、形容词、代词、数量词都是概念；而虚词，包括助词如“的”“得”“地”，叹词如“啊”“哇”“呀”“唉”，疑问词如“吗”“呢”等，不能在句子中充当独立的语法成分，而须与其他的句子成分相配合才能表达某种意义，故，虚词都不能算作概念。

其次，不同的语词可以用来表达同一概念。不同国家、民族的人们，对于同一事物所形成的正确概念是相同的，但用来表达这一概念的语词完全两样（例如，milk 与牛奶，语词形式不同但概念同一）；同一种语言中不同语词也可以表达同一概念，比如多词一义、同义词的情况，如“诉讼”与“打官司”、“死刑”与“极刑”、“合同”与“契约”等。

最后，同一语词在不同的语境中可能表达不同概念。例如，“拘留”这个语词，用在不同的语言环境中，既可以表达行政拘留，也可以表达刑事拘留，还可以表达司法拘留，但含义是完全不同的。因此，对这种一词多义现象，必须严格加以区别，以避免在推理、论证中出现逻辑错误。

因此，弄清楚概念与语词的关系，掌握概念的语词表达形式，有助于我们在表达和交流思想时避免思想混乱、词不达意，并且对于准确使用概念、恰当灵活用词起着极其重要的作用。

（三）概念的逻辑特征

通过对语词的逻辑抽象，词语一方面指称确定的事物（对象），另一方面也成为表达特定概念的概念。如此便形成了概念的两个逻辑特征，即概念的内涵和概念的外延。

1. 概念的内涵

概念的内涵也就是概念的含义，是指概念所反映的对象的本质属性或特有属性。所谓本质属性或特有属性是指某一对象独有而其他对象不具有的某种属性。例如，“国家的审判机关”就是“法院”这一概念的内涵。

2. 概念的外延

概念的外延是概念指称的一个或一类事物，抑或说是概念所反映的对象的总和。概念的外延构成往往是一个集合（即类），这个集合中每一个元素（即类的分子）都属于这个概念的外延。例如，“法律”的外延是指古今中外的一切法律；“法院”的外延就是“法律规定的各种审级的审判组织”；“法律事实”的外延包括法律事件和法律行为。

逻辑上所要求的概念要明确，系指概念的内涵和外延要明确，不仅要明确概念反映的事物具有什么样的特有属性，而且要明确概念反映的事物有哪些。只有这两个方面都明确了，概念才是明确的。例如，要明确“违法行为”这个概念，就必须既要明确其内涵是“触犯了国家颁布的法律”，又要明确其外延是“没有受到刑罚处罚但危害社会的行为”。只有这两个方面都明确了，才能说真正界定清楚了“违法行为”这个概念，也才能准确地使用它，而不至于将它同“犯罪行为”这个概念相混淆。

概念明确是正确思维的必要条件。只有明确了概念的内涵和外延，才能准确地使用概念，恰当地作出判断，合乎逻辑地进行推理和论证。

3. 概念外延边缘的模糊性

概念外延边缘的模糊性是指客观对象中有难以界定的是否属于某个概念外延的“两可”情形的对象。例如，人们在日常用语中经常都会用到的“老年人”这个概念，该概念外延的中心部分无疑是清晰的，因而面对一个70岁乃至年龄更大的人，我们可以毫不犹豫地确定他（她）属于“老年人”的外延，但是其外延的边缘部分就显得模糊不清，譬如，面对一个60岁或59岁、58岁、57岁……的人，他（她）究竟属不属于“老年人”的外延呢？如果不是在特别需要的场合，在没有明确规定年龄界限的情况下，就避免不了会遇到这种处于“两可”之间而难以界定的边缘对象。

概念外延边缘的模糊性是一种较为普遍的现象。正如英国著名法学家哈特所言：即使是一个“普通语词”，它们也是“既有明确的标准情形，也有引起争议的边际情况”。“有时，对一种表达方式来说，明确的标准情况或范例与那些成问题的情况相比，两者的差别仅仅是程度不同而已。一个男士，其头亮而光，他显然属于秃头之列；另一位头发蓬乱，则他显然不是秃头；但问题在于第三个人只是在头顶的周围有些稀稀落落的头发，如果他是否算秃头被认为是重要的或者任何实际结果取决于此的话，这个问题就可能被无限期地争论下去。”①

二、概念的分类

按照不同的标准，从不同的角度出发，可以对概念进行不同的划分，从而得到不同种类的概念。

（一）单独概念、普遍概念和空概念

按照概念的外延对象的多少来分类，可以将概念分为单独概念、普遍概念和空概念三类。

单独概念是指该概念所指称的对象仅有一个，也被称为个体概念，包括专有名词、摹状词和某些名词。如“长城”“黄河”“毛泽东”“五四运动”“三国演义”等，都是单独概念。普遍概念是指该概念所指称的对象应有两个或两个以上，如“国家”“规范”“民法”“法律”“律师”“监狱”“检察院”“指纹”等。需要指出的是，虽然在通常情况下，单独概念与普遍概念的区分一般不需要考虑具体的语言环境，但是有时又不能完全置具体的语言环境于不顾。例如，“国家推广全国通用的普通话”中的“国家”系指在我国《宪法》中特指的“中华人民共和国”，因而不是普遍概念，而是单独概念。空概念是指该概念所指称的对象在客观世界中不存在与其相应的类，是人的主观对客观事物的一种歪曲的反映。如“永动机”“上帝”“神”等就是空概念。由于空概念的内涵是人们主观设想或构造出来的，并不能直接反映客观事物的本质属性，所

① 哈特．法律的概念．张文显，等译．北京：中国大百科全书出版社，1996：4-5.

以其外延为零。

在司法工作中，特别是在关于名誉权纠纷案件的审理中，注意辨别某个语词表达的究竟是单独概念还是普遍概念意义重大。尤其需要注意的是，在特定的语言环境中，表达普遍概念的那个语词，如果足以使人确认它指的就是某个特定对象，它就成为单独概念了。对此，有学者提出了如下标准："新闻报道或者其他文章中，虽然不直接点出受害人的姓名，但是如果其所描写的环境条件使得受害人成为唯一的或者有充分理由使人相信就是指的受害人的话……那么应当认定文章所指的就是受害人。"①

（二）非集合概念和集合概念

根据概念指称的是集合体中的任何个体还是集合体本身，可分将其为非集合概念和集合概念。集合体是指由许许多多个体聚合而成的群体（整体），集合体与个体之间的关系是整体与部分的关系。

非集合概念是反映类（即非集合体）的概念，是指称集合体中任何个体的概念。例如，"书是装订成册的著作"中的"书"，"中国人是亚洲人"中的"中国人"，"中国刑法是我国的法律"中的"法律"，都是非集合概念。每一个非集合概念与其构成分子之间不具有整体与部分关系，而仅具有属种关系；它们之间仅是类和分子的关系。类的性质必然地属于组成类的每个分子，因而每一非集合概念可以用来指称构成这个类的每一个分子。

集合概念是指称集合体的概念。例如，"书是人类进步的阶梯"中的"书"，"中国人是有骨气的"中的"中国人"，"我国的法律很多"中的"法律"等，就是集合概念。每个集合体与其构成个体之间的关系是整体与部分的关系，因而集合体的性质并不必然属于组成集合体的每个个体。

需要注意的是，有很多语词既可以在集合意义上使用以表达集合概念，也可以在非集合意义上使用以表达非集合概念。一个语词是集合概念还是非集合概念，应当结合该语词所处的语境去加以区别。例如，"人民"这一语词表达的究竟是集合概念还是非集合概念，只有把"人民"放到一定的语境中，才能辨析清楚。"人民"在"只有人民，才是创造历史的真正动力"这一语句中，表达的是集合概念。理由是，它是指称由人构成的群体，即集合体，而任一个体的人未必是"创造历史的真正动力"。而"在我们国家里，人民享有广泛的民主和自由"这一语句中的"人民"所表达的则是非集合概念，因为在这里指称"人民"中的任何一个人均可以享有广泛的民主和自由。

（三）正概念和负概念

根据概念内涵中是否具有某种属性，可以把概念分为正概念和负概念。

正概念，也叫肯定概念，是反映对象具有某些属性的概念，如"行为能力""正当防卫""公开审理"等。从形式上讲正概念不带有否定词"无""不""非"。负概念，即否定概念，是反映对象不具有某些属性的概念。如"无行为能力""不公开审理""非正当防卫"等都是负概念。负概念的语言形式往往带有"非""无""不"等否定词，如"非法""非机动车辆""无效合同""不道德行为"，等等。但需要注意的是，

① 张新宝，康长庆．名誉权案件审理的情况、问题及对策．现代法学，1997（3）．

并非所有带有这些否定字样的词都是负概念，如“非洲”“不丹”等都是正概念。另外，负概念总是相对于一个特定的认识范围和议论范围而言的，这就是论域。通常情况下，要明确负概念的内涵和外延，必须明确它的论域。任何事物总是在一定范围内有某些属性而没有另一些属性，如果论域不清，负概念的指称就模糊不清。例如，“非党员”与“未成年人”的论域是“人”，只有弄清楚了它们的论域，才知道“非党员”是指党员以外的“人”，“未成年人”是指成年人以外的“人”，而“无罪”指的是“罪”以外的行为，其论域是“人的行为”。

三、概念外延间的逻辑关系

根据概念外延之间是否至少有一部分重合，或者说两个概念所反映的事物的范围是否至少有一部分是共同的，可以把概念外延间的关系区分为相容关系和不相容关系。其中，相容关系包括全同（同一）关系、真包含于关系、真包含关系和交叉关系；不相容关系则包括矛盾关系和反对关系。可以借助圆圈图形来表示概念外延间的关系。最早发明这种图示方法的人是英国的数学家欧拉，逻辑学者将这种方法叫作“欧拉图解法”，把用这种方法画出的图叫作“欧拉图”。

（一）全同关系

全同关系指两个概念的外延完全重合。这时，所有的S都是P，并且所有的P都是S。欧拉图示如图1。

例如，“死刑”与“极刑”、“北京”与“中华人民共和国首都”、“长江”与“中国最长的河流”等。

具有全同关系的概念，内涵不同，但外延则全同，因此可以互相证明，交替使用。这不仅有助于明确思想内容，也会使表达更为丰富生动，如，

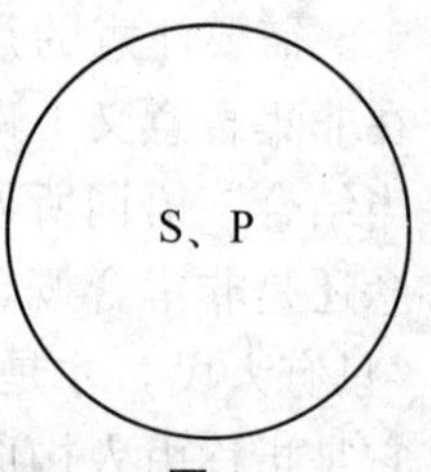

图1

三月十四日下午两点三刻，当代最伟大的思想家停止思想了。这位巨人逝世以后所形成的空白，在不久的将来就会使人感觉到。……但是马克思在他所研究的每一个领域（甚至在数学领域）都有独创的发现……这位科学巨匠就是这样。因为马克思首先是一位革命家……所以马克思是当代最遭嫉恨和最受诬蔑的人。

以上这段话出自恩格斯《在马克思墓前的讲话》，其中“当代最伟大的思想家”“这位巨人”“马克思”“这位科学巨匠”“当代最遭嫉恨和最受诬蔑的人”这些概念的外延间都是全同关系，对这些具有全同关系的概念的交替使用，使我们对马克思的认识更深刻、更全面了，也表达了作者深深的惜念。

当然，有时由于语境不同，语词本身所包含的情感等非理性意义不同，即使两个概念具有全同关系，也不能互相交替使用，例如，“母亲”和“娘”是具有同一关系的概念，但我们讲“祖国啊，母亲”，而不讲“祖国啊，我的娘”。

另外，对同一事物也可以从不同的角度抽象出不同的内涵，形成不同的概念，表达这些概念的概念虽然外延相同但内涵并不相同，也就是说，它们是外延具有同一关

系的不同的概念，倘若不加以区分，同样会引起逻辑错误，如，上海与我国最大的城市、中国共产党的诞生地是外延为同一关系的几个不同的概念（内涵不同）。

（二）真包含于关系

如果所有的S都是P，但是有的P不是S，则称S真包含于P。欧拉图示如图2。

在真包含于关系中，一个概念（S）的外延完全被另一个概念（P）的外延所包含，但并不穷尽这个概念的外延——S的全部外延与另一概念P的部分外延重合。这种关系叫作从属关系，又叫种属关系。如图2中P为属概念（“国家工作人员”），S为种概念（“司法工作人员”），所有的司法工作人员都是国家工作人员，但不是所有的国家工作人员都是司法工作人员，S的外延被全部包括在P的外延中，但又比P的全部外延小，所以说S真包含于P。再比如“大学生”和“学生”、“民法”和“法律”，也是真包含于关系。

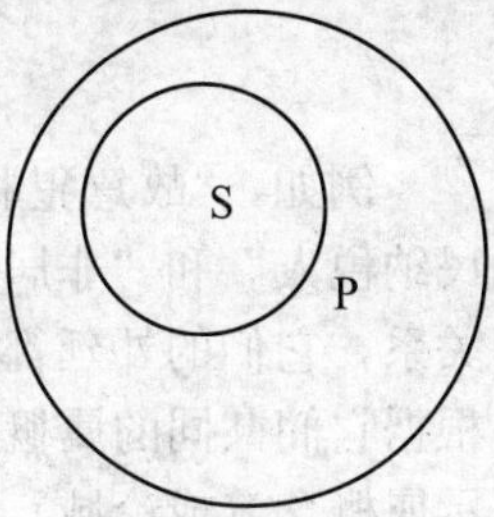

图2

（三）真包含关系

如果所有的P都是S，但有的S不是P，则称S真包含P。欧拉图示如图3。

此时一个概念（S）的部分外延与另一个概念（P）的全部外延重合，其中外延大的概念真包含外延小的概念。例如，“律师”与“男律师”、“罪犯”与“抢劫犯”、“法律”与“商法”之间，都是真包含关系。真包含关系是属种关系，此时S是属概念，P是种概念。

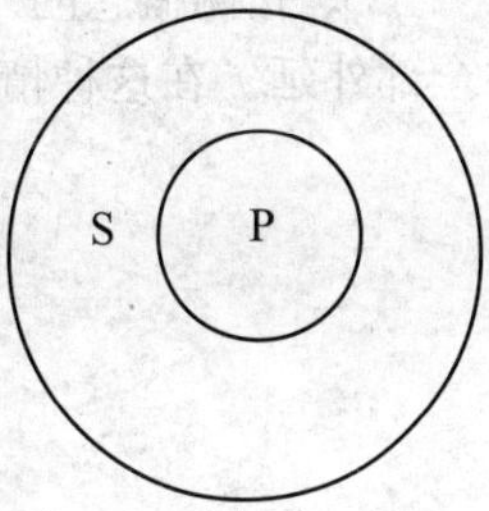

图3

（四）交叉关系

如果有的S不是P，并且有的S是P，并且有的P是S，有的P不是S，则称S和P有交叉关系。此时一个概念（S）的部分外延与另一个概念（P）的部分外延重合。图4是用交叉的圆圈来表示两概念的外延有交叉关系的欧拉图。如，“律师”与“教师”、“法官”与“老年人”等概念的外延间均为交叉关系。

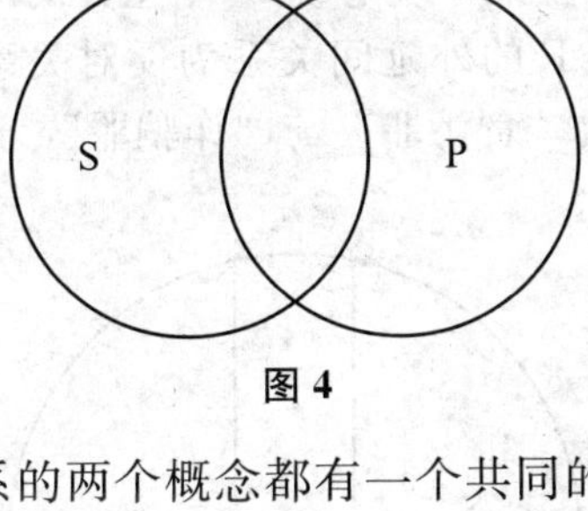

图4

其外延间为以上四种关系的两个概念都有一个共同的特点，即它们的外延至少有一个元素是共同的，故，把上述四种关系统称为相容关系。

（五）全异关系

全异关系是指两个概念的外延没有任何一部分重合，或者说，S概念的外延都不是P概念的外延，并且P概念的外延也都不是S概念的外延。在这种情况下，S与P两概念之间存在着全异关系，如图5所示。

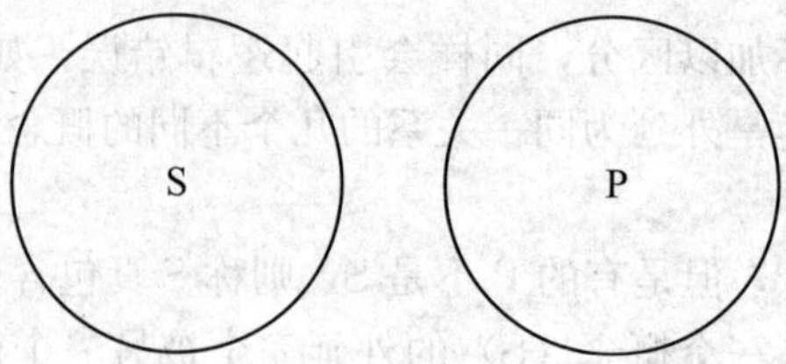

图5

例如，“故意犯罪”与“过失犯罪”、“抢劫罪”与“诈骗罪”、“书”和“笔”、“居民纳税人”和“非居民纳税人”等都是全异关系。此四对概念的外延间关系都是全异关系，它们的外延都是互相排斥而没有共同之处。其外延间为全异关系的两个概念，根据它们共同的属概念（或者说论域），还可以分为矛盾关系和反对关系。用全集 I 表示属概念（或论域），S 和 P 为同一属概念下两个外延具有全异关系的种概念，则矛盾关系和反对关系可以定义如下。

1. 矛盾关系

S、P 两概念的外延没有任何共同之处，并且，两概念的外延之和等于其属概念的全部外延。在这种情况下，S 与 P 的外延间关系称为矛盾关系，如图 6 所示。

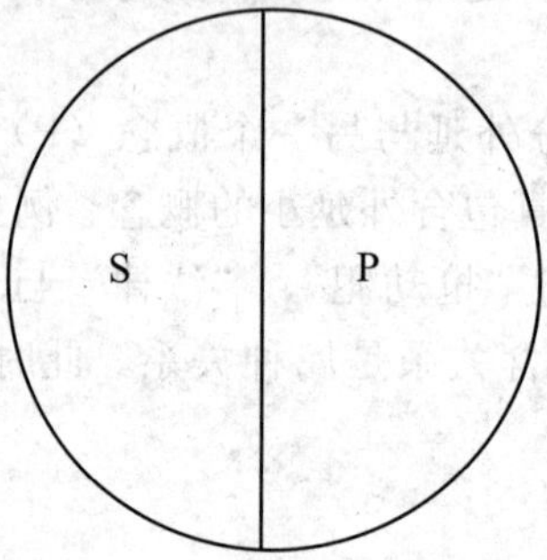

图6

例如，“成文法”与“不成文法”、“成年人”与“未成年人”、“起诉”与“不起诉”，这三组概念的外延都分别具有矛盾关系。

2. 反对关系

S 与 P 是同一个属概念（全集，或论域 I）下全异的两个种概念，并且 S 与 P 之和小于 I。在这种情况下，S 与 P 的外延间关系为反对关系。例如，“刑法”与“婚姻法”、“中学生”与“大学生”、“贪污罪”与“诈骗罪”，这三组概念的外延都分别具有反对关系，如图 7 所示。

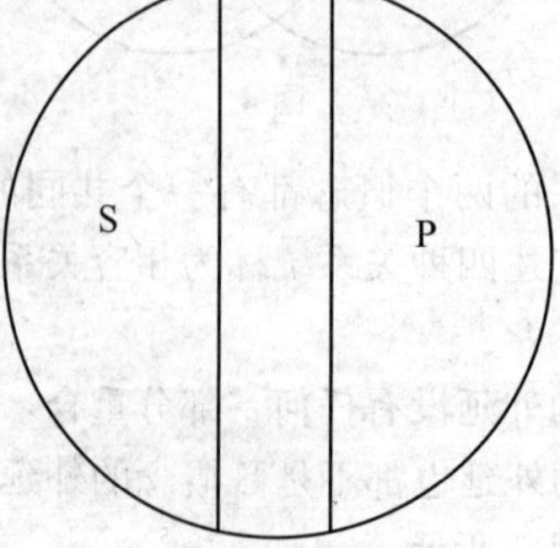

图7

上述关于概念的外延间的五种关系，是基于属于一定论域的两个概念的外延间的关系所进行的划分。同一论域的两个概念的外延间所可能具有的全部关系，都必然是，也只能是这五种关系之一。

四、明确概念的逻辑方法

（一）概念的限制与概括

凡是有真包含关系（属种关系）或真包含于关系（种属关系）的两个概念，它们的外延和内涵存在反变关系，即，一个概念的外延愈大，则它的内涵愈小；一个概念的外延愈小，则它的内涵愈大。反之，一个概念的内涵愈小，则它的外延愈大；一个概念的内涵愈大，则它的外延愈小。例如，“法”与“刑法”是两个具有属种关系的概念，前者的内涵小于后者，而它的外延要大于后者。根据这一反变关系，就能了解如何缩小、扩大概念的外延，使之形成一个新的概念。这就是概念的限制和概括。

1. 概念的限制

概念的限制是指通过增加概念的内涵、缩小概念的外延来明确概念的逻辑方法。概念的限制在语言上通常表现为增加修饰语。例如，通过对“犯罪”增加“故意”这一内涵，就由“犯罪”过渡到“故意犯罪”。这就是对“犯罪”这一概念的限制。不过，也有不通过增加修饰语而是直接换语词进行限制的。例如，傅雷给傅聪的临别赠言是：“第一，做人；第二，做艺术家；第三，做音乐家；最后才是钢琴家。”这里的连续限制过程是“人→艺术家→音乐家→钢琴家”。经过限制得到了以原来的概念为属概念的种概念。对外延大的概念可以连续多次进行限制，但限制是有极限的，这个极限就是单独概念，因为在它之下没有种概念。例如，四川省成都市龙泉驿区人民法院的派出法庭“十陵法庭”，“十陵法庭”不是对“龙泉驿区人民法院”的限制，而是它的组成部分或说明。

2. 概念的概括

通过减少概念的内涵、扩大概念的外延，由一个外延较小的概念过渡到一个外延较大的概念，即由种概念过渡到属概念的逻辑推演方法，就是概念的概括。例如，通过对“继承法”减少“继承”这一内涵，就由“继承法”过渡到“法”。这就是对“继承法”这一概念的概括。

概括的推演方法也是两种：一种是在被概括的概念前去掉种概念的限制词，例如，先将“成都大学”概括为“中国西部的大学”，再将“中国西部的大学”概括为“大学”，就是连续概括。另一种方法是将表示属概念的词语替换为表示种概念的词语，如将“教师”概括为“知识分子”。概括同样可以连续进行，但也有极限，概括的极限是哲学范畴，因为范畴是外延最大的属，在它之上没有比它更大的属概念了。比如“物体”概括为“物质”，物质是一个哲学范畴，这时就不能再概括了。

（二）揭示概念内涵的方法——定义

1. 什么是定义

定义亦称界定，是对概念的内涵予以揭示或对语词的含义予以简要的说明和解释。也即，定义就是揭示概念内涵的逻辑方法。按亚里士多德的说法，“定义乃是揭示事物本质的短语"[1]。无论以什么方式下定义，定义都必须包括被定义项、定义项和定义联项三个部分。

例 1：商品是为交换而生产的劳动产品。

例 2：政治权利就是公民依法享有的参与国家政治生活的权利。

被揭示内涵的概念叫作被定义项，如例 1 中的“商品”和例 2 中的“政治权利”；用来下定义的概念叫作定义项，如例 1 中的“为交换而生产的劳动产品”和例 2 中的“公民依法享有的参与国家政治生活的权利”；而表示定义项与被定义项联结关系的是定义联项，如例 1、2 中的“是”“就是”都是定义联项。归结起来，定义的结构大致可以写成下述公式：

Ds 就是 Dp

这里，Ds 代表被定义项，Dp 代表定义项，“就是”代表定义联项。

2. 下定义的方法

定义的对象可以是某个语词所代表、所指称的事物或对象，也可以仅仅是该语词本身，于是有“实质定义”和“语词定义”之分。

(1) 实质定义。

实质定义是最常见的内涵定义形式，要用精练的语句揭示这个概念所反映的对象的特有属性或本质属性，借以将不同事物区别开来。实质定义是严格意义上的定义，又称真实定义。例如，“法律是由国家制定或认可的、体现统治阶级意志的、以国家强制力保证实施的行为规范”这个定义就揭示了“法律”的特有属性，从而明确了“法律”这个概念的内涵。

实质定义一般采用“属加种差”的方式给事物下定义，因此也称属加种差定义。此处种差是指被定义概念与在同一属概念下的同层次的其他种概念之间的差别。例如，“法律”这个概念就是以“行为规范”为属概念的，而它与其他的行为规范种类的区别就叫作“种差”。下定义最常用的方法，就是找出被定义概念的属概念，然后找出相应的种差，并以“被定义项=种差+属”的形式给出定义。例如，给“刑法”这一概念下定义，先要找出它的属概念“法律”，然后将“刑法”与其他部门法作比较，找出“刑法”与其他部门法的差别，即“关于犯罪和刑罚”的法律，再把种差和属概念相加，就得到了“刑法”的定义：刑法就是关于犯罪和刑罚的法律。

事物具有的特有属性不同，我们在采用属加种差定义方法时，对同一事物也可以有不同定义。根据种差的不同，实质定义具体又分为以下几类。

一是性质定义。种差是事物现有的属性。例如，如前面所举的例 1、2 都是性质定义。

二是发生定义。种差是事物形成中的属性。例如，犯罪中止是指在犯罪过程中，自动放弃犯罪或者自动有效地防止犯罪结果发生的犯罪形态。

三是关系定义。种差是事物之间的关系。例如，“钝角是大于直角而小于平角的角”，该定义的种差“大于直角而小于平角”揭示的就是钝角与直角和平角之间的关

① 亚里士多德．亚里士多德全集：第一卷．苗力田，译．北京：中国人民大学出版社，1993：357.

系，因而是关系定义。

四是功用定义。种差是事物的功用，例如，证据就是可以用于证明案件事实的材料。

属加种差的下定义方法虽然经常应用，但并非对任何概念都适用。例如，不能给“范畴”下定义，因为“范畴”是外延最大的概念，无法找出它的属概念。而且，用属加种差方法也很难给单独概念下定义，因为单独概念反映的是一个特定事物，它与其他概念间的差别很多，很难用简单的语句加以概括。这是属加种差定义方法的局限之处。

（2）语词定义。

语词定义方法是以语词本身为定义的对象，常常涉及该语词的词源、意义、用法等，而不涉及该语词所代表、指称的事物和对象。

语词定义方法有两种类型：一是说明的语词定义，就是对某个语词已经确定的意义进行说明的语词定义。例如，乌托邦的原词“utopia”来自两个希腊语的词根：ou是没有的意思，topos是地方的意思，合在一起是“没有的地方”的意思，即空想。二是规定的语词定义，是对一个新语词规定一个确定的含义，或对一个旧语词规定一个新含义，或对语词在特定语言环境中的含义加以规定的语词定义。例如，本法所说的“以上”“以下”“以内”，都包含本数在内。

3. 定义的规则

如果要下一个好的定义，或者说下一个可以接受的定义，我们除了掌握定义的方法和具备一定的科学知识外，还要让所下的定义满足一定的条件或标准、遵守一定的规则。具体介绍如下。

（1）定义应当相应相称。

定义项的外延与被定义项的外延必须全同。违反这条规则的逻辑错误有定义过宽或定义过窄两种。

定义过宽，即定义项的外延大于被定义项的外延，定义项真包含被定义项，结果造成把本来不属于被定义概念外延的对象也包括在该概念的外延之中。例如，“犯罪就是违法行为”，如果把它作为定义，就犯了定义过宽的错误，因为并非所有“违法行为”都是“犯罪”，“违法行为”不仅包括“犯罪”，还包括那些不构成犯罪的轻微违法行为。

定义过窄，即定义项的外延小于被定义项的外延，定义项真包含于被定义项，结果造成把本来属于被定义概念外延的对象排除在该概念的外延之外。例如，“中华人民共和国公民就是年满十八周岁、具有中华人民共和国国籍的人”，如果把它作为定义，就犯了定义过窄的错误，因为未满十八周岁而具有中华人民共和国国籍的人也是中华人民共和国公民。

（2）定义中不得直接或间接地包含被定义项。

给概念下定义，是用定义项去揭示被定义项的内涵，从而使被定义项明确。如果定义项直接或间接地包含被定义项，则定义项又要用被定义项加以揭示，等于用被定义项自己解释自己，自然达不到揭示内涵的目的。所以，定义项不能直接或间接地包含被定义项，否则就会犯“同语反复”或“循环定义”的错误。

所谓“同语反复”是指定义项直接包含了被定义项。例如，“法学家就是被人称为法学家的人”，如果把它作为定义，就是犯了“同语反复”的错误，因为它的定义项直接包含了被定义项，没有真正揭示被定义项的内涵。“同语反复”在语言表达上表现为语词的反复。

所谓“循环定义”是指定义项间接地包含了被定义项，在用定义项去刻画、说明被定义项时，定义项本身又需要或依赖于被定义项来说明。例如，“太阳就是白昼发光的星体”，而什么是白昼呢？“白昼就是有太阳的时候”。这就等于说“太阳就是有太阳时候……”，犯了“循环定义”的错误。但是，对于有些关系概念的定义，某种程度的循环是允许的，甚至是必不可少的。例如，什么是原因和结果？原因就是引起一个现象的现象，而结果是由一个现象所引起的现象。

(3) 定义必须清晰明确且不能使用比喻。

定义不能用含混、隐晦或比喻性词语来表示，否则就会犯“定义含糊不清”或“用比喻下定义”的错误。例如，“生命是通过塑出来的模式化而进行的新陈代谢”，如果把它作为定义，就使人感到费解，其原因就在于定义项含混不清。比喻是一种积极的修辞手法，但如果用比喻来下定义，同样不能起到定义的作用。例如，在“儿童是祖国的花朵”这一语句中，以“花朵”比喻“儿童”，形象生动，但是如果把它作为定义就不正确，理由是它没有揭示“儿童”的内涵。

(4) 定义一般用肯定的语句和正概念。

下定义是为了弄明白一个事物本身是什么，而不是它不是什么。因为一个事物除了是它本身之外，它不是世界上其他的一切事物，而这样的事物是列举不完的。所以，除非必要，定义不能用否定形式，否则就会犯“定义否定”的错误。例如，“直线不是曲的线”，“盗窃罪不是危害公共安全罪”，这两个语句如果作为定义都是错误的，因为前者只表示“直线”不具有“曲的”的属性，但没说明直线究竟具有什么属性；后者同样没有揭示“盗窃罪”具有什么特有的属性。然而，如果被定义项本身是一个负概念，或者不具有某种属性正好是该概念所指称的事物的主要特征或本质属性，那么就可以使用否定形式进行定义。例如，“无效婚姻就是因欠缺婚姻成立的法定要件而不发生法律效力的婚姻”，这就是一个否定式定义，被定义项“无效婚姻”是负概念，但它是一个正确的定义。

(三) 揭示概念外延的方法——划分

划分就是把一个概念的外延（概念所指事物的集合）按照一定的标准，分为若干小类（真子集）的明确概念外延的逻辑方法。通过划分可把一个属概念分成若干个种概念。

> 例 1：犯罪分为故意犯罪和过失犯罪。
>
> 例 2：证据有书证、物证、视听资料、证人证言、当事人的陈述、鉴定意见和勘验笔录。

例 1、2 都是划分。例 1 揭示了“犯罪”的外延，例 2 揭示了“证据”的外延。

划分有三个构成要素：划分母项、划分子项和划分标准（划分根据）。其中，划分母项是指外延需要明确的属概念，即被划分的概念，如例 1 中的“犯罪”和例 2 中的

“证据”。划分的子项是指用来明确母项外延的种概念，即从母项中划分出来的概念，如例 1 中的“故意犯罪”和“过失犯罪”，例 2 中的书证、物证、视听资料、证人证言、当事人的陈述、鉴定意见和勘验笔录。划分标准是指把母项分为若干个子项的根据，即划分所依据的事物的某种属性。如例 1 的划分标准是“犯罪的主观心态”，例 2 的划分标准是“证据的存在和表现形式”。就结构而言，划分标准在任何划分中都是不可或缺的，但在日常语言表达中通常被省略。

划分和分解二者截然不同，要注意加以区分。对某一概念进行划分，得出的子项与母项之间具有属种关系，子项一定具有母项的属性，如将人民法院划分为最高人民法院、地方各级人民法院和专门人民法院，划分出的概念都具有“人民法院”的属性。而分解是将一个对象分成若干部分，被分解的对象与其各部分之间关系是整体与部分的关系，部分不具有整体的属性。例如，把人民法院分为民事审判庭、刑事审判庭、行政审判庭等则是分解，分出的概念不是“人民法院”的外延，不具有“人民法院”的属性。

1. 划分的种类

（1）一次划分与连续划分。

一次划分就是依据一个标准，把母项分为若干子项。如前述对“证据”的划分，就属于一次划分。连续划分就是逐层的多次划分，把划分后的子项作为母项继续划分，直到满足需要为止。例如，刑罚分为主刑和附加刑；主刑包括管制、拘役、有期徒刑、无期徒刑和死刑；附加刑包括罚金、剥夺政治权利和没收财产。连续划分的母项和子项至少有三层，具体划分次数要根据需要而定。

（2）对分法（二分法）。

这是一种特殊的常用划分方法，指把被划分的概念（B）分成一对具有矛盾关系的概念 A 和负 A，例如，把“行为”分为“合法行为”和“非合法行为”。从概念的种类来看，二分法恰好是将一属概念分为一正概念和一负概念。二分法的特点是着重明确正概念的外延，至于负概念的外延只有在确定它的论域后才能加以明确。

2. 划分的规则

掌握划分的规则可以检查划分是否正确。划分的规则有如下几条。

（1）划分应当相应相称。

划分应当相应相称，即划分后所得出的各子项的外延之和必须与母项的外延相等。如果子项的外延之和大于母项的外延，就会犯“划分过宽”的逻辑错误，这种错误也称为“多出子项”。例如，“附加刑分为罚金、剥夺政治权利、没收财产和缓刑”，这一股分就犯了“多出子项”的错误，因为缓刑不属于附加刑，它是刑罚具体运用中的规定。

如果子项的外延之和小于母项的外延，就会犯“划分过窄”的逻辑错误，这种错误也称为“子项不全”。例如，“近亲属有夫、妻、父、母、子、女”，就犯了“划分过窄”的错误，因为该划分遗漏了“同胞兄弟姊妹”，使子项的外延之和小于母项的外延，从而不能准确地揭示出“近亲属”的外延。

（2）同一次划分必须依据同一个标准。

因划分标准不同，同一个母项所得的子项也必然不同。因此，每次划分只能有一个标准，必须按照同一标准进行，而不能有两个或两个以上标准。违反这条规则就会犯“划分标准不一”的逻辑错误。例如，将“法律”一次分为国内法、国际法、实体法和程序法，该划分就犯了“标准不一”的错误。

（3）划分的子项应当互相排斥。

划分得出的子项外延之间应当是不相容关系。违反这条规则，就会犯“子项相容”的逻辑错误，出现有的对象既属于这个子项又属于那个子项的情况，引起混乱。例如，“证据包括直接证据、间接证据、有罪证据、无罪证据和实物证据等”，这一划分出现了多个“子项相容”的逻辑错误，诸如“实物证据”可分别与“直接证据”“间接证据”“有罪证据”“无罪证据”相容，或“直接证据”也可以分别与“有罪证据”“无罪证据”相容，或“有罪证据”也可以分别与“直接证据”“间接证据”“实物证据”相容。

（4）划分应当按层次进行而不能跳跃划分。

每次划分所得的子项应当是同一层次的。划分应当按层次进行而不能跳跃划分，因为属种关系的概念是有层级的，如果混淆层次进行划分，就会犯“层次不分”或“越级划分”的错误。例如，“我国刑罚包括主刑、罚金、剥夺政治权利、没收财产”，这个划分是把“主刑”和“附加刑”下不同层次的几个种概念并列，属于“层次不清”。再如，“我国刑罚包括管制、拘役、有期徒刑、无期徒刑、死刑、罚金、剥夺政治权利、没收财产”，这种一股脑的列举没有主次，是越级划分，少了中间层次“主刑”和“附加刑”的划分。

第二节　明确法律概念的逻辑方法

一、法律概念的含义及特征

（一）法律概念的含义

法律概念是法律的基本构成要素之一，是指人们在长期的法学研究和法律实践中对经常使用的一些专门术语进行抽象、概括所形成的具有特定法律意义的专门法律术语。像“合同”“公司”“违约责任”“法人”“管制”“侵权”“时效”等都是比较典型的法律概念。在法律发展史上，法律概念的形成是法律文明发展的重要标志之一，要进行简洁明晰的法律思维就必须使用法律概念。

（二）法律概念的特征[①]

1. 描述性与规定性的统一

法律概念的确立和形成，既有人类知识的累积和传承，也是立法者自身意志的体现。因此，法律概念从其内涵的确立和形成来看，体现了描述性与规定性的统一。正确认识法律概念的这一特征，对于司法实践中正确地运用法律概念具有重要意义。

法律概念的描述性内涵，又称认识性内涵，其构成性质是通过对象之间的比较而

① 本部分参见郝建设．法律逻辑学．2版．北京：中国民主法制出版社，2013：38－41．

确立的，因此它是人们对于法律概念所指称的那类对象的认识成果。例如，“商业秘密就是指不为公众所知悉、能为权利人带来经济利益、具有实用性并经权利人采取保密措施的技术信息和经营信息”，其中“不为公众所知悉、能为权利人带来经济利益、具有实用性并经权利人采取保密措施”这一属性就是对“商业秘密”这一对象的描述和认识。“不为公众所知悉、能为权利人带来经济利益、具有实用性并经权利人采取保密措施”作为“商业秘密”的内涵，就是通过与“非商业秘密信息”比较后确立下来的。

法律概念的规定性内涵，其构成性质是人们根据实践的需要通过人为规定的方式加以确立而形成的。例如，我国《著作权法》第3条[①]规定就是我国法律对著作权法所保护客体“作品”这一法律概念的规定。又如我国《合同法》第117条第2款对“不可抗力”作的规定——“本法所称不可抗力，是指不能预见、不能避免并不能克服的客观情况”，就是立法者的人为规定。

在法律创制和法律解释过程中，毫无疑问，大多数法律概念都是通过以人为规定的方式对其内涵加以确立而形成的，但是，这样的“人为规定”并非立法者随心所欲的任意规定，是立法者基于人类认识的成果，在描述基础上所进行的规定。

例如，提交全国人大常委会审议的《民法总则草案》一审稿将限制民事行为能力的未成年人的年龄下限标准从“十周岁”降到“六周岁”，其主要考虑是：随着经济社会的发展和生活教育水平的提高，未成年人生理、心理的成熟程度和认知能力都有所提高，适当降低年龄有利于其从事与其年龄、智力相适应的民事活动，更好地尊重这一部分未成年人的自主意识，保护其合法权益。这一调整也与我国义务教育法关于年满六周岁的儿童须接受义务教育的规定相呼应，实践中易于掌握、执行。但是，在全国人民代表大会审议《民法总则草案》过程中，一些代表提出，六周岁的儿童虽然有一定的学习能力，开始接受义务教育，但认知和辨识能力仍然不足，在很大程度上还不具备实施民事法律行为的能力，建议改为八周岁为宜；也有的代表建议维持现行十周岁不变；还有的代表赞成下调为六周岁。全国人大法律委员会经研究，按照既积极又稳妥的要求，建议在现阶段将限制民事行为能力人的年龄下限修改为八周岁。《民法总则》最终将限制民事行为能力人的年龄下限修改为八周岁。[②]

可见，全国人大对“限制民事行为能力人的年龄下限”的规定是建立在“未成年人生理、心理的成熟程度和认知能力”这一描述性认识的基础上的。

鉴于法律概念是描述性与规定性的统一，在运用法律概念时就应特别要注意两点：第一，理解或解释法律文本中的语词所表达的概念时，在内容方面必须体现其法律规定性，而不能按自己的个人理解进行任意解释；第二，运用语词表达法律概念时，也

① “本法所称的作品，包括以下列形式创作的文学、艺术和自然科学、社会科学、工程技术等作品：（一）文字作品；（二）口述作品；（三）音乐、戏剧、曲艺、舞蹈、杂技艺术作品；（四）美术、建筑作品；（五）摄影作品；（六）电影作品和以类似摄制电影的方法创作的作品；（七）工程设计图、产品设计图、地图、示意图等图形作品和模型作品；（八）计算机软件；（九）法律、行政法规规定的其他作品。”

② 中华人民共和国民法总则条文释义．北大法宝网，http：//sclx. pkulaw. cn/CLink _ form. aspx? Gid=291593&Tiao=19&km=siy&subkm=0&db=siy.

必须注意其法律规定性。

2. 确定性与不确定性的统一

正确思维要求概念具有确定性。概念是否具有确定性，其标志在于概念是否明确，而所谓概念明确，就是指概念的内涵清晰、外延确定。法律概念与其他任何概念一样，既有其确定性的一面，也有其不确定性的一面，是确定性与不确定性的矛盾统一体。只不过有些法律概念的确定性程度相对高一些，有些则相对低一些。譬如像“正义”这类法律概念，尽管人们对其赋予了多层次、多方面的含义，具有极大的不确定性，是一个典型的不确定性概念，但它作为一个价值评价性概念，作为人类社会追求的一种美德和崇高理想，已成为人们的共识，因此，说“正义”这个概念具有不确定性也只是说其确定性程度相对较低而已。从法律逻辑学的角度来看，法律概念的确定性与不确定性是依据其内涵或外延的确定性程度来区分的。

(1) 法律概念的确定性。

通常，法律概念的确定性表现为以下情形。

第一，内涵清晰、外延封闭。这种法律概念在法律中不但明确揭示了其内涵方面的构成性质，而且明确界定了它所指称的对象范围，也就是穷尽地列出了它所指称的每个个别对象或者各个对象类。例如《检察官法》第 2 条规定：“检察官是依法行使国家检察权的检察人员，包括最高人民检察院、地方各级人民检察院和军事检察院等专门人民检察院的检察长、副检察长、检察委员会委员、检察员和助理检察员。”

第二，内涵清晰、外延开放。此种法律概念在法律中只是揭示其内涵方面的构成性质，而没有列出或者没有穷尽地列出其外延指称的对象。既然概念的内涵决定了它指称的对象范围，那么只要内涵清晰，也就建立了区分某个或某类对象是否属于该概念外延的标准，其外延即指称的对象范围也就相对确定了。但是这一范围是开放的，没有明确指出或者没有穷尽地列出具体指称的对象。例如，《公务员法》第 2 条规定：“本法所称公务员，是指依法履行公职、纳入国家行政编制、由国家财政负担工资福利的工作人员。”这里，虽然没有明确告知我们究竟哪些工作人员是“公务员”、哪些工作人员不是“公务员”，但是提供了归类的依据和标准，借此也就可以间接地把握其外延指称的对象。

第三，内涵不清晰、外延封闭。在法律实践中，有时人们对某些概念很难揭示出它的内涵，或者虽然能够揭示出它的内涵，但在实践方面并不特别需要了解它的内涵。此种情况下，只要穷尽地列出它所指称的全部对象即可。也可以说此种概念是确定性法律概念。例如，最高人民法院《关于贯彻执行〈中华人民共和国民法通则〉若干问题的意见（试行）》（部分废止）第 12 条规定，《民法通则》中规定的近亲属，包括配偶、父母、子女、兄弟姐妹、祖父母、外祖父母、孙子女、外孙子女。

毋庸置疑，大部分法律概念都是确定性法律概念，因为绝大部分法律概念具有技术性语言的特点，具有语义的单一性。这与日常使用的概念不同，日常使用的概念大多具有多义性，属不确定性概念。法律概念有许多来自日常生活，日常使用的概念在立法者对其内涵或外延作出严格界定后即成为确定性法律概念。例如，作为民法概念的“所有权”“债权”“近亲属”，作为刑法概念的“遗弃”“诽谤”“侮辱”等，与上述相同语词在日常使用中的概念相比较，就成为确定性概念。

一般而言，在作为法律主体部分的规则中出现的法律概念，抽象性程度较低，又有明确的界定，可操作性较强。这类概念大多属确定性概念，总体上体现了法律的刚性和僵硬性，由此赋予法官的自由裁量权极为有限。

(2) 法律概念的不确定性。

不确定性法律概念是指内涵不清晰，并且外延开放的法律概念。此类概念在法学上被称为类型式或规范性概念。例如，民法中的“善良及公允”这一概念从规范意义上看极为模糊，在法律意义上没有确定的内涵和外延，其适用范围几乎没有限制。此外，“公平”“合理”“平等”“社会公德”“社会公共利益”“情节严重的行为”“重大事由”等也属于此种类型。

不确定性法律概念通常出现在法律的一般原则中，其内涵与外延往往都没有严格、精确的界定，抽象性程度较高，可操作性较差。如《民法总则》和《合同法》中表述一般原则时使用了诸如“公平”“诚实信用”“公序良俗”等法律概念，这些概念具有很大的歧义性，它们不仅具有法律方面的含义，而且具有哲学、社会学、伦理学以及日常生活等方面的含义。因此，在法律适用中如有具体法律规定可供适用，通常不能直接以此类法律概念作为裁判依据，否则，可能会由于其内涵和外延的不确定性而导致法官对自由裁量权的滥用，从而导致司法的不公正。但是，由于立法者认识的局限性，法律不可能穷尽社会现实中发生的本应由法律调整的一切情况，所以，当没有具体规定或者在某些特定情况下适用该规定会导致不公正的结果时，此类抽象性程度高的法律概念因其外延涵盖面广而能在法律适用中作为补充法律漏洞的方法。

不确定性法律概念在法律规定中经常会碰到，如《合同法》第 95 条第 2 款规定的“法律没有规定或者当事人没有约定解除权行使期限，经对方催告后在合理期限内不行使的，该权利消灭”，《民法总则》第 19 条规定的“八周岁以上的未成年人为限制民事行为能力人，实施民事法律行为由其法定代理人代理或者经其法定代理人同意、追认，但是可以独立实施纯获利益的民事法律行为或者与其年龄、智力相适应的民事法律行为”，以及《刑法》中规定的“……情节特别严重的（犯罪）”“三年以上十年以下有期徒刑”等，都是不确定性法律概念。这些概念出现在具体的法律规定中，实际上赋予了法官一定的自由裁量权，以适应成文法的局限。

不确定性法律概念的内涵不清晰、外延开放，它体现了法律的灵活性和弹性的一面。在法律实务中，人们并不苛求所有的法律概念都必须具有确定性，事实上，某些法律概念在一定程度上具有不确定性也是实践的需要，因为“立法机关考虑到法律不可能包容诸多难以预料的情况，不得不把补充和发展法律的部分权力授予司法者，以模糊规定或不确定规定的方式把相当大的自由裁量权交给了法官”①。

二、揭示法律概念内涵的逻辑方法

（一）法律定义

定义在法律领域的应用极为广泛，有着极为重要的作用。例如，在立法过程中，

① 梁慧星．民法解释学．北京：中国政法大学出版社，1995：306.

立法者必须对一些至关重要的或者被立法者赋予了与日常用语不同含义的概念进行定义，否则，与之相关的法律条文就会出现含混不清的情况。对法的遵守来讲，法律概念的明确性是国家机关、社会组织和公民个人依法办事的首要条件，如果法律对某一法律概念应当下定义而不下定义，就会导致守法者对自己的行为以及自己行为的后果缺乏预测性，同时也会有损法律的权威性和社会的安定性。在法律适用层面，法官如果不通过定义来揭示相关法律概念的内涵，就无法论证其对具体案件进行司法归类的合理性。

定义对于法律概念的作用，主要表现在两个方面：一方面是规定法律概念的内涵，即法律概念的构成要件；另一方面则是界定某一法律概念与其他法律概念的区别，即规定某一法律概念应在何种意义上使用。正如英国学者哈特所指出的，“……普普通通的定义以质朴的方式为我们提供两方面的情况：一方面是关于这些词的正规用法，一方面是关于这些词所表示的事物。此类常见的定义要做两件事情，一件事情是通过提供一个代号或公式来把被定义的词转换成其他易懂的用语，另一件事情是通过提示该语词所涉及的事物特征——既包括此事物与同类事物的共有特征，也包括使之与其他种类事物区别开来的特征——来划定它的范围”①。

法律定义，即法律概念的定义，一般情况下也是借助于“属加种差”的方法来揭示法律概念的构成要件——其内涵方面的构成性质——而作出的。但是，法律概念的种差往往是通过立法者的专门规定来确立的，其构成要件也往往不具有某种单一的性质，而是具有多种性质，即种差项。由于被定义项的性质一般不止一个，种差项的不同组合方式也就决定了法律概念的不同定义结构，在确立法律概念的种差时，具体情形往往比较复杂。因此，对法律概念种差项之间的关系的理解，对于准确地把握法律概念至关重要。从法律定义的逻辑结构来看，依其构成要件之间的逻辑关系不同而表现为两种基本形式。②

1.“或者型”法律定义

当被定义的法律概念指称的对象或行为，包括了两种或以上的不同类型，并且分别具有某个方面的不同特征时，种差不能给以总的概括，只能分别列举。如此，这样的种差项之间就具有“或者”一词所表示的逻辑关系。种差项之间所具有的这样关系，其逻辑性质与普通逻辑学所说的选言判断“析取”（可用符号表示为“∨”）性质相同，表明其适用范围具有选择性。具有这种结构形式的法律定义，可称为“或者型”法律定义，也称析取式法律定义。

如果用“LC”表示被定义的法律概念（legal concept），“C”表示它的属概念（genus），“S_1、S_2、S_3、…、S_n”表示其种差（differentia specifica）项，“∨”表示“或者”（析取）关系，则其定义结构形式可用公式表示为：

$$LC = (S_1 \vee S_2 \vee S_3 \vee \cdots\cdots \vee S_n) + C$$

例如，我国《刑法》第303条关于“赌博罪”的规定，就是一个“或者型”定义结构：“以营利为目的，聚众赌博或者以赌博为业的，处三年以下有期徒刑、

① 哈特．法律的概念．张文显，等译．北京：中国大百科全书出版社，1996：15.

② 郝建设．法律逻辑学．2版．北京：中国民主法制出版社，2013：45-47.

拘役或者管制，并处罚金。”

这一法律定义就揭示了“赌博罪”这一法律概念所包括的“聚众赌博”“以赌博为业”这两种类型行为的根本特征。“或者型”法律定义列举的各个种差项，是被定义法律概念指称的不同类型行为分别具有的性质，因此，当我们依据这种定义认定对象时，只要被认定的行为具有其中任一种差项表明的性质，就可确认该行为属于被定义法律概念指称的对象。同时，也只有当该行为不具有任一种差项表明的性质，才可予以否定。

“或者型”法律定义是否正确，取决于各种差项的外延之和，是否恰好与被定义项的外延相等。如果定义项中列举的种差项有所遗漏，各种差项的外延之和就会小于被定义项的外延，这样就会犯“定义过窄”的逻辑错误。反之，如果“或者型”法律定义的定义项中列举的种差项多于被法律概念指称的对象类型，各种差项的外延之和就会大于被定义项的外延，这样就会犯“定义过宽”的逻辑错误。

2.“并且型”法律定义

当被定义的法律概念指称的对象或行为共同具有若干项种差表明的性质，并且这些种差项反映的性质组合成一个整体，才能成为被定义的法律概念指称的对象的根本特征（构成要件）时，这样的种差项之间就具有“并且”一词表示的逻辑关系。如此，种差项之间具有的这种关系，其逻辑性质与普通逻辑学所说的联言判断“合取”（可用符号表示为“$\wedge$”）的性质相同，表明种差项反映的性质不可分割、缺一不可。具有这种结构形式的法律定义可称为“并且型”法律定义，也可称为合取式法律定义。

如果用“LC”表示被定义的法律概念，“C”表示它的属概念，“S_1、S_2、S_3、…、S_n”等表示种差项，“$\wedge$”表示合取关系，则其定义结构形式可用公式表示为：

$$LC=(S_1 \wedge S_2 \wedge S_3 \wedge \cdots\cdots \wedge S_n)+C$$

例如，《合同法》第117条第2款关于“不可抗力”的定义为：本法所称不可抗力，是指不能预见、不能避免并不能克服的客观情况。该定义中的种差项之间，即“不能预见”（S_1）、“不能避免”（S_2）、“不能克服”（S_3）之间，就具有合取的逻辑关系。

“并且型”法律定义是否正确，主要取决于各种差项组合后，其指称的对象是否恰好与被定义法律概念的外延相等。若定义项中列出的种差项少于被定义法律概念应有的种差项之外延，就会犯“定义过宽”的逻辑错误；反之，若多于被定义法律概念应有的种差项之外延，就会犯“定义过窄”的逻辑错误。

（二）法律的文义解释

所谓法律的文义解释，又称文字解释或字面解释，属于文理解释的一种方法，即从词义（字义）上对法律规定中所使用的语词或词组予以注释，或者从逻辑上对法律规定中所使用的法律概念的内涵、外延予以揭示，进而阐明法律规定的含义和内容。对法律进行字面解释，通常采用真实定义或语词定义的方法，如最高人民法院《关于审理技术合同纠纷案件适用法律若干问题的解释》第1条对“技术成果”及“技术秘密”的规定：“技术成果，是指利用科学技术知识、信息和经验作出的涉及产品、工艺、材料及其改进等的技术方案，包括专利、专利申请、技术秘密、计算机软件、集成电路布图设计、植物新品种等。技术秘密，是指不为公众所知悉、具有商业价值并经权利人采取保密措施的技术信息。”法律的文义解释方法可分为限制解释和扩大解释两种类型。

1. 限制解释

限制解释又称限缩解释，是指法律条文的文义范围过于宽泛，不符合立法本意，从而限缩法律条文的文义范围，以求正确地阐明和确定法律规定的内容和意义的法律解释方法。例如，对《婚姻法》第 15 条第 1 款——“父母对子女有抚养教育的义务；子女对父母有赡养扶助的义务”——中的“子女”就应作限制解释：前一个“子女”应限制为“未成年子女或者丧失劳动能力的子女”，后一个“子女”应限制为“成年和具有劳动能力的子女”。

2. 扩大解释

扩大解释亦称扩张解释，是指法律条文的文义范围过于狭窄，不足以表示法律规定的意旨，从而对法律条文的文义范围予以扩大，以求正确地阐明法律规定的意义和内容的法律解释方法。如《侵权责任法》第 72 条——“占有或者使用易燃、易爆、剧毒、放射性等高度危险物造成他人损害的……”——及第 73 条——“从事高空、高压、地下挖掘活动或者使用高速轨道运输工具造成他人损害的……”——中的“高空”“剧毒”两概念，考察该条法律规定的立法本意，显然不可拘泥于文义解释，应采扩大解释方法，将“高空”扩大解释为“空中”，将“剧毒”扩大解释为“有毒”。

可见，限制解释是概念的限制方法在法律解释中的具体运用，也就是由所要解释的法律条文中的属概念过渡到被解释的事实上的对象（种概念）。扩张解释则是概念的概括方法在法律解释中的运用，即由所要解释的法律条文中的种概念过渡到被解释的事实上的对象（属概念）。限制解释和扩大解释是以概念间的从属关系（属种关系和种属关系）作为逻辑基础的。凡进行扩张解释，其要解释的法律条文中的概念（A）与被解释的事实上的对象（B）之间必须具有种属关系，而进行限制解释，其要解释的法律条文中的概念（A）与被解释的事实上的对象（B）之间必须具有属种关系。如果所要解释的法律条文中的概念（A）与被解释的事实上的对象（B）之间不具有从属关系（种属关系或属种关系），而具有同级并列关系，则既不能进行限制解释，也不能进行扩大解释。这是进行限制解释和扩大解释的逻辑要求。

尽管从逻辑上看，限制解释与扩大解释的思维进程正好相反，限制解释由属概念过渡到其种概念，而扩大解释是由种概念过渡到其属概念，但它们二者的解释目标实质上是一致的，都是通过解释使失之狭窄或宽泛的法律条文的文义与法律规定的立法本意（或立法目的）的范围趋于一致。当然，法律条文之文义是否失之狭窄或宽泛，不能仅凭解释者的主观想象，而必须将法律条文所使用的语词的文义范围与该条法律规定的目的范围（即法律理由）加以比较，然后作出正确的判断。因此，无论是进行限制解释还是扩大解释，都必须基于一定的法律理由。对此，日本学者川岛武宜曾有简单形象的说明：“我们先假定，某一法律规定之中含有 a、b、c、d、e、f 等要素，且再假定在处理某个具体的问题时，若按该规定原来的内容适用则会产生不当的结果。此时，法官和法学家会改变构成三段论大前提的法律规范的内容，在原来的 a、b、c、 d、e、f以外再加上g或者减去f，使其与构成小前提的事实相符并进而导出结论。”[①]在原来的基础上再加上一些东西，其实就是进行限制解释，而在原来的基础上减去某些东西则是进行扩大解释。

三、揭示法律概念外延的逻辑方法

（一）举例与列举

举例，就是通过列出概念指称的一个具体实例来明确其外延的逻辑方法，亦称为实指定义。美国法学家格雷曾指出："我们在运用抽象概念的时候，往往面临一种危险，这种危险在其他学科中也同样存在，那就是易于偏离现实世界，所以，避免此种危险的最好方法就是以实例来辅佐我们的抽象思维。"[②] 在立法中，揭示法律概念的外延时，通常较少运用举例这种方法。但在法律适用、法制宣传、法律教学及法学研究中却是经常运用举例的。

列举是指通过列出概念指称的对象来明确其外延的逻辑方法，有穷举和枚举之分。所谓穷举，就是通过逐一列出概念指称的全部对象来明确概念外延的逻辑方法。例如，《民法总则》第96条第1款的规定——"本节规定的机关法人、农村集体经济组织法人、城镇农村的合作经济组织法人、基层群众性自治组织法人，为特别法人。"《专利法》第2条的规定——"本法所称的发明创造是指发明、实用新型和外观设计"等都是穷举。所谓枚举是指仅列出概念指称的已知对象或典型对象来明确概念外延的逻辑方法，亦称为例示（instantiation）。例示在法律创制和法律解释中，通称为例示规定，其运用相当广泛和普遍。例如，《民法总则》第24条第3款规定："本条规定的有关组织包括：居民委员会、村民委员会、学校、医疗机构、妇女联合会、残疾人联合会、依法设立的老年人组织、民政部门等。"最高人民法院《关于贯彻执行〈中华人民共和国民法通则〉若干问题的意见（试行）》（部分废止）第31条关于《民法通则》第21条第2款中的"其他费用"，包括赡养费、扶养费、抚育费和因代管财产所需的管理费等必要的费用的解释，都属于枚举，即例示。

（二）划分与分类

划分是依据某一标准将一个属概念分为若干个种概念，从而明确其外延的逻辑方法。而分类是依据对象的本质属性将一个大类分成若干个小类的逻辑方法。分类是更严格的划分，划分则是更随意的分类，仅从逻辑上看，二者并无本质上的差异。但分类的标准更科学、更严格，因而也是更加稳固的划分。在法律创制和法律解释中，划分与分类也是明确法律概念外延的两种最常用的逻辑方法。例如，我国《担保法》将法定担保方式分为保证、抵押、质押、留置和定金共五类，就是分类的运用。当然，从某种意义上，也可以将其看作是划分的应用。

---

① 训岛武宜．现代化与法．王志安，等译．北京：中国政法大学出版社，1994：259-260.

② John Chipman Cray, *The Nature and Sources of the Law* (second edition, London: the Macmilian Press Ltd., 1931), p.4.

参考文献

[1] 金岳霖．逻辑．北京：中国人民大学出版社，2010.

[2] 张继成．实用法律逻辑教程．2 版．北京：中国政法大学出版社，2012.

[3] 张斌峰，李永铭，李永成，张莉敏．法律逻辑学导论．武汉：武汉大学出版社，2010.

[4] 郝建设．法律逻辑学．2 版．北京：中国民主法制出版社，2013.

[5] 陈金钊，熊明辉．法律逻辑学．2 版．北京：中国人民大学出版社，2015.

[6] 张大松，蒋新苗．法律逻辑学教程．3 版．北京：高等教育出版社，2014.

[7] 孔庆荣．法律逻辑学基础．3 版．北京：中国法制出版社，2008.

[8] 姜祖桢，刘梅．法律逻辑学．北京：中国物价出版社，2002.

[9] 陈康扬，潘利平．法律逻辑．成都：四川大学出版社，2007.

[10] 濮方平，王萍丽．法律逻辑新编教程．上海：上海大学出版社，2016.

[11] 雍琦．法律逻辑学．北京：法律出版社，2013.

[12] 雍琦．法律适用中的逻辑．北京：中国政法大学出版社，2002.

[13] 缪四平．法律逻辑：关于法律逻辑理论与应用分析的思考与探索．北京：北京大学出版社，2012.

[14] 武宏志，周建武．批判性思维——论证逻辑视角．修订版．北京：中国人民大学出版社，2010.

延伸阅读

缪四平．从广东许霆案看法律概念分析技术在疑难案件中的运用//缪四平．法律逻辑：关于法律逻辑理论与应用分析的思考与探索．北京：北京大学出版社，2012：107-111.

课后练习题

一、指出下列划线的概念是从内涵方面还是从外延方面来明确概念的

1. 社会关系是人们在社会活动过程中结成的各种关系的总称，包括经济、政治、思想、文化以及家庭等各方面的关系。

2. 国家机关是行使国家权力、管理国家事务的机关，包括国家权力机关、国家行政机关、审判机关、检察机关和军队等。

3. 文物是历代遗留下来的具有历史、艺术、科学价值的东西，分为珍贵文物和一般文物。珍贵文物是具有重要历史、艺术、科学价值的文物，分为一级文物、二级文物和三级文物。具有历史、艺术、科学价值的古文化遗址、古墓葬以及反映历史上各时代、各民族社会制度、社会生产、社会生活的代表性实物均属于文物范畴。

4.“经”，是我国古籍的通称，凡带有原理、原则性质的著述，皆可称为“经”。现在所指的“十三经”是历经各代，直到宋代才形成的。它包括《周易》《尚书》《诗经》《周礼》《仪礼》《礼记》《左传》《公羊传》《穀梁传》《论语》《孝经》《尔雅》《孟子》。

5. 本条所称商业秘密，是指不为公众所知悉，能为权利人带来经济利益具有实用性并经权利人采取保密措施的技术信息和经营信息。(《刑法》第219条第3款)

二、指出下列各语句中划线的语词哪些是在集合意义下使用的，哪些是在非集合意义下使用的

1. 在人民的国家中，人民享有广泛的民主和自由。

2. 法律面前人人平等。

3. 群众的眼睛是雪亮的。

4. 人民法院是我国的审判机关。

5. 书是人类进步的阶梯。

6. 中国人死都不怕，还怕困难吗?

三、从两种概念分类的角度（单独概念与普遍概念、正概念和负概念）说明下列各题中标有横线的概念属于哪一种类

1. 国家是阶级统治的工具。

2. 非婚生子女享有与婚生子女同等的权利。

3. 法律是建立在一定经济基础之上的上层建筑的重要组成部分。

4. 罪与非罪是一对矛盾概念。

5. 对于未遂犯，可以比照既遂犯从轻或减轻处罚。

四、用欧拉图表示下列各组概念之间的关系

1. A-案件；B-重大案件；C-历史案件；D-现行案件

2. A-主刑；B-附加刑；C-刑罚；D-刑法

3. A-杀人犯；B-犯罪嫌疑人；C-犯罪团伙

4. A-法学；B-社会科学；C-语言学；D-科学

五、分析下列定义有无逻辑错误，并说明理由

1. 主刑不是附加刑。

2. 建筑是凝固的音乐。

3. 亲属就是具有亲属关系的人。

4. 教师是人类灵魂的工程师。

5.“大国”就是比小国领土较大、人口较多的国家；“小国”则是比大国领土较小、人口较少的国家。

6. 新闻是东南西北发生的事。

7. 平反是对处理错误的案件的纠正。

8. 过失罪就是非故意的犯罪。

9. 审判权是法院依照法律审理和判决刑事案件的权力。

10. 非婚生子女就是没有婚姻关系的男女所生的孩子。

11. 法院是司法机关。

12. 诉讼就是打官司，打官司就是诉讼。

六、分析下列划分有无逻辑错误，并说明理由

1. 期刊有文学期刊、非文学期刊和外文期刊。

2. 人的行为可分为合法行为、违法行为、犯罪行为。

3. 人民法院分为刑事审判庭、民事审判庭、经济审判庭等。

4. 法律分为成文法、不成文法和习惯法。

5. 直系血亲包括父母、子女、祖父母和孙子女。

6. 刑事诉讼的强制措施包括拘传、监视居住、拘留。

7. 死亡分为正常死亡和非正常死亡。

8. 这个劳教所管教的对象有男犯、女犯和少年犯。

七、判断下列概念的限制和概括是否正确，并说明理由

1. 将“违法行为”限制为“贪污行为”，概括为“犯罪行为”。

2. 将“学生”限制为“中学生”，概括为“知识分子”。

3. 将“军队”限制为“人民战士”，概括为“专政工具”。

4. 将“喜马拉雅山脉”限制为“山脉”，概括为“喜马拉雅山最高峰”。

5. 将“监狱”限制为“女子监狱”，概括为“监管场所”。

八、案例分析

1. 德国的一个城市发布了一条规定：“任何进入城市公园的运输工具的速度不得超过每小时 20 公里。”一天，该市有一名中年男子进入了某一城市公园。这名中年男子是一位残疾人，平时以电动轮椅代步。当他坐着电动轮椅进入城市公园时，他突然加大了速度。根据电子监测装置的测算，该男子所坐电动轮椅的速度达到了每小时 42 公里。城市公园里的行人纷纷避让，警察要求该男子停下轮椅接受询问，但是该男子置之不理，警察只好强行使该名男子停下轮椅，并声称将根据上述规定对该男子进行处罚。该男子则认为：因为自身身体残疾，电动轮椅是其日常的行动工具，仅仅起到了代步的作用，而并不是一种运输工具。而关于城市公园的这条规定，仅仅限定了进入城市公园的运输工具的最高时速，电动轮椅不在限定范围之内，因此他的行为并不违法，而是符合法律规定的。

请问：本案涉及什么逻辑问题?

（提示：本案涉及明确“运输工具”这个概念的内涵和外延，确定“电动轮椅”是否属于“运输工具”的问题。请进行逻辑分析。）

2. 检察机关起诉书指控：被告人李某得知贵重兽毛可高价出售，遂窜入某市中心公园，寻机毒害老虎，并准备了毒药、猪肉、麻绳等作案工具。夜晚李某潜入公园，将拌有毒药的猪肉块塞进两个虎笼，造成两只老虎死亡的严重后果。李某毒害国家珍贵动物，使国家财产遭受重大损失，已构成投毒罪。

而李某的辩护律师在肯定被告人具有投毒事实的基础上，提出：不能因为行为人存在投毒的事实，就认为他必然触犯《刑法》第 114 条，就必然构成投毒罪。

公诉人：“……被告人投毒的事实客观存在，主观上具有投毒的故意，客观上也具有准备毒药的行为，还产生了两只老虎死亡的危害结果，这完全符合投毒罪的法律特征。”

辩护律师：“被告人投毒是事实，但不一定构成投毒罪。比如，甲为谋害乙，把毒

药放在乙的杯子里，他投毒的事实客观存在，但危害的只是特定主体，只能构成故意杀人罪。若甲投毒到乙家附近的水井里，投毒事实也存在，但可能造成很多人和牲畜中毒甚至死亡，这时甲危害的是不特定的人和牲畜的安全，就具有了危害公共安全的法律特征，构成投毒罪。而本案被告的行为侵犯的客体是特定的，即两只老虎的生命安全，所以不构成投毒罪。”

公诉人：“……中心公园本身就是公共场所，两只老虎死亡，全市人民就不能再观赏了。因此被告的行为危害了全市人民的利益，具有危害公共安全的法律特征……”

辩护律师：“……如果公诉人逻辑推理形式成立的话，那么我们作这样一个设想：若甲同一个名演员发生矛盾，在剧院杀害了这个演员，剧院是公共场所，全市人民再也看不到这个演员的表演了，那么按照公诉人的逻辑推理形式，甲是不是也构成了危害公共安全罪呢？这是不能的。因为损害了公共利益，不能等同于危害了公共安全……”

问：本案的争议涉及什么逻辑问题？

（提示：本案的争议涉及明确概念的内涵和外延的问题。请进行逻辑分析。）

3. 1932 年 10 月 15 日，陈独秀在上海被国民党政府逮捕。1933 年 4 月 14 日、15 日、20 日，江苏省高等法院江宁地区法院刑二庭三次对陈独秀进行了公开审讯，终以“叛国罪”判处陈独秀有期徒刑 13 年。然而在法庭上陈独秀慷慨陈词，揭露国民党政府的罪恶，痛陈自己的爱国之心。下为一例：国民党的检察官指控陈独秀图谋推翻国民党和国民政府、背叛国家时，陈独秀慨然陈词道：“检察官论告，谓我危害民国，因为我要推翻国民党和国民政府，但是我只承认反对国民党和国民政府，却不承认危害民国。因为政府并非国家，反对政府并非危害国家。例如清朝政府也曾经自认朝廷即是国家，北洋政府也自认代表国家，但是孙中山、黄兴等曾经推翻清朝，推倒北洋政府，如谓推翻政府即是危害国家，即是叛国，那么国民党岂非已经叛国两次？但是这句话谁都不能承认，因为清朝政府和北洋政府根本就不能算作国家。因此在理论上，我们反对国民党，反对国民政府，并不能认为我们就是危害国家，就是叛国。我们反对国民党和国民政府是因为人民不自由，贪官污吏横行，政府不能彻底抗日，故不得不反对。我们主张无产阶级专政并不危害民国，正是强国之路。这一事实可以从苏俄得到证明，苏俄因实行苏维埃专政已经成为一个世界强国，因此谓无产阶级专政正是强国之路。”

问：陈独秀的自我辩护涉及什么逻辑问题？

（提示：陈独秀的自我辩护涉及“国家”和“政府”是否属同一概念的问题。请进行逻辑分析。）

第二章
判断篇（上）

推理是从某些陈述出发，这些已经作出的陈述必然要引起对陈述之外的另一些事物加以论断，而且是作为这些陈述的一个结果。

——亚里士多德．工具论．

作为思维形式的一种，判断既是概念的展开，又构成推理的基础，在人们的思维过程中有着重要作用。在法律领域，所有的法律规范都是通过一个个形式各异的判断来表达的，因而无论是制定还是理解法律规范，都需要深入研究和熟练掌握各种判断的形式结构及逻辑特点。

第一节　判断概述

一、判断及其逻辑特征

要对思维对象进行断言仅有概念是不够的，还必须借助判断。判断就是对客观事物情况有所断定的思维形式。所谓“客观事物情况”是指客观事物自身具有或者不具有某种属性，或者这一种事物情况同另一种事物情况之间具有或不具有某种联系。判断的语言表达方式就是语句。

例 1：所有犯罪行为都是要受到刑罚处罚的。

例 2：有的老师不是兼职律师。

例 3：如果死者背部有自己难以形成的致命伤，那么死者一定是他杀。

例 1 肯定了“犯罪行为”所有对象都要“受刑罚处罚”的性质；例 2 则否定了有的老师是兼职律师这样的情况；例 3 则肯定了“死者背部有自己难以形成的致命伤”与“死者一定是他杀”这两种情况之间，存在“如果……那么……”这样的条件关系。以上三例均对事物情况作出了断定，因而都属于判断。

任何思维对象都有诸多不同的属性，同时还与周围其他思维对象存在这样或那样的关系。对思维对象的断定既包括对它自身各种属性的断定，也包括对它与其他思维对象关系的断定。所谓“断定”既包括肯定也包括否定。肯定思维对象具有某种属性或关系是对它的断定，如上面例 1；否定对象具有某种属性或关系也是对它的断定，如上面例 2。从逻辑上看，判断有两个基本特征。

第一，有所断定，无论是肯定还是否定。判断总是或者肯定对象具有某种属性或与其他对象具有某种关系，或者否定对象具有某种属性或与其他对象具有关系。（这里所谓的“肯定”和“否定”，有别于后面将要谈到的一个具体命题本身的肯定形式和否定形式。）如果没有断定，也就不称其为判断，至少不是严格意义上的判断。

第二，具有真假值，包括真的或假的。判断的真假值，简称判断的真值，包括真和假两个逻辑值。如果对事物情况的断定与事物自身的情况相符合，则该判断就真，反之，该判断就假。判断的真假既可以从内容方面加以研究，也可以从形式方面加以研究。从内容方面加以研究，就是指从主客观关系的角度去确定一个判断的真假，看该判断所作的断定是否与思维对象的实际情况相一致。显然，这需要通过人们的实践活动和各门具体学科的研究去解决，逻辑学对此并不关心。从形式方面加以研究，就是从判断的形式结构或各种判断形式之间的关系的角度去确定一个判断的真假。例如，判断“P 或者非 P”从形式上就能确定它一定是真的；判断“所有的 S 都不是 S”从形式上看就是假的。再如，由“所有的 S 都不是 P”这种判断形式为真，就能确定“有的 S 是 P”这种判断形式为假，“有的 S 不是 P”这种判断形式为真。法律逻辑学主要是结合具体的法律条文从形式方面来研究各类判断的真假及它们相互间的真假关系。

二、判断、语句和命题

作为思维形式的一种，判断存在于人们的头脑中，既看不见也摸不着。它是人们获得关于事物情况的某种认识，对某种事物情况作出的断定。判断要传达给别人，就必须借助于一定的物质手段，将其外化为一种可感知的物质现象。通常情况下，判断必须通过语言来表达，表达判断的语言形式就是语句。判断与语句之间存在着密切的联系，没有一个判断不是通过语句来表达的，但同时它们之间也存在区别。

1. 判断和语句的本质不同

判断是一种思维形式，是人对思维对象所作的断定。判断本质上是思维对象的情况在人头脑中的反映，所以只要人对某一思维对象的认识相同，那么他们对该对象所作的判断必定是一致的，不会有地域或民族的差异。语句则是人们用以表达判断的语言形式，不是对思维对象的断言或说明。由于各地区、各民族的文化传统和社会习惯不一样，人们用以表达判断的语句就会有差异。

2. 判断和语句不是一一对应的

首先，同一语句可以表达不同的判断。例如，“王某曾送给两个客人喜欢的木雕”一语，就可以作两种不同的解释：一是“王某给客人送了两个这位客人喜欢的木雕”，二是“王某给两个客人送了他们喜欢的木雕”。这两个解释实际上就是两个不同的判断。在概念的表达上，法律工作者必须杜绝“一词多义”现象的发生，在判断的表达上，也不应当使用带歧义的语句。当某一语句客观上能够作不同的解释或理解时，应当作出明确的限定。

其次，同一判断可以用不同的语句来表达。例如，“这事儿是你干的”“这事儿除了你没有人会干”“这事儿难道不是你干的吗”这三个语句表达的是同一个意思。虽然用不同语句表达同一个判断不影响人们对判断内容的理解，但不同语句的表达风格、效果是有差别的。法律工作者应注意选择较为规范、庄重的语句形式来表达判断，这样有利于维护法律的严肃和权威。

最后，并非所有语句都表达判断。语言学上把语句分为四种，即陈述句、疑问句、祈使句和感叹句。陈述句是用以说明事物的情况，或表达说话人的看法。例如，"我认为这个案件在程序上是有瑕疵的"，是一个陈述句，它对思维对象的情况作出了断定，同时是有真假的，因此陈述句表达判断。疑问句通常是表达说话人感到疑惑或不清楚的问题，如"你当时是否在场?"这句话没有对所涉及的情况作出断言，所以它不表达判断。但疑问句中的反诘句是一个例外，它是以反问的形式表达了一种不容置疑的断言，如"难道执法者就可以为所欲为吗?"所以反诘句表达判断。祈使句意在表达某种愿望、要求、指示或命令等，如"请如实谈一谈事情的经过吧"，这样的句子也没有对思维对象的情况作出断言，因此也不表达判断。感叹句用于表达说话人的各种情绪、情感。例如，"作案手段实在太残忍了!"这个感叹句的重点在于抒发说话人的主观感觉，而不是对事物情况的断定，故它不直接表达判断。但感叹句往往隐含着对事物情况的一种断定，或者以一个判断为前提。如"作案手段实在太残忍了!"这个感叹句就隐含着一个判断："作案的手段是残忍的。"一个语句是否表达了判断，最根本是以判断的两个基本逻辑特征为依据进行衡量。

3. 判断与命题的关系

命题是指表达判断的语句，其与判断的主要区别是：命题是陈述者未断定的陈述，而判断是陈述者断定的陈述。对事物情况的陈述，有两种主观态度：一种是未置可否的态度，不加主观色彩的陈述；另一种是肯定的态度，加主观断定的陈述。前者是命题，后者是判断。例如，某媒体对某县领导受贿一事予以披露，导致该领导被上级部门撤职，该领导就到法院控告"某媒体严重侵犯了我的名誉权"。这一命题对该领导来说是真的，是一个判断；但对法官来说，未必是真的，是一个未被断定的命题，有待证实或证伪。不过，在传统逻辑学中，命题与判断可以不加区别。

三、判断的逻辑要求和分类

（一）判断的逻辑要求

对判断的基本逻辑要求就是判断应当正确、恰当。判断正确包括两方面含义：一是判断应当正确地反映思维对象的实际情况，达到主观断定与客观对象的符合、一致；二是判断的形式应当正确，即合乎相关的形式结构及逻辑规则。判断恰当是对判断量的要求，即一个判断不仅应当内容真实、形式正确，而且对思维对象的断定在量上还应当是恰如其分的，这是对判断的更高层次的要求。一个判断要做到正确、恰当涉及多方面因素。法律逻辑学主要是结合对诸多法律规范的分析，来研究各种判断的形式结构、它们各自的逻辑特性及彼此间的真假关系，从而为法律工作者进行正确、恰当的判断，理解法律条文中的各类判断，提供有用的逻辑知识和逻辑方法。

（二）判断的分类

判断的形式是多种多样的，对判断的分类也可以有不同的方法。首先，根据判断中是否包含了模态词，诸如"可能""必然""必须""可以"等，可以将判断分为模态判断和非模态判断两大类。在模态判断中，又可以分为真值模态判断与规范模态判断。

而在非模态判断中，根据判断中是否含有其他判断，可分为简单判断与复合判断。其中，简单判断可根据判断所断定的是思维对象的性质还是思维对象间的关系，分为性质判断和关系判断；复合判断根据判断所包含的肢判断之间逻辑关系的不同，分为联言判断、选言判断、假言判断和负判断。

上述关于判断的分类可以如下图所示：

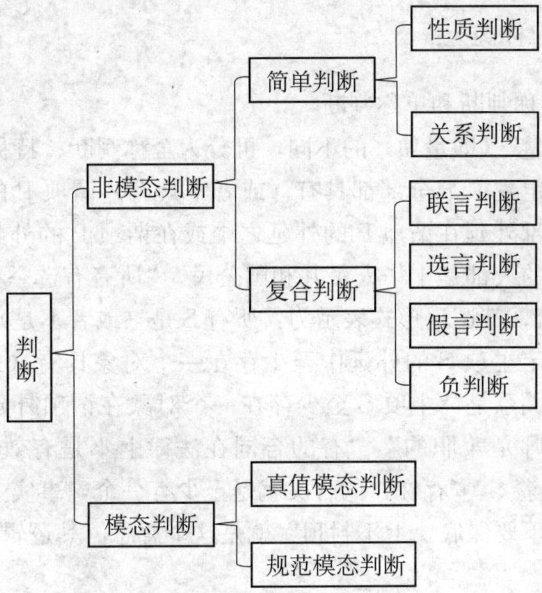

判断的分类图

鉴于判断研究的内容较多，本教材分为两章予以介绍，本章主要集中讨论简单判断和模态判断，对复合判断将在下一章进行介绍和讨论。

第二节　性质判断

一、性质判断及其结构

性质判断是简单判断的一种，又称直言判断，是断定思维对象具有或不具有某种性质的判断。

例 1：所有犯罪都是违法的。

例 2：有的被告是懂法律的。

例 1 断定了“犯罪”都具有“违法”的性质，例 2 断定了有些“被告”具有“懂法”这一性质，因而都属于性质判断。从结构上看，任一性质命题都由主项、谓项、量项和联项四个部分构成。如果用字母 S 代表主项，用 P 代表谓项，其结构形式可表示为：

所有（或有的）S 是（或不是）P

其中，“所有（有的）”和“是（不是）”分别是性质命题的量项和联项，是性质命题的逻辑常项，它决定了性质命题的逻辑性质；主项 S（如例 1 中的“犯罪”、例 2 中的“被告”）和谓项 P（如例 1 中的“违法的”、例 2 中的“懂法律的”）是性质命题的逻辑变项，它可以被赋予不同的具体内容。比较而言，性质判断的结构是最为简单的，它是各种复合判断及推理的构成要素，也是法律工作者最常用的一种判断形式，所以，它在法律逻辑学研究中占有重要位置。

二、性质判断的种类

1. 全称判断、特称判断和单称判断

性质判断根据“量”（即量项）的不同，可分为全称判断、特称判断和单称判断。

全称判断就是断定主项 S 全部都具有（或者不具有）谓项 P 的属性。断定的外延关系是：主项 S 的全部外延在谓项 P 的外延之中或在谓项 P 的外延之外。如“凡具有中华人民共和国国籍的人都是中华人民共和国公民”“所有有选举权的公民都不是十八周岁以下的未成年人”，其逻辑形式表示为：所有 S 是（或者不是）P。

特称判断就是断定主项 S 的外延中至少存在一个对象具有（或者不具有）谓项 P 的属性，断定的外延关系是，主项 S 至少存在一个对象在谓项外延之中或者在谓项外延之外，如“有些律师是兼职的”“有的合同在法律上不是有效的”。特称命题中的“有的”S 意味着存在着 S，“存在”的含义就是至少有一个，事实上 S 可以是少数、半数乃至全部，所谓“下要保底，上不封顶”就是这个意思。其逻辑形式表示为：有些 S 是（或者不是）P。

单称判断是断定某一个特定的 S 具有（或者不具有）谓项 P 的属性，表明主项 S 这一个体具有（或者不具有）谓项 P 的属性，如“中华人民共和国是全国各族人民共同缔造的统一的多民族国家”“张某不是本次庭审的审判长”。其逻辑形式表示为：这个（或那个）S 是（或者不是）P。

2. 肯定判断和否定判断

性质判断根据“质”（即联项）的不同，可分为肯定判断和否定判断。其中，肯定判断是断定主项 S 具有谓项 P 的属性，表明主项 S 的外延在谓项 P 的外延之中。其逻辑形式表示为：所有（有些、这个）S 是 P。否定判断是断定主项 S 不具有谓项 P 的属性，表明主项 S 的外延在谓项 P 的外延之外。其逻辑形式表示为：所有（有些、这个）S 不是 P。

结合质和量进行划分，且以 A（拉丁文“affirmo”的第一个元音字母）表示全称肯定，E（拉丁文“nego”的第一个元音字母）表示全称否定，I（拉丁文“affirmo”的第二个元音字母）表示特称肯定，O（拉丁文“nego”的第二个元音字母）表示特称否定。由于单称判断只有一个外延，相当于断定全部外延，同时又示以与全称判断相区别，故以小写字母 a 表示单称肯定，e 表示单称否定，加上性质判断的主项 S 和谓项 P，性质判断的六种类型及其符号表达式可列表如下。

单称判断的主项通常是单独概念（它仅有一个外延对象），因此，断定了它的主项也就断定了它的全部外延。就主项被全部断定这一点来说，单称判断与全称判断是一样的，因此在某些场合就把单称判断视为全称判断，如在由性质判断构成的推理中，通常将单称判断视为全称判断。因此，性质判断通常只概括为A、E、I、O四种基本类型。

判断类型	逻辑形式	符号表达式	简称
全称肯定判断	所有S是P	SAP	A命题
全称否定判断	所有S不是P	SEP	E命题
特称肯定判断	有的S是P	SIP	I命题
特称否定判断	有的S不是P	SOP	O命题
单称肯定判断	这个S是P	SaP	a命题
单称否定判断	这个S不是P	SeP	e命题

需要注意的是，特称量词“有些”的逻辑含义与我们在日常用语中的理解不完全相同。平时，当我们讲“有些什么是什么”的时候，常常意味着“有些什么不是什么”，反之亦反。但是，对作为特称量词使用的“有些”不能作这样的理解，特称判断没有对主项概念的外延作出全部断定，并不意味着该主项概念所指称的思维对象中一定存在相反的情况。也可能，客观上某一类思维对象S的全体都具有或不具有性质P，但是在判断者对思维对象的认识尚未达到这种全体性认识时，他只作了一个特称判断“有些S是（或不是）P”。以后随着对该类思维对象认识的发展，他可以把这个特称判断转化、扩展为一个全称判断“所有S都是P”。因此，在逻辑上，断定“有些S是P”，其含义为“至少有一个S是P”，它否定了“所有的S都不是P”，但没有“有些S不是P”的意思。据此，特称判断又被称为存在判断。由于特称量词“有些”的逻辑含义不是十分明确，所以，在具体思维和表达过程中，人们常用“绝大多数的”“半数以上的”“仅仅有些”“一小部分”“极少数的”“个别的”等这些概念来充作特称量词，以使特称判断的量项趋于明晰和准确化。法律工作者在使用特称判断的时候也应该尽量用较为精确的特称量词。

三、性质判断的主项和谓项的周延性问题

词项的周延性是指在一个性质判断中，其主项和谓项概念的外延被断定的情况。在一个性质判断中，如果一个词项的外延被全部断定，那么该词项就是周延的；而如果该词项的全部外延没有被断定，或者无法确知是否断定了该词项的全部外延，那么，该词项就是不周延的。现在，我们来分析一下A、E、I、O四种性质判断的主项和谓项的周延情况。

1. 全称肯定判断：主项周延，谓项不周延

以“所有犯罪行为都是有害社会的行为”这个全称肯定判断为例，其主项概念是“犯罪行为”，谓项概念是“有害社会的行为”。从判断的量词“所有”可知，该判断对其主项概念的外延也作出了全部断定，但它并没有对其谓项概念的外延作出全部断定。因为该判断只是断定所有的“犯罪行为”都属于“有害社会的行为”，但没有断定“犯罪行为”就是所有的“有害社会的行为”。客观上，“犯罪行为”只是“有害社会行为”

的一部分：有些行为虽有害社会，但因情节显著轻微，并不构成犯罪。这就是说，全称肯定判断的主项是周延的，而谓项是不周延的。所以，把全称肯定判断主项和谓项的位置相互调换，如把上面的例句倒过来说，变成“所有有害社会的行为都是犯罪行为”，那么在原判断中只被断定了部分外延的谓项概念“有害社会的行为”，在新判断中其外延被全部地作出了断定，新判断的断定范围超出了原判断的断定范围。这样，即使原判断正确，也不能保证这个新判断一定成立。

有一种特殊形式的全称肯定判断，即单称肯定判断。有的单称肯定判断的主项概念和谓项概念是同一关系，如，“孟德斯鸠是《论法的精神》一书的作者”这一判断中的“孟德斯鸠”和“《论法的精神》一书的作者”指的是同一个人，它的主项概念周延，与主项概念具有同一关系的谓项概念自然也周延，即这两个概念的外延都被作出了全部断定。这与上面分析的那种全称肯定判断的情况不尽一致。但是，项的周延性是相对于性质判断的形式结构而言的，而不是就判断所断定的思维对象的实际情况而言的。说一个项周延，是指具有该判断之形式结构的任一判断的主项概念（或谓项概念）的外延都被作出了全部断定。从全称肯定判断的形式结构“所有S都是P”来看，它没有所有的S是所有的P的意思，因此，这种判断形式的谓项概念是不周延的。

2. 全称否定判断：主项周延，谓项周延

以“凡是有选举权的公民都不是十八周岁以下的未成年人”这个全称否定判断为例，其主项概念是“有选举权的公民”，谓项概念是“十八周岁以下的未成年人”。从判断的量词“凡是”可知，该判断对其主项概念的外延作出了全部断定，它是把所有的“有选举权的公民”都排斥在“十八周岁以下未成年人”的范围之外，而正因为如此，该判断实际上对其谓项概念的外延也作出了全部断定。因为既然主项概念的全部外延与谓项概念相排斥，那么，谓项概念的全部外延也自然与主项概念相排斥。这就是说，全称否定判断的主项和谓项都是周延的。所以，把它的主项和谓项的位置相互调换，所得到的判断“凡是十八周岁以下的未成年人都不是有选举权的公民”，其断定范围与原判断的断定范围相同，没有发生任何变化，只要原判断正确，新判断就一定成立。

3. 特称肯定判断：主项不周延，谓项不周延

特称肯定判断为“有的S是P”。从其特称量词可知，这种判断没有断定主项概念的全部外延。由于它只是断定S类思维对象中有个体具有性质P，并没有断定这些个体就是全部具有性质P的对象，因而这种判断也没有断定谓项概念的全部外延。例如，“有些教师是律师”这一特称肯定判断，断定了在教师中有人同时又是律师，但没有断定这些教师乃是所有的律师，也就是说，它既没有对主项概念“教师”作出全部断定，也没有对谓项概念“律师”作出全部断定。所以，特称肯定判断的主项和谓项都是不周延的。

4. 特称否定判断：主项不周延，谓项周延

特称否定判断为“有的S不是P”。其特称量词告诉我们，这种判断没有断定主项概念的全部外延，但由于它把所断定的S类思维对象中的那些个体全都排斥在P之外，因而实际上对谓项概念的外延作出了全部断定。例如，“有些被告人不是罪犯”，该判断断定了“被告人”中有人不属于“罪犯”，从而把它所断定的那些“被告人”全部排

除在了“罪犯”这一概念的外延之外。所以，在特称否定判断中，主项不周延，谓项是周延的。

至此，可以用下面的表格来表示A、E、I、O四种性质判断主项和谓项的周延情况。

判断种类	主　项	谓　项
A	周　延	不周延
E	周　延	周　延
I	不周延	不周延
O	不周延	周　延

在理解性质判断项的周延性时，应注意两点：第一，项的周延性是就一个概念在性质判断中被断定的情况而言的，离开判断，一个孤立的概念无所谓周延不周延的问题；第二，项的周延性主要应结合性质判断的形式结构来理解。由判断的形式出发，可以这样来总结性质判断主项和谓项的周延情况：一个性质判断的主项是否周延，取决于该判断是否是全称判断；而一个性质判断的谓项是否周延，则取决于该判断是否是否定判断。性质判断主项、谓项周延性情况的规律有两条：一是全称判断和单称判断的主项都是周延的，特称判断的主项是不周延的；二是肯定判断的谓项是不周延的，否定判断的谓项是周延的。

四、同素材的性质判断间的真假关系

如果两个性质判断的主项和谓项都相同，那么，这两个判断就称为同素材的性质判断。如“有些被告人是罪犯”和“有些被告人不是罪犯”，这两个判断虽然质不同，一个为肯定判断，一个为否定判断，但它们的主、谓项相同，就属同素材的性质判断。在同素材的性质判断之间存在着一种真假上的相互制约关系，即知道了一个判断的真或假，就能推知另一个或几个同素材的性质判断的真或假。同素材的性质判断之间的真假制约关系，被传统逻辑称为“对当关系”。

A、E、I、O四种性质判断间的对当关系有以下四种不同情况。

1. 反对关系

反对关系，指全称肯定判断和全称否定判断间的关系，其特点是不能同真，可以同假。我们结合两个判断来具体分析一下反对关系的特点。

例1：所有出席会议的人都是律师。

例2：所有出席会议的人都不是律师。

例1是A判断，例2是E判断。现假设：A判断为真，那么，E判断就一定是假的；同样，如果E判断为真，那么，A判断也必然是假的。这就是说，同素材的全称肯定判断和全称否定判断不可能同时是真的，其中一个真，另一个必假。但是，如果A判断是假的，那么E判断是真的还是假的呢？回答是不确定的。因为A判断为假可能有两种情况，一是出席会议的人只有一部分人是律师，另一部分不是律师，这时A判断当然是假的，但E判断也不能成立；另一种情况是，出席会议的人都不是律师，这时A判断是假的，而E判断是真的。同样，如果E判断为假，A判断也是真假不定的。这就是说，同素材的全称肯定判断和全称否定判断可以同时是假的，已知其中之一为真，另一个必为假；其中之一为假，另一个可真可假。

2. 矛盾关系

矛盾关系，是指全称肯定判断和特称否定判断之间、全称否定判断和特称肯定判断之间的关系，其特点是：不能同真，不能同假。这种关系比较明确，其中一个判断真，另一个判断就是假的；反之，其中一个判断假，另一个判断就是真的。例如，“所有出席会议的人都是律师”和“有些出席会议的人不是律师”这两个判断，其中一个为真，另一个必然为假；其中一个为假，另一个就必然为真。也就是说，它们不可能同时是真的，也不可能同时是假的。

需要说明的是，在判断分类时，我们把单称判断看作是一种特殊的全称判断，但是，两个主、谓项相同而质不同的单称判断之间是矛盾关系而不是反对关系。例如，“李某是犯罪嫌疑人”和“李某不是犯罪嫌疑人”这两个判断，就既不可能同真，也不可能同假。

3. 差等关系

差等关系，是指全称肯定判断和特称肯定判断之间、全称否定判断和特称否定判断之间的关系，其特点是既可同真，也可同假。这种关系相对而言较为复杂，我们以一个A判断和一个I判断为例进行分析。

例1：所有出席会议的人都是律师。

例2：有些出席会议的人是律师。

在这两个判断中，如果A判断为真，那么，I判断也一定是真的，因为既然断定所有出席会议的人都是律师是真的，那么，断定其中的任一部分人为律师当然也一定成立。但假如A判断为假，I判断是真的还是假的呢？真假不定。上已讲过，A判断为假，可能有两种情况，在只有一部分人是律师的情况下，A判断是假的，I判断却是真的；在所有出席会议的人都不是律师的情况下，A判断是假的，I判断同样不能成立。这就是说，全称判断真，特称判断一定真；全称判断假，则特称判断真假不定。

再从特称判断对全称判断的关系考虑，如果I判断是假的，那么，A判断一定是假的。因为I判断假，意味着所有出席会议的人都不是律师。在这种情况下，A判断当然不能成立。但假如I判断是真的，那么，A判断是真的还是假的呢？不一定。根据前面对特称量词“有些”的逻辑含义的说明，在只有一部分人（哪怕是一个人）是律师以及在所有出席会议的人都是律师这两种情况下，I判断都是真的。可是在只有一部分出席会议的人是律师的情况下，A判断是假的，而在所有出席会议的人都是律师的情况下，A判断则是真的。这就是说，特称判断假，全称判断一定是假的；特称判断真，则全称判断真假不定。

4. 下反对关系

下反对关系，是指特称肯定判断和特称否定判断之间的关系，其特点是不能同假，可以同真。在这两种判断之间，如果一个是假的，那么，另一个一定是真的；如果一个是真的，另一个则真假不定。例如，“有些出席会议的人是律师”和“有些出席会议的人不是律师”这两个判断，如果I判断为假，意味着出席会议的人中没有一个是律师，所以，O判断就一定成立。同样，如果O判断假，那么I判断一定真。但如果I判断真，那么O判断就可能是真的，也可能是假的，因为在只有一部分人是律师的情况下，I判断真，O判断也真；在所有出席会议的人都是律师的情况下，I判断真，则O判断是假的。同样，如果O判断真，那么I判断也是真假不定的。

在逻辑史上，有学者用一种叫“逻辑方阵”的图形来表示A、E、I、O之间的逻辑对当关系，它可以集中、形象地表示出A、E、I、O四种性质判断间的真假关系。根据这一图形所表示的关系，可以从一种判断的真假，去推知另三种判断的真或假。

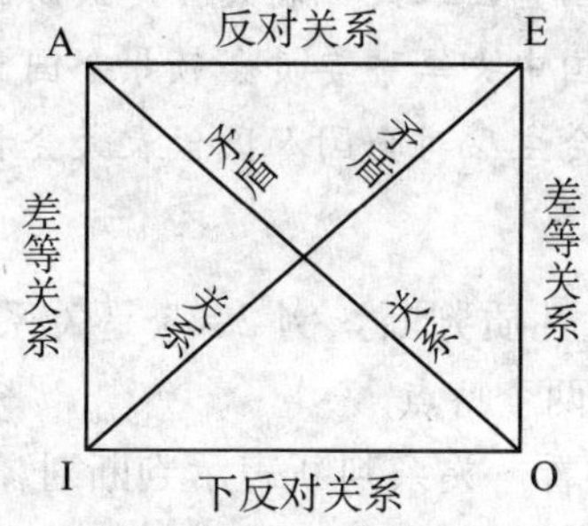

五、《刑法》中一种特殊形式的性质判断

在众多法律条文中，性质判断随处可见。但在《刑法》中有一种特殊的性质判断，值得作一专门讨论。《刑法》中的量刑规定有一种常见的表述形式，例如《刑法》第222条规定，“故意杀人的，处死刑、无期徒刑或者十年以上有期徒刑；情节较轻的，处三年以上十年以下有期徒刑”。类似的量刑规定表达方式在《刑法》第二编“分则”中随处可见。在这类法律规定中，分号前的句子包含顿号和逻辑联结词“或者”，显然是一个复合判断，对此我们后面再作讨论。那么，分号后的句子表达的是什么判断呢？由于它没有任何逻辑联结词，因而只能理解为一种简单判断，具体说是性质判断，但这种量刑性质判断与一般的性质判断存在明显的区别。性质判断是断定思维对象具有或不具有某种性质的判断，其主项概念是指某一个（或某一类）思维对象，其谓项则是表示某一性质的概念。而《刑法》中的量刑性质判断，它断定的是某一种犯罪行为的量刑幅度，其主项虽然是针对某一种犯罪行为，但同一种犯罪行为在情节的轻重程度上有很大的差异。其谓项表示的是一定的量刑幅度，所谓“三年以上十年以下有期徒刑”。按照我国《刑法》的规定，最低刑为6个月，那么它就包含着15种量刑的可能。所以，一个看似简单的量刑性质判断实质上隐含着一系列判断，它的形式结构是：

$S_{(1、2、3、\cdots、n)}$ 处 $P_{(1、2、3、\cdots、n)}$

这样的量刑性质判断只是给出了对某一种犯罪行为的量刑幅度或范围，需要结合犯罪行为的具体情节来理解和适用其谓项概念。这样的量刑性质判断没有提供适用法律的确定答案，所以要准确地量刑，除了透彻地理解法律条文外，还需对犯罪行为的具体情节进行深入、细致的分析。在这一过程中，法律工作者的业务素质、社会责任感和正义感等主体因素都会发挥重要的作用。即使是在法律法规非常健全、完备的条件下，司法主体的作用仍然是不容忽视的。

第三节 关系判断

一、关系判断及其结构

关系判断也是简单判断的一种，它是断定思维对象之间关系的判断。与性质判断相比，关系判断有其自身的特点。先来看《宪法》中的几条规定。

例 1：中华人民共和国全国人民代表大会是最高国家权力机关。

例 2：中华人民共和国中央军事委员会领导全国武装力量。

例 3：中央军事委员会主席对全国人民代表大会和全国人民代表大会常务委员会负责。

以上三个判断中，例 1 是性质判断，例 2、3 是关系判断。把这几个判断作一比较，可以看出关系判断有如下两个特点。

第一，从判断的形式结构看，关系判断表示判断对象的概念至少是两个，且可以更多。例如，例 2 中有两个表示判断对象的概念，即“中华人民共和国中央军事委员会”和“全国武装力量”；例 3 中则有三个，即“中央军事委员会主席”“全国人民代表大会”“全国人民代表大会常务委员会”。而性质判断中表示判断对象的概念即主项只有一个，如例 1 中就是“中华人民共和国全国人民代表大会”。

第二，从判断内容上看，关系判断的重点在不同思维对象间的关系，如例 2、3 中的“……领导……”和“……对……负责”，规定了不同国家机关之间的关系；性质判断的重点则在某一思维对象自身具有的性质。通常，关系判断由三个部分构成：其一是关系者项，即表示某种关系之载体或承担者的概念，也就是表示判断对象的概念，可以理解为关系判断的主项。一般把在前的关系者项叫作关系者前项，将在后的关系者项叫作关系者后项。如果有三个以上关系者项，则分别叫作关系者 1 项、2 项、3 项……依次类推。其二是关系项，即表示判断对象间所存在的关系的概念，可以理解为关系判断的谓项，如上面例 2、3 中的“……领导……”和“……对……负责”。其三是量项，即表示关系者项数量的概念，同样有特称量项和全称量项两种。如判断“有的动物比人跑得快”中，关系者前项“动物”前就有一个特称量项“有的”，关系者后项“人”前则省略了一个全称量项“所有”。

如果用 R 表示关系项，用 a、b 表示关系者项，那么，一个包含两个关系者项的关系判断的结构可以用如下公式来表示。

所有（有些）a R 所有（有些）b

或简写为：aRb

也可写作：R（a、b）

二、法律关系的逻辑性质

不同思维对象之间存在着多种多样、错综复杂的关系。世界各国现行法律法规的重要内容之一就是明确和规范个人与个人之间、个人与社会组织之间、社会组织与社会组织之间乃至国与国之间的权利和义务关系。各种法律关系的具体内容是丰富多样的，但从逻辑的角度分析，内容各不相同的法律关系背后存在着某些相同的逻辑特性，其中最常见、最主要的是两种，即对称性关系和传递性关系。

（一）对称性关系

对称性关系存在于两个思维对象之间，它有以下三种不同的情况。

第一种情况是：在一个特定论域中，对于两个思维对象 a 和 b 而言，如果 a 对 b 存在着关系 R，那么，b 对 a 也一定存在着关系 R。这种关系在逻辑上称为对称关系。例如，根据我国《继承法》的规定，父母和子女之间及配偶之间的遗产继承关系就是一种对称关系：子女有继承父母遗产的权利，同样，父母也有继承子女遗产的权利；妻子有继承丈夫遗产的权利，同样，丈夫也有继承妻子遗产的权利。他们都属于第一顺序的继承人。其他诸如“共同犯罪”、“联营”、国与国之间的“伙伴”关系等也都属对称关系。

对称关系用公式来表示就是：如果 aRb 真，则 bRa 也真。

第二种情况是：在一个特定论域中，对于两个思维对象 a 和 b 而言，如果 a 对 b 存在着关系 R，那么，b 对 a 就一定不存在关系 R。这种关系在逻辑上称为反对称关系。例如，如果甲比乙年长，那乙就不会比甲年长，因“年长”不可能是相互的。其他诸如“领导”“监护”“早于”等也都属反对称关系。

反对称关系用公式来表示就是：如果 aRb 真，则 bRa 必假。

第三种情况是：在一个特定论域中，对于两个思维对象 a 和 b 而言，如果 a 对 b 存在着关系 R，那么，b 对 a 可能存在关系 R，也可能不存在关系 R。这种关系在逻辑上称为非对称关系。例如，法律上常讲的“爱”“欺骗”“伤害”等，就属非对称关系。甲欺骗、伤害了乙，乙可能也同时欺骗、伤害了甲，但乙也许纯粹是受欺者和被伤害者。换言之，仅仅知道甲欺骗、伤害了乙，并不能确定乙是否欺骗、伤害了甲。

非对称关系用公式来表示就是：如果 aRb 真，则 bRa 真假不定。

（二）传递性关系

传递性关系存在于三个或三个以上思维对象之间，它也有三种情况。

第一种情况是：在一个特定论域中，对于思维对象 a、b、c 而言，如果 a 对 b 存在关系 R，b 对 c 也存在关系 R，且 a 对 c 也存在关系 R，那么我们说 a、b、c 之间存在传递性关系。例如，甲比乙晚离开教室，乙比丙晚离开教室，那么，甲一定比丙晚离开教室；再如，甲比乙高，乙比丙高，那么，甲一定也比丙高。这里，“比……晚”“比……高”都属传递性关系。

传递性关系用公式来表示就是：如果 aRb 真，且 bRc 真，则 aRc 也真。

第二种情况是：在一个特定论域中，对于思维对象 a、b、c 而言，如果 a 对 b 存在关系 R，b 对 c 存在关系 R，且 a 对 c 一定不存在关系 R，那么我们说 a、b、c 之间存在反传递关系。例如，“母女”就是一种反传递关系，甲和乙是母女，乙和丙是母女，那么，甲和丙一定不是母女；再如，甲比乙晚上班两年，乙比丙晚上班两年，那么，甲就不可能只比丙晚上班两年，“比……晚两年”也是反传递关系。

反传递关系用公式来表示就是：如果 aRb 真，且 bRc 真，则 aRc 必假。

第三种情况是：在一个特定论域中，对于思维对象a、b、c而言，如果a对b存在关系R，b对c存在关系R，且a对c可能存在关系R，也可能不存在关系R，那么我们说a、b、c之间存在非传递关系。例如，“同案犯”就是一种非传递关系，甲和乙是同案犯，乙和丙是同案犯，甲和丙可能是同案犯，也可能毫无干系；再如，“认识”也是一种非传递关系，甲认识乙，乙认识丙，甲可能认识丙，也可能不认识丙。

非传递关系用公式来表示就是：如果aRb真，且bRc真，则aRc真假不定。

上面讲了诸多法律关系的两种不同逻辑特性，分清了不同法律关系的逻辑性质，对于正确地理解和适用相关法律规定、妥善处理各种法律关系是很有帮助的。法律条文的重要内容之一是明确和规范个人、社会组织乃至国家之间的各种权利和义务关系，人们不但应当把握各种法律关系的具体内容和规定，而且应当从逻辑学的角度分清不同法律关系的逻辑特性。如果不这样，就可能在理解和处理法律关系时犯错误。

第四节　模态判断

一、真值模态判断

（一）真值模态判断及其结构

在现实世界中，某一思维对象存在或出现的确然程度是不同的，有的具有必然性，有的则是可能的。比如，权力没有监督和制约机制必然会产生腐败，这是为古今中外的政治实践所证明了的。一个人利用手中的权力去谋取个人利益，只是可能的而不具有必然性。这一反映思维对象存在或出现之不同确然程度的判断就是模态判断。

例1：权力缺乏监督和制约而滋生腐败是必然的。

例2：掌握权力的人有可能利用手中的权力谋取个人利益。

例1、2都是真值模态判断，前者断定了一思维对象出现的必然性，后者断定了一思维对象出现的可能性。在逻辑学上，通常把一思维对象存在或发生的不同确然程度分为必然性和可能性两种，据此，也可以把模态判断定义为断定思维对象必然性和可能性的判断。

真值模态判断在形式结构上的突出特征是包含诸如“必然”“一定”“可能”“也许”之类的模态词。模态词在真值模态判断中的出现有三种不同的情况：一种情况是，模态词被置于整个真值模态判断的后面，模态词前面是一个完整的判断，如上例1；另一种情况是，模态词只是谓项概念中的一部分，主项是一个概念，如上例2；还有一种情况是，模态词位于整个模态判断的前面，其后是一个完整的句子，例如，“可能王律师已经来过了”“也许明天要下雨”。

在数理逻辑中，通常用符号□表示“必然”，用◇表示“可能”，这样，真值模态判断的逻辑结构可以用如下公式来表示：

□（◇）p

真值模态判断既可以是简单判断，也可以是复合判断。复合模态判断总是以简单模态判断为基础而构成的，因此，下面将以简单模态判断为主展开分析。

（二）真值模态判断的种类

根据模态判断断定的是思维对象的必然性还是可能性，可将其区分为必然模态判断和可能模态判断；根据模态判断的质是肯定的还是否定的，可将其区分为肯定模态判断和否定模态判断。把这两种区分根据相结合，就形成了模态判断的四种基本形式。

1. 必然肯定模态判断

必然肯定模态判断，即断定某一思维对象的存在或出现是必然的模态判断。例如，“权力缺乏监督和制约而滋生腐败是必然的”，就是一个必然肯定模态判断。

它的逻辑形式是：必然 p。用符号表示就是：□p。

2. 必然否定模态判断

必然否定模态判断，即断定某一思维对象不存在或不出现是必然的模态判断。例如，“做危害社会的事必定没有好结果”，就是一个必然否定模态判断。

它的逻辑形式是：必然非 p。用符号表示就是：□¬p。

3. 可能肯定模态判断

可能肯定模态判断，即断定某一思维对象的存在或出现是可能的模态判断。例如，“掌握权力的人有可能利用手中的权力谋取个人利益”，就是一个可能肯定模态判断。

它的逻辑形式是：可能 p。用符号表示即为：◇p。

4. 可能否定模态判断

可能否定模态判断，即断定某一思维对象不存在或不出现是可能的模态判断。例如，“他今晚可能不会去开会”，就是一个可能否定模态判断。

它的逻辑形式是：可能非 p。用符号表示就是：◇¬p。

（三）模态判断之间的对当关系

同素材的四种模态判断之间也存在着一种真假制约关系，这种关系与性质判断 A、E、I、O 之间的对当关系相类似，如下图所示。

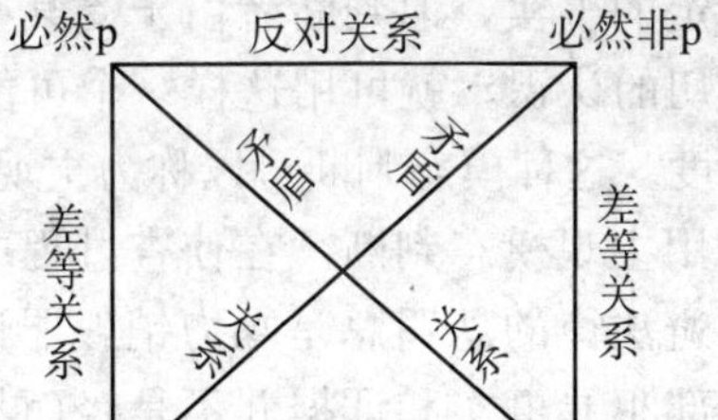

此图表明：

（1）□p 与□¬p 之间的关系是反对关系。其中，一个真，另一个必假；一个假，另一个则真假不定。二者可以同假，但不可同真。

（2）◇p 与◇¬p 之间的关系是下反对关系。其中，一个假，另一个必真；一个真，另一个则真假不定。二者可以同真，但不可同假。

（3）□p 与◇¬p 之间的关系是矛盾关系。其中，一个真，另一个必假；一个假，另一个必真。二者既不可同真又不可同假。

（4）□¬p 与◇p 之间的关系也是矛盾关系。其中，一个真，另一个必假；一个假，另一个必真。二者既不可同真又不可同假。

(5) □p与◇p之间的关系是差等关系。其中，□p真，则◇p必真；◇p假，则□p必假；□p假，◇p则真假不定；◇p真，则□p真假不定。

(6) □¬p与◇¬p之间的关系也是差等关系。□¬p真，则◇¬p必真；◇¬p假，则□¬p必假；□¬p假，则◇¬p真假不定；◇¬p真，则□¬p真假不定。

其中，由(3)(4)，我们可得出：

(7) ¬□p←→◇¬p；

¬◇¬p←→□p。

(8) ¬□¬p←→◇p；

¬◇p←→□¬p。

根据上面的关系，一方面，可以由一个模态判断的真或假，推知其他三个模态判断的真假情况，例如，已知“今天可能有风”为真，可推知“今天可能无风”真假不定；已知“今天必然无风”假，可推知“今天必然有风”真假不定。又如，“火星上必然有生命”为假，可推知“火星上必然无生命”真假不定；已知“火星上可能有生命”真假不定，可推知“火星上可能无生命”为真。另一方面，可以由一个模态判断的负判断确定与其等值的模态判断。例如，“并非他必然来”等值于“他可能不来”，“并非他必然不来”等值于“他可能来”。

（四）真值模态判断的运用

在人们的具体思维过程中，模态判断的运用通常有两种不同的情况：一种是用模态判断来反映客观事物或事件自身的确然程度，断定某一客观事物（件）存在或发生的必然性和可能性。以上所举的例子大多属于这一类用法。我们可以把这种模态判断称为客观模态判断。另一种是用模态判断来反映判断者对思维对象的主观认识的确然程度，如判断“他今晚可能不会去开会”就属于这种用法。判断对象“他”今晚去开会还是不去开会，是一个确定的事实，但判断者由于受某些条件的限制，对这一确定的事实一时无法达到十分确切的认识，就可用这样一个可能否定模态判断来表示他对该事实认识的不完全确然程度。这种模态判断可以称为主观模态判断。

法律工作者也要经常运用主观模态判断。在侦查过程中，侦查人员面对的是既定的犯罪事实，但作案人为逃避法律的惩罚总是竭力销毁罪证、破坏现场，甚至制造假象，所以侦查人员要掌握全部犯罪事实和证据并不是轻而易举的事。他们最初往往只能根据犯罪现场的蛛丝马迹作出一些推测性的判断，其形成的就是一个个的主观模态判断，如“作案者可能是怎样的人”“他可能出于怎样的目的实施犯罪行为的”“作案后他可能藏身何处”，等等。

法律工作者在运用模态判断的时候应当注意以下问题。

一是要弄清必然模态判断和可能模态判断的区别，在应当用可能模态判断的情况下用必然模态判断，很可能导致工作失误，甚至出现冤假错案。例如，昆曲《十五贯》中的那个昏官——无锡知县过于执，看到被杀屠夫尤葫芦的女儿“艳如桃李”，断定必定有男人来勾引；根据姑娘“年正青春”，断定她必定会受男人的诱惑；并进一步推断她和情人“情投意合”，便要生“比翼双飞之意”，一旦父亲拦阻，必定会“杀其父而盗其财”。过于执的错误之一就在于，把可能性当作了必然性，在该用可能模态判断的场合用了必然模态判断。同样，在应当用必然模态判断的场合用可能模态判断，便可能削弱判断应当起到的指导作用，不利于对客观事实的认定。例如，用尖刀刺入人身体的某一要害部位，被刺人必然会受重伤。在这种场合就不能下一个可能肯定模态判断，因为用可能模态判断不足以表达用尖刀刺入人身体的要害部位与被刺人受重伤两者之间存在的必然联系。总之，在法律实践中，应当根据不同的情况，正确地区分和运用可能模态判断和必然模态判断。

二是要注意，可能模态判断不能作为定案、判决的依据。司法工作应严格以事实为根据、以法律为准绳，可能模态判断虽有助于弄清事实，但它毕竟带有不确定性或推测性，只有通过深入细致的工作，掌握了全部事实和确凿的证据，把可能模态判断转化为直言判断或必然模态判断，才能据此对某一案件作出判决。

二、规范模态判断

法律是一种行为规范体系，在法律条文中运用更多的还是规范模态判断。规范指的是明文规定或约定俗成的标准、规则等，行为规范则是指约束、指导人们行为的标准和规则。法律是由国家制定并由国家强力保证实施的一种行为规范体系，反映人们行为规范的判断就叫规范模态判断。在法律条文中包含大量的规范模态判断，例如《宪法》第 36 条第 2 款规定，“任何国家机关、社会团体和个人不得强制公民信仰宗教或者不信仰宗教，不得歧视信仰宗教的公民和不信仰宗教的公民”；《刑法》第 20 条第 2 款规定，“正当防卫明显超过必要限度造成重大损害的，应当负刑事责任，但是应当减轻或者免除处罚”。这些法律条文都是对公民及各种社会组织的行为的规定，对人们的行为有约束和指导作用，均属规范模态判断。

（一）规范模态判断的特征

规范模态判断与一般模态判断既有相似、相通之处，也有不同于后者的特点，主要表现在三个方面。

其一，一般模态判断的对象是客观事物或事件，它是有关某一思维对象的必然性和可能性的断定；而规范模态判断的对象主要是人们的行为，它规定哪些行为是应当的、哪些行为是禁止的、哪些行为是允许的、哪些行为是可以不做的，通常不直接涉及客观事物。

其二，正因为判断对象不同，所以对于一般模态判断而言，人们视其是否符合客观事物或事件本身的确然程度而区分它的真假。凡合乎事物或事件本身确然程度的模态判断即为真，反之，则为假。而规范模态判断是针对人们的行为所作的某种规定，这种规定又总是根据规定者的价值观念、利益要求等而人为制定的，因此对于规范模态判断，人们是根据它们是否恰当地反映了规定制定者的价值观念、利益要求等而区分其妥当与否。就法律规范来讲，它是一定社会集团（阶级）利益、意志的体现，而不同社会集团的利益、意志又是有差异甚至对立的，对某一社会集团是可接受的行为规范，对另一社会集团而言未必是可接受的。所以，只要存在不同社会集团利益和意志的差异或对立，那么一个规范模态判断妥当与否，就不存在一个类似于衡量一般模态判断真假与否的确定的标准。所以说，规范模态判断的“妥当”和“不妥当”与真和假是不同的概念。

其三，从逻辑形式上看，一般模态判断用的是“必然”“可能”这样的模态词，而在规范模态判断中，是用诸如“必须”“应当”“禁止”“不得”“可以”等规范模态词，它们表达的不是客观思维对象的不同确然程度，而是对行为的要求、容许程度。

（二）规范模态判断的种类

根据规范模态判断对人们行为约束的强度或性质不同，可以把规范模态判断分为以下四种类型。

1. 必须作为规范模态判断

必须作为规范模态判断，其逻辑形式为“必须 p”，公式表示为 Op。它的含义是：人们应当或者必须怎么做。在法律条文中有大量这样的判断。

> 例 1：被宣告缓刑的犯罪分子，应当遵守下列规定：（一）遵守法律、行政法规，服从监管……（《刑法》第 75 条）
>
> 例 2：公安机关提请批准逮捕书、人民检察院起诉书、人民法院判决书，必须忠于事实真相。故意隐瞒事实真相的，应当追究责任。（《刑事诉讼法》第 51 条）

在法律条文中，必须作为规范（义务性规范）模态判断也可以用“有……义务”这种形式来表达。如《宪法》第 49 条第 3 款规定：“父母有抚养教育未成年子女的义务，成年子女有赡养扶助父母的义务。”“有……义务”也是人们应当或必须做的事。

必须作为规范（义务性规范）模态判断提出的要求是人们必须遵守的，谁一旦违反了这些规定，就要承担相应的法律责任。

2. 必须不作为规范模态判断

必须不作为规范模态判断，其逻辑形式为“必须非 p”，公式表示为 O ¬p。它的含义是：不允许或者不得怎么做。

> 例 1：禁止非法拘禁和以其他方法非法剥夺或者限制公民的人身自由，禁止非法搜查公民的身体。（《宪法》第 37 条）
>
> 例 2：对任何人犯罪，在适用法律上一律平等。不允许任何人有超越法律的特权。（《刑法》第 4 条）
>
> 例 3：保管人不得将保管物转交第三人保管，但当事人另有约定的除外。（《合同法》第 371 条）

表达必须不作为规范（禁止性规范）模态判断的规范模态词除了上述“禁止”“不允许”“不得”以外，常见的还有“不能”“不准”等。必须不作为规范模态判断所作的规定也是人们必须遵守的，无论是谁做了法律禁止做的事，均属违法行为，严重的将受到法律的制裁。

3. 允许作为规范模态判断

允许作为规范模态判断，其逻辑形式为“允许 p”，公式表示为 Pp。它的含义是：可以或者允许怎么做。

> 例 1：凡在中华人民共和国领域外犯罪，依照本法应当负刑事责任的，虽然经

过外国审判，仍然可以依照本法追究，但是在外国已经受过刑罚处罚的，可以免除或者减轻处罚。（《刑法》第 10 条）

例 2：刑事案件由犯罪地的人民法院管辖。如果由被告人居住地的人民法院审判更为适宜的，可以由被告人居住地的人民法院管辖。（《刑事诉讼法》第 24 条）

在法律条文中，允许作为规范（授权性规范）模态判断还可以用“有……权利”这种形式来表达。如《宪法》第 41 条规定，“中华人民共和国公民对于任何国家机关和国家工作人员，有提出批评和建议的权利；对于任何国家机关和国家工作人员的违法失职行为，有向有关国家机关提出申诉、控告或者检举的权利”。这里，“有……权利”也是允许或可以怎么做的意思。

允许作为规范（授权性规范）模态判断的规定不是人们一定要做的，它对人们行为的约束力弱于必须作为规范模态判断。必须作为规范模态判断提出的要求是人们必须去做的，否则将承担相应的法律责任。允许作为规范模态判断赋予人们实施某种行为的权利和选择，但人们也可以不这么做。比如，《宪法》第 41 条赋予公民向国家机关和国家工作人员提出批评和建议的权利，但公民不提批评和建议也是完全可以的，绝不会因此而受到法律追究。

4. 允许不作为规范模态判断

允许不作为规范模态判断，其逻辑形式为“允许非 p”，公式表示为 $P \neg p$，它的含义是：人们可以不怎么做。

例 1：中华人民共和国公民在中华人民共和国领域外犯本法规定之罪的，适用本法，但是按本法规定的最高刑为 3 年以下有期徒刑的，可以不予追究。（《刑法》第 7 条）

例 2：被判处有期徒刑的犯罪分子，执行原判刑期 1/2 以上，被判处无期徒刑的犯罪分子，实际执行 13 年以上，如果认真遵守监规，接受教育改造，确有悔改表现，没有再犯罪的危险的，可以假释。如果有特殊情况，经最高人民法院核准，可以不受上述执行刑期的限制。（《刑法》第 81 条第 1 款）

允许不作为规范模态判断在法律条文中较为少见，因为它的约束力很弱，而且，允许作为规范模态判断“可以 p”，也包含“可以不 p”的意思。

通过以上分析可见，把握四种规范模态判断的含义有助于正确地理解和适用法律。

（三）同素材的规范模态判断间的对当关系①

主、谓项相同的四种规范模态判断之间，也具有类似于真值模态判断的四种判断形式之间的推演关系，只不过它不是一种真假的推演关系，而是“规范”妥当或不妥当的关系，是关于权利与义务，进而也同“禁止”和“制裁”相联系的推演关系；同时也是“规范”与“执行”之间的一种推演关系。规范模态判断之间的对当关系也可用“逻辑方阵”来表示：

① 雍琦．法律逻辑学．北京：法律出版社，2004：147－153.

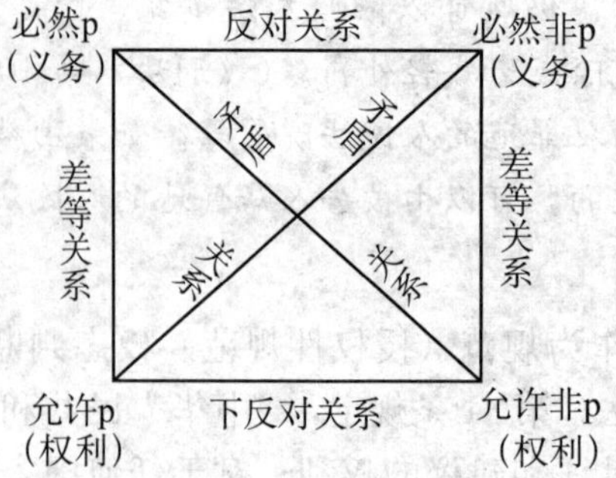

1. 反对关系

反对关系就是指“必须 p”与“必须非 p”之间的关系。这种关系就是：在同一规范体系中，p 与非 p 两种行为不可能同时都是义务，但可以同时都不是义务。具体而言，反对关系具有以下含义。

其一，在同一规范体系中，p 与“非 p”不能同时确立为义务，亦即不能要求承受者既“必须”作出 p 这样的行为，又“必须”作出“非 p”这样的行为，否则，规范本身就会自相矛盾，不可能生效。

其二，“必须 p”与“必须非 p”之间为反对关系，因此，当一个规范体系中已明确 p 是义务时，则可推知“非 p”必定不是义务（反之亦然）。但是，假若规范中明确规定 p（或“非 p”）不是义务，亦即规定承受者“没有 p（或‘非 p’）这样的义务”，或者没有明确规定 p（或“非 p”）是义务，不能由此推出“非 p”（或 p）就是义务；有可能 p 与非 p 都不是义务。

2. 下反对关系

下反对关系就是指“允许 p”与“允许非 p”之间的关系。这种关系就是：在同一规范体系中，p 与“非 p”作为权利，可以同时成立，但不可能同时都不成立。具体而言，其具有以下含义。

其一，在同一规范体系中，若确立了承受者有 p 这样的权利，并不意味着就否定了有“非 p”这样的权利，但也并不意味着就肯定了有“非 p”这样的权利。这就是说，由“允许 p”不能推出“不允许非 p”，也不能推出“允许非 p”。同理，由“允许非 p”不能推出“不允许 p”，也不能推出“允许 p”。

其二，在同一规范体系中，“允许 p”（或“允许非 p”）不能成立，则“允许非 p”（或“允许 p”）必然成立，亦即由“不允许 p”可以推出“允许非 p”，由“不允许非 p”可以推出“允许 p”。这就是说，在规范体系中如果不承认承受者有作出 p（或“非 p”）这种行为的权利，就必须承认承受者有作出“非 p”（或 p）这种行为的权利。否则，既不承认有 p 这样的权利，又不承认有“非 p”这样的权利，就会使承受者动辄得咎、无所适从。

3. 矛盾关系

矛盾关系就是指“必须 p”与“允许非 p”、“必须非 p”与“允许 p”之间的关系。这样的关系就是：在同一规范体系中，二者非此即彼，既不可能同时成立，也不可能同时都不成立。这就是说，如果在规范中确立了承受者有 p 这样的义务，就不能同时又确立承受者有“非 p”这样的权利（反之亦然）；如果确立了承受者有 p 这样的权利，就不能确立承受者又有“非 p”这样的义务（反之亦然）。

同理，如果在规范中否定了承受者有“非 p”这样的权利，就等于确立了有 p 这样的义务（反之亦然）；如果否定了有 p 这样的义务，就等于确立了有“非 p”这样的权利（反之亦然）。据此，由对“必须 p”的否定（即“不必须 p”），可以推出“允许非 p”；由对“允许 p”的否定（即“不允许 p”），可以推出“必须非 p”。同理，由对“必须非 p”的否定（即“不必须非 p”），可以推出“允许 p”；由对“允许非 p”的否定（即“不允许非 p”），可以推出“必须 p”。

4. 差等关系

差等关系就是指“必须 p”与“允许 p”、“必须非 p”与“允许非 p”之间的关系。这种关系就是：“必须”蕴涵“允许”；“允许”的否定蕴涵“必须”的否定。换言之，义务蕴含权利；对权利的否定也就意味着对义务的否定。具体说来，差等关系具有以下含义。

第一，在制定规范过程中，权利与义务二者可以同时成立，也可以同时不成立。因此，当某种行为可以被确立为义务时，这种行为也就可以同时被确立为权利。此所谓“义务蕴涵权利”。若某种行为不能被确立为权利，当然也就不能被确立为义务，即对权利的否定蕴涵对义务的否定。但是，某种行为可以被确立为权利，不等于就可以被确立为义务。

第二，否定某种行为是义务，即“不必须 p”，不意味着否定了这种行为是权利，但是，如果否定了某种行为是权利，也就否定了该种行为是义务。简言之，如行为人没有 p 这样的权利，行为人也就没有 p 这样的义务。

至于“必须非 p”与“允许非 p”之间的关系，道理与上述相同，不赘述。由“必须”可以推出“允许”，但是，反过来，由“允许”不能推出“必须”。这意思就是说，如果规定 p 是允许履行的，不能因此而认为 p 是必须履行的；规定承受者有 p 这样的权利，不能推出他有 p 这样的义务。例如，根据“辩护律师可以查阅案卷材料”这样的规定，就不能推出“辩护律师必须查阅案卷材料”，不能对前者作后者这样的理解。简言之，由“权利”不能推出“义务”。

参考文献

［1］金岳霖．逻辑．北京：中国人民大学出版社，2010.

［2］华东师范大学哲学系逻辑学教研室．形式逻辑．5 版．上海：华东师范大学出版社，2016.

［3］黄伟力．法律逻辑学新论．2 版．上海：上海交通大学出版社，2005.

［4］郝建设．法律逻辑学．2 版．北京：中国民主法制出版社，2013.

［5］陈金钊，熊明辉．法律逻辑学．2 版．北京：中国人民大学出版社，2015.

［6］雍琦．法律逻辑学．北京：法律出版社，2013.

［7］孔庆荣．法律逻辑学基础．3 版．北京：中国法制出版社，2008.

[8] 姜祖桢，刘梅．法律逻辑学．北京：中国物价出版社，2002.

[9] 陈康扬，潘利平．法律逻辑．成都：四川大学出版社，2007.

[10] 伯纳·派顿．身边的逻辑学．黄煜文，译．北京：中信出版社，2011.

延伸阅读

周祯祥．规范、动态道义逻辑和法律规范知识表达//梁庆寅．法律逻辑研究：第一卷．北京：法律出版社，2005：210－229.

课后练习题

一、分析下列各语句哪些表达判断、哪些不表达判断，为什么？

1. 祝愿你们继续保持光荣传统不断攀登高峰。
2. 沉舟侧畔千帆过，病树前头万木春。
3. 历史潮流不可抗拒。
4. 法律岂能违抗？
5. 你有律师资格证吗？
6. 啊，青春！
7. 没有一个干警不是努力工作的。
8. 请大家回忆一下还遗漏了什么！

二、下列判断各属何种性质判断，其主、谓项是否周延？

1. 宪法是国家的根本大法。
2. 在诺贝尔奖获得者中，有几位是女性。
3. 任何犯罪行为都不是不可被识破的。
4. 没有一部法律不是经反复修改制定的。
5. 国内有的大学教授不是有律师资格证的。
6. 无论什么人都不是不犯错误的。

三、已知下列判断为真，根据性质判断间的对当关系，指出与其主谓项素材相同的其他三种判断的真假。

1. 有些被告是有罪的。
2. 未成年人的父母是未成年人的法定监护人。
3. 这个法庭的审判员都不是不坚持原则的。
4. 少数律师缺乏职业道德。

四、从关系的对称性、传递性来分析，下列关系判断中标有横线的语词间属于何种关系。

1，甲概念<u>真包含于</u>乙概念。

2. 张某<u>控告</u>了李某，李某<u>控告</u>了刘某。

3. 学生尊敬王老师，王老师尊敬校长。
4. A 国支援 B 国。
5. A 支持 B，B 支持 C。
6. R 队败给了 S 队，S 队败给了 T 队。

五、以“王某不必然不去开会”为前提，能否必然地推出下列结论？为什么？

1. 王某必然去开会。
2. 王某必然不去开会。
3. 王某可能去开会。
4. 王某可能不去开会。
5. 王某不可能去开会。

六、单项选择题

1.“张华和李方是同乡”这一判断是（　　）。
①性质判断　②关系判断　③联言判断　④复合判断

2.“甲教唆乙”，其中“教唆”是（　　）。
①对称关系、传递关系　②非对称关系、反传递关系
③反对称关系、非传递关系　④非对称关系、非传递关系

3. 由“甲必然是凶手”假，可推出（　　）。
①甲必然不是凶手真　②甲可能不是凶手真
③甲必然不是凶手假　④甲可能不是凶手假

4. 已知 aRb 真，bRc 真，aRc 也真，R 就是（　　）。
①非对称关系　②传递关系　③反传递关系　④非传递关系

5.“禁止非法拘禁他人”和“允许非法拘禁他人”这两个判断之间是（　　）。
①上反对关系　②下反对关系　③矛盾关系　④差等关系

第三章
判断篇（下）

法律逻辑是供法学家，特别是供法官完成其任务之用的一些工具、方法论工具或智力手段。

——佩雷尔曼．正义、法律和辩论．

所谓复合判断，就是包含其他判断成分的判断，或是直接以判断作为其组成成分的判断。逻辑学对复合判断的研究，只着眼于它的连接词所标明的结构形式。因为不同结构形式的复合判断有其不同的逻辑特征，所以用以构成推理的逻辑要求也有所差异。本章将依次讨论联言判断、选言判断、假言判断、负判断这四种常用的复合判断形式，以及它们在法律条文中的特点和具体运用。

第一节　联言判断

一、联言判断及其结构

联言判断就是同时断定两种以上事物情况的复合判断。

例 1：物权和债权都是民事权利。

例 2：法人应当有自己的名称、组织机构、住所、财产或者经费。

例 3：不当得利之债完全是基于法律的规定，而不是基于当事人的意思。

例 4：人民法院、人民检察院和公安部门应当保障证人及其近亲属的安全。

上述判断均为联言判断，其中，例 1 断定了两个事物具有同一属性，例 2、3 断定了同一事物具有多种属性，例 4 则断定了多个事物同时具有多重属性。组成联言判断的肢判断叫联言肢，如例 1 就是由“物权是民事权利”和“债权是民事权利”两个联言肢组成，而例 3 由“不当得利之债是基于法律的规定”和“不当得利之债不是基于当事人的意思”两个联言肢构成。

有时候，联言肢通过连接词串联起来，连词通常充当连接词的角色，如“既……又……”“虽然……但是……”“……并且……”“不但……而且……”等。但连接词之于联言判断而言并非必须，在有些联言判断中连接词是可以省略的，如“谦虚使人进步，骄傲使人落后”。从语义上看，上述连接词所表达的意思并不相同，但从逻辑角度考察，上述连接词均是对多种事物情况的断定，其实质是多种事物情况“并”存，因此，“并且”就是联言判断的典型连接词。在逻辑学中，通常用 p、q、r 表示联言肢。

联言判断的公式（以有两个联言肢的联言判断为例）就是：

p 并且 q

“并且”，用逻辑符号表示是“∧”，读作“合取”。联言判断的逻辑表达式就是：

$p \wedge q$

二、联言判断的类型

联言判断分为以下三类。

第一类是联主判断，即断定某几个事物具有或不具有某一性质的联言判断。

例 1：无民事行为能力人、限制民事行为能力人的监护人是其法定代理人。

例 2：不动产物权的设立、变更、转让和消灭，应当依照法律规定登记。

第二类是合谓判断，即断定同一事物具有或不具有某几类属性的联言判断。

例 3：二人以上依法承担按份责任，能够确定责任大小的，各自承担相应的责任；难以确定责任大小的，平均承担责任。

例 4：法人应当有自己的名称、组织机构、住所、财产或者经费。

第三类是联主合谓判断，即断定了几个不同事物具有或不具有几种不同属性的判断。

例 5：民事主体依照法律规定和当事人约定，履行民事义务，承担民事责任。

例 6：任何单位和个人都有遵守土地管理法律、法规的义务，并有权对违反土地管理法律、法规的行为提出检举和控告。①

三、联言判断的真假

联言判断是对多种事物情况同时断定的判断，换言之，组成联言判断的每个肢判断都是对某一事物情况的断定。所以，联言判断的真假取决于其肢判断的真假，如果联言判断的各肢判断都真，则联言判断为真；如果联言判断中有任一肢判断为假，则联言判断为假。反过来说，如果联言判断为真，则其各个肢判断皆为真。用真值表表示如下。

p	q	$p \wedge q$
1	1	1
1	0	0
0	1	0
0	0	0

在联言判断中，如果联言肢是一组矛盾判断，则该联言判断必然是一个假判断。逻辑学将此种判断称为“永假判断”，并将“p 并且非 p”这样的判断形式称为“永假式”。

① 雍琦．法律逻辑学．北京：法律出版社，2004：105.

四、法律工作中联言判断的运用

就立法工作而言，法律条款的设置通常会使用到联言判断，上述例子中就有很多直接来源于法律条款。联言判断的使用，可以在意思一致的基础上，使法律条款更加凝练简洁，从而便于法律工作者的理解与适用。

而在司法工作中，人们经常使用联言判断形式形成对某一事物的认定，例如，对于是否构成犯罪的认定。在判断某一行为是否构成犯罪时，一般采用的就是联言判断这一思维形式：不法行为必须同时符合犯罪构成的主体要件、客体要件、主观要件和客观要件的要求，缺一不可。又如，在判断一个组织是否具备法人的基本条件时，一般也是使用联言判断的方式加以认定：法人应当有自己的名称、组织机构、住所、独立的财产或者经费，当某一组织符合前述所有要求时，可以认为其具有法人的基本条件，再根据法律法规是否有其他要求，进一步判定其是否为法人。而当其条件与上述要求中的任一要求不符时，则不应当认定其为法人。再如，在程序法上，《民事诉讼法》第 152 条对判决书的内容以及形式作出了具体要求，即判决书的内容包括：（1）案由、诉讼请求、争议的事实和理由；（2）判决认定的事实和理由、适用的法律和理由；（3）判决结果和诉讼费用的负担；（4）上诉期间和上诉的法院。判决书在形式上要求：由审判人员、书记员署名，加盖人民法院印章。一份合格的判决书必须完全满足上述内容和形式上的要求，方为有效。

第二节　选言判断

一、选言判断及其结构

选言判断就是断定事物的若干种可能情况中至少有一种存在的判断。

例 1：犯罪人的主观过错，或者是故意，或者是过失。

例 2：甲、乙、丙中至少有一人是本案作案人。

例 3：因合同纠纷提起的诉讼，由被告住所地或者合同履行地人民法院管辖。

例 4：行为人可以明示或者默示作出意思表示。

根据上例，选言判断就是断定两种以上事物情况存在选择关系，即几种可能情况存在的判断。其与联言判断的区别在于，选言判断断定的是事物若干种可能情况至少有一种存在，有一种为真；而联言判断断定的是事物若干种可能情况都存在，都为真。

选言判断，也是由两个或两个以上的肢判断加上连接词构成。例 1 包含了两个肢判断，“犯罪人的主观过错是故意”和“犯罪人的主观过错是过失”。例 3 的肢判断是“因合同纠纷提起的诉讼，由被告住所地法院关系”和“因合同纠纷提起的诉讼，由合同履行地人民法院管辖”。选言判断的连接词通常由“或”“或者”“要么……要么……”等充当。有的时候，如例 2 的表达方式，也表示选言判断。

无论选言判断选择何种选言连接词，其只表明各肢判断所断定的事物情况至少有一种情况存在，但究竟是哪种事物情况存在，或者说，哪一肢判断为真，选言判断并未确定。

二、选言判断的类型

选言判断之肢判断所断定的事物情况中，有些是相互排斥的，即只能有一个肢判断为真；有些是可以并存的，即有两个或两个以上的肢判断为真。由此形成两种不同的选言判断，即相容选言判断和不相容选言判断。

（一）相容选言判断

相容选言判断是指肢判断所断定的若干种事物情况中至少有一种为真并且可以同时为真的选言判断。

例 1：不动产登记簿记载的权利人书面同意更正或者有证据证明登记确有错误的，登记机构应当予以更正。（《物权法》第 19 条第 1 款）

例 2：犯罪的行为或者结果有一项发生在中华人民共和国领域内的，就认为是在中华人民共和国领域内犯罪。（《刑法》第 6 条第 3 款）

例 1 中的肢判断“不动产登记簿记载的权利人书面同意更正”与“有证据证明登记确有错误”是可以同时成立的肢判断，即在不动产登记存在问题的时候，“不动产登记簿记载的权利人书面同意更正”和“有证据证明登记确有错误”可以同时出现。换言之，两者不互相排斥，而是彼此相容。同理，例 2 中的“犯罪行为”和“犯罪结果”可以都发生在中华人民共和国领域内，而并非有且只有一项发生于中国。相容选言判断的逻辑特征在于其肢判断至少有一个为真。

通常，我们使用“或者……或者……”“可能……可能……”充当相容选言判断的连接词。如果以 p、q 等表示组成选言判断的肢判断，则相容选言判断的公式就是：

p 或者 q

相容选言判断的逻辑连接词用符号“∨”（读作“析取”）表示，故上述公式也可写作：

$p \vee q$

（二）不相容选言判断

不相容选言判断是指选言判断中肢判断所断定的若干种事物情况中有且只有一种为真的选言判断。

例 1：以暴力、胁迫或者其他方法劫持航空器的，处 10 年以上有期徒刑或者无期徒刑。（《刑法》第 121 条）

例 2：李某要么是四川人要么是贵州人。

例 1 中存在两个选言判断，第一个选言判断中的肢判断可以同时成立，因此其是相容的选言判断；而在第二个选言判断中，“处十年以上的有期徒刑”和“无期徒刑”只能是二选一，而不能同时存在，即针对“以暴力、胁迫或者其他方法劫持航空器”的罪犯，要么是处以“十年以上的有期徒刑”，要么处以“无期徒刑”。在例 2 中，李某或者是四川人或者是贵州人，也是只能二选一，而不能既是四川人又是贵州人。通常，我们使用“要么……要么……”充当不相容选言判断的连接词。如果以 p、q 等表示组成选言判断的肢判断，不相容选言判断的公式就是：

要么 p，要么 q

不相容选言判断的逻辑连接词用符号“$\dot{\vee}$”（读作“严格析取”）表示，故上述公式也可写作：

$p \dot{\vee} q$

三、选言判断的真假

选言判断的真假取决于其肢判断的真假。一个相容选言判断为真，则其肢判断中至少有一个为真，也可以全部都真。只有当其所有的肢判断均为假时，该选言判断才为假。相容选言判断的真假与构成它的肢判断的真假关系可用真值表表示如下。

p	q	$p \vee q$
1	1	1
1	0	1
0	1	1
0	0	0

不相容选言判断的真假同样取决于其肢判断的真假，与相容选言判断不同的是，不相容选言判断只有在有且只有一个肢判断为真时，该选言判断方为真。如果是肢判断都为假，或者有两个以上的肢判断为真，则该选言判断均为假。不相容选言判断的真假与构成它的肢判断的真假关系用真值表表示如下。

p	q	$p \dot{\vee} q$
1	1	0
1	0	1
0	1	1
0	0	0

四、法律工作中选言判断的运用

选言判断在法律条文的设置中使用频率较高，在刑法条文中体现得尤为明显，对罪名的定义和对行为的处罚，多采用选言判断来表达。这里需要特别说明的是，法律条文中的选言判断与普通逻辑的选言判断在逻辑属性上存在重大区别，应予注意。具体而言，在普通逻辑中，任一的真的选言判断，无论是相容选言判断还是不相容选言判断，其肢判断中，可以包含假的肢判断，因为选言判断只要有一个肢判断为真，则整个判断为真。例如，甲的犯罪行为或者发生在四川省境内，或者发生在四川省境外。该选言判断是一个永真判断，但其中的一个肢判断必然是假判断。但是，法律条文中的选言判断，其肢判断都是真判断，换言之，法律条文中不可能也不允许存在假的肢判断。例如，《刑法》条文中关于贪污罪的规定——“国家工作人员利用职务上的便利，侵吞、窃取、骗取或者以其他手段非法占有公共财物的，是贪污罪”（《刑法》第382条），其中的“侵吞”“窃取”“骗取”“以其他手段”非法占有公共财物，是作为该选言判断的肢判断存在的，作为法条本身来讲，上述肢判断都是真的，都是存在的，都是有效的，而并非假的、无效的。只有在该条文被修改或者遭到废除时，它才失去效力。

在侦查过程中，选言判断通常是建立推理的前提，在选言判断断定的基础上，有目的地进行侦查工作，进而以排除法排除诸多可能性，证成唯一的可能性，最终确定真实的案件事实（肢判断）。例如，对某人非正常死亡原因的排查，首先就是二元的区分，或者自杀或者他杀。在进行该二元区分的基础上，进一步分析其自杀的原因以及可能性，如果无自杀的原因和可能性，就可以排除自杀，进而将死者死因限定为他杀。如果是他杀，则存在他杀原因的限定问题。此时仍是以一个选言判断为基础进行排查。他杀的原因，可以是谋财害命，也可以是情杀，还可以是激情杀人等。侦查工作的实质就是抽丝剥茧般地进行选言判断肢判断的证伪工作和证成工作，因此，在进行作为推理前提的选言判断建构时，一定要穷尽所有可能性，防止漏掉肢判断，确保作为推理前提的选言判断为真。

审判工作中，如果援引的法条是选言判断，则在法律适用过程中就应当把握它的“析取”，即只要案件事实、程序性要求等符合其中一个肢判断的规定，便可认为该案件事实或者程序性要求符合该法律条文。若要确认案件事实不符合法律条文的规定，或者说相关事实达不到程序性要求，则必须说明案件事实与任一肢判断不符合，或者相关事实情况不能满足任一程序性要求。例如，《民事诉讼法》第86条关于留置送达的规定是：“受送达人或者他的同住成年家属拒绝接收诉讼文书的，送达人可以邀请有关基层组织或者所在单位的代表到场，说明情况，在送达回证上记明拒收事由和日期，由送达人、见证人签名或者盖章，把诉讼文书留在受送达人的住所；也可以把诉讼文书留在受送达人的住所，并采用拍照、录像等方式记录送达过程，即视为送达。”如果送达人的行为符合上述任一程序性要求，则送达有效，相关文书将对受送达人产生法律效力。若相关利害关系人要否定某留置送达的效力，则需要证明该留置行为不符合上述任一肢判断的程序性要求。

第三节　假言判断

一、假言判断及其特征

假言判断就是对两种事物情况之间存在一定的条件制约关系进行断定的判断。

例1：如果危险是由自然原因引起的，紧急避险人不承担民事责任，可以给予适当补偿。

例2：如果某民事主体是法人，那么它就具有自己独立的财产。

例 3：沉默只有在有法律规定、当事人约定或者符合当事人之间的交易习惯时，才可以视为意思表示。

例 4：某人只有具有犯罪时间，他才会是犯罪嫌疑人。

从上述例子可以发现，假言判断并未对事物情况是否存在作直接的断定，而只是断定了当某种事物情况存在或不存在时，与另外一种事物情况的关系。假言判断就只是断定了一种事物情况与另一种事物情况之间存在某一种特定的条件制约关系。正因为假言判断是对事物情况之间的条件制约关系进行的断定，故假言判断又被称为条件判断。

假言判断由肢判断和连接词构成。假言判断中的肢判断分为前、后两部分，前部分被称作前件，后部分被称为后件。前件和后件都由表达各种具体内容的判断组成，是假言判断中的逻辑变项，分别用逻辑符号 p 和 q 表示，p 表示前件，q 表示后件。对前件与后件所存在的特定关系的断定，用不同的连接词表示，即不同的连接词表达假言判断前后件之间不同的条件制约关系，表达不同形式的假言判断。连接词是假言判断的逻辑常项，表达假言判断的典型连接词有“如果……那么……”“只有……才……”“当且仅当……才……”。

假言判断的肢判断，可以是简单判断，也可以是复合判断；可以是性质判断，也可以是关系判断。为了方便讲述和理解，在下面的内容中本教材将侧重介绍以简单判断作为肢判断的假言判断。

二、充分条件假言判断

（一）什么是充分条件假言判断

若事物情况 A 与事物情况 B 之间存在这样一种关系，即事物情况 A 出现，则事物情况 B 一定会出现，或者说，事物情况 A 为真，则事物情况 B 一定为真，那么，事物情况 A 就是事物情况 B 的充分条件，A 与 B 的关系就是充分条件关系。上述例 1 和例 2 所表达的关系就是充分条件关系：“危险是由自然原因引起的”，则“紧急避险人就不承担民事责任，可以给予适当补偿”；“某民事主体是法人”，则“该民事主体就有独立的财产”。在汉语中，除“如果……那么……”外，还有“只要……就……”“……则……”等语词表示充分条件假言判断。用逻辑符号 p 和 q 表示充分条件假言判断，则是：

如果 p，那么 q。

从形式上看，充分条件假言判断断定的是有前件 p 就有后件 q，或者说，前件 p 真，则后件 q 真。从逻辑的角度看，当一个判断为真，另一个判断必然为真时，这样的判断关系被称为“蕴涵”关系，其逻辑符号为“→”（读作“则”或“蕴涵”），故上述逻辑表达式完全用符号表示就是：

$p \rightarrow q$

（二）充分条件假言判断的逻辑含义

充分条件假言判断断定的是有了事物情况 p，事物情况 q 就一定会出现，换言之，即断定了前件 p 真（出现），则后件 q 不能为假（不出现）。至于前件 p 假（不出现）

时，后件 q 的真假情况（出现或者不出现），充分条件假言判断并未作出任何断言。

本节例 1 中，该判断只断定了“危险是自然原因引起的”这一情况为真（出现），则相应地“紧急避险人不承担法律责任，可以给予适当补偿”这一情况为真（出现）。但是，如果“危险并非自然原因引起的”，即“危险是自然原因引起的”为假（不出现），则“紧急避险人不承担法律责任，可以给予适当补偿”是否为真（是否出现），上述判断并未给出任何答案，亦未给出任何提示。

很多时候，某一事物情况的充分条件往往不止一种，而是若干种。如果某事物情况的充分条件有若干种，而具体在特定的某一充分条件假言判断中，其前件只是该事物情况若干种充分条件之一，则即使该前件为假（不出现），该事物情况并不一定为假（不出现），即该事物情况可能为真，也可能为假。所以，可以这样概括充分条件假言判断前件与后件之间的特定关系：“有之必然，无之未必不然”[①]。把握充分条件假言判断的这一逻辑特征，有助于人们正确认识和运用充分条件假言判断。

（三）充分条件假言判断的真假

综合上述内容，一个充分条件假言判断是否为真，取决于该判断的前件是否为该判断后件的充分条件，换言之，即取决于 p 为真（出现）时，q 是否必然为真（出现）。如果 p 为真（出现）时 q 为真（出现），则 p 是 q 的充分条件，该假言判断为真；如果 p 为真（出现）时 q 为假（不出现），则说明 p 不是 q 的充分条件，则该假言判断为假。

至于前件 p 假（不出现）时，后件 q 的真假情况（出现或不出现），充分条件假言判断并未对此作出断定。因此，无论是前件 p 假（不出现）时后件 q 真（出现），还是前件 p 假（不出现）时后件 q 也假（不出现），都不能证明前件 p 真（出现）时后件 q 真（出现）这一充分条件制约关系不存在。因此，在这些情况下，都应承认该充分条件假言判断为真。

由是，一个充分条件假言判断为假，当且仅当其前件为真（出现）时后件为假（不出现）。充分条件假言判断的真假与其肢判断的真假关系，可以用真值表表示如下。

p	q	p→q
1	1	1
1	0	0
0	1	1
0	0	1

根据上表，一个充分条件假言判断，如果前件 p 假或者其后件 q 真，则该判断总是真的。其唯一为假的情况是 p 真并且 q 假。因此，要反驳一个充分条件假言判断，必须要证明的是 p 真并且 q 假，只有这样，才能说明前件 p 不是后件 q 的充分条件。

三、必要条件假言判断

（一）什么是必要条件假言判断

若事物情况 A 与事物情况 B 之间存在这样一种关系，即事物情况 A 不出现时，事

① 黄伟力．法律逻辑学新论．2 版．上海：上海交通大学出版社，2005：103.

物情况B就一定不出现，或者说，若事物情况A为假，则事物情况B一定为假，那么，事物情况A就是事物情况B的必要条件，A与B的关系就是必要条件关系。本节例3和例4所表达的关系就是必要条件关系。例3断定了“沉默在有法律规定时、通过当事人约定或依据当事人之间的交易习惯”是“沉默视为意思表示”的必要条件；例4则断定了“具有犯罪时间”是“成为犯罪嫌疑人”的必要条件。在汉语中，除“只有……才……”外，还有“必须……才……”“除非……才……”等语词表示必要条件假言判断。用逻辑符号p和q表示必要条件假言判断，则是：

只有p，才q。

从形式上看，必要条件假言判断断定的是无前件p就无后件q，或者说，前件p假，则后件q假。从逻辑的角度看，当一个判断为假，另一个判断必然为假时，这样的判断关系被称为“逆蕴涵”关系，其逻辑符号为“←”（读作“才”或“逆蕴涵”），故上述逻辑表达式完全用符号表示就是：

$$p \leftarrow q$$

（二）必要条件假言判断的逻辑含义

必要条件假言判断断定的是事物情况p不出现，事物情况q就一定不出现，换言之，即断定了前件p假（不出现），则后件q就不能为真（不出现）。至于前件p真（出现）时，后件q的真假情况（事物出现或者不出现），必要条件假言判断并未作出任何断言。

本节例3中，该判断只断定了“在有法律规定时、通过当事人约定或依据当事人之间的交易习惯”这一情况为假（不出现）时，相应地，“沉默视为意思表示”这一情况为假（不出现）。但是，如果“在有法律规定时、通过当事人约定或依据当事人之间的交易习惯”这一事物情况为真（出现），则“沉默视为意思表示”是否为真（出现），上述判断并未给出任何答案，亦未给出任何提示。

很多时候，某一事物情况的必要条件往往不止一种，而是若干种。如果某事物情况的必要条件有若干种，而具体在特定的某一必要条件假言判断中，其前件只是该事物情况的若干种必要条件之一，则即使该前件为真（出现），该事物情况也并不一定为真（出现），即该事物情况可能为真，也可能为假。所以，可以这样概括必要条件假言判断前件与后件之间的特定关系：“无之必不然，有之未必然”。把握必要条件假言判断的这一逻辑特征，有助于我们正确认识和运用必要条件假言判断。

（三）必要条件假言判断的真假

综合上述内容，一个必要条件假言判断是否为真，取决于该判断的前件是否为该判断后件的必要条件，换言之，即取决于p为假（不出现）时q是否必然为假（不出现）。如果p为假（不出现）时q为假（不出现），则p是q的必要条件，该假言判断为真；如果p为假（不出现）时q为真（出现），则说明p不是q的必要条件，该假言判断为假。

至于前件p真（出现）时，后件q的真假情况（出现或不出现），必要条件假言判断并未对此作出断定。因此，无论是前件p真（出现）时后件q也真（出现），还是前件p真（出现）时后件q假（不出现），都不能证明前件p假（不出现）时后件q假（不出现）这一必要条件制约关系不存在。因此，在这些情况下，都应承认该必要条件假言判断为真。

由是，一个必要条件假言判断为假，当且仅当其前件为假（不出现）时后件为真（出现）。必要条件假言判断的真假与其肢判断的真假关系，可以用真值表表示如下：

p	q	p←q
1	1	1
1	0	1
0	1	0
0	0	1

根据上图，一个必要条件假言判断，如果其前件 p 真或者后件“q”假，则该判断总是真的。其唯一为假的情况是：p 假并且 q 真。因此，要反驳一个必要条件假言判断，则需要证明的是 p 不出现并且 q 出现，只有这样，才能说明前件 p 不是后件 q 的必要条件。

（四）充分条件假言判断与必要条件假言判断的关系

尽管充分条件假言判断与必要条件假言判断有不同的逻辑特点，但它们存在着内在联系，可以相互转换。具体而言，充分条件假言判断所断定的是事物情况 p 是事物情况 q 的充分条件，这意味着事物情况 p 出现，则事物情况 q 一定会出现。那么，在事物情况 q 没有出现的场合，事物情况 p 也不会出现（因为 p 出现了，q 就会出现，现在 q 没有出现，说明 p 不会出现）。故而，在一个充分条件假言判断当中，前件 p 是后件 q 的充分条件，而后件 q 是前件 p 的必要条件。

必要条件假言判断断定的是前件 p 是后件 q 的必要条件，这意味着事物情况 p 不出现，则事物情况 q 也不会出现。换言之，在事物情况 q 出现时，事物情况 p 就会出现（因为 p 不出现，q 就不会出现，现在 q 出现了，则 p 就应该出现）。故而，在一个必要条件假言判断当中，前件 p 是后件 q 的必要条件，而后件 q 是前件 p 的充分条件。

因此，任何一个充分条件假言判断，都有一个与之等值的必要条件假言判断。相应地，任何一个必要条件假言判断，都有一个与之等值的充分条件假言判断。

四、充分必要条件假言判断

所谓充分必要条件假言判断是指这样一种情形：前件 p 出现，后件 q 就一定出现。前件 p 不出现，则后件 q 就不出现。在汉语中，通常使用“当且仅当……才……”“有且仅有……才……”充当充分必要条件（以下简称充要条件）假言判断的连接词。其逻辑表达式为：

当且仅当 p，则 q。

用符号表示则为：

p↔q

“↔”表示“互相蕴涵”或“等值”。这种逻辑式可以读作 p 与 q 互相蕴涵，或 p 与 q 等值，或当且仅当 p 才 q。

当一种情况是另一种情况的充要条件时，另一种情况也是这一种情况的充要条件，因此，从真假的角度来说，这两种情况是等值的，“↔”才被看作是等值符号。在充要条件假言判断中，前件与后件这种等值性，决定了前件真（假），后件就真（假），并且后件真（假），前件也真（假）。如果在充要条件假言判断中出现了前件与后件真假情况不一致的情况，那就说明该充要条件假言判断不能成立，也即该判断为假。用真值表表示如下。

p	q	p↔q
1	1	1
1	0	0
0	1	0
0	0	1

五、法律工作中假言判断的运用

在立法过程中，我们经常使用假言判断来设定法律条文。上面我们已经举出了一些实例，在此不作进一步阐释。需要进一步说明的是，假言判断在司法实践过程中也被广泛地使用，特别是在刑事侦查过程中，需要由果溯因，追溯犯罪行为发生过程以及犯罪嫌疑人，就需要提出一系列推测性判断，其中就包含假言判断。

例子：某桩盗窃案件发生后，侦查人员首先要判定案件的性质——是熟人作案还是陌生人作案：如果确定是熟人作案，则犯罪嫌疑人将被进一步限定，在被害人熟人范围内追查。如果是陌生人作案，则在区分惯犯作案或新手作案的基础上，进一步排查犯罪嫌疑人。如果是惯犯作案，则要以在作案记录中搜寻是否有类似的作案手法，进一步限定目标。如果是新手作案，则要侧重对现场证据的收集和分析，以寻求案件侦破工作的突破。

上述过程中所使用的推测性判断，几乎采用的是充分条件假言判断。此外，在一些特殊的犯罪行为中，需要有特殊的技能或者身份要求，此时就会用到必要条件假言判断。例如，在国家机密被窃取案件中，只有能够接触并了解相关机密的人，才有可能成为犯罪嫌疑人，依据这样一个必要条件关系，我们就可以进一步限缩被调查对象。在一个刑事案件中，列出的必要条件越多，被排除的犯罪嫌疑人就越多，侦查范围就会越小，侦破工作就会越有效率，破案时间就会越短，破案率就会越高。当然，所列出的必要条件关系必须为真，否则，就会使侦查人员误入歧途，甚至有可能让犯罪嫌疑人漏网。故，应当深入研究事物情况之间的各种条件关系，以确保所形成的必要条件假言判断的合理性。

第四节　负判断

一、负判断及其等值判断

（一）负判断的含义及逻辑特性

负判断是对某一判断进行否定的判断。它是一种特殊形式的复合判断，并非由若干肢判断组合而成，而是由否定词加上肢判断构成。之所以将负判断认定为复合判断，是因为从结构上看，它也是包含其他判断成分的判断。与前述各种复合判断的肢判断一样，负判断的肢判断，既可以是简单判断，也可以是复合判断，甚至可以是多重复合判断；既可以是性质判断，也可以是关系判断。

例 1：并非李某是犯罪嫌疑人。

例 2：并不是只有年满十八岁，才具有民事行为能力。

例 3：不可能如果甲具有作案时间和作案动机，他就一定是罪犯。

例 1 否定了“李某是犯罪嫌疑人”这样一个性质判断；例 2 否定的是“只有年满十八岁，才具有民事行为能力”这样一个必要条件假言判断；例 3 否定的是一个多重复合判断，该判断从整体结构上看是一个充分条件假言判断，但其中还包括一个联言判断。

对一个判断的否定，其实质就是断定该判断为假。我们如果断定某一判断为假，或者以某种形式否定某一判断，实际上就形成了一个以该判断为肢判断的负判断。任何一个判断（包含负判断），都可以形成一个与之对应的负判断。

在汉语中，我们通常使用“并非”“并不是”“不可能”等词汇表达对某一判断的否定，符号“¬”读作“并非”，用以表示上述否定词。如果以 p 代表被否定的判断，则负判断的公式为：

“并非 p”或者“¬p”。

一个判断与其负判断的真假关系，是一组矛盾关系，也即：判断为真，则其负判断为假；判断为假，则其负判断为真。用真值表表示如下。

p	¬p
1	0
0	1

（二）复合判断的负判断及其等值判断

否定某个复合判断的判断，即以该复合判断为肢判断的负判断。根据负判断与其肢判断的真假关系可知，一个复合判断的负判断，其实质就是断定该复合判断为假，与其相等值的就是该复合判断为假时的情形。下面系统分析各类复合判断的负判断及其等值判断。

（1）联言判断的负判断及其等值判断。

对一个联言判断进行否定，即形成联言判断的负判断。其逻辑表达式为“并非 p 并且 q”，也可用公式表达为“¬（p∧q)”。所谓“¬（p∧q)”，即“p∧q”为假。“p∧q”只有在 p 真并且 q 真时才为真，而 p 或 q 中只要有任意一个为假（或者 p 假，或者 q 假，或者两者都假），则“p∧q”为假。通过真值表，我们也可以得出这一结论。因此，联言判断的负判断，即“并非 p 并且 q”等值于“非 p 或者非 q”，用公式表示为：“¬（p∧q)”等值于“¬p∨¬q”。

例如，“并非张三和李四都是法官”，其等值判断即为“或者张三不是法官，或者李四不是法官”。

(2) 选言判断的负判断及其等值判断。

对一个选言判断进行否定，即形成该选言判断的负判断。鉴于选言判断有两种形式，即相容选言判断和不相容选言判断，其负判断有不同的逻辑形式，下面我们分别讨论这两种形式的选言判断的负判断。

对一个相容选言判断的否定，形成的逻辑表达式是“并非 p 或者 q”，也可以用公式表达为“$\neg(p\vee q)$”。所谓“$\neg(p\vee q)$”，即“$p\vee q$”为假。“$p\vee q$”在 p 和 q 中任一为真时为真，也即，要“$p\vee q$”为假，需要 p 假并且 q 假。p 假并且 q 假用公式表示为“$\neg p\wedge\neg q$”。因此，相容选言判断的负判断，即“并非 p 或者 q”等值于“非 p 并且非 q”，用公式表示为：“$\neg(p\vee q)$”等值于$\neg p\wedge\neg q$。

例如，“并非或者李某是律师，或者张某是律师”，其等值判断即为“李某和张某都不是律师”。

对一个不相容选言判断的否定，形成的逻辑表达式是“并非要么 p 要么 q”，也可以用公式表达为“$\neg(p\dot{\vee} q)$”。所谓“$\neg(p\dot{\vee} q)$”，即“$p\dot{\vee} q$”为假。“$p\dot{\vee} q$”为假，即“p 假并且 q 假”，或者“p 真并且 q 真”。因此，不相容选言判断的负判断，即“并非要么 p 要么 q”等值于“或者非 p 并且非 q，或者 p 并且 q”。用公式表示为：“$\neg(p\dot{\vee} q)$”等值于“$(\neg p\wedge\neg q)\vee(p\wedge q)$”。

例如，“并非要么没收他的部分财产，要么没收他的全部财产”，其等值判断即为“或者既不没收其全部财产，也不没收其部分财产，或者既要没收其全部财产，也要没收其部分财产”。

(3) 充分条件假言判断的负判断及其等值判断。

对一个充分条件假言判断进行否定，即形成该假言判断的负判断。其逻辑表达式为“并非如果 p，那么 q”，也可以用公式表达为“$\neg(p\rightarrow q)$”。所谓“$\neg(p\rightarrow q)$”，即“$p\rightarrow q$”为假。“$p\rightarrow q$”只有在 p 真并且 q 假时才为假。因此，充分条件假言判断的负判断，即“并非如果 p，那么 q”等值于“p 并且非 q”，用公式表示为“$\neg(p\rightarrow q)$”等值于 $p\wedge\neg q$。

例如，“并非如果甲是法律专业毕业的，他就会从事法律工作”，其等值判断为“甲是法律专业毕业的并且其不从事法律工作”。

(4) 必要条件假言判断的负判断及其等值判断。

对一个必要条件假言判断进行否定，即形成该假言判断的负判断。其逻辑表达式为“并非只有 p，才 q”，也可以用公式表达为“$\neg(p\leftarrow q)$”。所谓“$\neg(p\leftarrow q)$”，即“$p\leftarrow q$”为假。“$p\leftarrow q$”只有在 p 假并且 q 真时才为假。因此，必要条件假言判断的负判断，即“并非只有 p，才 q”等值于“非 p 并且 q”，用公式表示为：“$\neg(p\leftarrow q)$”等值于“$\neg p\wedge q$”。

例如，“并非只有甲是法律专业毕业的，他才能从事法律工作”，其等值判断为“甲不是法律专业毕业的并且他从事法律工作”。

（5）充要条件假言判断的负判断及其等值判断。

对一个充要条件假言判断进行否定，即形成该假言判断的负判断。其逻辑表达式为“并非当且仅当 p，才 q”，也可以用公式表示为“$\neg(p\leftrightarrow q)$”。所谓“$\neg(p\leftrightarrow q)$”，即“$p\leftrightarrow q$”为假。“$p\leftrightarrow q$”只有在 p 假并且 q 真时或者 p 真并且 q 假时才为假。因此，充要条件假言判断的负判断，即“并非当且仅当 p，才 q”等值于“或者非 p 并且 q，或者 p 并且非 q”，用公式表示为：“$\neg(p\leftrightarrow q)$”等值于“$(p\wedge\neg q)\vee(\neg p\wedge q)$”。

例如，“并非当且仅当天刮风，才下雨”，其等值判断为“天刮风而没有下雨，或者天没刮风但下雨”。

（三）基于等值关系的复合判断形式的转换

基于等值关系的复合判断形式的转换，是指在不改变复合判断真假值的情况下，将其转换为另一个判断形式不同的复合判断。这样的转换以不同判断形式真假值相等为基础，也就是说转换后的判断与原判断必须等值。实质上，对复合判断进行形式上的转换，也就是揭示该复合判断所隐含的判断。下面介绍一些基本的复合判断的转换形式。

1. 假言判断与选言判断之间的转换

（1）“如果 p，那么 q”可以转换为（等值于）“非 p 或者 q”。

其基于的等值关系在于，有两种情形可以确保一个充分条件假言判断为真：一种情形是其前件 p 假，一种情形是其后件 q 真。而这两种情形可用选言判断表示为“或者 p 假，或者 q 真”。用逻辑符号表示为：

$$(p\rightarrow q)\leftrightarrow(\neg p\vee q)$$

例如，“如果法庭没有弄清事实，那么就不能作出判决”，可以转换为（等值于）“或者法庭弄清事实，或者不能作出判决”。

我们可以用真值表验证上述判断的真假是否等值。

p	q	$\neg p$	$p\rightarrow q$	$\neg p\vee q$
1	1	0	1	1
1	0	0	0	0
0	1	1	1	1
0	0	1	1	1

（2）“只有 p，才 q”可以转换为（等值于）“p 或者非 q”。

其基于的等值关系在于，有两种情形可以确保一个必要条件假言判断为真：一种情形是其前件 p 真，一种情形是其后件 q 假。而这两种情形可用选言判断表示为“或者 p 真，或者 q 假”。用逻辑符号表示为：

$$(p\leftarrow q)\leftrightarrow(p\vee\neg q)$$

例如，“只有某人年满 18 周岁，某人才有选举权”，可以转换为（等值于）“或者某人年满 18 周岁，或者某人没有选举权”。

(3)“或者 p，或者 q”可以转换为（等值于）“如果¬p，那么 q”。

其基于的等值关系在于，p 真或者 q 真，则整个选言判断为真。而就假言判断而论，¬p 为假，或者 q 为真，则假言判断为真。因为，p 真，则¬p 一定为假，故上述选言判断和假言判断等值。用逻辑符号表示为：

$$(p \vee q) \leftrightarrow (\neg p \to q)$$

例如，“这个案子或者是内盗，或者是外盗”，可以转换为（等值于）“这个案子如果不是内盗，那么是外盗”。

我们可以用真值表验证上述判断的真假是否等值。

p	q	¬p	p∨q	¬p→q
1	1	0	1	1
1	0	0	1	1
0	1	1	1	1
0	0	1	0	0

2. 充分条件假言判断与必要条件假言判断之间的转换

(1)“如果 p，那么 q”可以转换为（等值于）“只有 q，才 p”；另一方面，“只有 p，才 q”也可转换为“如果 q，那么 p”。

具体来说，“如果 p，那么 q”断定的是 p 出现（真）时 q 就一定出现（真）。那么，当 q 不出现（假）时，p 也一定不出现（假），则 q 即为 p 的必要条件。用逻辑符号表示为：

$$(p \to q) \leftrightarrow (q \leftarrow p)$$

例如，“如果马克思主义是真理，那么马克思主义就不怕批评”可以转换为（等值于）“只有马克思主义不怕批评，马克思主义才是真理”。

“只有 p，才 q”断定的是 p 不出现（假）时 q 就不出现（假），那么，当 q 出现（真）时，意味着 p 一定出现（真），则 q 即为 p 的充分条件。用逻辑符号表示为：

$$(p \leftarrow q) \leftrightarrow (q \to p)$$

例如，“只有处理好污水，才能搞好环境卫生”，可以转换为（等值于）“如果要搞好环境卫生，就必须处理好污水”。

(2) 多种假言判断的转换。

“如果 p，那么 q”断定的是 p 真，则 q 真。根据前述内容，其亦断定了 q 假，则 p 假。而根据负判断的表达含义，q 假可以用¬q 表示，p 假可以用¬p 表示，则用逻辑表达式表示该判断为：“$\neg q \to \neg p$”。因此，$(p \to q) \leftrightarrow (q \leftarrow p) \leftrightarrow (\neg q \to \neg p)$。

例如，“如果马克思主义是真理，那么马克思主义就不怕批评”可以转换为（等值于）“只有马克思主义不怕批评，马克思主义才是真理”，也可以转换为（等值于）“如果马克思主义怕批评，马克思主义就不是真理”。

我们可以用真值表验证上述判断的真假是否等值。

p	q	¬p	¬q	p→q	p←q	¬q→¬p
1	1	0	0	1	1	1
1	0	0	1	0	0	0
0	1	1	0	1	1	1
0	0	1	1	1	1	1

二、多重复合判断及其负判断

(一) 多重复合判断的含义

多重复合判断就是以复合判断作肢判断的复合判断。在多重复合判断中，其整体结构可以是联言、选言、假言等多种判断形式，但其至少有一个肢判断是复合判断。

例如，只有在学好法律知识的基础上，进一步地在实践过程中积累办案经验，才能成为优秀的律师。

从整体上看，该多重复合判断的结构是一个必要条件假言判断：它的前件是一个联言判断，其后件则是一个简单判断。从语义的角度出发，多重复合判断比较复杂，如果我们用符号把它所包含的各种肢判断关系表示出来，其语义背后的逻辑关系就能清晰地表达出来。例如上面这个判断，我们用符号表示构成该判断的各个简单判断，即：

p=“学好法律知识”

q=“在实践过程中积累办案经验”

r=“成为优秀的律师”

该判断用公式表示为：

(p∧q) ←r

再比如，被判处管制、拘役、有期徒刑、无期徒刑的犯罪分子，在执行期间，如果认真遵守监规，接受教育改造，确有悔改表现的，或者有立功表现的，可以减刑。(《刑法》第78条)

该刑法条文是一个多重复合判断。整体上看，该判断为充分条件假言判断：其前件较为复杂，是一个以选言判断为主体的复合判断，该选言判断的肢判断之一，是一个联言判断。后件则简单，为“可以减刑”。用符号表示该判断的各个肢判断，则为：

p=“认真遵守监规”

q=“接受教育改造”

r=“确有悔改表现”

s=“立功表现”

t=“可以减刑”

该判断用公式表示为：

[(p∧q∧r) ∨s] →t

(二) 多重复合判断的负判断及其等值判断

多重复合判断同样存在负判断，其实质是断定一个多重复合判断为假。

多重复合判断负判断的等值判断，其实质与前述复合判断负判断的等值判断无异，只是形式上略显复杂。

例如，并非如果王某会使用手枪，并且有条件获得枪支弹药，他就是本案的犯罪嫌疑人。

用符号表示上述判断，即：

p＝“王某会使用手枪”

q＝“有条件获得枪支弹药”

r＝“是本案的犯罪嫌疑人”

则上面这个多重复合判断，用判断公式表示为：

$\neg [(p \wedge q) \rightarrow r]$

从整体结构上看，该判断为充分条件假言判断的负判断。根据已学知识，充分条件假言判断的负判断，其等值判断是“$p \wedge \neg q$”。我们再将上述判断中的“$p \wedge q$”代入等值判断中的 p，r 等值判断中的 q，则得出该判断的等值判断就是：

$(p \wedge q) \wedge \neg r$

再将原语句代入，则得出等值判断：

王某会使用手枪并且有条件获得枪支弹药，但他不是本案的犯罪嫌疑人。

第五节　法律判断[①]

一、法律规范、法律条文与法律判断

（一）法律规范

法律规范是指由国家机关制定或认可的，并依靠国家的强制力来保证其实施的行为规范。法律规范具有强制性的特点，其突出表现为，在给出行为规范的同时还给出了相应的制裁规范。

法律规范作为一个完整的法律体系或一个法律文件，包含假定、处理和制裁三个部分。其中，“假定”和“处理”这两部分可合称为“行为模式”，“制裁”部分也称为“法律后果”。就一个具体的法律规范判断而言，则可分解为“构成要件”和“法律效果”这样两个部分。

假定部分，就是法律规范中指出的、适用该规范的条件或情况的那一部分。所谓“条件”，又包括规范承受者应具备的特征和要求作出或不作出某种行为所需具备的条件。处理部分是指规范命令（允许或禁止）承受者作出什么样的行为的那一部分。制裁部分是指法律规范中规定的、违反该规范将要承担的法律后果的那一部分。如此，我们就可把一个完整的法律规范的结构，表述为这样一个公式：

如果具有性质 T 的人，并且出现情况 W，那么，必须（禁止或允许）C，违者处以 S。

---

① 本节参见郝建设．法律逻辑学．修订版．北京：中国民主法制出版社，2013：84－91.

但是，这一结构仅仅是就一个法律规范体系来说的。在一个具体的法律规范判断中，可能表现为如下几种情形。

第一种，在同一法律规范体系中，把该规范的假定、处理部分以及违反该规范的制裁部分分别表述在不同的法律文件中。例如宪法就只是关于处理部分的规定，而刑法是关于对违反者制裁的规定。

第二种，在同一法律文件中，假定、处理和制裁这几部分，分别表述在不同的条文中，因而该法律文件中的某些法律条文就省去了假定条件，或者省去了制裁规定。

第三种，单就制裁规范而言，同样可分解为适用规范的假定部分（即“违者”具有的特征和出现了什么样的情况）和具体的制裁规定（制裁方式）部分。其中，假定部分中关于“违者”的特征，统一表述在另一些条文中。如刑法就将这一部分表述在“总则”中，“分则”中的条文就省去了这一部分。

（二）法律条文

法律条文，即法律条款，是以语句的形式来表达法律规范、反映立法意图的，并在法律规范中以语句（判断）形式表现出来的具体规定。现代国家的规范性法律文件大都是以条文为基本构成单位的。就成文法而言，法律规范与法律条文既有联系，又有区别。法律规范是法律条文的主要内容，法律条文是法律规范的表现形式。例如，在刑法中，法律条文规定的是犯罪构成行为，而法律规范是在法律条文背后的禁止性命令。法律条文可以具体表现为条、款、项、目。其中，条是组成法律规范的基本单位；款的表现形式为条中的自然段，每个自然段为一款，款一般可以独立适用；项是以列举的形式对前段文字的说明；目隶属于项，是法律规范中最小的单位。

> 例子：《刑法》第 39 条共 2 款，其中第 1 款下有 5 项，即：“被判处管制的犯罪分子，在执行期间，应当遵守下列规定：（一）遵守法律、行政法规，服从监督；（二）未经执行机关批准，不得行使言论、出版、集会、结社、游行、示威自由的权利；（三）按照执行机关规定报告自己的活动情况；（四）遵守执行机关关于会客的规定；（五）离开所居住的市、县或者迁居，应当报经执行机关批准。”

（三）法律判断

法律条文总是以语句的形式表达出来的，即是法律判断，亦称法律命题。“所谓法律命题，是指以命题（satz）或语句的形式存在着的法律规范。在现代，它主要是指国家制定的法律或法院适用的判例。”① 由于法律判断通常都是包含规范模态词的判断，因此也可以被称为法律规范判断。法律判断大都具有规范性的意义，虽然也有所陈述，即它指出规范承受者应为何种行为或其应如何判断，但相对于其规范性功能，法律判断的陈述功能显然居于次要地位。法律判断并不主张某些事物是如此这般，而是在作规定、给予或拒斥的表示。因此，法律判断与主张或确认事实的陈述语句（即事实判断）是不同的。对于法律判断，我们不能像对待事实判断一样去探讨其真假，只能研究其是否有效、是否为现行有效之法律规范的构成部分以及是否合理等性质。

一个完整的法律判断总是包含四个方面的内容：（1）规范的承受者：受规范调整的主

① 川岛武宜．现代化与法．王志安，等译．北京：中国政法大学出版社，1994：218.

体，也就是说，规范是对谁提出的行为要求。(2) 行为本身：规范要求承受者应为何种行为，或其应如何判断。(3) 行为条件：承受者作出某种行为所需要具备的条件。(4) 行为方式：规范的执行方式，即各种规范模态词，如"必须""禁止""允许"等。例如，人民警察执行公务时必须按规定着装。上述这一法律判断中，规范的承受者是"人民警察"，行为本身是"按规定着装"，行为条件是"执行公务时"，行为方式是"必须"。

二、法律判断的形式

如前所述，法律判断作为陈述法律条文的语句，其判断形式基本上都属于规范模态判断（少数陈述非规范性条文的判断除外）。"作为法律推理大前提的法律规范命题，是以语句的形式表现出来的法律规范。它是由把一定的行为构成要件和一定的法律效果联系起来的假言命题构成的，法律条款中，最主要、最典型的命题形式就是'如果 p，那么 q'这样的假言命题（当然，实际情况远非如此简单，而且命题也并非都采用这种最典型的形式）。假言命题的前件 p，就是法律规范中所假定的、预见的行为构成要件，其后件 q，就是一定的法律效果。因此，这种典型的法律命题就表明：一旦某种假定的、预见的行为发生（或某一现实的行为具有这一构成要件），则某种相应的法律效果便随之而来。"① 诚如日本学者川岛武宜所指出的："最典型的法律命题是，'……当［F］事实存在时……p 要为（A）行为'。在这一语句中，'提出条件'部分的内容被称为'要件'（或'法律要件'），而以该条件为前提应为的行为部分的内容则被称为'效果'（或'法律效果'）。"②

由此可见，法律判断的最典型，也是最主要的形式，就是假言判断。其典型模式如下：

Δ（如果 p，那么 q）

其中，前件 p 是条件（构成要件），后件 q 是法律效果，符号"△"表示"必须""禁止""允许"等规范词。

出于立法技术方面的考虑，我国立法文本中的法律条文通常省略连接词"如果……那么……"，往往以"的"字句的形式出现。

例如，《刑法》第 263 条第 1 款规定，"以暴力、胁迫或者其他方法抢劫公私财物的，处三年以上十年以下有期徒刑，并处罚金"。其中的前件"以暴力、胁迫或者其他方法抢劫公私财物"是构成要件，后件"处三年以上十年以下有期徒刑"是其法律效果。

不过，尽管假言判断是法律判断的最典型和最主要的形式，但其并非唯一形式。在立法文本中，也有不少法律条文表现为其他类型的判断形式。

三、法律条文的逻辑结构

根据法律条文的内容和性质不同，法律条文总体上可分为两类，即：典型条文与

① 雍琦，金承光，姚荣茂．法律适用中的逻辑．北京：中国政法大学出版社，2002：356.

② 川岛武宜．现代化与法．王志安，等译．北京：中国政法大学出版社，1994：254－255.

除外条文。所谓典型条文，就是典型性、常规性的法律条文，也称为普通条文；而除外条文，就是排除性、例外性或补充性的法律条文。

（一）典型条文的逻辑结构

借助于语句来表达的法律条文大都体现为复合判断乃至多重复合判断。尽管其逻辑结构较为复杂，然而其内部的逻辑关系，仍不外乎前面所介绍的假言判断、联言判断、选言判断等判断形式。对典型条文的逻辑结构，可以采用前面关于复合判断以及规范判断的相关知识进行分析。

例子：《民法通则》第 106 条第 1 款规定："公民、法人违反合同或者不履行其他义务的，应当承担民事责任。"

若令 A＝公民违反合同

B＝公民不履行其他义务

C＝法人违反合同

D＝法人不履行其他义务

E＝承担民事责任

则其逻辑结构可用符号公式表示如下：

$$\triangle[(A \vee B \vee C \vee D) \rightarrow E]$$

符号"△"在这里表示规范词"应当"。

（二）除外条文的逻辑结构

立法文本中的除外条文，就是指包含"除外""除……外"等语词的法律条文，同时也包括某些"法律但书"。立法学中，这些条文被称作"除外句"与"但书句"，逻辑史上把这样的语句称为除外判断。

例子：《合同法》第 71 条第 1 款——"债权人可以拒绝债务人提前履行债务，但提前履行不损害债权人利益的除外"——就是一个除外条文。

除外条文在立法中主要具有排除性、限制性、补充性的效用，其逻辑结构也与典型条文的逻辑结构有很大的差异。从语句表达形式来看，除外条文主要有直言式、联言式和假言式三种形式。

1. 直言式除外条文的逻辑结构

直言式除外条文，就是语句表达形式上类似于性质判断的除外句或但书句。其典型模式如下：

△（除 Sx 外，S 都是 P）

直言式除外条文的逻辑含义为：

△（Sx 是 S，且，Sx 不是 P，且，不是 Sx 的 S 都是 P）

例子：中华人民共和国年满 18 周岁的公民，不分民族、种族、性别、职业、家庭出身、宗教信仰、教育程度、财产状况、居住期限，都有选举权和被选举权；但是依照法律被剥夺政治权利的人除外。（《宪法》第 34 条）

2. 联言式除外条文的逻辑结构

联言式除外条文，就是语句表达形式上类似于联言判断的除外句或但书句。其典型模式如下：

△（除 p 外，还 q）

联言式除外条文的逻辑公式为：

△（p∧q）

例如，财产案件除交纳案件受理费外，并按照规定交纳其他诉讼费用。（《民事诉讼法》第 118 条第 1 款）

3. 假言式除外条文的逻辑结构

假言式除外条文，就是语句表达形式上类似于假言判断的除外句或但书句。假言式除外条文，有假言附加型和假言排除型两种具体形式。

（1）假言附加型除外条文的逻辑结构。

假言附加型除外条文的典型模式如下：

△（如果 p，那么除 q 外，还 r）

其逻辑公式为：

△［p→（q∧r）］

例子：由于犯罪行为而使被害人遭受经济损失的，对犯罪分子除依法给予刑事处罚外，并应根据情况判处赔偿经济损失。（《刑法》第 36 条第 1 款）

（2）假言排除型除外条文的逻辑结构。

假言排除型除外条文的典型模式如下：

△（如果 p，那么 q，但 r 除外）

其逻辑公式是：

△〔［（p∧¬r）→q］∧［（p∧r）→¬q］〕

例子：民用航空器造成他人损害的，民用航空器的经营者应当承担侵权责任，但能够证明损害是因受害人故意造成的，不承担责任。（《侵权责任法》第 71 条）

需要注意的是，"如果 p，那么 q，但 r 除外"与"如果 p，那么 q，除非 r"相通。若用"除非……"去替换这里的"但……除外"，其逻辑含义相同。不过，我国的立法文本中，极少使用前者，更习惯于使用"但……除外"。其实，在国际公约及国外立法例中，使用"除非……"句式的法律条文更为常见。

例子：无论如何，如果买方不在实际收到货物之日起 2 年内将货物不符合同情形通知卖方，他就丧失声称货物不符合同的权利，除非这一时限与合同规定的保证期限不符。（《联合国国际货物销售合同公约》第 39 条第 2 款）

参考文献

［1］华东师范大学哲学系逻辑学教研室．形式逻辑．上海：华东师范大学出版社，2009.

［2］姜成林．普通逻辑学．北京：中央电大出版社，1999.

［3］冉兆晴．普通逻辑教程．北京：中国政法大学出版社，2007.
［4］雍琦．法律逻辑学．北京：法律出版社，2005.
［5］黄伟力．法律逻辑学新论．2版．上海：上海交通大学出版社，2005.
［6］郝建设．法律逻辑学．修订版．北京：中国民主法制出版社，2013.
［7］川岛武宜．现代化与法．王志安，等译．北京：中国政法大学出版社，1994.

延伸阅读

王晨光．法律运行中的形式推理模式//葛洪义．法律方法与法律思维．北京：中国政法大学出版社，2002：122－143.

课后练习题

一、填空题

1. 复合判断是由________和________构成的，其中________是逻辑常项，________是逻辑变项。

2. 一个联言判断为真，其肢判断均为________。

3. 一个相容选言判断为假，当且仅当其肢判断为________。

4. 充分条件假言判断为假的条件是________。

5. 必要条件假言判断为假的条件是________。

6. 不相容选言判断在肢判断________时，为假；充分必要条件假言判断在肢判断________时，为真。

7. 与“并非只有某死者中毒，他才是服毒自杀”等值的判断是________。

二、指出下列复合判断的种类，并写出其真值式。

1. 甲和乙都是律师。

2. 虽然我们的道路是曲折的，但前途是光明的。

3. 谁说他是嘴上这么说，行动上也这么做？并非如此。

4. 或者我们被困难吓倒，或者我们把困难战胜。

5. 并非甲、乙、丙三人中至少有一个人到过案发现场。

6. 你我至少要有一个人出庭，但不能都出庭。

7. 假如语言能够生产物质，那么夸夸其谈的人就会成为世界上最大的富翁。

8. 如果某推理的结论是错误的，那么或是该推理的前提是虚假的，或是该推理的形式是无效的。

9. 如果马克思主义害怕批评，如果马克思主义会被批评倒，那么马克思主义就不是真理。

10. 不到西湖，不知西湖之美。

11. 不破不立，不塞不流，不止不行。

12. 并非只有犯罪才是犯法。

13. 如果你去我就去，除非你去我才去。

14. 或者甲和乙都触犯刑律，或者甲和乙都没触犯刑律。

15. 并非当且仅当某人是故意犯罪，他才是过失犯罪。

三、单项选择题

1. “$p\wedge q$”为真时，有（　　）。

A. p 真 q 真　　B. p 假 q 真　　C. p 真 q 假　　D. p 假 q 真

2. “$p\rightarrow q$”为假时，可以断定（　　）为真。

A. p 真 q 真　　B. p 假 q 假　　C. p 真 q 假　　D. p 假 q 真

3. $p\leftarrow q$ 取值为假，则有（　　）。

A. p 真 q 真　　B. p 假 q 假　　C. p 真 q 假　　D. p 假 q 真

4. “p 当且仅当 q”与“要么 p 要么 q”这两个逻辑形式是（　　）。

A. 等值式　　B. 矛盾式

C. 不同的逻辑常项和变项　　D. 相同的逻辑常项和变项

5. “p 并且 q”与“p 或者 q”这两个判断（　　）。

A. 可同真，可同假　　B. 可同真，不可同假

C. 不可同真，不可同假　　D. 不可同真，可同假

6. 当 p 假、q 假时，则有（　　）。

A. “p 并且 q”真　　B. “p 或者 q”真

C. “如果 p 那么 q”真　　D. “p 要么 q”真

7. 充分条件假言判断的含义是（　　）。

A. 当前件真时，后件一定真　　B. 当前件假时，后件一定假

C. 当前件真时，后件假　　D. 当前件假时，后件一定真

8. 必要条件假言判断的含义是（　　）。

A. 有前件，必有后件　　B. 有前件，没有后件

C. 没有前件，就没有后件　　D. 没有前件，有后件

9. “p 并且 q”与“p 或者 q”之间的真假关系是（　　）。

A. 可同真，可同假　　B. 可同真，不可同假

C. 不可同真，可同假　　D. 不可同真，不可同假

10. 与“如果非 p，那么 q”等值的判断是（　　）。

A. 只有 q 才 p　　B. 如果 p 那么 q

C. 只有 q 才非 p　　D. 非 p 或者 q

11. 与“只有 p 才 q”等值的判断是（　　）。

A. 只有非 q 才非 p　　B. 只有 q 才 p

C. 如果非 q 那么非 p　　D. p 并且非 q

四、结合语句含义，用符号公式表示下列法律条文的逻辑结构。（注意分析规范词的制约关系）

1. 伪造、变造、买卖或者盗窃、抢夺、毁灭国家机关的公文、证件、印章的，处 3 年以下有期徒刑、拘役、管制或者剥夺政治权利。（《刑法》第 280 条）

2. 民事法律行为可以采用书面形式、口头形式或者其他形式；法律、行政法规规定或者当事人约定采用特定形式的，应当采用特定形式。（《民法总则》第 135 条）

3. 严禁涂改、伪造、隐匿、销毁或者抢夺病历资料。（《医疗事故处理条例》第 9 条）

4. 违反国家规定，制造、买卖、储存、运输、邮寄、携带、使用、提供、处置爆炸性、毒害性、放射性、腐蚀性物质或者传染病病原体等危险物质的，处 10 日以上 15 日以下拘留；情节较轻的，处 5 日以上 10 日以下拘留。（《治安管理处罚法》第 30 条）

5. 委托代理人为被代理人的利益需要转托他人代理的，应当事先取得被代理人的同意。事先没有取得被代理人同意的，应当在事后及时告诉被代理人，如果被代理人不同意，由代理人对自己所转托的人的行为负民事责任，但在紧急情况下，为了保护被代理人的利益而转托他人代理的除外。（《民法通则》第 68 条）

6. 行政复议机关应当自受理申请之日起 60 日内作出行政复议决定；但是法律规定的行政复议期限少于 60 日的除外。（《行政复议法》第 31 条）

7. 被担保的经济合同确认无效后，如果被保证人应当返还财产或者赔偿损失的，除有特殊约定外，保证人仍应承担连带责任。[最高人民法院《关于贯彻执行（中华人民共和国民法通则）若干问题的意见（试行）》第 111 条]

8. 经过法定程序公证证明的法律事实和文书，人民法院应当作为认定事实的根据，但有相反证据足以推翻公证证明的除外。（《民事诉讼法》第 69 条）

五、综合题

1. 如何理解一个充分条件假言判断与必要条件假言判断之间的关系？请举例说明。

2. 断定一个复合判断为假，是否断定该复合判断的所有肢判断为假？请举例说明。

3. 下列各公式中，哪些公式能准确地表达性质判断对当关系中 A 判断与 O 判断之间的关系？请说明理由。

(1) $A \vee O$　　(2) $\neg A \vee \neg O$

(3) $(A \rightarrow \neg O) \wedge (O \rightarrow \neg A)$　　(4) $(\neg O \rightarrow A) \wedge (\neg A \rightarrow O)$

(5) $(A \vee O) \wedge \neg (A \wedge O)$

第四章 推理篇（上）

推理是从某些陈述出发，这些已经作出的陈述必然要引起对陈述之外的另一些事物加以论断，而且是作为这些陈述的一个结果。

——亚里士多德．工具论．

作为三大逻辑思维形式之一，推理是指根据已经形成的判断并遵循一定的逻辑规则，从中推出新的判断的思维过程。而以法律规范为依据，运用相应的逻辑规则，对待判决的法律案件作出处理结论的推理，通常就称为法律推理。逻辑学对推理的研究主要是提供关于推理结构形式方面的知识，让人们正确认识所运用的推理及其所得结论的逻辑性质，把握运用各种类型推理的逻辑要求，从而保证推理正确，并扩展人们运用推理的能力。也正因为如此，逻辑学常常被视为一门关于如何正确推理的科学。

第一节 推理的概述

一、推理及其结构

推理，又称推论，是指根据一个或几个已知判断推导出另一个判断的思维形式。它是判断的某种性质[①]从前提过渡到结论的过程。

例子：

违法行为都具有社会危害性；

张三的行为是违法行为；

所以，张三的行为具有社会危害性。

任何推理都包含前提、结论和推导关系三个组成部分。推理的前提是推理赖以进行并作为推导出某个判断的根据的那些已知判断。实际思维中，推理的前提是推理者已知为真或确定为真或假定为真的判断，是该推理进行的基础和出发点，也是通过推理要证明某个判断为真的理由或根据。推理的结论是根据推理的前提推导出来的判断，它是依赖于已知判断的过渡而得出的新判断。上例中，横线以上的两个判断就是前提，横线下面的判断就是结论。推导关系是推理的前提和结论之间的逻辑联系。推理的前提和结论是推理的逻辑变项，而推导关系属于推理的逻辑常项。推理的常项和变项之

① 如判断的真、概率、模态、规定性、合法性这些性质。

间的联结方式，就是推理形式，亦称推理的逻辑形式或推理的结构形式。

若以 A_1、A_2、A_3、…、An 表示推理的前提，以 B 表示推理的结论，则推理的逻辑形式，可用公式表示为：

$$(A_1 \land A_2 \land A_3 \land \cdots\cdots \land An) \rightarrow B$$

如前所述，表达概念的语言形式是语词，表达判断的语言形式是语句，而表达推理这种思维形式的语言形式是句组或句群（两个以上句子）。但并非所有的句组或句群都表达推理，只有当句子与句子之间具有推导关系时，这些句组或句群才表达推理。

二、推理的分类

对于推理，逻辑学从不同的角度、按照不同的标准可以分为若干种类型。本书主要是从适用法律的角度来对推理进行分类，具体类型如下。

（一）必然性推理与或然性推理

根据推理的前提对结论的支持强度不同，即根据推理的前提与结论之间联系性质的不同，可以将推理分为必然性推理与或然性推理。必然性推理就是指那种只要前提真实，推理过程遵循了相应的逻辑规则，即推理形式正确，则它所得到的结论就一定真实可靠的推理。这样的推理，其前提为结论提供了完全支持，即前提与结论之间具有必然性联系。或然性推理就是指即使满足了上述条件，其结论也未必真实可靠的推理。这样的推理，其前提为结论提供了一定程度的支持，即前提与结论之间不具有必然性联系。

（二）演绎推理、归纳推理与类比推理

根据由前提得出结论的思维进程方向不同，可将推理分为演绎推理、归纳推理与类比推理。演绎推理是指从关于某类事物的一般性知识出发，推出该类事物中特殊事物情况的结论；其推理的思维方向是由一般到特殊。归纳推理是根据一类事物包含的许多对象的情况，以一系列个别性的知识为前提，推出一个一般性知识的结论；其推理的思维方向是由个别到一般。类比推理是根据两个或者两类事物某些属性或关系的相似或相同，推出它们的另一属性也相似或相同的推理；其推理的思维方向是由特殊到特殊或者由一般到一般。

三、推理的基本要求

1. 推理的有效性、正确性

在实际思维中，人们追求的是正确的推理，而正确的推理必须是内容真实并且形式有效的推理。逻辑学并不研究思维内容而只研究思维形式，即只研究推理的前提与结论在形式上是否具有必然的联系，也就是推理的形式有效性问题。所谓推理是形式有效的，是指当且仅当具有此推理形式的任一推理（即其推理形式的任一解释）都不会出现前提真而结论假的情况。反之，如果一个推理形式经过解释出现了前提真而结论假的情况，那么该推理形式就是无效的。既然推理的有效性仅指推理形式的有效性，并不涉及内容是否真实，那么，有些推理即使其内容虚假，但只要其形式是有效的，它也是一个形式有效的推理；同理，有些推理的内容即使是真实的，但如果它的前提

与结论之间没有必然联系（即经过置换解释可以出现前提真而结论假的情况），那么它们属于形式无效的推理。

2. 推理的合理性

推理的合理性是指推理的前提对其结论给予一定程度的证据支持，从而使推理的结论具有的可接受程度。如果一个推理的前提没有为结论提供任何证据支持，或者一个推理的结论是可疑的、令人难以接受的，那么，这个推理就不具有合理性。如果一个推理的前提是真实可靠的，或者虽然其前提不是绝对真实但是具有高度或然性、为人们普遍认同的，而且这些前提为结论提供了一定程度的证据支持关系，那么，即使该推理不是绝对有效的，这个推理也是合理的、恰当的。换言之，推理的合理性，主要指推理的前提对结论给予的证据支持程度和推理结论所具有的可接受性。例如，由于某人前面几次乘车都有晕车反应，我们发现该人又去乘车，由此推断该人此次乘车也会出现晕车反应。虽然这个推理不具有逻辑必然性，但由于前提为结论提供了高度或然性的证据支持关系，因而推理具有可接受性，是合乎逻辑的，是合理的。

显然，推理的有效性、正确性和合理性是不同的。一个推理是有效的，但未必是合理的，一个无效的推理也可能是合理的。研究推理的合理性和可接受性，在法律推理尤其在实质法律推理中具有十分重要的理论意义和现实意义。

第二节　判断直接推理

直接推理是以一个判断作为前提而推导出结论的推理。直接推理有各种类型，这里只介绍两种：一是运用性质判断对当关系直接推理，二是运用性质判断变形直接推理。

一、判断对当关系推理

在本书第二章里曾讲过 A、E、I、O 四种性质判断之间的对当关系。在对当关系中，有的可从一个判断的真或假，推出另一个判断必真或必假，有的只能推出可真可假的结论。排除掉后面这种情况，便可以运用“逻辑方阵”作出下列四种直接推理。

1. 从一个判断真推出另一个判断假

反对关系（A 与 E）和矛盾关系（A 与 O、E 与 I）就属于这种关系。

（1）由 A 真可推出 E 假（SAP ⊢ ¬ SEP）。

例如，从“所有的金属都是导电体”（A）是真的，推出“所有的金属都不是导电体”（E）就是假的。

（2）由 E 真可推出 A 假（SEP ⊢ ¬ SAP）。

例如，从“所有的金属都不是非导电体”（E）是真的，推出“所有的金属都是非导电体”（A）就是假的。

（3）由 A 真可推出 O 假（SAP ⊢ ¬ SOP）。

例如，从“所有的金属都是导电体”（A）是真的，推出“有的金属不是导电体”（O）就是假的。

（4）由O真可推出A假（SOP ⊢ ¬ SAP）。

例如，从“有的金属不是非导电体”（O）是真的，推出“所有的金属是非导电体”（A）就是假的。

（5）由E真可推出I假（SEP ⊢ ¬ SIP）。

例如，从“所有的金属都不是非导电体”（E）是真的，推出“有的金属是非导电体”（I）就是假的。

（6）由I真可推出E假（SIP ⊢ ¬ SEP）。

例如，从“有的金属是导电体”（I）是真的，推出“所有的金属都不是导电体”（E）就是假的。

2. 从一个判断假推出另一个判断真

矛盾关系（A与O、E与I）和下反对关系（I与O）就属于这种关系。

（1）由A假可推出O真（¬ SAP ⊢ ¬ SOP）。

例如，从“所有的客观事物都是不运动的”（A）是假的，推出“有的客观事物不是不运动的”（O）就是真的。

（2）由E假可推出I真（¬ SEP ⊢SIP）。

例如，从“所有的客观事物都不是运动的”（E）是假的，推出“有的客观事物是运动的”（I）就是真的。

（3）由O假可推出A真（¬ SOP ⊢SAP）。

例如，从“有的客观事物不是运动的”（O）是假的，推出“所有的客观事物都是运动的”（A）就是真的。

（4）由I假可推出E真（¬ SIP ⊢SEP）。

例如，从“有的客观事物是不运动的”（I）是假的，推出“所有的客观事物都不是不运动的”（E）就是真的。

（5）由I假可推出O真（¬ SIP ⊢SOP）。

例如，从“有的客观事物是不运动的”（I）是假的，推出“有的客观事物不是不运动的”（O）就是真的。

（6）由O假可推出I真（¬ SOP ⊢SIP）。

例如，从“有的客观事物不是运动的”（O）是假的，推出“有的客观事物是运动的”（I）就是真的。

3. 从一个判断真推出另一个判断真

差等关系（A与I、E与O）就属于这种关系。

（1）由 A 真可推出 I 真（$SAP \vdash SIP$）。

例如，从“所有的金属都是导电体”（A）是真的，推出“有的金属是导电体”（I）就是真的。

（2）由 E 真可推出 O 真（$SEP \vdash SOP$）。

例如，从“所有的金属都不是绝缘体”（E）是真的，推出“有的金属不是绝缘体”（O）就是真的。

4. 从一个判断假推出另一个判断假

差等关系（A 与 I、E 与 O）就属于这种关系。

（1）由 I 假可推出 A 假（$\neg SIP \vdash SAP$）。

例如，从“有的侵略战争是正义的”（I）是假的，推出“所有的侵略战争都是正义的”（A）也是假的。

（2）由 O 假可推出 E 假（$\neg SOP \vdash SEP$）。

例如，从“有些科学家不是知识分子”（O）是假的，推出“所有的科学家都不是知识分子”（E）也是假的。

二、判断变形推理及其特点

判断变形推理又称性质判断隐含判断的揭示，是指通过改变一个判断的形式而推出一个新判断的推理。这种推理以性质判断为前提，并且是以一个判断为前提而推出结论的，因而又称直接推理。例如，由“本案作案人是外科医生”可以推得这样一个结论：“有的外科医生是本案作案人”。这个推理就是通过交换原判断主、谓项的位置实现的，属于判断变形推理。在法律领域运用判断变形推理的意义在于，通过这种推理可以用不同的判断形式来全面揭示或阐述某一法律规范或某一法律命题的含义。判断形式的改变有两种方式：一种是改变判断的质，如把肯定判断改变成否定判断或者相反。这叫作换质。另一种是调换判断的主项和谓项的位置，被称为换位。此外，也可以把这两种改变判断形式的方式结合起来运用，被称为换质位法。由此形成了判断变形推理的三种形式。

（一）换质法

换质法就是通过改变作为前提的性质判断的质而推出一个新判断的推理方法。其推理分两步：首先，改变原判断的联项，把“是”改为“不是”或者把“不是”改为“是”；其次，把原判断的谓项概念变成它的矛盾概念。如，由“关系到老百姓利益的事都不是小事”可以推出“关系到老百姓利益的事都是大事”，这一新判断，就是通过换质法推导出来的。

进行换质法推理，要保证从真实的前提推出真实的结论，即保证结论与前提等值，必须遵循以下两条逻辑规则：一是改变原判断的质，即把肯定判断变为否定判断或者相反，原判断的主项和量项保持不变；二是把原判断的谓项（P）变为它的矛盾概念（$\overline{P}$）。

对 A、E、I、O 这四种性质判断均可以运用换质法进行推理：

（1）$SAP \vdash SE\overline{P}$，即由一个全称肯定判断作前提推出全称否定判断的结论。

（2）$SEP \vdash SA\overline{P}$，即由一个全称否定判断作前提推出全称肯定判断的结论。

（3）$SIP \vdash SO\overline{P}$，即由一个特称肯定判断作前提推出特称否定判断的结论。

（4）$SOP \vdash SI\overline{P}$，即由一个特称否定判断作前提推出特称肯定判断的结论。

（二）换位法

换位法就是通过交换作为前提的性质判断的主项和谓项的位置，推出一个新判断的推理方法。例如，以判断“所有的犯罪行为都是违法行为”为前提，把它的主项“犯罪行为”和谓项“违法行为”的位置相互交换，从而得到一个新判断：“有的违法行为是犯罪行为”。这种判断变形推理就叫换位法推理。

为了保证从真实的前提推得真实的结论，进行换位法推理也必须遵循以下逻辑规则：一是交换原判断主项和谓项的位置，即把主项变为谓项，把谓项变为主项，原判断的质保持不变；二是主项和谓项在原判断中不周延的，换位后也不能周延。

根据这两条规则，我们来看看A、E、I、O这四种性质判断的换位情况：

（1）$SAP \rightarrow PIS$，对A判断运用换位法进行推理，只能得到一个特称肯定判断。

（2）$SEP \rightarrow PES$，对E判断运用换位法进行推理，可以得到一个相应的全称否定判断。

（3）$SIP \rightarrow PIS$，把I判断的主、谓项位置相互交换后，得到的结论还是一个特称肯定判断。

（4）O判断的主项不周延而谓项周延，因此，不能运用换位法进行推理。

（三）换质位法

换质位法是指综合运用换质法和换位法从一个性质判断推出若干新判断的推理方法。进行换质位法推理，既可以先换质再换位，也可以先换位再换质，直到满足实际思维需要或者不能继续推理为止。不论是进行换质还是进行换位，都应当遵循相应的逻辑规则，以保证推出的结论与前提等值。A、E、I、O这四种性质判断换质位法推理的进程可用公式表示如下：

A判断，先换质的推理进程为：$SAP \vdash SE\overline{P} \rightarrow \overline{P}ES \vdash \overline{P}A\overline{S} \rightarrow \overline{S}I\overline{P} \vdash \overline{S}OP$；先换位的推理进程为：$SAP \rightarrow PIS \vdash PO\overline{S}$。

E判断，先换质的推理进程为：$SEP \vdash SA\overline{P} \rightarrow \overline{P}IS \vdash \overline{P}O\overline{S}$；先换位的推理进程为：$SEP \rightarrow PES \vdash PA\overline{S} \rightarrow \overline{S}IP \vdash \overline{S}O\overline{P}$。

I判断，如果先换质：$SIP \vdash SO\overline{P}$，无法再推，所以，对I判断而言，先进行换质，则不能进行换质位推理。先换位的推理进程为：$SIP \rightarrow PIS \vdash PO\overline{S}$。

O判断，O判断不能换位，所以只能从先换质开始进行推理，其推理进程为：$SOP \vdash SI\overline{P} \rightarrow \overline{P}IS \vdash \overline{P}O\overline{S}$。

从上可见，对一个性质判断连续地运用换质位法进行推理，可以得到一系列新判断，从而将原判断所包含的思想内容充分地展示出来。在法律上，要从不同的侧面、通过不同的判断形式去揭示和明确一个法律规范（或法律命题）的含义，这个方法是很有用的。另外，虽然对一个性质判断可以连续地进行换质位法推理，但是这一进程不是无限止的，它有一个“极限”，这个“极限”通常是O判断。因为最后的那个O判断一般是由I判断通过换质推出的，要是再换质就会回到原来的I判断，没有意义；

而根据规则，O 判断又不能进行换位，因而推理无法再进行下去。

第三节 三段论推理

一、三段论及其结构

三段论就是借助于两个性质判断中共同词项的联结作用而推出结论的演绎推理。它也是适用法律过程中最常用、最典型的一种法律形式推理。司法工作人员在适用法律时，通常是根据有关的法律规定，把它应用于已查实的案件事实，两者构成已知判断即前提，然后对案件作出最终的法律判决，即结论。这一过程从逻辑形式上看就是一个三段论推理。

三段论推理通常表现为以两个性质判断为前提，从中推出另一个性质判断作为结论。

> 例子：
> 所有知道案件情况的人（M）都有作证的义务（P）；
> 你（S）是知道案件情况的人（M）；
> 所以，你（S）有作证的义务（P）。

三段论由三个性质判断组成，其中两个是前提，一个是结论。三段论中有三个不同的词项（概念）：大项、小项和中项。其中，结论中的谓项叫大项，用字母 P 表示；结论中的主项叫小项，用字母 S 表示；在两个前提中都出现但在结论中不再出现的概念叫中项，用字母 M 表示。三段论的两个前提中，包含大项的前提叫大前提，包含小项的前提叫小前提，通常情况是大前提在前而小前提在后。三段论推理的"奥秘"就在于通过中项在前提中的两次出现把大项和小项联结起来，从而组成一个新的判断，得到推理的结论。至此，可以把三段论的逻辑结构表示如下。

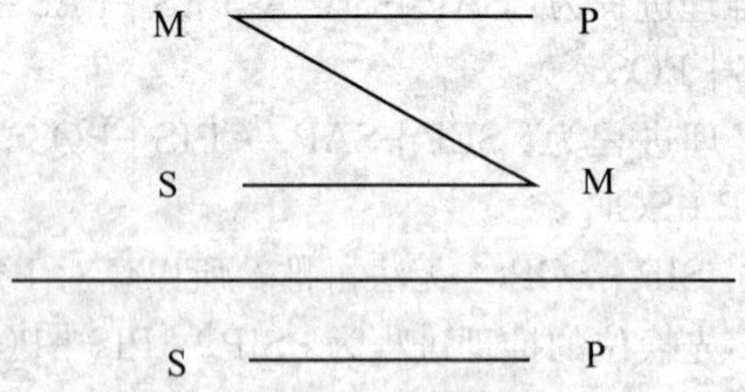

二、三段论的公理和规则

（一）三段论的公理

三段论推理是一种必然性推理，能由前提必然地推出结论，是有它的公理依据的。所谓公理（axiom）就是指那些为大家公认、不证自明的道理。不少科学理论体系便是建立在若干条公理基础之上的。三段论推理的公理是：一类思维对象的全体是什么或者不是什么，那么这类思维对象中的部分也是什么或者不是什么。由此，如果对一类思维对象的全体有所肯定或者否定，那么对它的部分也就有所肯定或者否定。三段论推理的公理可以用图 1、2 来表示：

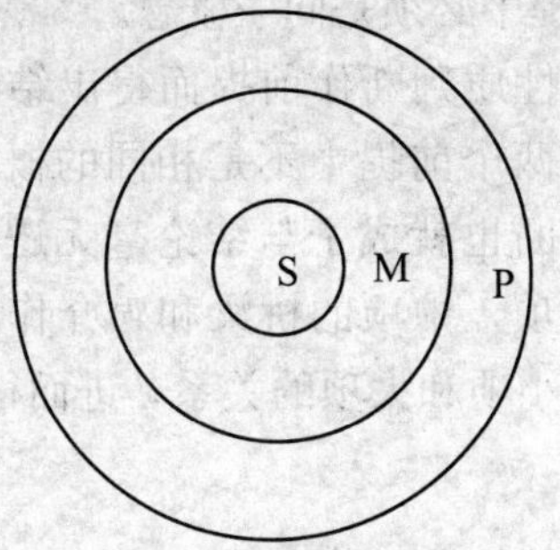

图 1

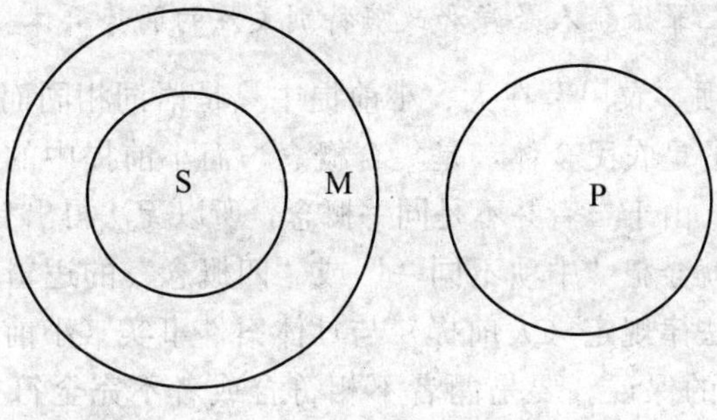

图 2

从图 1 可见，M 类思维对象全部包含于 P 类思维对象之中，S 类思维对象又全部包含于 M 类思维对象中，是 M 类思维对象的一部分，所以 S 类思维对象自然也全部包含于 P 类思维对象之中。从图 2 可见，M 类思维对象与 P 类思维对象相排斥，而 S 类思维对象又包含于 M 类思维对象之中，是 M 类思维对象的一部分，所以 S 类思维对象也必然与 P 类思维对象相排斥。

这一公理反映了现实世界中存在的一般和个别的关系，即客观对象间属和种的包含关系，这种关系是三段论推理的客观基础和逻辑根据。三段论推理就是以有关某一类思维对象的一般性知识为前提，从中推得有关该类思维对象中的部分或者个别对象的特殊性知识。适用法律过程中的三段论推理，通常是以一条具有普适性的法律规定为大前提，以反映某一案件事实的判断为小前提，然后对这个案件作出判决的。其推理过程可用公式表示如下：

具有普适性的法律规定；

已确认的具体案件事实；

关于该案件的判决结论。

在逻辑学中，将遵循由一般到个别的思维进程进行的推理称为演绎推理。

（二）三段论规则

为保证三段论推理的正确、有效，必须遵守一定的逻辑规则。这些规则实质上是三段论公理的具体化，是以三段论的公理为依据的。在进行三段论推理的时候，只有遵守这些规则，才能确保从真实的前提推出真实的结论，保证推理的逻辑性和有效性。三段论推理的规则有以下七条。

规则1：中项在大、小前提中必须是同一概念。

三段论之所以能够由两个性质判断作前提而得出结论，原因在于中项对两个前提所起的连接作用。如果中项在两个前提中不是相同的概念，就等于没有了中项，而没有了中项，作为前提的两个判断也就成了与结论毫无逻辑关系的判断。因此，如果两个前提中没有相同的概念作中项，中项的桥梁和媒介作用就无从谈起，不仅不能将两个前提联结起来，更无法确立小项和大项的关系，进而得不到必然可靠的结论。

例子：
农民是党和政府特别关注的弱势群体；
本案犯罪嫌疑人是农民；
所以，本案犯罪嫌疑人是党和政府特别关注的弱势群体。

这个三段论的中项“农民”在大、小前提中只是语词相同而概念不同。其中，大前提中的“农民”指的是农民全体，是集合概念，而小前提中的“农民”指的是一类对象，是非集合概念。由于二者并不是同一概念，所以无法得出有效合理的结论。

违反这条规则，就会犯“中项不同一”或“四概念”的逻辑错误。在适用法律的三段论推理中，某项法律规定（大前提）与具体案件事实（小前提）的一致是作出正确法律判决（结论）的保证。要是两者不相符合或者不完全符合，从逻辑上讲属于“四概念”的逻辑错误。

规则2：中项在前提中必须至少周延一次。

如果中项在前提中的两次出现一次都不周延，即中项概念的外延一次也未被作出全部的断定，那就可能出现这样的情况：大项与中项概念的一部分外延发生关系，小项与中项概念的另一部分外延发生关系。这意味着，大项与小项可能无法和中项概念的同一部分外延发生关系，于是大项和小项之间的关系就无法确定，从而得不到必然的结论。

例子：
本案作案人是外科医生；
张某是外科医生；
所以？

这个推理的中项概念“外科医生”在大前提和小前提中都处于肯定判断谓项的位置上，均不周延，无法确定张某和本案作案人之间的外延关系，因此得不出必然性结论。

违反这条规则，就会犯“中项不周延”的逻辑错误。在法律推理中，有时会发生这样的情况：根据某项犯罪活动需要具备一定的条件或者具有某种特点，而某人也具备这一条件或者其行为有类似的特点，就断定他从事了该项犯罪活动。例如，犯罪分子必有作案的时间，某嫌疑人无法证明自己在案发时间内究竟在干什么，于是就断定他是犯罪分子。再如，犯罪分子在作案后都会想方设法迅速逃离现场，在某个案发现场见到某人正试图快速离开，就断定他是作案人。像这样的思维、推断过程，实际上就存在“中项不周延”的问题，其结论是不可靠的。

规则3：前提中不周延的项，在结论中也不得周延。

这条规则是针对大项和小项的，因为中项仅在前提中出现而在结论中是不出现的。三段论推理是一种演绎推理，演绎推理除了在思维进程上有从一般到个别这一特征外，还有一个特征是它的前提和结论间是一种蕴涵关系，即结论的断定范围不超出前提的断定范围，前提蕴涵着结论。如果大项或小项在前提中不周延，那便意味着它的外延在前提中没有被全部作出断定，而要是它在结论中变为周延的了，便意味着它的全部外延都被作出了断定，结论断定的范围超出了前提的断定范围，如此便使前提和结论间的蕴涵关系不复存在。故即使前提真，结论也未必是真。

例如，有人这样来“推论”自己不必学习法律：
律师都是熟悉法律知识的；
这家单位的管理人员都不是律师；
所以，这家单位的管理人员都不是熟悉法律知识的。

如果这个“推理”的前提都是真的，它的结论也不具有必然性。之所以出现前提真而结论假的情况，从逻辑上讲，是因为这个推理的大项概念“熟悉法律知识的”，在前提中作为肯定判断的谓项是不周延的，而在结论中变成周延的了，犯了“大项不当扩张”的逻辑错误。

这种情况也可能发生在小项概念上，看下面的“推理”：

法官都是23岁以上的公民；
法官都是司法工作者；
所以，司法工作者都是23岁以上的公民。

小项概念“司法工作者”在前提中是全称肯定判断的谓项，是不周延的，在结论中却成了全称判断的主项，变得周延了。三段论推理中出现这种情况，属于犯了“小项不当扩张”的逻辑错误。

规则4：由两个否定的前提推不出结论。

两个前提都是否定的，意味着大项和小项与中项的关系都是相排斥的，这样，中项起不到桥梁或媒介作用，从而无法确定大项和小项之间的关系，推不出必然的结论。

例子：
不能辨认自己行为的精神病人不负刑事责任；
本案被告不是不能辨认自己行为的精神病人；
所以？

在这个推理中，大项“负刑事责任”和小项“本案被告”与中项“不能辨认自己行为的精神病人”都相排斥，所以人们无法据此确定概念“负刑事责任”与“本案被告”究竟是什么关系，自然就推不出结论。

规则5：若前提之一是否定判断，则结论必为否定判断；若结论为否定判断，则前提中必有一个否定判断。

既然两个否定的前提推不出结论，因而当一个前提是否定的时候，另一个前提必须是肯定的。在否定前提中，大项或者小项与中项必是排斥关系，而在肯定前提中，大项或者小项与中项是相容的，这样，大项和小项通过中项而建立的关系也必定是相排斥的，所以只能得到否定的结论。反过来，如果一个三段论的结论是否定的，那么，它的前提中必定有一个是否定判断。因为，如果前提中没有一个否定判断，则两个都是肯定判断，那么，大、小项同中项的外延关系，就只能是全部或部分的包含或被包含关系，通过中项的联结作用，也只能得出肯定判断的结论。只有当前提中有一个是否定判断时，才能据以确定大、小项之间有排斥关系。所以，若结论为否定判断，则其前提中必然就有一个是否定判断，否则，结论与前提无关，不存在推出关系，就根本不称其为推理。

例子：
法人是具有民事行为能力人的组织；
该组织成员均不具备有民事行为能力；
所以，该组织不具备法人资格。

规则6：两个特称判断的前提推不出结论。

对于这条规则，可以用以上讲的五条规则加以证明，因此也有的学者把这条规则称作推出规则。

两个前提都是特称判断时，有四种可能的组合情况：（1）两个都是特称肯定判断；（2）大前提为特称肯定判断，小前提为特称否定判断；（3）大前提为特称否定判断，小前提为特称肯定判断；（4）两个都是特称否定判断。在组合（1）中，两个特称肯定判断中没有一个项是周延的，它不能满足规则2的要求——“中项在前提中必须至少周延一次”，因而推不出必然的结论。组合（4）的两个前提均为否定判断，根据规则4，也推不出结论。在组合（2）（3）中，均只有一个项（即特称否定判断的谓项）是周延的，根据规则1，这个项得留给中项，这样其他三个项，即大项、小项和另一个中项，都不周延。又据规则5，“若前提之一是否定判断，则结论必为否定判断”，故这种前提组合所得结论只能是否定判断，这意味着大项在结论中周延。也就是说，如此推出的结论必定犯有“大项不当扩张”的逻辑错误。可见，两个前提均为特称判断的四种可能组合情况下，无一能得到必然的结论，所以以两个特称判断为前提是推不出结论的。

规则7：前提之一是特称判断的，结论必定是特称。

前提之一是特称判断的，意味着另一个前提必然是全称判断。这也有四种可能的组合情况：（1）一个为全称肯定判断，一个为特称肯定判断；（2）一个为全称肯定判断，一个为特称否定判断；（3）一个为全称否定判断，一个为特称肯定判断；（4）一个为全称否定判断，一个为特称否定判断。根据规则4，组合（4）的两个前提均为否定判断，因而不能得出结论。在组合（1）中，只有一个项（全称肯定判断的主项）是周延的，根据规则2，这个项必定是中项，其他的三个项都不周延，因而只能推出一个特称判断的结论，否则就要犯“小项不当扩张”的错误。在组合（2）（3）中，均有两个周延的项，且一个前提为肯定判断，一个前提为否定判断。根据规则2，两个周延的项，一个必定要是中项；又据规则4，由这种前提组合所得的结论只能是否定判断，所以两个周延的项中的另一个必定要是大项，否则便要犯“大项不当扩张”的逻辑错误。既然小项在前提中不能是周延的，那么结论也就只能是特称判断了。以上分析表明，前提之一是特称判断的三段论，只能得到特称判断结论。

总之，上述七条规则可以概括为两类：一类是有关三段论推理的项即概念的规则，它们是规则 1、2、3；另一类是有关推理的前提即判断的规则，它们是规则 4、5、6、7。在法律推理中遵守这些三段论的规则，是从相关的法律规定出发作出正确判决的必要条件。

三、三段论的格和式

格和式是三段论研究中的两个重要概念，下面分述之。

（一）三段论的格

中项在三段论推理中起着至关重要的作用，而所谓三段论的格就是指由于中项在前提中的位置不同而形成的三段论的不同形式。中项在前提中出现两次，它既可能是大前提的主项或者谓项，也可能是小前提的主项或者谓项。所以，中项在前提中的位置有四种可能的组合，由此形成三段论的四个格。

第一格，中项作大前提的主项、小前提的谓项，其逻辑结构为：

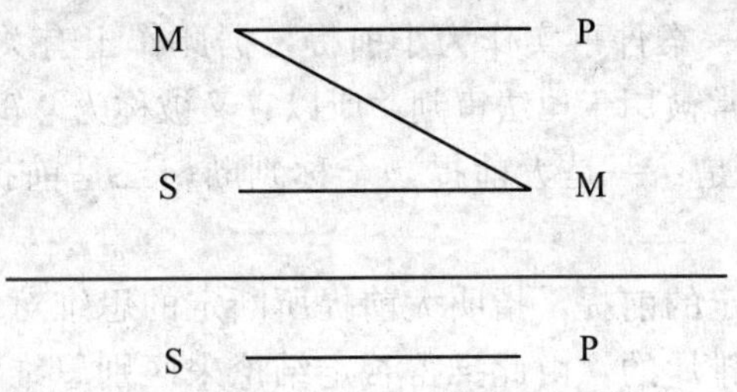

第二格，中项在大前提和小前提中都处于谓项的位置，其逻辑结构为：

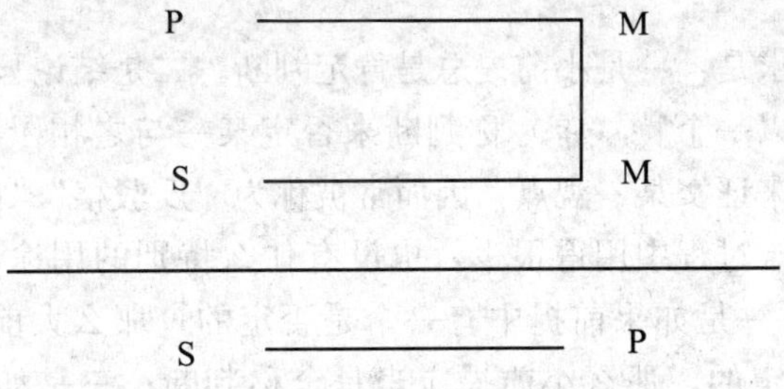

第三格，中项在大前提和小前提中都处于主项的位置，其逻辑结构为：

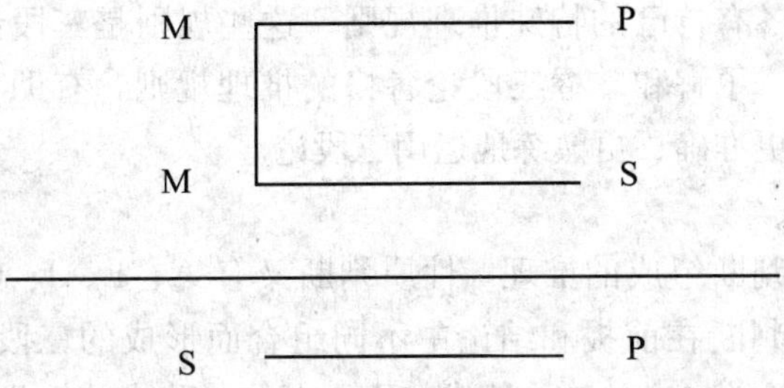

第四格，中项是大前提的谓项、小前提的主项，其逻辑结构为：

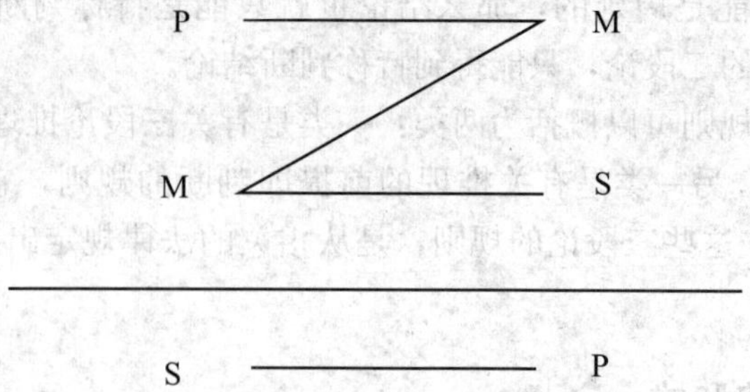

由于三段论四个格的逻辑结构不同，所以，在实际运用中，它们有着各自的特点和功能。

第一格的逻辑要求是：一是大前提总是全称判断，断定的是某类思维对象的一般性情况。二是小前提必须是肯定判断，断定部分或个别思维对象具有大前提所断定的一般性情况，由此推出有关思维对象的特殊性结论。

三段论第一格最为典型地体现了演绎推理从一般到个别的思维进程，因而它被称为“典型格”或“标准格”。第一格是司法审判中最常用的一种推理形式。我国司法审判的原则是“以事实为根据，以法律为准绳”，所以司法审判通常把具有普适性的法律规定作为大前提，把某一案件事实作为小前提，据此作出有关这一案件的法律结论。因为三段论的第一格经常被用于司法审判，所以它又被称为“审判格”。

第二格的逻辑要求是：一是大前提是全称判断，二是前提中必须有一个是否定判断。

第二格通过一个否定的前提，指明大前提所断定的思维对象情况与小前提所断定的思维对象情况是相互排斥的，由此推得否定结论来区别思维对象的不同情况或者驳斥某一论断，所以被称为“区别格”。在上诉书中或在法庭辩论过程中，时常要运用三段论推理的第二格。

第三格的逻辑要求是：一是小前提总是肯定判断，二是结论只能是特称判断。

第三格常被用于以一个特（单）称判断来否定某一与之相矛盾的全称判断，或用某些（个）具体事例来证实某一观点，因而常被称为“反驳格”“例证格”。

第四格在实际思维过程中用得很少，也没有什么特别的用途，因而被称作“无名格”。其逻辑规则是：一是如果前提中有一个是否定的，那么大前提应当是全称判断；二是如果大前提是肯定的，那么小前提应当是全称判断；三是如果小前提是肯定的，那么结论只能是特称判断；四是两个前提都不能是特称否定判断。

三段论的每一格各有自己的特殊推理规则，这些规则是三段论的七条基本规则在不同格中的具体体现。了解和掌握三段论各格的推理规则，有助于在法律推理过程中根据各格的逻辑特点更准确、更熟练地运用三段论。

（二）三段论的式

三段论是由性质判断组成的推理，性质判断又有 A、E、I、O 四种形式。三段论的式是指由四种性质判断在前提和结论中不同组合而形成的三段论的各种不同形式。例如，两个前提和结论为 AAA 是一种式，IEO 也是一种式，如此等等。在三段论的每个格中，A、E、I、O 四种判断都分别可以作大前提、小前提和结论，这样，每一格的不同组合的数目合计为：4×4×4=64。三段论有四个格，因此，三段论的可能的式一共有 64×4=256 个。但是，如果用三段论推理的规则去衡量，三段论的这么多可能的式中，绝大部分是不合规则的，是无效的。例如，EEE 这样组合的式，两个前提均为否定判断，显然不合三段论推理的规则 4。又如，IOO 这样组合的式，两个前提均为特称判断，不符合三段论推理的规则 5。像这样的式都是无效的式。用三段论推理的七条基本规则或者各个格的规则加以衡量，在三段论 256 个可能的式中，只有 24 个式是合乎规则的、有效的。根据四个格的顺序可以将其排列如下：

第一格	第二格	第三格	第四格
AAA	AEE	AAI	AAI
EAE	EAE	EAO	EAO
AII	AOO	AII	AEE
EIO	EIO	EIO	EIO
(AAI)	(AEO)	IAI	IAI
(EAO)	(EAO)	OAO	(AEO)

在上面 24 个有效式中，其中 5 个带有括号，传统逻辑学将其称为弱式。所谓弱式是指原本可以从前提中推出一个全称判断结论，但是只得出一个特称判断结论。像上面第二格中的 AEO 一式，它的大前提和小前提都是全称判断，按规则可以推出一个全称否定判断的结论，但现在只推出了一个特称否定判断的结论，因而就称它为第二格中的弱式。与弱式相对，其余的 19 个式则称为强式。其实，弱式是蕴涵在相应的强式之中的，例如第一格的弱式 AAI 就包含在 AAA 一式之中，第二格的弱式 AEO 就包含在 AEE 一式之中。所以，可以不把弱式看作独立的式。

需要强调的是，256 个可能的式中只有 24 个式是合乎规则的、有效的，这意味着三段论推理的出错率是相当高的，所以在三段论推理中，一定要留意有关的推理规则，自觉地用三段论的规则来规范推理的全过程。

四、省略三段论及其复原

从逻辑结构上讲，三段论推理由大前提、小前提和结论三部分组成。但在日常语言表达过程中，人们往往会省略其中的某一部分，这样就形成了省略三段论。例如，“是人，就免不了犯错误”这句话实质上是一个省略了大前提的三段论推理。在有些场合，使用完整的三段论会显得刻板、笨拙，甚至可笑，而省略三段论能使人的思维过程更为经济，语言表达更显简洁和明快。

三段论的三个组成部分都有可能被省略，由此形成三种不同形式的省略三段论。第一种是省略大前提的省略三段论，被省略的大前提通常是众所周知的一般道理。在上段的例句中，它省略的是“凡人都免不了犯错误”这一大前提。第二种是省略小前提的省略三段论，被省略的小前提通常是不言而喻的，例如，“任何人违反了法律都要受到法律的惩处，你也不例外”，它省略了“你是人”这一小前提。第三种是省略结论的省略三段论，被省略的结论通常是那些与前提的蕴涵关系十分明显、很容易推出的判断，例如，“心脏被刀刺伤便有生命危险，他在与歹徒的搏斗中被尖刀刺伤了心脏”，这个三段论省略了结论“所以他有生命危险”。

省略三段论因其所具有的优点而在法律推理中被广泛地运用，但是它也存在缺点。由于在语言上省略了某一部分，所以其容易隐含或者掩盖逻辑错误且不易为人们所觉察。例如，有人曾作过这样的：“推论”：“被告人身上携带了凶器，可见，他是有预谋地行凶伤人”。这是一个省略了大前提的三段论推理，但其结论能否成立呢？以它现有的形式不容易分辨。当遇到这种情况时，就需要把一个省略三段论加以复原，即将其中被省略的部分恢复出来，还原为一个完整的三段论，这样就容易看出它是否存在逻辑错误。

复原一个省略三段论，通常遵循以下步骤。

第一步，判明该省略三段论的结论是否被省略。方法是：(1) 根据语言标志，在结论前，通常带有“所以”“因此”“可见”等这样的关联词。上例就有明显的语言标志，据此可以判定“他是有预谋地行凶伤人”为结论。(2) 如无明确的语言标志，则根据上下文的内容，看两个判断间是否存在推断关系。一般来说，由推断所得的判断为结论，如果找不到结论，那就是结论被省略了，可依照相应的逻辑规则从中推导出结论。如果确定结论未被省略，则进入第二步。

第二步，确定被省略的是大前提还是小前提。一旦确定了结论，那就可以根据另一个判断是包含了结论的主项概念还是包含了结论的谓项概念，确定它为大前提还是小前提。我们知道，结论的主项是小项概念，包含小项概念的即为小前提；结论的谓项是大项概念，包含大项概念的即为大前提。上例中未被省略的前提“被告人身上携带了凶器”包含小项概念，由此可确定它是个小前提。

第三步，把被省略的部分补充起来，形成一个完整的三段论，然后根据三段论推理的规则，对该三段论推理加以检验，看看它是否存在逻辑错误。仍以上例作分析：通过前面两步已经明确，被省略的是大前提。大前提由大项概念和中项概念组成，这个三段论的大项概念是“有预谋地行凶伤人”，中项概念是“携带凶器”，因而被省略的大前提应为“有预谋地行凶伤人者常是携带凶器的”。这样便可得到一个完整的三段论：“有预谋地行凶伤人者常携带凶器，被告人携带凶器，可见，他是有预谋地行凶伤人。”用三段论的推理规则衡量，这个三段论推理存在“中项不周延”的逻辑错误，因此是无效的。

当然，上述被省略的大前提也可以恢复成这样：“凡携带凶器伤人的都是有预谋地行凶伤人”。但是，这个判断从内容上看其真实性是有问题的。当携带的可能伤人的器具被用于伤人时才成为凶器，所以携带了可能伤人的器具的人未必预谋行凶伤人，譬如某人为了切菜之用而买了一把菜刀，但由于某种突发情况与人发生争执，情急之下用刀伤了人，这种情况下并不能说他是有预谋的。推理应以真实的判断为前提，否则就不能保证结论的真实性。因此在复原一个省略三段论时，所补充的前提应该力求真实，不能为了避免逻辑错误而补充一个虚假的判断，否则，复原省略三段论的工作就失去了意义。

第四节　关系推理

一、关系推理及其分类

关系推理是指前提中至少有一个是关系判断，并根据该关系的逻辑特性进行的推理。

例子：

李某与张某是老乡；

李某是四川人；

所以，张某也是四川人。

这个推理的前提中包含一个关系判断，即“李某与张某是老乡”，故属关系推理。

对关系推理可以从不同角度加以分类，本书采取这样的分类方法：首先，根据关系推理的前提全都是关系判断还是既有关系判断又有性质判断，可以把关系推理分为纯粹关系推理和混合关系推理。然后，根据推理前提的数量是一个还是两个或两个以上，可以将纯粹关系推理分为直接关系推理和间接关系推理。

二、纯粹关系推理

纯粹关系推理就是指前提和结论均为关系判断的推理。它有直接关系推理和间接关系推理两种不同的形式。

（一）直接关系推理

直接关系推理是以一个关系判断为前提而推出结论的推理。它是根据对称性关系进行的推理，具体又有两种不同的形式。

1. 对称关系推理

例子：

小李是老王在刑侦队的搭档；

所以，老王也是小李在刑侦队的搭档。

“搭档”是一种对称关系。这个推理是根据对称关系的逻辑特性进行的推理，所以是对称关系推理。对称关系推理的公式为：

aRb

所以，bRa

2. 反对称关系推理

例子：

老曾是小曾的监护人；

所以，小曾不是老曾的监护人。

“监护”是一种反对称关系。这个推理是根据反对称关系的逻辑特性进行的推理，所以是反对称关系推理。反对称关系推理的公式为：

aRb
所以，¬（bRa）

需要注意的是，不能根据非对称关系进行推理。例如，“殴打”是一种非对称关系，仅仅根据甲打了乙，我们无法推断乙是否也打了甲。根据对称关系进行逻辑推理的关键是辨别清楚不同关系的逻辑性质。

（二）间接关系推理

间接关系推理就是以两个或两个以上关系判断为前提而推出结论的推理。它是根据传递性关系进行的推理，具体而言有两种不同形式。

1. 传递关系推理

例子：
甲犯比乙犯个子矮；
乙犯比丙犯个子矮；
所以，甲犯比丙犯个子矮。

“比……矮”是一种传递关系。这个推理是根据传递关系的逻辑特性进行的推理，所以是传递关系推理。传递关系推理的公式为：

aRb
bRc
所以，aRc

2. 反传递关系推理

例子：
老张的住房比老刘的住房高两层；
老刘的住房比胡某的住房高两层；
所以，老张的住房不比胡某的住房高两层。

“比……高两层”是一种反传递关系。上述推理是根据反传递关系的逻辑特性进行的推理，所以是反传递关系推理。反传递关系推理的公式为：

aRb
bRc
所以，¬（aRc）

需要注意的是，根据非传递关系不能进行推理，它不具有逻辑的必然性。

三、混合关系推理

混合关系推理是指其前提既有关系判断又有性质判断的推理。由于它的前提是两种不同类型判断的混合，故称混合关系推理。

例子：

《宪法》规定，中华人民共和国妇女在政治的、经济的、文化的、社会的和家庭生活等各方面享有同男子平等的权利；

徐某是有中华人民共和国国籍的妇女；

所以，她在上述诸方面享有同男子平等的权利。

该推理所依据的法律规定是一个关系判断，另一前提为性质判断，故属于混合关系推理。从结构上看，混合关系推理与三段论有诸多相似之处，它也是由三个判断组成的，前提和结论的主、谓项也是由三个概念分别出现两次充当的，所以，混合关系推理又称混合关系三段论。混合关系推理的“奥秘”在于：它以两个前提中包含的一个共同概念（也称作中项）为媒介，用性质判断中的主项或者谓项概念去替换关系判断中的一个关系者项，由此构成一个新的判断作为结论。

混合关系推理的一般形式为：

所有的 a 与 b 有关系 R
c 是 a（或 b）
所以，c 与 b（或 a）有关系 R

进行混合关系推理也必须遵循相应的逻辑规则，它们是：(1) 中项概念在前提中至少要周延一次。(2) 在前提中不周延的项在结论中也不得周延。(3) 前提中的性质判断应当是肯定的。(4) 如果前提中的关系判断是肯定的，则结论中的关系判断也应当是肯定的；如果前提中的关系判断是否定的，则结论中的关系判断也应当是否定的。(5) 如果关系 R 不是对称的，则在前提中作为关系者前项（或后项）的概念，在结论中也应当作为关系者前项（或后项）。

违反这些规则的混合关系推理是无效的。

例子：
法律惩罚一切故意犯罪行为；
他的行为不是故意犯罪行为；
所以，他的行为不会受法律的惩罚。

这一混合关系三段论是不能成立的。首先，它违反了规则（3），前提中的性质判断是否定的：其次，它违反了规则（4），前提中的关系判断是肯定的，而结论中的关系判断是否定的；最后，它还违反了规则（5），前提中的关系判断不是对称的，但结论中关系者前项和后项的位置被颠倒了。

由于法律工作要面对和处理各种各样复杂的关系，所以应当掌握关系推理的逻辑结构和推理规则。

第五节 真值模态推理

一、真值模态推理的含义

真值模态推理是指以真值模态判断为前提或结论，并根据真值模态判断的性质进行推演的推理。

例 1：
任何人都必然有缺点；

所以，任何人都不可能没有缺点。

例 2：

任何生物的生存都不可能不需要氧气；

所以，任何生物的生存都必然需要氧气。

这是两个模态推理，其前提和结论都是模态判断，并且是根据“必然”与“可能”这两个模态判断的关系进行推演的。

二、真值模态推理的种类

本书将简要介绍比较简单的三种真值模态推理，即模态对当推理、模态判断与非模态判断推理以及模态三段论。

（一）模态对当推理

模态对当推理就是根据模态逻辑方阵进行推演的对当关系模态推理。在第二章中，我们已经介绍了四种模态判断之间的对当关系，并用逻辑方阵把它们表示出来。根据其表现在逻辑方阵中的四种模态判断之间的关系，模态对当推理也分为四种，具体如下。

1. 反对关系对当推理

模态判断间的反对关系是指□p 与□¬p 之间不同真、可同假的真假关系，所以，可以由真推假。根据反对关系进行模态推理有两个有效式。

（1）必然 p，所以，不必然非 p。（□p→¬□¬p）

例子：

新生事物必然能战胜腐朽事物，所以，新生事物不必然不能战胜腐朽事物。

（2）必然非 p，所以，不必然 p。（□¬p→¬□p）

例子：

晚上十点半以前必然不关灯，所以，晚上十点半以前不必然关灯。

2. 下反对关系对当推理

模态判断间的下反对关系是指◇p 与◇¬p 之间不同假、可同真的真假关系，所以，可以由假推真。根据下反对关系进行模态推理有两个有效式。

（1）并非可能 p，所以，可能非 p。（¬◇p→◇¬p）

例子：

人不可能总是情绪饱满的，所以，人可能不总是情绪饱满的。

（2）并非可能非 p，所以可能 p。（¬◇¬p→◇p）

例子：

他不可能不认识作案人，所以，他可能认识作案人。

3. 差等关系对当推理

模态判断间的差等关系是指□p 与◇p 之间、□¬p 与◇¬p 之间可同真、可同假的真假关系，即由必然 p 真可推知可能 p 真；由可能 p 假推知必然 p 假。根据差等关系进行模态推理有以下四个有效式。

（1）必然 p，所以，可能 p。（□p→◇p）

例子：

旧体制必然要被新体制取代，所以，旧体制可能要被新体制取代。

（2）必然非 p，所以，可能非 p。（□¬p→◇¬p）

例子：

他明天必然不到学校来，所以，他明天可能不到学校来。

（3）不可能 p，所以，不必然 p。（¬◇p→¬□p）

例子：

某人不可能是凶手，所以，某人不必然是凶手。

（4）不可能非 p，所以，不必然非 p。（¬◇¬p→¬□¬p）

例子：

水不可能不往低处流，所以，水不必然不往低处流。

4. 矛盾关系对当推理

模态判断间的矛盾关系是指□p 与◇¬p 之间、□¬p 与◇p 之间不同真、不同假的真假关系，即由其中一个真，可以推知另一个假；由其中一个假，可以推知另一个真。根据矛盾关系进行模态推理有以下八个有效式。

（1）必然 p，所以，不可能非 p。（□p→¬◇¬p）

例子：

新生事物必然要代替旧事物，所以，新生事物不可能不代替旧事物。

（2）并非必然 p，所以，可能非 p。（¬□p→◇¬p）

例子：

明天不必然降温，所以，明天可能不降温。

（3）可能 p，所以，不必然非 p。（◇p→¬□¬p）

例子：

太阳系可能有第十颗行星，所以，太阳系不必然没有第十颗行星。

（4）并非可能 p，所以，必然非 p。（¬◇p→□¬p）

例子：

价值规律不可能以人的意志为转移，所以，价值规律必然不以人的意志为转移。

将以上四种矛盾关系对当推理的前提和结论对调，可形成另外四种同样的有效推理，这里就不再一一罗列。新推出的四种推理之所以有效，是由于具有矛盾关系的两个判断，任一方与其对方的否定都是等值的，可以互推。

（二）模态判断与非模态判断推理

我们前面所讲到的性质判断和关系判断，都是非模态判断。非模态判断又称为实然判断，所以，非模态判断与模态判断推理就是指根据“实然”“必然”“可能”之间的关系进行推演的模态推理。在日常生活中，实然判断一般不用“实然”词来表示，我们直接用 p 和“非 p”分别表示实然肯定判断和实然否定判断。

p 和必然 p、可能 p，非 p 和必然非 p、可能非 p，有以下四种关系：

（1）如果必然 p 真，则 p 真。（$\Box p \rightarrow p$）

例子：

法律关系的发生、变更和消灭必然是以统治阶级的意志为转移，所以，法律关系的发生、变更和消灭是以统治阶级的意志为转移。

（2）如果 p 真，则可能 p 真。（$p \rightarrow \Diamond p$）

例子：

小王的考试成绩是优秀的，所以，小王的考试成绩可能是优秀的。

（3）如果必然非 p 真，则非 p 真。（$\Box \neg p \rightarrow \neg p$）

例子：

形而上学的思想方法必然不正确，所以，形而上学的思想方法不正确。

（4）如果非 p 真，则可能非 p 真。（$\neg p \rightarrow \Diamond \neg p$）

例子：

他在胜利面前不骄傲，所以，他在胜利面前可能不骄傲。

从以上的推理可以看出，“必然”的判断较“实然”的判断多，“实然”的判断较“可能”的判断多。因此，可以从必然推断实然，从实然推断可能。反之，不能推导，即不能由可能推断实然，不能由实然推断必然。例如，从“甲可能认识乙”不能推断“甲认识乙”，更不能推断“甲必然认识乙”。

（三）模态三段论

模态三段论就是在三段论的基础上引入模态词而构成的演绎推理。在模态三段论中，至少有一个前提是模态判断，而且这些模态判断都是由性质判断加模态词而构成的性质模态判断。

例子：

凡故意杀人犯都必然有杀人动机；

甲是故意杀人犯；

所以，甲必然有杀人动机。

模态三段论主要有以下四种。

1. 必然模态三段论

必然模态三段论是在三段论中引入“必然”这一模态词所构成的三段论。以 AAA

式为例，它的推理形式是：

所有的M必然是P
所有的S必然是M
所以，所有的S必然是P

例子：

所有的法律都必然具有阶级性；

各个国家的宪法必然都是法律；

所以，各个国家的宪法必然具有阶级性。

2. 必然和可能结合的模态三段论

这种模态三段论是指由必然模态判断和可能模态判断为前提而组成的三段论，其结论是可能模态判断。其推理形式是：

M必然是P
S可能是M
所以，S可能是P

例子：

凡满十八周岁的公民必然有选举权；

小李可能已年满十八周岁；

所以，小李可能有选举权。

3. 必然和实然结合的模态三段论

这种三段论是指由必然模态判断和实然判断为前提而组成的三段论，其结论是必然模态判断。其推理形式是：

所有的M必然是P
所有的S是M
所以，所有的S必然是P

例子：

所有在历史上产生的东西必然最终要灭亡；

资本主义制度是历史上产生的东西；

所以，资本主义制度必然最终要灭亡。

4. 可能和实然结合的模态三段论

这种三段论是指由可能模态判断和实然判断所构成的三段论，其结论是可能模态判断。其推理形式是：

所有的M可能是P
所有的S是M
所以，所有的S可能是P

例子：

凡与被害者有仇恨的人都可能是作案的凶手；

张某是与被害者有仇恨的人；

所以，张某可能是作案的凶手。

模态三段论除了要遵守三段论的规则外，还要根据前提的模态确定结论的模态。如何确定结论的模态呢？比较流行的原则是结论从弱原则。什么是结论从弱原则呢？从模态判断与非模态判断之间的关系来说，同一素材的必然判断蕴涵实然判断，实然判断蕴涵可能判断。因此，必然判断最强，实然判断次之，可能判断最弱。所谓结论从弱原则，就是结论判断不得强于前提中较弱的判断。

例子：

工人必然是劳动者；

王某可能是工人；

所以，王某可能是劳动者。

由于这个模态三段论中有一个前提是可能判断，故结论只能是可能判断。

但是，这种结论从弱原则有例外情况，当前提是由必然判断和性质判断构成时，就有以下例外情况。

一是当小前提是实然肯定判断而大前提是必然判断时，结论可以是必然判断。

例子：

工人必然是劳动者；

李某是工人；

所以，李某必然是劳动者。

由于这个模态三段论的小前提是实然肯定判断，并且大前提是必然判断，属例外情况，故结论可以是必然判断。

二是当小前提是必然否定判断时，结论可以是必然判断。

例子：

资本家是剥削者；

张某必然不是剥削者；

所以，张某必然不是资本家。

由于这个模态三段论的小前提是必然否定判断，属例外情况，故结论可以是必然判断。

总括起来，模态三段论的推理规则如下：（1）必须遵守三段论的一切规则。（2）如果两个前提都是必然判断，则结论可以是必然判断。（3）如果前提中有一个可能判断，或两个前提都是可能判断，则结论只能是可能判断。（4）如果一个前提是必然判断，一个前提是性质判断，一般情况下，结论只能是性质判断或可能判断。但当小前提是肯定判断而大前提是必然判断，或者小前提是必然否定判断时，结论可以是必然判断。

总之，凡符合上述四条规则的模态三段论都是有效的，而违反其中任何一条规则的模态三段论都是无效的。

第六节　规范模态推理

一、规范模态推理及其种类

所谓规范模态推理就是以法律规范或者其他规范模态判断为前提，并根据规范模态判断的逻辑特征进行的推理。

例子：
法律规定：凡是知道案件情况的人都有作证的义务；
你是该案件的现场目击者；
所以，按法律规定你有作证的义务。

这个推理的大前提是一条法律规范，因而属规范模态推理。

规范模态推理有直接的和间接的两种。直接的规范模态推理就是以一个规范模态判断为前提，根据规范模态判断间的对当关系进行的推理。间接规范模态推理又称规范模态三段论，是以两个规范模态判断或一个规范模态判断和一个性质判断为前提而进行的推理，也就是在三段论中引进规范模态概念的推理。关于规范模态判断间的对当关系，我们在“判断”一章已作过详细分析，因此这里主要讨论规范模态三段论。

二、规范模态三段论

规范模态三段论的构成有两种不同的情况：一种是它的两个前提都是规范模态判断，或者一个是规范模态判断，另一个是一般模态判断。这种推理被叫作纯规范模态三段论。另一种是它的两个前提中一个是规范模态判断，另一个是性质判断。这种推理被叫作混合规范模态三段论。

（一）纯规范模态三段论

这类推理又有两种情况。

一种是其前提和结论均由同一种规范模态判断组成。

例子：
任何公民都有履行宪法和法律规定的义务；
履行宪法和法律规定的义务就应当学习和掌握宪法和法律的规定；
所以，任何公民都应当学习和掌握宪法和法律的规定。

这个推理的前提和结论都是必须作为规范模态判断，因而也可称为必须作为纯规范模态推理。

例子：
凡合乎条件并得到批准的公民都可以出国旅游；
凡出国旅游都可以按规定兑换一定数额的外币；
所以，凡出国旅游的公民都可以兑换一定数额的外币。

这个推理的前提和结论都是允许作为规范模态判断，因而也可称为允许作为纯规范模态推理。

另一种纯规范模态推理的前提是由不同种类的规范模态判断或者由一个规范模态判断、一个真值模态判断组成的。

例子：

法律规定：侦查人员执行勘查任务必须持有人民检察院或者公安机关的证明文件；

他可能是前去执行勘查任务的侦查人员；

所以，他可能持有人民检察院或公安机关的证明文件。

这个推理的大前提是必须作为规范模态判断，小前提是可能肯定模态判断，这两个前提属于不同类型的模态判断。

例子：

任何公民都有履行宪法和法律规定的义务；

履行宪法和法律规定的义务就可以享有宪法和法律规定的权利；

所以，任何守法的公民同时可以享有宪法和法律规定的权利。

这个推理的前提一个是必须作为规范模态判断，另一个是允许作为规范模态判断，所以，这个推理也属于由不同种类的规范模态判断组成的推理。

需要注意的是，当纯规范模态推理的前提由不同类型的模态判断组成时，其结论的判断类型应该同确然程度较低或约束力较弱的那个模态判断相一致。如上两例中的第一例中，小前提是一个可能肯定模态判断，比大前提的确然程度低，所得结论就是一个可能肯定模态判断；第二例的小前提是一个允许作为规范模态判断，比大前提必须作为规范模态判断的约束力弱，所以，结论只能得到一个允许作为规范模态判断。

（二）混合规范模态三段论

这种推理的前提由一个规范模态判断和一个性质判断组成，如本节开头的那个推理：

法律规定：凡是知道案件情况的人都有作证的义务；

你是该案件的现场目击者；

所以，按法律规定你有作证的义务。

这就是一个混合规范模态三段论。

例子：

法律规定：在作出回避决定前侦查人员不能停止对案件的侦查；

有关机关并未对侦查员小王作出应当回避的决定；

所以，他不能停止对案件的侦查。

这个推理的一个前提是必须不作为规范模态判断，一个是性质判断，所以，这个推理也属混合规范模态三段论。

混合规范模态三段论的结论，应当与前提中的规范模态判断保持一致，即前提中的规范模态判断是必须作为规范模态判断的话，结论也应是必须作为规范模态判断；前提中的规范模态判断是必须不作为规范模态判断的话，结论就只能是必须不作为规范模态判断，依此类推。

参考文献

[1] 华东师范大学哲学系逻辑学教研室．形式逻辑．5 版．上海：华东师范大学出版社，2016.

[2] 姜成林．普通逻辑学．北京：中央电大出版社，1999.

[3] 黄伟力．法律逻辑学新论．2 版．上海：上海交通大学出版社，2005.

[4] 冉兆晴．普通逻辑教程．北京：中国政法大学出版社，2007.

[5] 陈金钊，熊明辉．法律逻辑学．2 版．北京：中国人民大学出版社，2015.

[6] 雍琦．法律逻辑学．北京：法律出版社，2013.

[7] 孔庆荣．法律逻辑学基础．3 版．北京：中国法制出版社，2008.

[8] 姜祖桢，刘梅．法律逻辑学．北京：中国物价出版社，2002.

[9] 陈康扬，潘利平．法律逻辑．成都：四川大学出版社，2007.

[10] 伯纳・派顿．身边的逻辑学．黄煜文，译．北京：中信出版社出版，2011.

延伸阅读

林来梵，林伟．在法律思维中超越三段论//梁庆寅．法律逻辑研究：第一卷．北京：法律出版社，2005：52－65.

课后练习题

一、已知下列判断为真，根据对当关系推理，可以推出哪些结论。

1. 所有人民团体都不是审判机关。

2. 有些违法行为是不受法律处罚的。

二、写出下列推理的形式，并分析其是否正确。

1. 有人懂外语，所以，有人不懂外语。

2. 有些犯罪是非故意的，所以，有些犯罪是故意的。

3. 并非所有商品都价廉物美，所以，有的商品是价廉物美的。

4. 并非所有动物都是胎生的，所以，并非所有动物都不是胎生的。

5. 所有演绎推理都是必然性推理，所以，有些非必然性推理不是演绎推理。

6. 有些病毒不是不变异的，所以，有些变异的不是非病毒。

7. 窒息死亡都是脸色发青的，这一死者脸色发青，所以，他是窒息死亡。

8. 大多数外语教师掌握两门外语，她是外语教师，所以，她掌握两门外语。

9. 凡律师都熟悉法律，小朱不是律师，所以，小朱不熟悉法律。

10. 侵犯财产罪是犯罪，抢劫罪是犯罪，所以，抢劫罪是侵犯财产罪。

11. 诈骗行为是不道德的行为，诈骗行为是犯罪行为，所以，不道德的行为是犯罪行为。

12. 没有审判员是律师，甲是律师，所以，甲不是审判员。

13. 任何犯罪行为都不是不危害社会的行为，张某的行为不是危害社会的行为，所以，张某的行为不是犯罪行为。

14. 并非海战必然发生，所以，海战必然不发生。

15. 弱者可能战胜强者，所以，并非弱者不可能战胜强者。

16. 并非领导必然不犯错误，所以，领导必然犯错误。

17. 并非明天可能下雨，所以，明天可能不下雨。

18. 国家工作人员必须实事求是，所以，国家工作人员不允许不实事求是。

19. 禁止任何公民破坏社会主义制度，所以，任何公民都不可以破坏社会主义制度。

20. 公民可以信仰宗教，所以，公民可以不信仰宗教。

21. 党组织和党员都必须遵守宪法，所以，党组织必须遵守宪法，党员也必须遵守宪法。

22. 允许公民信神且允许公民不信神，所以，公民信神和不信神是允许的。

三、不定项选择题

1. 小王、小李、小张准备去爬山。天气预报说，今天可能下雨。围绕天气预报，三个人争论起来：

小王：今天可能下雨，那并不排斥今天可能不下雨，我们还是去爬山吧。

小李：今天可能下雨，那就表明今天要下雨，还是别去了。

小张：今天可能下雨，只是表明今天不下雨不具有必然性，去不去由你们决定。

对天气预报的理解，三个人中：（　　）。

A. 小王和小张正确，小李不正确

B. 小王正确，小李和小张不正确

C. 小李正确，小王和小张不正确

D. 小张正确，小王和小李不正确

E. 小李和小张正确，小王不正确

2. “世界上不可能有某种原则适用于所有不同的国度。”以下哪项与该断定的含义最为接近？（　　）

A. 有某种原则可能不适用于世界上所有不同的国度

B. 任何原则都可能有它不适用的国度

C. 任何原则都必然有它所适用的国度

D. 任何原则都必然有它不适用的国度

E. 有些原则可能有它不适用的国度

3. “不可能所有的花都结果。”以下哪项最接近该断定的含义？（　　）

A. 所有的花可能都不结果　　B. 有的花可能不结果

C. 有的花必然不结果　　D. 有的花必然结果

4. 美国前总统林肯说："最高明的骗子，可能在某个时刻欺骗所有的人，也可能在所有的时刻欺骗某些人，但不可能在所有时刻欺骗所有的人。"如果林肯的上述断定是真的，那么下述哪些断定是假的？（　　）

A. 林肯可能在任何时候都不受骗　　B. 骗子也可能在某个时刻受骗

C. 不存在某个时刻所有的人都必然不受骗　　D. 不存在某一时刻有人可能不受骗

E. 林肯可能在某个时刻受骗

5. "不可能所有的证人都说实话。"如果该命题是真的，那么以下哪个命题必然是真的？（　　）

A. 所有证人一定都是说实话

B. 有的证人说实话

C. 有的证人不说实话

D. 刑事案件的证人都说实话

E. 刑事案件的证人都不说实话

第五章 推理篇（中）

推理的真理是必然的，其反命题是谓不可能；即事实的真理是偶然的，其反命题是可能的。

——莱布尼茨

复合判断推理是前提或结论中包含复合判断，并且是按照复合判断的逻辑性质进行的推理。复合判断推理具体包括联言推理、选言推理和假言推理。

第一节 联言推理

联言推理是根据联言判断的逻辑性质进行的复合判断推理。

例子：
犯罪嫌疑人系自首；
犯罪嫌疑人协助公安机关破案，系立功；
所以，犯罪嫌疑人系自首且立功。

联言推理有两种有效式，即分解式和合成式。

一、联言推理的分解式

联言推理的分解式是由联言判断的真，推出一个肢判断真的联言推理形式。这种推理形式可表示为：

p 并且 q
所以，p

或

p 并且 q
所以，q

也可以把这种形式用蕴涵式表示为：

$$(p \wedge q) \rightarrow p$$

或

$$(p \wedge q) \rightarrow q$$

联言判断只有在所有的肢判断都真的情况下才是真的。正是根据联言判断的这种逻辑性质，才能由联言判断的真推出其肢判断为真。也就是说，当 $p \wedge q$ 为真时，p 一定为真，q 也一定为真。因此，联言推理的分解式是前提蕴涵结论的，是有效式。

例 1：

中华人民共和国公民对于任何国家机关和国家工作人员，有提出批评和建议的权利；

所以，中华人民共和国公民对于任何国家机关有提出批评的权利。

例 2：

犯罪的时候不满 18 周岁的人和审判时怀孕的妇女，不适用死刑；

所以，审判时怀孕的妇女不适用死刑。

二、联言推理的合成式

联言推理的合成式是由全部肢判断真推出联言判断真的联言推理形式。在这种推理形式中，结论是联言判断，前提是联言判断的全部肢判断。

这种推理形式可表示为：

p

q

所以，p 并且 q

也可以把这种形式用蕴涵式表示为：

$$(p, q) \rightarrow (p \wedge q)$$

从联言判断真值表可以看到，当 p 真，q 也真时，$p \wedge q$ 一定是真的。因此，联言推理的合成式是前提蕴涵结论的，是有效式。

例 1：

遗嘱见证人不能是无民事行为能力人、限制民事行为能力人；

遗嘱见证人不能是继承人、受遗赠人；

遗嘱见证人不能是与继承人、受遗赠人有利害关系的人；

所以，遗嘱见证人不能是无民事行为能力人、限制民事行为能力人、继承人、受遗赠人，以及与继承人、受遗赠人有利害关系的人。

例 2：

甲盗窃数额巨大，犯了盗窃罪；

甲盗窃后将房屋烧毁，使附近的十几所房屋也被烧毁，又犯了放火罪；

所以，甲的行为构成盗窃罪和放火罪。

第二节　选言推理

选言推理是根据选言判断的逻辑性质进行的复合判断推理。

例子：

本案的错误或者是事实不清、证据不足，或者是适用法律不当；

本案的错误不是事实不清、证据不足；

所以，本案的错误是适用法律不当。

根据析取词不同，可以将选言推理分为相容选言推理和不相容选言推理两类。

一、相容选言推理

相容选言推理是根据相容选言判断的肢判断至少一真这一逻辑性质所进行的选言推理。相容选言推理有两种有效的推理形式。

（一）否定肯定式

相容选言推理的否定肯定式是在前提中否定选言前提的除一个以外的其他肢判断，从而得出肯定剩下一个肢判断的结论的推理形式。

这种推理的形式可表示为：

p 或者 q

非 p（或非 q）

所以，q（或 p）

也可以用蕴涵式表示：

$[(p \vee q) \wedge \neg p] \rightarrow q$

$[(p \vee q) \wedge \neg q] \rightarrow p$

从相容选言判断的真值表可以看出，当 $p \vee q$ 为真，并且 p 为假时，q 一定为真；当 $p \vee q$ 为真，并且 q 为假时，p 一定为真。所以，相容选言推理的否定肯定式是有效的。

例子：

该案的作案人或者是甲，或者是乙；

现已查明该案的作案人不是甲；

所以，该案的作案人是乙。

相容选言推理中有一种无效的推理形式即肯定否定式，其推理形式为：

p 或者 q

p（或 q）

所以，非 q（或非 p）

例子：

甲犯错误或是立场原因，或是认识原因；

甲犯错误是认识原因；

所以，甲犯错误不是立场原因。

这种推理之所以无效，可以从相容选言判断真值表中看出：当 $p \vee q$ 为真，并且 p 为真时，q 可真可假。因此，从 $p \vee q$ 和 p，不能必然推出 $\neg q$；同理，从 $p \vee q$ 和 q 也不能必然推出 $\neg p$。

相容选言判断的逻辑性质是：一判断为真，则其肢判断至少有一个为真。依据这一性质，相容选言推理有以下两条规则：一是否定一部分肢判断，必须肯定另一部分肢判断；二是肯定一部分肢判断，不能否定另一部分肢判断。根据第一条规则，如果相容选言判断的肢判断超过三个，否定其中一个肢判断，其余肢判断组成的选言判断仍为真，但并不意味着这些肢判断每个都为真。

例子：

该案的作案人或者是甲，或者是乙，或者是丙；

现已查明该案的作案人不是甲；

所以，该案的作案人或者是乙，或者是丙。

（二）析取附加式

相容选言推理的析取附加式是以任一判断为前提而得出以这个判断为一肢判断，并附加另一肢判断而构成的选言判断为结论的推理形式。

这种推理的形式可表示为：

p

所以，p 或者 q

也可以把这种形式用蕴涵式表示为：

$p \rightarrow (p \vee q)$

例 1：

地板上脚印是该案的重要证据；

所以，地板上的脚印或者墙上的血迹是该案的重要证据。

例 2：

犯罪过程中，自动放弃犯罪是犯罪中止；

所以，在犯罪过程中，自动放弃犯罪或自动有效地防止犯罪结果的发生，是犯罪中止。

从相容选言判断的真值表可以看出，当 p 为真时，$p \vee q$ 一定是真的，所以，相容选言推理的析取附加式是有效的。这种推理在日常生活中几乎没有用处，但这种推理形式是有效的，在现代逻辑学中是不可缺少的。

二、不相容选言推理

不相容选言推理是根据不相容选言判断的肢判断至少一真但不能同真这一逻辑性质所进行的选言推理。不相容选言判断的逻辑性质是：一判断为真，则其肢判断有且只有一个为真。依据这一性质，不相容选言推理有以下规则：一是否定除一个以外的肢判断，必须肯定那个未被否定的肢判断；二是肯定一个肢判断，必须否定其余所有肢判断。

不相容选言推理有两种主要的推理形式。

（一）肯定否定式

不相容选言推理肯定否定式是指在前提中肯定不相容选言判断的一个肢判断，从而在结论中否定不相容选言判断的另一个肢判断的推理形式。

这种推理的形式为：

要么 p，要么 q
p（或 q）
所以，非 q（或非 p）

用蕴涵式表示为：

$[(p \dot{\vee} q) \wedge p] \rightarrow \neg q$
$[(p \dot{\vee} q) \wedge q] \rightarrow \neg p$

例 1：
甲的犯罪行为要么是故意的，要么是过失的；
甲的犯罪行为是过失的；
所以，甲的犯罪行为不是故意的。

例 2：
某一合同要么是诺成合同，要么是实践合同；
该合同是实践合同；
所以，该合同不是诺成合同。

（二）否定肯定式

不相容选言推理否定肯定式是指在前提中否定不相容选言判断的一个肢判断，从而在结论中肯定不相容选言判断的另一个肢判断的推理形式。

这种推理的形式为：

要么 p，要么 q
非 p（或非 q）
所以，q（或 p）

用蕴涵式表示为：

$[(p \dot{\vee} q) \wedge \neg p] \rightarrow q$
$[(p \dot{\vee} q) \wedge \neg q] \rightarrow p$

例 1：
甲的收入要么合法，要么违法；
甲的收入不违法；
所以，甲的收入合法。

例 2：
甲和乙订立的合同要么有效，要么无效；
甲和乙订立的合同并非无效；
所以，甲和乙订立的合同有效。

不相容选言判断的肢判断中至少有一个真并且不能同真，因此，当我们肯定其中一个肢判断时，就要否定另一个肢判断；当我们否定其中一个肢判断时，就要肯定另一个肢判断。所以，不相容选言推理的肯定否定式和否定肯定式都是有效的。

第三节　假言推理

假言推理是前提中包含假言判断并根据假言判断的逻辑性质进行推演的复合推理。

例 1：

如果甲参与作案，那么他有作案时间；

甲没有作案时间；

所以，他不可能参与作案。

例 2：

只有认识错误，他才能改正错误；

他还没有认识错误；

所以，他不能改正错误。

假言判断有充分条件假言判断、必要条件假言判断和充分必要条件假言判断共三种类型，相应地，假言推理也有三类：第一类是充分条件假言推理，即以充分条件假言判断为大前提的假言推理；第二类是必要条件假言推理，即以必要条件假言判断为大前提的假言推理；第三类是充分必要条件假言推理，即以充分必要条件判断为大前提的假言推理。

一、充分条件假言推理

充分条件假言判断前后件的逻辑关系是：前件是后件的充分条件，即，有前件必有后件，无前件未必无后件。相应地，其后件是前件的必要条件，即，无后件必无前件，有后件未必有前件。由此，充分条件假言推理有以下规则：一是肯定前件就要肯定后件；二是否定后件就要否定前件；三是肯定后件不能肯定前件；四是否定前件不能否定后件。

从上述规则可以得出两个有效推理形式。

（一）肯定前件式

充分条件假言推理的肯定前件式是一个前提为假言判断，另一个前提为该假言判断的前件，从而得出肯定该假言判断后件的结论的推理形式。

这种推理的形式可表示为：

如果 p，那么 q

p

所以，q

也可以用蕴涵式表示为：

$$[(p \to q) \land p] \to q$$

例子：

若先履行债务的一方履行债务不符合约定，那么后履行一方有权拒绝其相应的履行要求；

先履行债务的一方履行债务不符合约定；

所以，后履行一方有权拒绝其相应的履行要求。

从充分条件假言判断的真值表可以看出，p→q 为真并且 p 为真时，q 一定是真的。所以，假言推理的肯定前件式是有效的。

（二）否定后件式

充分条件假言推理的否定后件式是一个前提为假言判断，另一个前提是对该假言判断后件的否定，从而得出否定该假言判断前件的结论的推理形式。

这种推理的形式可表示为：

如果 p，那么 q

非 q

所以，非 p

也可以用蕴涵式表示为：

$[(p\rightarrow q)\wedge\neg q]\rightarrow\neg p$

例子：

如果死者是服毒死亡的，那么，尸体内就会有毒药的残余物；

尸体内没有毒药的残余物；

所以，死者不是服毒死亡的。

从充分条件假言判断的真值表可以看出，当 p→q 为真并且 q 为假时，p 一定是假的。所以，假言推理的否定后件式是有效的。

与上面两种有效式相反，充分条件假言推理中有两个无效的推理形式，一是否定前件式，一是肯定后件式。

否定前件式为：

如果 p，那么 q

非 p

所以，非 q

例子：

如果甲是案犯，那么甲有作案时间；

事实上甲不是案犯；

所以，甲没有作案时间。

肯定后件式为：

如果 p，那么 q

q

所以，p

例子：

若甲是案犯，那么甲一定到过作案现场；

事实上甲到过作案现场；

所以，甲是案犯。

在法律实践中，需要防范这两种无效推理形式的干扰。

二、必要条件假言推理

必要条件假言判断前后件的逻辑关系是：前件是后件的必要条件，即，无前件必无后件，有前件未必有后件。相应地，其后件是前件的充分条件，即，有后件必有前件，无后件未必无前件。由此，必要条件假言推理有以下规则：一是否定前件就要否定后件；二是肯定后件就要肯定前件；三是肯定前件不能肯定后件；四是否定后件不能否定前件。

从上述规则可以得出两个有效推理形式。

（一）否定前件式

必要条件假言推理的否定前件式是一个前提为必要条件假言判断，另一个前提否定该假言判断的前件，进而否定假言判断的后件的推理形式。

必要条件假言推理否定前件式的形式为：

只有 p，才 q

非 p

所以，非 q

用蕴涵式表示为：

$$[(p \leftarrow q) \land \neg p] \rightarrow \neg q$$

例 1：

只有当事人在合同上签字，合同才生效；

当事人没有在合同上签字；

所以，合同未生效。

例 2：

只有本案被告人是国家工作人员，才构成贪污罪；

本案被告人不是国家工作人员；

所以，本案被告人不构成贪污罪。

（二）肯定后件式

必要条件假言推理的肯定后件式是一个前提为必要条件假言判断，另一个前提肯定该假言判断的后件，进而肯定假言判断的前件的推理形式。

必要条件假言推理肯定后件式的形式为：

只有 p，才 q

q

所以，p

用蕴涵式表示为：

$$[(p \leftarrow q) \wedge q] \rightarrow p$$

例 1：

只有当事人在合同上签字，合同才生效；

某合同已生效；

可见，该合同的当事人在合同上签了字。

例 2：

只有本案被告人是国家工作人员，才构成贪污罪；

本案被告人犯了贪污罪；

可见，本案被告人是国家工作人员。

必要条件假言判断的前件假时，后件一定假，当其后件真时，前件一定真，所以，当我们否定前件时就一定要否定后件；当我们肯定后件时，就一定要肯定前件。因而必要条件假言推理的否定前件式和肯定后件式都是有效的。

与上面两种有效式相反，必要条件假言推理中有两个无效的推理形式：一是肯定前件式，一是否定后件式。

肯定前件式为：

只有 p，才 q

p

所以，q

例子：

只有甲有作案时间，甲才是案犯；

甲有作案时间；

所以，甲是案犯。

否定后件式为：

只有 p，才 q

非 q

所以，非 p

例子：

只有甲到过作案现场，甲才可能是案犯；

甲不是案犯；

所以，甲没到过作案现场。

在法律实践中，需要防范这两种无效推理形式的干扰。

三、充要条件假言推理

充要条件假言推理是根据充分必要条件假言判断的逻辑性质进行的复合判断推理。它主要有两种有效的推理形式。

（一）肯定式

充要条件假言推理的肯定式是指一个前提为充要条件假言判断，另一个前提为该充要条件假言判断的前件（或后件），从而得出肯定该充要条件假言判断后件（或前件）的结论的推理形式。

这种推理形式可表示为：

p 当且仅当 q
p（或 q）
所以，q（或 p）

也可以用蕴涵式表示为：

$(p\leftrightarrow q) \wedge p \rightarrow q$

或

$(p\leftrightarrow q) \wedge q \rightarrow p$

例 1：

某死婴是活着出生的，当且仅当在对婴儿的尸检中发现肺部有空气；
在对该婴儿的尸检中发现了肺部有空气；
所以，该死婴是活着出生的。

例 2：

甲因正当防卫造成损害而承担民事责任，当且仅当甲正当防卫超过必要的限度，造成不应有的损害；
甲进行正当防卫超过必要的限度，造成了不应有的损害；
所以，甲应因正当防卫造成损害承担民事责任。

从充要条件假言判断的真值表可以看出，当 p↔cq 为真，并且 p 为真时，q 一定是真的；当 p↔cq 为真，并且 q 为真时，p 也一定是真的。所以，充要条件假言推理的肯定式是有效的。

（二）否定式

充要条件假言推理的否定式是指一个前提为充要条件假言判断，另一个前提为对该充要条件假言判断的前件（或后件）的否定，从而得出否定该充要条件假言判断后件（或前件）的结论的推理形式。

这种推理形式可表示为：

p 当且仅当 q
¬p（或¬q）
所以，¬q（或¬p）

也可以用蕴涵式表示为：

$(p\leftrightarrow q) \wedge \neg p \rightarrow \neg q$

或

$(p\leftrightarrow q) \wedge \neg q \rightarrow \neg p$

例 1：

甲应受到法律制裁，当且仅当甲触犯了法律；

甲没有触犯法律；

所以，甲不应受到法律制裁。

例 2：

某丧偶儿媳作为第一顺序继承人，当且仅当该丧偶儿媳对公、婆尽了主要赡养义务；

某丧偶儿媳没有对公、婆尽主要赡养义务；

所以，该丧偶儿媳不能作为第一顺序继承人。

从充要条件假言判断的真值表可以看出，当 $p \leftrightarrow q$ 为真，并且 p 为假时，q 一定是假的；当 $p \leftrightarrow q$ 为真，并且 q 为假时，p 也一定是假的。所以，充要条件假言推理的否定式是有效的。

四、包含假言判断的其他推理

（一）假言选言推理

假言选言推理是依据假言判断和选言判断的逻辑性质进行的复合判断推理。它通常由两个假言判断和一个选言判断作为前提推出结论。由于这种推理常在辩论中使对方对于可选择的每一种可能情况都难以接受，陷于“进退两难”的境地，因而又被称为二难推理。

案例：Protogoras vs. Enathlas（半费之讼）

古希腊有一个名叫欧提勒士的人，向著名的辩者普罗泰戈拉学法律。两人曾订有合同，其中约定在欧提勒士毕业时付一半学费给普罗泰戈拉，另一半学费则等欧提勒士毕业后头一次打赢官司时付清。但毕业后，欧提勒士并不执行律师职务，总不打官司。

普罗泰戈拉等得不耐烦了，于是向法庭状告欧提勒士。他提出了以下二难推理：

如果欧提勒士这场官司胜诉，那么，按合同的约定，他应付给我另一半学费；

如果欧提勒士这场官司败诉，那么按法庭的判决，他也应付给我另一半学费；

他这场官司或者胜诉或者败诉；

所以，他无论是哪一种情况都应付给我另一半学费。

欧提勒士则针对老师的理论提出一个完全相反的二难推理：

如果我这场官司胜诉，那么，按法庭的判决，我不应付给普罗泰戈拉另一半学费；

如果我这场官司败诉，那么，按合同的约定，我也不应付给普罗泰戈拉另一半学费；

我这场官司或者胜诉或者败诉；

所以，我不应付给他另一半学费。

某些逻辑著述还介绍了三难推理或多难推理，下面是三难推理的例子。

与禽兽搏斗的三种结局：

如果你赢了，那么你比禽兽还禽兽；

如果你输了，那么你禽兽不如；

如果你打平了，那么你和禽兽没两样；

你或输或赢或平；

所以，你或比禽兽还禽兽，或禽兽不如，或和禽兽没两样。

1. 假言选言推理的构成式

假言选言推理的构成式是以选言前提的两个肢判断分别肯定两个假言前提的前件，从而得出肯定这两个假言前提的后件的结论的推理形式。它可分为简单构成式和复杂构成式两类。

(1) 简单构成式。

假言选言推理的简单构成式是指两个假言前提的后件相同，结论是一个直言判断。这种推理的形式可表示为：

如果 p，那么 r

如果 q，那么 r

p 或者 q

所以，r

用蕴涵式表示为：

$$[(p\rightarrow r)\wedge(q\rightarrow r)\wedge(p\vee q)]\rightarrow r$$

例 1：

林则徐祠有一副对联是其生前名言：

子孙若如我，留钱做什么？贤而多财，则损其志；

子孙不如我，留钱做什么？愚而多财，益增其过。

这副对联中包含一个省略了选言前提和结论的简单构成式二难推理，其完整形式如下：

子孙若如我，留钱做什么？

子孙不如我，留钱做什么？

子孙或者如我，或者不如我；

总之，留钱做什么？

例 2：

聪明的阿凡提在反驳收税官的控告中有如下对话：

收税官（对阿克木法官说）：“我们遵命把偷老爷衣帽的阿凡提捉拿归案，特来请赏。”

阿克木：“把他的衣服扒下来给我打！”

阿凡提：“且慢！要问他们二位这样告我，有什么证据？”

收税官：“穿在你身上的这套衣服就是证据！”

管家：“说得对！这就是证据！”

阿凡提：“这帽子吗？这衣服吗？照这样看来，你们二位不是在告我，而是有意诬陷老爷。”

阿克木：“这个，这个……”

阿凡提：“这些是个酒鬼朋友喝得烂醉的时候送给我的。当时这个人醉卧街头，简直不堪入目。是我不忍心这套衣服被酒鬼亵渎，才答应穿在身上的。我倒要请问一下：我身上的帽子和衣服是老爷您的吗?”

阿克木：“不，不，不，我那套不是这样的。你们冤枉好人，还不退下，赶快退下！快退下!”

阿凡提：“慢着！阿克木老爷，他们俩这样平白无故地诬陷好人，按法律应当受罚的。”

阿克木：“那当然，那当然，来人哪！重打二十板!”

阿凡提之所以能够胜诉，是因为他运用假言选言推理，使阿克木陷入了两难境地。阿凡提的推理如下：

我这套衣帽如果不是阿克木的，那么我没有犯罪；

我这套衣帽如果是阿克木的，那么我也没有犯罪；(因为阿克木法官是一个亵渎教义的酒鬼)

我这套衣帽或者是阿克木的，或者不是阿克木的；

总之，我都没有犯罪。

(2) 复杂构成式。

假言选言推理的复杂构成式是指两个假言前提的前件不相同，结论是一个选言判断。

这种推理的形式可表示为：

如果 p，那么 r

如果 q，那么 s

或者 p，或者 q

所以，或者 r，或者 s

用蕴涵式表示为：

$$[(p\rightarrow r)\wedge(q\rightarrow s)\wedge(p\vee q)]\rightarrow(r\vee s)$$

例子：

如果甲虐待老人，那么他的行为是非法行为；

如果甲不赡养老人，那么他的行为是不道德行为；

或者甲虐待老人，或者甲不赡养老人；

所以，甲的行为或者是非法行为，或者是不道德行为。

假言选言推理的复杂构成式实际上是由两个假言推理肯定前件式合成的。当前提都真时，由假言前提的两个前件作为肢判断所构成的选言前提，其两个肢判断中至少有一个是真的。无论哪一个肢判断为真，都可以根据假言推理肯定前件式，得出肯定假言前提后件的结论。由于假言推理肯定前件式是有效的，因而假言选言推理的复杂构成式也有效的。

2. 假言选言推理的破坏式

假言选言推理的破坏式是以选言前提的两个肢判断分别否定两个假言前提的后件，从而得出否定这两个假言前提的前件的结论的推理形式。它可分为简单破坏式和复杂破坏式两类。

（1）简单破坏式。

假言选言推理的简单破坏式的特点在于两个假言前提的前件相同，结论是一个直言判断。

这种推理的形式可表示为：

如果 p，那么 r
如果 p，那么 s
非 r 或者非 s
所以，非 p

用蕴涵式表示为：

$$[(p\rightarrow r)\wedge(p\rightarrow s)\wedge(\neg r\vee\neg s)]\rightarrow\neg p$$

例子：

如果甲犯的是贪污罪，那么他一定有贪污的思想；
如果甲犯的是贪污罪，那么他一定有贪污的行为；
经查，甲没有贪污的思想或者没有贪污的行为；
所以，甲犯的不是贪污罪。

（2）复杂破坏式。

假言选言推理的复杂破坏式的特点在于两个假言前提的前件不相同，其结论就是一个选言判断。

这种推理的形式可表示为：

如果 p，那么 r
如果 q，那么 s
非 r 或者非 s
所以，非 p 或者非 q

用蕴涵式表示为：

$$[(p\rightarrow r)\wedge(q\rightarrow s)\wedge(\neg r\vee\neg s)]\rightarrow(\neg p\vee\neg q)$$

例子：

如果某公安人员工作态度认真负责，那么就能收集到较多的材料；
如果某公安人员业务熟练，那么就能充分利用这些材料；
某公安人员或者没有收集较多的材料，或者没有充分利用这些材料；
所以，某公安人员或者是工作态度不够认真负责，或者是业务不熟练。

假言选言推理的复杂破坏式实际上是由两个假言推理否定后件式合成的。当前提都真时，由假言前提的两个后件的否定所构成的选言前提（非 r 或者非 s），其肢判断中至少有一个是真的。无论非 r 和非 s 哪一个为真，都可以根据假言推理的否定后件式得出否定假言前提前件的结论。由于假言推理的否定后件式是有效的，因而假言选言推理的复杂破坏式也是有效的。

假言选言推理是一种非常犀利的论辩形式，因此，它也常被人用来进行诡辩。前面讲到的普罗泰戈拉和欧提勒士就是如此，在日常生活中也不乏这样的事例。此时，可以用什么方法去揭穿其诡辩呢？破斥假言选言推理的方法主要有以下三种。

第一种是分析其前提是否成立。假言选言推理在前提上的常见错误有两种：一是假言前提所假设的两种情况是不穷尽的；另一种常见错误是假言前提的前后件之间不存在充分条件关系。

第二种是分析其推理的形式是否符合逻辑规则或逻辑规律。前已谈到，保证推理结论真实的条件有两个：一是前提真实，二是形式正确。所谓形式正确就是指推理过程合乎相应的逻辑规则，因此，破斥一个假言选言推理也可以从分析其推理形式的角度入手。假言选言推理的大前提是两个假言判断，根据假言推理的规则，只有肯定前件式和否定后件式是有效的，如果在进行假言选言推理的过程中，运用了否定前件式或肯定后件式，那么这样的假言选言推理就是无效的。此外，进行假言选言推理还应该遵守基本的逻辑规律。比如以上提到的普罗泰戈拉和欧提勒士所作的针锋相对的推论，均不符合基本的逻辑规律——同一律，因为他们所提出的付款或不付款的根据不一致：普罗泰戈拉要欧提勒士付款，在后者胜诉的情况下是以他们过去的合同为根据，在后者败诉的情况下是以法庭的判决为根据；欧提勒士提出不付款的根据则正好相反。在同一个推理中针对同一件事设置两个不同的标准，违反了同一律的逻辑要求。

第三种是提出一个与要反驳的假言选言推理针锋相对的假言选言推理。也就是以对方假设的情况为出发点，推出与对方的结论正好相反的结论。此即“以其人之道还治其人之身”，达到破斥对方假言选言推理的目的。欧提勒士就是以这种方法对付其善诡辩的老师普罗泰戈拉的。

对法律工作者而言，既要善于将假言选言推理用于思想表达和辩论之中，也要掌握破斥假言选言推理的方法，而这除了思维机敏外，还需要接受系统的逻辑学训练，对逻辑学进行深入的研究。

（二）假言联言推理

假言联言推理是依据假言判断和联言判断的逻辑性质进行的复合判断推理。它通常是由两个假言判断和一个联言判断作为前提，推出一个联言判断结论。它有两种主要的推理形式。

1. 肯定式

假言联言推理肯定式是在联言判断前提中肯定两个假言判断前提的前件，从而在结论中肯定两个假言判断前提的后件的推理形式。

这种推理的形式表述为：

如果 p，那么 r
如果 q，那么 s
p 并且 q
所以，r 并且 s

用蕴涵式表示为：

$$[(p\rightarrow r)\land(q\rightarrow s)\land(p\land q)]\rightarrow(r\land s)$$

例子：

如果甲年满30周岁，那么，他可以收养一名子女；

如果甲无子女，那么他可以收养未满14周岁的未成年人；

甲年满30周岁并且无子女；

所以，甲可以收养一名子女并且是未满14周岁的未成年人。

假言联言推理肯定式中的联言判断前提，其肢判断分别是两个假言判断前提的前件，当假言判断前提和联言判断前提都真时，联言判断前提的两个肢判断（也即两个假言判断前提的前件）都是真的。根据假言推理的肯定前件式，必然得出肯定两个假言判断前提后件的结论。所以，这一推理形式显然是有效的。

2. 否定式

假言联言推理的否定式是在联言判断前提中否定两个假言判断前提的后件，从而在结论中否定两个假言判断前提的前件的推理形式。

这种推理的形式表述为：

如果p，那么r

如果q，那么s

非r并且非s

所以，非p并且非q

用蕴涵式表示为：

$$[(p\rightarrow r)\land(q\rightarrow s)\land(\neg r\land\neg s)]\rightarrow(\neg p\land\neg q)$$

例子：

如果甲品行端正，那么他就能实事求是地作证；

如果甲学过法律，那么他就能切中要害地回答问题；

甲既不能实事求是地作证，又不能切中要害地回答问题；

所以，甲品行不端正并且甲没有学过法律。

假言联言推理否定式中的联言判断前提，其肢判断分别是对两个假言判断前提的后件的否定。当假言判断前提和联言判断前提都真时，联言判断前提的两个肢判断（即对两个假言判断前提的前件的否定）都是真的。根据假言推理的否定后件式，必然得出否定两个假言判断前提的前件的结论。所以，这一推理形式是有效的。

（三）假言连锁推理

假言连锁推理是基于蕴涵词或假言判断的逻辑性质进行的复合判断推理，它的前提和结论均为假言判断。

1. 假言连锁推理肯定式

这种推理的形式表述为：

如果p，那么q

如果q，那么r

所以，如果 p，那么 r

用蕴涵式表示为：

$$(p\rightarrow q)\wedge(q\rightarrow r)\rightarrow(p\rightarrow r)$$

例子：

如果承诺没有在要约确定的期限内到达要约人，那么该承诺无效；

如果承诺无效，那么要约人不受要约的约束；

所以，如果承诺没有在要约确定的期限内到达要约人，那么要约人不受要约的约束。

2. 假言连锁推理的否定式

这种推理的形式表述为：

如果 p，那么 q

如果 q，那么 r

所以，如果非 r，那么非 p

用蕴涵公式表示为：

$$[(p\rightarrow q)\wedge(q\rightarrow r)]\rightarrow(\neg r\rightarrow\neg p)$$

例子：

如果要顺利进行经济建设，就要治理经济环境；

如果要治理经济环境，就要加强法制建设；

所以，如果不加强法制建设，就不能顺利地进行经济建设。

假言连锁推理实际上是假言推理的重复应用。当我们已知“$p\rightarrow q$”和“$q\rightarrow r$”为真时，假设 p 为真，就可以重复应用假言推理肯定前件式推出 r 为真。所以，这种推理形式是效的。

上述是充分条件假言连锁推理，此外还有必要条件假言连锁推理、充要条件假言连锁推理、混合条件假言连锁推理。关于这些推理形式，大家可以自己去分析。

五、其他复合判断推理

（一）条件移出移入推理

条件移出移入推理是根据 $(p\wedge q\rightarrow r)\leftrightarrow[p\rightarrow(q\rightarrow r)]$ 进行的推理。其推理蕴涵式为：

（1）条件移出推理 $(p\wedge q\rightarrow r)\rightarrow[p\rightarrow(q\rightarrow r)]$

例子：

如果犯罪后自首并有重大立功表现，那么，应当减轻或者免除处罚；

所以，如果甲是犯罪后自首的，那么，如果甲有重大立功表现，则应当减轻或免除处罚。

（2）条件移入推理 $[p\rightarrow(q\rightarrow r)]\rightarrow(p\wedge q\rightarrow r)$

例子：

如果甲有作案时间，那么，如果甲曾进入作案现场，则甲有作案的嫌疑；

所以，如果甲有作案时间并曾进入作案现场，那么甲有作案的嫌疑。

（二）归谬推理

归谬推理是指由一个判断蕴涵逻辑矛盾，推出该判断为假的推理形式。

归谬推理的形式表述为：

如果 p，则 q 且 ¬q

所以，¬p

用蕴涵式表示为：

$$[p\rightarrow(q\wedge\neg q)]\rightarrow\neg p$$

例子：

如果"一切命题都是假的"这个命题是真的，那么一切命题都是假的，并且并非一切命题都是假的（因为"一切命题都是假的"这个命题是真的）；

所以，"一切命题都是假的"不成立。

归谬推理是假言推理否定后件式的特殊情况，因为 q 与 ¬q 必有一假，不可同真，所以，$q\wedge\neg q$ 一定是假的，这样，归谬推理假言判断前提的前件 p 就一定是假的。因而，归谬推理的形式是有效的。

（三）反三段论推理

反三段论推理也是一种复合判断推理，它的前提和结论都是假言多重复合判断。

反三段论推理的有效式为：

如果 p 且 q，那么 r

所以，如果非 r 并且 p，那么非 q

或者为：

如果 p 且 q，那么 r

所以，如果非 r 并且 q，那么非 p

反三段论可以用蕴涵式表示为：

$$(p\wedge q\rightarrow r)\rightarrow[(\neg r\wedge p)\rightarrow\neg q]$$

或

$$(p\wedge q\rightarrow r)\rightarrow[(\neg r\wedge q)\rightarrow\neg p]$$

例 1：

如果我们努力学习法律知识并且重视实践，那么就能提高自己的理解力；

所以，如果我们努力学习法律知识但是并没有提高自己理解力，那么，就是我们没有重视实践。

例 2：

如果甲签订了合同并且履行了合同义务，则甲不承担违约责任；

所以，如果甲签订了合同并且承担违约责任，则甲没有履行合同义务。

反三段论推理的有效式可以根据复合判断的基本有效式推导出来，它不过是某些基本有效式的应用或变形。

第四节　复合判断推理的综合运用

复合判断推理的综合应用是通过对多种复合判断推理的有效式的灵活运用，来解决某个相对复杂问题的过程。其核心是推导技术与判定方法，也就是如何进行推导、如何判定推理是否有效。

一、复合判断推理的推导技术

在实际思维中，通常都不是仅仅运用某一种推理，而是往往从若干已知前提出发，运用多种形式的复合判断推理，逐步推导出结论。这样的推导过程，就是复合判断推理的综合应用。

综合推理题以应用演绎推理的有关知识为主，有时也要结合运用其他章节的知识，如复合判断的等值式等。在解答综合推理题时，关键是把握以下两个步骤。

首先，准确地把已知条件从自然语言转换为逻辑形式的符号公式。在解答综合推理题时，最好撇开思维内容仅仅进行形式的推演。只要能准确地把已知条件从自然语言转换成逻辑形式的符号公式，就可以做到这一点。用这种方法综合推理，给定条件越复杂愈能显示出其便捷性。

例子：

已知下列情况为真：

(1) A、B二人不都是作案人；

(2) 如果C是作案人，那么B是作案人；

(3) 如果D是作案人，那么A是作案人；

(4) 只有E、F都是作案人，C才不是作案人；

(5) 并非如果D是作案人，那么F不是作案人。

问：E是否是作案人？请写出推导过程。

解析：

若令A表示A是作案人；

B表示B是作案人；

C表示C是作案人；

D表示D是作案人；

E表示E是作案人；

F表示F是作案人；

则由已知前提出发，得出结论的推理过程如下：

(1) $\neg(A \wedge B)$　　已知

(2) $C \rightarrow B$　　已知

(3) $D \rightarrow A$　　已知

(4) $(E \wedge F) \leftarrow \neg C$　　已知

(5) $\neg(D \to \neg F)$　　已知
(6) $\neg A \vee \neg B$　　由（1）等值式（德·摩根定律）
(7) $D \wedge F$　　由（5）等值式（蕴析律）
(8) D　　由（7）联言推理分解式
(9) F　　由（7）联言推理分解式
(10) A　　由（3）（8）充分条件假言推理肯定前件式
(11) $\neg B$　　由（6）（10）选言推理否定肯定式
(12) $\neg C$　　由（2）（11）充分条件假言推理否定后件式
(13) $E \wedge F$　　由（4）（12）必要条件假言推理肯定后件式
(14) E　　由（13）联言推理分解式

由以上推理第十四步可知，E是作案人。

其次，准确理解题意，找到推理的切入点。求解综合推理题，往往必须从若干给定的已知条件出发，运用多种推理形式并通过若干推理步骤，才能得出某一特定的结论。因此，准确理解题意，理顺复杂的关系并从中找出推理的切入点或出发点，就显得至关重要。

例子：

已知A、B、C、D有下列关系：

(1) 如果A不真包含于B，那么C与D不全异；

(2) 只有B与D全异，B才不真包含于D；

(3) B与D相容，但C与D不相容。

问：A与D之间具有何种外延关系？请写出其推导过程。

解析：

该题在已知条件的语言表述中设置了一些障碍，必须认真分析，理顺关系。通过分析不难发现，前提（3）是一个联言判断，它的第一个联言肢“B与D相容”与前提（2）的前件“B与D全异”是矛盾判断，二者结合可以构成必要条件假言推理的否定前件式；前提（3）的第二个联言肢“C与D不相容”与前提（1）的后件“C与D不全异”也是矛盾命题，二者结合可以构成充分条件假言推理的否定前件式。

若令p表示B与D相容；

q表示C与D不相容；

r表示A不真包含于B；

s表示B不真包含于D；

则其推理过程如下：

(1) $r \to \neg q$　　已知
(2) $\neg p \leftarrow s$　　已知
(3) $p \wedge q$　　已知
(4) p　　由（3）联言推理分解式
(5) q　　由（3）联言推理分解式

(6) $\neg s$　　　　由(2)(4)必要条件假言推理否定前件式

(7) $\neg r$　　　　由(1)(5)充分条件假言推理否定后件式

(8) $\neg s \wedge \neg r$　　　　由(6)(7)联言推理组合式

由第八步可知，A真包含于B，且B真包含于D。因为真包含于关系属于传递关系，所以，A真包含于D。

因此，复合判断推理的综合应用在推导技术上有下列特点：

其一，基本操作思路是分解—推导—合成。把一个较为复杂的问题分解为有限的解答步骤，每一步都是具有可操作性的推理，各个推理之间前后衔接、环环相扣，使多种不同的复合判断推理联结成一个严密而完整的推理序列，最后一个推理的结论提供了整个问题的答案。

其二，前提的获取技术是每个前提都应当是给定的，或者是由前面的推理所推导出来的命题。若因前提不足而用假设作为前提，则需运用归谬式推理或反证式推理来验证假设。如果推出了矛盾，该假设就不能作为前提。

其三，推理形式的应用技术是每个推理均需运用复合判断推理的有效式，遵循推理的规则去“推”，不应使用无效式，更不是靠“猜”。

其四，推导过程的表述技术是引入符号化方法，将推导过程形式化。

二、复合判断推理有效性的判定方法

对于以单纯形式出现的选言或假言推理，可以运用推理的规则去判定其是否有效。但是，在需判定以综合形式出现的复合判断推理是否有效时，推理的规则显得力不从心。

复合判断的真值形式可以分为以下三类：

一是重言式，也称为永真式。一个复合判断公式是永真式，当且仅当无论其中所包括的判断变项取何值，它总为真。如，$p \vee \neg p$，无论p取何值，都永远为真，因而是永真式。

二是矛盾式，也称为永假式。一个复合判断公式是永假式，当且仅当无论其中所包括的判断变项取何值，它总为假。如，$p \wedge \neg p$，无论p取何值，都永远为假，因而是永假式。

三是偶真式，也称为可真可假的公式。一个复合判断公式是偶真式，当且仅当它对于其中出现的判断变项的某些真值赋值，为真；而对于另一些真值赋值，则为假。如，$p \wedge q$，当p真，q也真时，为真；p、q只要有一个为假，则为假。

在上述三类公式中，重言式具有特别重要的意义，它反映了复合判断的逻辑规律，是判定复合判断推理是否有效的依据。

如果一个复合判断推理是有效的，那么由真实的前提能必然地推出真实的结论，其前提与结论之间是蕴涵关系，这样，推理形式就可以表示为一个蕴涵式。重言式的判定是考察表示推理形式的蕴涵式是否为重言式，其基本思想是：如果前提重言蕴涵结论，即表示推理形式的蕴涵式为重言式，那么该推理形式有效，否则，该推理形式为无效式。

重言判定的操作步骤有两步。第一步：把需要判定的推理形式表示为蕴涵式，以推理中各个前提的合取作为蕴涵式的前件，以推理的结论作为蕴涵式的后件。第二步：应用真值表方法或其他方法考察该蕴涵式是否为重言式，进而得出判定结果。重言式判定方法有多种，以下介绍其中的真值表方法和赋值归谬法。

（一）真值表方法

应用真值表方法判定复合判断推理是否有效，以［（p→q）∧p］→q 为例，其操作步骤如下。

（1）列出各种真值组合：运用给定判断形式中的所有变项，列出这些判断的各种真值组合。

p	q			
1	1			
1	0			
0	1			
0	0			

（2）分解判断形式：根据判断形式的构成过程，从左至右由简而繁地列出所给定判断形式的各个组成部分（子公式），将被判定的公式（原公式）列在最后。

p	q	p→q	（p→q）∧p	［（p→q）∧p］→q
1	1			
1	0			
0	1			
0	0			

（3）计算每个组成部分的真值：根据已学过的联言判断、选言判断、假言判断、负判断的真值表，计算出每个组成部分的真值，依次给出表中所有公式的真值。

p	q	p→q	（p→q）∧p	［（p→q）∧p］→q
1	1	1	1	1
1	0	0	0	1
0	1	1	0	1
0	0	1	0	1

（4）得出需要判定的复合判断的真值并作出判定。若该公式的值恒为真，则它为重言式；若该公式的值恒为假，则它为矛盾式；若该公式的值有时为真、有时为假，则它为偶真式。

（二）赋值归谬法

赋值归谬法是真值表方法的简化运用。其基本思想是：有效的推理不可能从真实的前提中推出虚假的结论，因而要证明一个蕴涵式是重言式，就必须证明它不可能前件真而后件假。为此，先假设需判定的蕴涵式其前件真而后件假，并据此假设，给蕴涵式中的各个命题变项和子公式赋值。如果出现了矛盾赋值，即对同一命题变项既赋真又赋假，出现了 p∧¬p 的形式，则证明先期作出的假设不能成立，该蕴涵式为重言式；相反，如果没有出现矛盾赋值，则说明有某种赋值能使先期的假设成立，该蕴涵式不是重言式。

应用赋值归谬法判定复合判断推理是否有效，其操作步骤是：

第一步：用蕴涵式表示需要判定的复合判断推理。

第二步：假设该蕴涵式为假，对其主蕴涵词赋假值。

第三步：给该蕴涵式的前件赋真值、后件赋假值，并根据复合判断的逻辑性质，依次给各个子公式和命题变项赋值。

第四步：检查赋值中是否出现矛盾。若出现了矛盾，则判定该蕴涵式为重言式，推理有效；若未出现矛盾，则判定该蕴涵式不是重言式，推理无效。

	((p	→	q)	∧	(r	→	s)	∧	(p	∨	r))	→	(q	∨	s)
(1)												0			
(2)				1				1						0	
(3)		1				1				1			0		0
(4)	0		0												
(5)	0		0		0		0		0	1	0				
(6)										0					

当然，归谬赋值法也有其局限性：它一般只用来判定那些假值可唯一地确定的公式，如否定式、蕴涵式和析取式。对那些假值有多种情形的判断题形式如合取式，应用归谬赋值法就很不方便。

第五节　假说演绎推理

一、什么是假说

（一）假说的含义

假说就是在已有事实材料和科学原理的基础上，对未知的事物情况或规律性所作的猜测性解释。人们在认识和改造世界的实践活动中，经常会碰到一些事物现象，即使人们运用所有已知的科学原理也无法加以解释和说明。此时，如何正确解释和说明这类事物现象，便成为人们所面临的问题。在此种情况下，需要有人能够提出新的理论观点对此作出试探性的解释和说明，而这种试探性的解释和说明就是假说。例如，对于癌症产生的原因，目前还没有得出可靠的结论。有人认为是由细菌引发的；有人认为是由内分泌不正常引起的；有人认为是环境污染所引起的……这些不同的解释都是对癌症这一现象所作的假说。

（二）假说的特征

假说是根据已观察到的事实和已有的认识，对尚未认识的现象的性质或发生原因作出推测性的解释，然后经由检验证实。假说又称为假设、猜想，是人们认识发展中的一种常见且重要的思维方法。

建立假说离不开假说演绎推理。所谓假说演绎推理，就是由被检验假说和辅助性假设演绎推出一个预测，去解释已知事实或预测未知事实的推理方法。一方面假说具有猜测性，是对事物或现象作出的假定性的解释，在被证实之前，假说终究不是科学理论，也不是事实，故其结论是或然性的。而另一方面，假说又不是毫无根据的胡乱猜测或不顾事实的主观臆断。假说建立在一定的事实材料基础上，并以有关的科学原理为指导，因而假说又具有一定的科学性。因此，假说是科学性和猜测性的统一。假说的建立大致分为三个阶段：假说的提出、假说的推演和假说的验证。

二、假说的提出：溯因推理

在假说的提出阶段，类比、想象、直觉、顿悟起一定作用，溯因推理也起一定作用。所谓溯因推理，是从结果出发，运用一般规律性知识，推测出事件发生的原因的推理方法。如由室内电灯突然灭了，就会推测出连接室内电灯的保险丝断了，因为一般规律性知识告诉我们，如果连接室内电灯的保险丝断了，那么室内电灯就会熄灭。

溯因推理可以用公式表示如下：

待解释现象 e

如果 h，则 e

所以，h

上式中，“e”表示已知的结果，“如果 h，那么 e”表示一般规律性知识，“h”表示根据已知的结果和一般规律性知识推测出的事件发生的原因。整个推理在逻辑上由充分条件假言判断作前提，而另一个前提肯定充分条件假言判断的后件，结论肯定充分条件假言判断的前件。推理过程具有从结果推测出原因的性质。

需要注意的是，溯因推理的前提与结论之间的联系是或然的，前提并不蕴涵结论。前提真，结论未必真。从整个推理形式来看，溯因推理并不符合演绎推理中充分条件假言推理规则：肯定后件不能因此肯定前件。这是因为，在表述一般规律性知识的充分条件假言判断“如果 h，那么 e”中，前件 h 是后件 e 的充分条件，从 h 可以演绎出 e，但是，前件 h 并不是后件 e 的必要条件。拿上例来说，如果保险丝烧了，那么室内的电灯就会熄灭，但是并非如果保险丝没有烧，则室内的电灯就不会熄灭，因为停电、线路出故障等都能导致室内电灯熄灭。这就是说，客观世界的因果联系是复杂多样的，既有一因一果，也有多因一果等。从已知的结果出发，只能或然地回溯其原因。

为了提高溯因推理结论的可靠程度，需要注意的是：必须尽可能地猜测引起结果 e 的各种原因（h_1、h_2、h_3、…、h_n），经过逐个检验，试错，逐步逼近，最后才能得出事件发生的真正原因。这样，溯因推理可以进一步用公式表示为：

待解释现象 e

如果 h_1 或者 h_2 或者 h_3……或者 h_n，则 e

并非 h_1

并非 h_2

并非 h_3

…… ……

h_n

例如，某人身体发高烧。如何解释这一现象？能够解释这一现象的原因有好多个，例如患重感冒，患肺炎，或者某个伤口严重感染，等等。然后，分别从某一个假设如患重感冒出发，推出患者还应该具有其他一些症状，检验他是否有这些症状，从而得出他是否患有某种疾病的诊断结论。

假说的提出阶段，应该注意如下问题：

第一，一般来说，假说不应与已有的科学知识相矛盾。但这并不意味着假说的提出不能怀疑已有的科学知识。科学应该勇于创新，任何的人类知识都不可能是尽善尽美的。如果自己的假说与已有科学知识发生矛盾，首先应该怀疑自己的假说，但如果获得的事实材料不断加强自己的假说，就应该怀疑已有的科学知识。

第二，在假说的提出阶段，根据已掌握的材料和已知的科学原理，对于需要认识的现象的性质或发生原因，应该尽可能提出可能有的各种假定。如果提出的假定能穷尽事物的全部可能性，那么，在证明了某些假定可靠性低时，也就从反面证明了那些剩下的假定可靠程度较高，这样有利于假说的进一步发展。

第三，假说不应该与被解释的现象或事实相矛盾，而是应该尽可能解释那些需要解释的现象或事实。假说所需要解释的现象或事实越多，则假说的或然性就越高，反之就越低。

三、假说的推演

假说的推演，就是以假说作为前提，结合一定背景知识推导出必然性的结论。若以“H”表示假说，“e”表示推导出来的结论，则假说的推演的思维过程可以表述如下：

“如果 H，那么 e；现在 H，所以 e。”即

$(H \rightarrow e) \land H \rightarrow e$

由假说推演出一定的结论，就是为了验证假说。如果由一个假说不能推出结论，那么便无从对其进行检验。如果由假说推出的结论越多，并且这些结论都与事实相符合，那么假说被验证的希望就越大。反之，如果由假说推出的结论与事实不相符合，那么该假说就是不合理的，我们需要重新思考。因此，假说与其推出结论之间必须是必然性的关系，应该形成一个充分条件假言判断。

例如，有些刑事社会学派的学者提出，气候热是犯罪的原因。由这个假说必然可以推出结论：地处寒带的国家罪犯必少。地处热带的国家罪犯必多。如果这样，那么，地处寒带的国家的监狱一般应该比地处热带的国家的监狱少。

四、假说的验证

检验假说的逻辑方法是假说演绎法。在形成假说的过程中，它是一种发现假说的方法；在检验假说的过程中，它是一种验证假说的方法，即：从假说出发，结合科学原理和事实材料（用 W 表述），演绎地去解释已知事实和预测未知事实，从而使假说得到证实或证伪。假说演绎推理，在认识中有重要作用：一方面，它是科学理论创立和发展的必要工具。哥白尼的日心说、牛顿的力学理论、达尔文的进化论、门捷列夫的化学元素周期表、孟德尔的遗传定理、爱因斯坦的相对论等，都是以假说演绎推理

的形式创立的。假说演绎推理是架在事实和科学原理之间的桥梁，也是从一个理论发展到另一个理论的桥梁。正如恩格斯指出，只要自然科学在思维着，它的发展形式就是假说。[①] 另一方面，假说演绎推理在日常生活和工作中有重要作用。如在侦查案件的过程中，需要先提出假说，然后根据所提出的假说，对已经发现的事实进行解释，以及对未知的事实进行预测，进而侦破案件。

假说演绎法用于检验假说，有证实和证伪两种形式。

（1）证实形式。

$(H \wedge W) \rightarrow e$

e

$\therefore H$

例子：

18 世纪法国数学家克雷洛，根据牛顿的“万有引力假说”，计算出哈雷彗星的轨道，据此预测哈雷彗星将于 1759 年 4 月 4 日或 5 日经过近日点，前后可能有一个月的误差。后来，哈雷彗星果然于 3 月 12 日经过近日点，“万有引力假说”被证实。

值得注意的是，一个假说被证实只意味着它获得了证据的支持，这在一定程度上排除了不可能性，使得假说为真的可能性较大，可以被人们接受。但是，证实形式所运用的是充分条件假言推理的肯定后件式，它属于无效式，违反了“肯定后件不能肯定前件”的规则，由真实的前提不能必然地推出真实的结论。因此，所谓“证实”，只是证明了假说为真的可能性较大，并没有证明假说必然为真。

（2）证伪形式。

$(H \wedge W) \rightarrow e$

$\neg e$

$\therefore \neg H$

例子：

法国考古学家在考察古埃及一位法老的地下墓室及甬道时，发现了一些精美的壁画。古人在黑暗的墓室内绘制壁画时必须有照明设备，于是法国考古学家提出了一个假说：其照明设备是火炬或油灯。对该假说进行检验时，作出了这样的推演：如果其照明设备是火炬或油灯，那么墓室内就会有黑烟和烟油微粒。但是，法国考古学家在墓室及甬道内没有发现黑烟痕迹。他们又用现代化仪器对墓室及甬道顶部积存的灰尘进行了化验，发现灰尘中没有黑烟及烟油微粒。这样，该假说就被证伪。

值得注意的是，证伪形式所运用的是充分条件假言推理的否定后件式，它属于有效式，符合“否定后件可以否定前件”的规则。但是，该推理只能必然地推出$(H \wedge W)$假，却不能必然推出 H 假。因为，只有 W 真时，H 才必假；若 W 假，则 H 可能真，

① 恩格斯．自然辩证法．北京：人民出版社，1971：561.

也可能假，即：当假说所涉及的科学理论或事实材料有误时，就不能推出该假说的真假。

参考文献

[1] 蒋新苗．法律逻辑学．长沙：湖南人民出版社，2008.

[2] 孔庆荣．法律逻辑学基础．北京：中国政法大学出版社，2007.

[3] 姜全吉，迟维东．逻辑学．北京：高等教育出版社，2004.

[4] 齐姆宾斯基．法律应用逻辑．北京：群众出版社，1988 .

[5] 黄伟力．法律逻辑学新论．上海：上海交通大学出版社，2000 .

[6] 郝建设．法律逻辑学．北京：中国民主法制出版社，2007.

[7] 解兴权．通向正义之路——法律推理的方法论研究．北京：中国政法大学出版社，2000.

[8] 张金兴．法律逻辑论，西安：陕西人民出版社，2000.

[9] 王洪．法律逻辑学．北京：中国政法大学出版社，2008 .

[10] 陈康扬，潘利平．法律逻辑．成都：四川大学出版社，2003.

[11] 雍琦．法律适用中的逻辑．北京：中国政法大学出版社，2002.

[12] 陈波．逻辑学导论．2 版．北京：中国人民大学出版社，2006.

[13] 刘江．逻辑学：推理和论证．2 版．广州：华南理工大学出版社，2010.

[14] 张继成．实用法律逻辑教程．2 版．北京：中国政法大学出版社，2012.

[15] 中国人民大学哲学系逻辑教研室．逻辑学．北京：中国人民大学出版社，2002.

延伸阅读

胡建萍. 从一起案例看逻辑推理在案件事实认定中的运用及启示//梁庆寅. 法律逻辑研究：第一卷．北京：法律出版社，2005：230 - 240.

课后练习题

一、写出下列各题推理的形式，分析是否有效，并简述理由。

1. 甲、乙二人中至少有一人不是作案人，事实上甲不是作案人，因此，乙当然是作案人。

2. 一篇文章写得不好或因内容空洞，或因不合逻辑，或因观点错误。经查这篇文章在逻辑上没有错误，所以，这篇文章写得不好是由于观点错误。

3. 并非张某和李某都是作案人，因此等于说，张某和李某至少有一人不是作案人。

4. 如果张山是杀人凶手，那么他有作案时间。经查，张山有作案时间，所以，他是杀人凶手。

5. 并非买了股票就会发大财，因此等于说，虽然买了股票，但也不会发大财。

6. 在本案中，只有超过了合同中约定的交货时间或者改变了约定的交货地点，被告方才应当赔偿损失。因为被告没有改变约定的交货地点，所以，被告方不应赔偿损失。

7. 只有电线断了，电灯才不亮。现检查电线断了，所以，电灯不亮。

8. 并非只有上大学才能成材，因此等于说，不上大学也能成材。

9. 并非当且仅当甲是律师，乙才是律师。因此等于说，要么甲不是律师，要么乙不是律师。

10. 如果我自首并且检举有功，那么我就能被从轻发落。所以，如果我能从轻发落，那么是我自首了并且我检举有功。

11. 光是有质量的，因为光对它射到的物质产生了压力。如果光没有质量，它就不会产生这种压力。

12. 甲一定是凶手，因为如果他是凶手，他就一定有凶器。经查，甲持有凶器，可见他是凶手无疑。

13. 如果一个推理的前提真且形式有效，那么其结论必然为真。所以，如果一个推理的前提真且结论为假，那么其形式是非有效的。

14. 若张某是罪犯，则李某既是同案犯又不是同案犯。因此，张某不是罪犯。

15. 如果“怀疑一切”的观点成立，那么应当肯定“怀疑一切”这一观点。如果“怀疑一切”的观点成立，那么包括“怀疑一切”在内的所有观点都不能肯定，所以，“怀疑一切”的观点不能成立。

16. 如果上帝是万能的，那么上帝能创造出一块连他自己也举不起来的石头。如果上帝是万能的，那么上帝不能创造出一块连他自己也举不起来的石头。所以，上帝不是万能的。

17. 唐太宗曾对他的大臣们说：“夫欲盛则费广，费广则赋重，赋重则民愁，民愁则国危，国危则君丧矣。朕常以此思之，故不敢纵欲也。”

18. 如果明知商品不合格而出售，那就是欺骗消费者；如果不知道商品不合格而出售，那就是对消费者不负责任。商家明知或不知商品不合格而出售，可见，商家或者是欺骗消费者，或者是对消费者不负责任。

二、选择题

1. 以“周某是妇女，并且她是刑警”为前提进行演绎推理，可必然推出结论（　　）。

A. 周某是女刑警　　B. 周某是刑警

C. 有的刑警是妇女　　D. 有的妇女是刑警

E. 所有刑警都是妇女

2. 某仓库失窃，4个保管员因涉嫌而被传讯。4人的供述如下：甲：我们4人都没作案；乙：我们中有人作案；丙：乙和丁至少有一人没作案；丁：我没作案。如果4人中有2人说的是真话，有2人说的是假话，则以下哪项断定成立？（　　）

A. 说真话的是甲和丙　　B. 说真话的是甲和丁

C. 说真话的是乙和丙　　D. 说真话的是乙和丁

3. 某餐馆发生了一起谋杀案，经调查：

第一，谋杀或者用的是叉，或者用的是刀，二者必居其一。

第二，谋杀时间或者在午夜十二点，或者在凌晨四点。

第三，谋杀者或者是甲，或者是乙，二者必居其一。

如果以上断定是真的，那么以下哪项也一定是真的？（　　）

（1）死者不是甲用叉在午夜十二点谋杀的，因此，死者是乙用小刀在凌晨四点谋杀的。

（2）死者是甲用叉在凌晨四点谋杀的，因此，死者不是乙用叉在凌晨四点谋杀的。

（3）谋杀的时间是午夜十二点，但不是甲用叉子谋杀的，因此，一定是乙用刀子谋杀的。

A. 仅（1）　　B. 仅（2）

C. 仅（3）　　D. （1）（2）（3）

E. （2）和（3）

4. 甲、乙、丙三人居一学生宿舍。甲报案遗失 2 000 元钱。保安人员经过周密调查，得出结论是丙作的案。班主任说："这是最不可能的。"保安人员说："当所有其他的可能性都被排除了，剩下的可能性不管看来是多么不可能，都一定是事实。"

以下哪项如果是真的，将最为有力地动摇保安人员的结论？（　　）

A. 保安人员事实上不可能比班主任更了解学生

B. 对非法行为惩处的根据，不能是逻辑推理，而只能是证据

C. 保安人员无法穷尽地把握所有的可能性

D. 丙是班上公认的品学兼优的学生

E. 乙有作案的前科

5. 汉斯、亚瑟、古力三个学生来自美国、德国和意大利，其中一个学法律，一个学经济，一个学管理。已知：

（1）汉斯不是学法律的，亚瑟不是学管理的；

（2）学法律的不是来自德国；

（3）学管理的来自美国；

（4）亚瑟不是来自意大利。

以上条件成立，以下哪项为真？（　　）

A. 汉斯学管理，亚瑟学经济，古力学法律

B. 汉斯学经济，亚瑟学管理，古力学法律

C. 汉斯学法律，亚瑟学经济，古力学管理

D. 汉斯学管理，亚瑟学法律，古力学经济

E. 汉斯学法律，亚瑟学管理，古力学经济

6. 关于某一刑事案件有以下四个断言：

（1）有证据表明陈虎没有作案；

（2）作案者或者是王光，或者是陈虎，或者是祝同；

（3）也有证据表明王光没有作案；

（4）电视画面显示：在案发时，祝同在远离案发现场的一个足球赛的观众席上。

下面哪一项是关于题干中四个断言的正确描述？（ ）

A. 从上述断言可以推出：只有一个作案

B. 上述断言中至少有一个是假的

C. 从这些断言可以推出：表明王光没有作案的证据是假的

D. 祝同肯定不在该足球赛的观众席上

三、案例分析题

1. 某年，某国的一位大臣在该国首都乘坐敞篷车驶进银行大厦时被刺身亡。案发后，警方逮捕了一个名叫丹丹尼的青年，并一口认定他就是凶手。警方是这样推理的：

第一，据当时在场的人说，子弹是从银行大厦三楼射出的。这就是说，只有大臣被刺时在银行大厦三楼逗留过的人才可能作案，而有人证明丹丹尼当时正在银行大厦的三楼。所以，丹丹尼是凶手。

第二，据法医报告，凶器是一支六五毫米口径的意大利卡宾枪。据调查，前不久丹丹尼曾化名“希南”购买过这种枪。这就是说，如果丹丹尼是凶手，那么他肯定有一支六五毫米口径的意大利卡宾枪，现已查明丹丹尼购买过这种枪。可见，他是凶手。

第三，据当时在场的人说，射击时间发生在下午 1 时 30 分至 31 分之间，其间只有 10 秒钟，凶手一共开了 5 枪。这就是说，如果不是一个卓越的枪手，那么在使用非自动的卡宾枪时，不可能在 10 秒钟内连发 5 枪，而丹丹尼恰好是一个卓越的枪手。所以，可以肯定他是凶手。

请问：警方的推论是否正确？为什么？

2. 下述案情分析运用了哪些推理？是怎样运用的？写出其推理形式和推理过程。

在皖、浙两省交界某一偏僻山沟里发现一具无名女尸，尸体用石块整齐地覆盖着，中心现场离山路 15 米，地上灌木丛生，无拖拉、搏斗痕迹。尸检发现，死者上身穿红色马海毛毛衣，下身穿直条深色裤子，衣着鲜艳、完整，身长 160 厘米，25 岁左右，尸体无抵抗伤。现场勘查确认，死者系他杀无疑。

在进行案情分析时，侦查员根据现场勘查和调查走访获取的情况，推断本案或者是抢劫杀人，或者是案犯跟踪强奸后杀人灭口，或者是熟人预谋杀人。而如果是抢劫杀人，则案犯不必采用氰化物杀人这一特殊手段，也不必用石块覆盖尸体，可见不是抢劫杀人；而如果是案犯跟踪强奸杀人灭口，则现场必有搏斗、拖拉痕迹，但从现场情况看，死者衣着完整，中心现场无拖拉、搏斗痕迹、再说案犯用氰化物杀人也不好解释，可见这种可能性也不大。因此，能解释得通的只能是：熟人预谋杀人。

四、表解题

1. 甲、乙、丙三位领导发表了下列意见。请用真值表解答：是否有一种方案可同时满足甲、乙、丙的意见？

甲：如果小张去黄山，那么小刘也去黄山。

乙：只有小张去黄山，小刘才去黄山。

丙：或者小张去黄山，或者小刘去黄山。

2. 列出 A、B、C 三判断的真值表，并回答 A、B、C 中恰有两假时，能否断定甲村所有人家有彩电、乙村有些人家没有彩电？

A：只有甲村有些人家没彩电，乙村所有人家才有彩电。

B：甲村所有人家有彩电并且乙村所有人家有彩电。

C：或者甲村所有人家有彩电或者乙村所有人家有彩电。

五、综合题

1. 已知：

(1) 只有破获03号案件，才能确认甲、乙、丙三人都是罪犯；

(2) 03号案件没有破获；

(3) 如果甲不是罪犯，则甲的供词是真的，甲说“乙不是罪犯”；

(4) 如果乙不是罪犯，则乙的供词是真的，乙说“我和丙是好朋友”；

(5) 现查明丙根本不认识乙。

问：根据上述已知情况，甲、乙、丙三人中谁是罪犯、谁不是罪犯？请写出推导过程。

2. 某地发生了一起凶杀案，公安人员进行侦查后，了解到以下情况：

(1) 凶手是甲 (p) 或乙 (q) 或丙 (r)，不可能是其他人；

(2) 只有是谋财杀人案 (s) 甲才是凶手；

(3) 如果是谋财杀人案则被害人必然要丢失财物 (t)；

(4) 如果乙是凶手则案件发生在晚九时以后 (u)；

(5) 案件发生在晚九时以前，并且被害人未丢失财物。

请回答：谁是凶手？写出推导过程。

第六章
推理篇（下）

普通法的运作并不是从一些普适的和效力不变的前定真理中演绎推导出结论。它的方法是归纳的，它从具体中提炼出一般。

——美国卡多佐大法官

归纳逻辑是与演绎逻辑分庭抗礼的一个逻辑系统，“必然推断”与“或然推导”是二者的分水岭。归纳逻辑的发展可分为三个阶段：第一阶段，与经验思维相捆绑的“简单枚举法”等传统归纳；第二阶段，伴随实证科学发展而来的“科学归纳法”及穆勒五法；第三阶段，走向形式化和现代化的“概率归纳法”。本章将主要介绍和讨论涉法思维中常用的完全归纳推理、不完全归纳推理、求因果关系归纳推理、概率与统计归纳推理、类比推理。此外，本章还将结合涉法思维的特点，简要讨论非单调推理和语用推理。

第一节　归纳推理概述

一、归纳推理的含义

归纳推理的前提是一些关于个别事物或现象的判断，而结论是关于一类事物或现象的判断。因此，归纳推理就是由个别性知识推出一般性知识的推理。

例子：
王某溺水而死，其内脏有硅藻反应；
赵某溺水而死，其内脏有硅藻反应；
刘某溺水而死，其内脏有硅藻反应；
张某溺水而死，其内脏有硅藻反应；
所以，凡溺水而死者，其内脏都有硅藻反应。

在归纳推理中，前提是关于某类事物个别对象的判断，而结论是关于该类事物一般性的判断。由前提推出结论的过程是由个别到一般的思维过程，即从若干个别前提所反映出来的共同性质综合出一般性的结论。

应当注意，演绎推理和归纳推理在逻辑性的表现形式上是不同的。演绎推理可以由真实的前提必然地推出真实的结论，因而其推理的逻辑性表现为前提蕴含结论。而归纳推理的前提一般不蕴含结论，其前提真时结论未必真，即归纳推理的结论一般是或然性的，人们在不同条件下运用归纳推理，其结论的可靠程度会有高低不同。因此，归纳推理的逻辑性表现为其前提与结论之间联系的合理性。就一个前提为真的归纳推理而言，要提高其结论的可靠程度，实际上就是要考察其前提对结论的证据支持度。这就要求运用归纳推理时，遵循有利于提高推理可靠程度的应用条件，使其结论具有较高的可靠性。一般说来，考察研究的对象越多，考察的范围越广，概括出的结论的可靠程度就会越高。

虽然归纳推理具有或然性，但归纳推理揭示了个别与一般的辩证关系：个别事物中包含着一般，一般存在于个别事物之中。根据这种辩证关系，人们能够通过个别去认识一般，在认识了某类若干个别事物某些共同属性的基础上，形成对该类事物的一般性认识。在认识过程中，归纳推理具有十分重要的意义。归纳推理反映了人们从个别到一般的认识过程，科学研究的一个基本方法就是从大量的事实材料中归纳出普遍性的原理和一般规律。

二、归纳推理和演绎推理的关系

在逻辑学的发展史上，曾出现过归纳派和演绎派两大对立的派别。归纳派把归纳推理当作唯一的或占统治地位的科学的思维方法，否认演绎推理在认识中的地位和作用。演绎派则针锋相对，认为演绎推理是唯一科学的思维方法，否认归纳推理在认识中的意义和地位。[①] 这两大派别把归纳和演绎完全对立起来，割裂了认识过程的完整性，是片面的。其实，在人们的认识过程中，归纳推理与演绎推理既交互应用、相互补充，又互相区别、不容混淆，它们之间既有联系又有区别。其联系主要表现为如下两个方面。

第一，演绎推理离不开归纳推理。演绎推理是由一般到个别的推理，是对一般性原理的应用，但它本身不能为自己准备好作为出发点的一般性原理。归纳是演绎的基础，作为演绎前提的一般性原理是通过归纳从经验材料中概括出来的，是由归纳推理提供的。因此，离开了归纳推理，演绎推理就无从获得它得以推演的一般性前提。

第二，归纳推理也离不开演绎推理。归纳推理从个别到一般的思维进程决定了其个别性知识的前提需要演绎推理提供的理论、原理作指导。如果失去了一般性原理的指导，归纳推理就无法对经验材料进行集中和概括。此外，要提高归纳推理结论的可靠性，也要应用已有的科学知识对各种事物或现象进行分析研究，这也需要借助于演绎推理。可见，归纳推理从前提到结论都离不开演绎推理，没有演绎推理就不可能有效地进行归纳推理。

但是，归纳推理和演绎推理毕竟是两种不同的推理，两者又有着明显的区别，主要体现在以下四个方面。

第一，思维进程的方向不同。演绎推理是由一般到个别的推理，归纳推理则是由个别到一般的推理，二者思维进程的方向正好相反。

① 英国哲学家休谟对归纳推理的合理性提出了怀疑。归纳推理是否能得出必然性结论？如果不能得出必然性结论，那么它的合理性何在？如何为它的合理性辩护？休谟提出的问题在逻辑史上被称为“归纳问题”或“休谟问题”。

第二，结论断定的范围不同。演绎推理的结论断定的范围没有超出前提断定的范围，而归纳推理（完全归纳推理除外）的结论断定的范围则超出了前提断定的范围。

第三，前提与结论的联系程度不同。演绎推理的前提与结论之间的联系是必然的，只要前提真实、形式有效，其结论就必然真实；而归纳推理（完全归纳推理除外）的前提与结论之间的联系是或然的，即使前提真实、形式有效，其结论也未必真实。

第四，前提的性质不同。演绎推理的大前提是一般性原理，同经验没有直接关系；而归纳推理的前提是个别性知识，同经验、实践有直接关系。

三、归纳推理在法律适用中的运用

归纳推理的作用在于提炼出具有普遍意义的法律前提，因此，它与演绎推理那种从确定的大前提出发、依据既定法律进行推理的方式有所不同。由于它的目的在于找出应当适用的法律前提，因而是一种关于法律的推理。不过，归纳推理的前提仍然被限定在具体判例的范围内，即在具有法律效力的判例中提炼出更为抽象的规则。

司法实践中，归纳推理是实行判例法的国家在适用法律中运用的一种主要形式。“它处于司法程序中的中枢地位，是其最明显的特征。对于……一直持续到今天的这一法律传统而言，它比其他任何技术所承担的责任都大。因为它是通过案例的推理，是许多问题的关键。它就是判例原理或遵循先例原理的表现，即同样事物必须受到同样对待的坚实基础。”① 推行判例法，就是要把以往关于某一或某些典型案件的判决作为现在或将来处理同类案件的法律依据，即把对某些个案的判决提升为一般的法律规定。其思维进程为：既然这样的判决适用于这些个案，那么它应当成为处理其他同类案件的一般原则。

美国大法官卡多佐把普通法传统的特点归纳为五个方面：（1）通过传统寻求和创制出统一的法律规范；（2）通过判决发布针对详细和具体的事实情况的规则；（3）法院对判决产生的众多具体规则进行协调，并从中逐步提炼出带有普遍性的原则；（4）普通法是由法官制定的、供法律职业者适用的法律；（5）在这一传统中下级法院必须遵守上级法院制定的判决。由此可见，普通法的法律规范都是通过对具体案件的审理发展起来的。由于每一个案件中的事实情况都不可能完全一样，当法院在对新出现的事实情况适用以前的判决时，就要对前后两个案件的事实情况进行区分。如果新的案件中的事实情况与案例中的事实情况有所不同，人们就可以怀疑以前案例中的规则能否适用于新的案件的事实情况。经过不断的区别和修改，法院便从大量的同类案件的判决中逐步提炼出具有普遍效力的规则或原则。

归纳推理是判例法发展的路径之一，但是它对于大陆法系有没有实际意义呢？对于一些已经出现判例法的国家，归纳推理是已经被采用的方法。即便在我国，虽然并不存在判例法，但是最高人民法院“从下级法院的具体案件中归纳出某种一般法律原则和规则”的做法是存在的。根据我国《人民法院组织法》的规定，最高人民法院审判委员会在总结审判经验时有权讨论下级人民法院的重大或者疑难案件，其所同意的

---

① R. J. Aldisert, *Logic for Lawyers: A Guide in Clear Legal Thinking* (Clark Boardman Co., Ltd., 1989), pp. 87-88.

判决“可供人民法院借鉴”，这些判决实际上就是对下级人民法院的具体案例进行比较、斟酌，从中挑选出可供其他法院“借鉴”的案例，即概括出某种法律准则，所以从思维进程看这也是一种归纳的过程。①

第二节　完全归纳推理和不完全归纳推理

归纳推理的前提是一些关于个别对象的判断，结论是关于一类对象的全称判断。根据前提是否考察了一类事物的全部个别对象，归纳推理可以分为完全归纳推理和不完全归纳推理。

一、完全归纳推理

完全归纳推理，是指根据对某类思维对象所有个体的考察，确定他们都具有（或不具有）某种属性，从而推出该类对象都具有（或不具有）这种属性的一般性知识的结论的推理。

例子：

任课老师统计所授班级“法律逻辑”的期末考试及格情况。本班共有 25 名同学，学号依次为 01、02、03、…、25。

01 张强 81 分

02 李明 78 分

…… ……

25 赵兰 91 分

任课老师统计完 25 名同学的成绩，发现都在 60 分以上，于是得出结论，该班“法律逻辑”的期末考试及格率为 100%。

上述例子运用的就是完全归纳推理。在前提中对该班每一个同学的“法律逻辑”期末考试成绩进行了统计，结论中对该班所有同学期末成绩的某一属性（及格）进行了概括，使任课老师得到该班期末考试及格率为 100%的观点。

完全归纳推理的公式为：

S_1是 P

S_2是 P

S_3是 P

…… ……

Sn 是 P

S_1、S_2、S_3、…、Sn 是 S 类中的全部对象

所以，所有 S 都是 P

S_1、S_2、…、Sn 分别代表某一对象，S 代表某类对象，P 代表对象的属性。

① 黄伟力．法律逻辑学新论．上海：上海交通大学出版社，2000：157.

完全归纳在前提中逐一考察了一类事物的全部对象，结论在此基础上进行概括，则结论所断定的范围没有超出前提所断定的范围。因此，如果完全归纳推理的前提都是真实的，则结论必定真实。所以，只要完全归纳推理符合以下两个要求，它的结论就一定是真实的：一是前提所考察的对象是某类思维对象的全部；二是前提对每一对象的考察都是真实的。

完全归纳推理的前提是有关个别思维对象的知识，而它的结论是关于某类思维对象的一般性知识，是对前提中的那些个别知识的概括和提升，所以通过完全归纳能使人们对思维对象的认识由个别上升到一般。这就是完全归纳推理的认识作用。但是，应当认识到完全归纳推理的运用范围是有限的：由于它要求对一类思维对象的所有个体都加以考察，所以如果一类思维对象的个体数是无限的，那么人们就无法或者没有必要对所有个体加以考察，从而完全归纳推理就不适用了，此时便需要运用不完全归纳推理。

二、不完全归纳推理

不完全归纳推理就是根据一类事物中的部分对象具有某种属性，推出关于该类事物的一般性结论的归纳推理。

例子：

某看守所共有卖淫女 500 名，调查人员对其中 30 名妇女提出一个共同的问题："你们当初走上这条邪路的第一步，是甘心情愿的吗？"被调查的 30 名妇女都作出否定的回答——"非己所愿"。于是调查人员得出了一个结论：该看守所有卖淫女走上卖淫邪路的第一步都是"非己所愿"。

由于不完全归纳推理的前提只考察了某类事物中的部分对象具有某种属性，而结论却断定该类事物的全部对象都有这种属性，其结论所断定的范围显然超出了前提所断定的范围，所以，前提同结论之间的联系是或然的，也就是说，即使前提为真，推理正确，其结论也未必为真。尽管如此，但不完全归纳推理突破了完全归纳推理的局限，能从为数不多的事例中概括出普遍性的原理和规律，为人们提供新知识，扩大认识范围。因此，它在科学研究和实际工作中应用极为广泛。

根据前提是否揭示了被考察对象与其属性间的因果联系，可将不完全归纳推理分为简单枚举归纳推理和科学归纳推理。

（一）简单枚举归纳推理

简单枚举归纳推理又称为简易归纳法，是根据某类事物的部分对象具有（不具有）某种属性，并且从未遇到相反情况（反例），而断定该类事物的全部对象都具有（不具有）某种属性的不完全归纳推理。

例子：

甲组抓获的盗车贼是有组织的；

乙组抓获的盗车贼是有组织的；

丙组抓获的盗车贼是有组织的；

丁组抓获的盗车贼是有组织的；

甲、乙、丙、丁四组抓获的盗车贼是盗车贼中的一部分，并且没有发现相反或矛盾情况；

所以，所有盗车贼都是有组织的。

简单枚举归纳推理的逻辑公式是：

S_1是 P

S_2是 P

S_3是 P

…… ……

S_n是 P

S_1、S_2、S_3、…、S_n是 S 的部分对象，且没有遇到相反事例

所以，凡 S 是 P

简单枚举归纳推理是一种或然性推理。例如，我们遇到的第一只、第二只、第三只……所有的天鹅都是白色的，并不能得出“所有天鹅都是白色”的结论，一旦某天发现黑色天鹅，“所有天鹅都是白色”的结论将被推翻。尽管在考察对象中没有遇到相反的情况，但并不意味着一定不存在相反的情况，也不能保证以后不会出现相反的情况。在已考察的部分对象中没有遇到相反情况，只是获得关于该类思维对象全部的一般性知识的必要条件，并不是充分条件。

一般来说，归纳推理结论的可靠性与观察事例的数量、范围以及对观察对象的分析程度具有直接关系。观察的东西越多，考察的范围越广，归纳推理的可靠性越大。与此同时，归纳推理的结论的可靠性还跟推理结论的断定内容有关：结论的断定内容越少，其可靠程度越高，反之，结论的判定内容越多，其可靠程度越低。要提高简单枚举归纳推理的可靠程度可采取以下途径。

第一，增加被考察对象的数量。归纳推理的客观基础在于事物联系的个别和一般的关系。对于一个单一的认识对象，虽然它自身所独有的个性和与同类事物所共有的共性构成了它复杂的属性体系，但是没有比较，因此很难把握哪些属性是共性的、哪些属性是个性的。只有增加被考察对象的数量，经过不断地比较、筛选，才能在众多的个性中把握共性，进而断定该类事物都具有该种属性。需要注意的是，仅仅增加被考察对象的数量，虽然能提高简单枚举归纳推理结论的可靠性，但在把被考察对象全部考察完毕前，并不能保证简单枚举归纳推理的结论是必然可靠的。

第二，扩大被考察对象的范围。由于被考察对象所处具体条件不同，它所表现的事物的共性也比较复杂。在特定条件下，所考察的对象都具有某种属性，而这种属性却是该类对象在特定条件下的共性，并不为该类事物在其他条件下所共有。因此，对于一类事物对象的考察不要局限于一时一地，而是要尽量扩大考察不同条件下的对象的情况。

第三，不作过多断定。换言之，结论断定的内容越少，简单枚举归纳推理结论的可靠程度就越高。人类对客观世界的认识是一个逐步深入的过程，在认识的初期，对认识对象属性的把握是简单的，所以通过简单枚举归纳推理得出的关于该类事物的共

性的结论也是简单的。但随着对该类事物认识的逐步深入，所把握的共性也越来越丰富，通过简单枚举归纳推理得出的结论也越来越丰富，但在此之前，当然断定的内容越少，结论的可靠程度越高。不完全归纳的逻辑意义就是根据事物个别对象具有某种属性，断定该类事物全体具有该属性的认识过程。其结论之所以是或然的，就是因为结论范围超出了前提考察的范围。所以，结论所涉及的考察对象外延越小，被考察过的对象在整个对象中所占的比重也越大，简单枚举归纳推理结论的可靠程度越高。

第四，正确对待相反事例，即不具有归纳推理结论所断言的性质的事例、与结论相矛盾的事例。一旦出现反例，结论将会被推翻。对于已被推翻的结论，要保持接纳的态度，不墨守成规，这样才能发挥简单枚举归纳推理本来的作用。①

在运用简单枚举归纳推理时，如果不注意以上几点，就会犯“轻率概括”的逻辑错误。“轻率概括”亦称“以偏概全”，就是只根据少数几个重复出现的事例，便草率地概括出一般性结论，并将这一结论看成是完全可靠的。例如，《韩非子·五蠹》中“守株待兔”的农夫，就犯了“轻率概括”的逻辑错误。他由偶然碰到一只兔子撞死在树上这个事例，便贸然作出“每天都会有兔子撞死在树上”这个一般性结论，结果“兔不可复得，而身为宋国笑”。

（二）科学归纳推理

科学归纳推理作为一种不完全归纳推理，它与简单枚举归纳推理的主要区别在于从前提推出结论的根据不同。科学归纳推理不是仅仅根据在考察中没有遇到相反的情况，而是基于深入探究被考察对象会具有那些属性的原因，从前提推出结论的。

例子：

甲死亡后尸斑形成于尸体的近地部位；

乙死亡后尸斑形成于尸体的近地部位；

丙死亡后尸斑形成于尸体的近地部位；

丁死亡后尸斑形成于尸体的近地部位；

…… ……

甲、乙、丙、丁是死亡者中的部分对象。经科学分析，人死之后，心脏停止跳动，血液停止循环，于是血液在重力的作用下向下部毛细血管沉积，在尸体近地部位的表面形成斑块状痕迹。

所以，人死亡后尸斑都形成于尸体的近地部位。

科学归纳推理的公式为：

S_1 是 P

S_2 是 P

…… ……

S_n 是 P

（S_1、…、S_n 是 S 类部分对象，P 与这些对象有必然联系）

所以，所有 S 是 P

① 李振江．法律逻辑学．郑州：郑州大学出版社，2009：118-119．

例子：

“惊弓之鸟”说的是战国时候有一个神射手叫更羸。有一天，他与魏王同行，恰逢一只大雁从远处徐徐飞来。当大雁飞过头顶时，更羸只是拉了一下弓并不用箭，便将大雁“射”了下来。众人皆惊。更羸给魏王解释其中缘由道：这只大雁飞得很慢且叫声悲哀，根据多年经验发现，飞得慢是由于大雁受了重伤，叫声惨是因为长久离群且伤口疼痛。大雁听到弓弦声必然惊恐而奋起高飞，用力过猛致伤口裂开而应声跌落。

更羸的解释过程就运用了科学归纳推理。更羸在多次实践的基础上，不但知道那些飞得慢、叫声惨的大雁听到弓弦声就会跌落下来，而且知道弓响雁落的原因。由于科学归纳推理从前提推出结论是建立在对思维对象间因果关系的研究的基础上，不仅知其然而且知其所以然，因而其结论的可靠程度大大高于简单枚举归纳推理结论的可靠程度。法律工作的严肃性要求法律工作者注意探求事物的因果关系，更多地运用科学归纳推理。

科学归纳推理与简单枚举归纳推理的另一个区别是，考察对象的数量对它们的结论可靠程度的意义不同。对于科学归纳推理而言，增加考察对象的数量并没有多少实际意义，重要的在于所选择的考察对象是否具有代表性和典型性。如果选择的对象具有代表性和典型性，足以说明该类思维对象的特征和本质，说明该类思维对象与其他事物之间的因果联系，哪怕所考察的对象不多，也能得出相当可靠的结论。

第三节　求因果关系归纳推理

求因果关系归纳推理，是根据部分场合某一研究现象与该现象出现之前或其后的若干情况之间具有某种关系，推出该现象与其先行或后行情况之间都具有这种关系的结论。求因果关系归纳推理作为归纳推理的一种，其结论仍然具有或然性。

一、因果联系及其特点

因果联系是思维对象间相互联系的一种重要形式，是指不同思维对象之间的一种引起和被引起的关系。引起其他思维对象产生或出现的思维对象称为原因，被别的思维对象引起的思维对象称为结果，它们之间的联系就是因果联系。因果联系具有以下特点。

（一）前后相继性

因果联系的特点之一是前后相继性，即作为原因的思维对象总是出现在前，作为结果的思维对象则跟随其后。据此。我们在探求思维对象时，只能在先行的思维对象中寻找原因，在后继的思维对象中寻找结果，而不可颠倒这一顺序。值得注意的是，并非所有在时间上具有前后相继关系的思维对象之间一定存在因果关系。另外，由于认识能力的局限，我们所观测到的先后顺序或许并不是事物实际的发生顺序。例如，我们都是先看到闪电再听到雷声，然而闪电和雷声其实是在云层碰撞时同时发生的，只是光和声音传播速度的差异导致了我们所观察到的先后顺序。

（二）确定性或必然性

因果联系的特点之二是它具有确定性或必然性，也就是说，在同样条件下，相同的原因会引起相同的结果。换句话说，思维对象间的因果联系往往会重复出现，是可验证的。比如，“勤能补拙”等古谚能流传下来也是因果关系必然性的体现。当我们一时难以确定思维对象间的因果联系时，可以设置相同的条件，运用不同的方法反复地进行验证。

（三）复杂多样性

因果关系的特点之三是它具有复杂多样性，是指原因和结果并不总是一一对应的，有时一个原因可能引起多种结果，即出现“一因多果”；有时一个结果可能由多个原因引起，即出现“一果多因”；有时可能多个原因综合作用引起多个结果，即出现“多因多果”。因此，人们在探求因果关系时应当分析因果联系的种种复杂情况。

二、穆勒五法

所谓穆勒五法，是指英国逻辑学家穆勒（1806—1873）在《逻辑体系》一书中系统讨论过的实验探究的五种归纳方法，即求同法、求异法、求同求异并用法、共变法和剩余法。

（一）求同法

某地区连续发生了多起入室盗窃案，民警守候伏击多次都没有收获，但在调查中发现被害人都有一个共同点，就是家中的经济状况都较好。然而窃贼是如何知道的呢？民警发现了一个细节，被害人家中都装有空调，而在案发的那个年代，安装了空调的人家并不多，窃贼也许是以是否装有空调作为依据来选择下手的对象的。根据这一推断，民警重新制订了抓捕方案，最终盗窃团伙落网。

在这一案件中，民警在思考窃贼选择作案目标的缘由时运用的就是求同法。

求同法是这样来探求思维对象的因果联系的：在被研究对象出现的若干场合中，如果只有一个情况是共同的，而其他情况都不同，那么这唯一共同的情况可能就是被研究现象的原因。上述案例中，被窃居民在居住具体位置、被盗时间、家庭情况等很多方面都不同，但有一点是相同的，即家里经济条件较好，都装有空调。因此，民警推断，家里装有空调可能就是这些居民的家被盗窃团伙选择为作案目标的原因。

求同法探求因果联系的思路可用如下公式表示：

场合	先行情况	被研究对象
(1)	A、B、C、D	a
(2)	A、E、F、G	a
(3)	A、H、I、J	a
…… ……	…… ……	…… ……

所以，A 与 a 之间有因果联系

但必须清楚，运用求同法所得到的结论是或然的。一方面是由于在被研究对象出现的若干场合中，先行的共同情况可能不止一个，而是多个。如果在探求因果关系时忽略了存在的其他共同情况，而这些情况又是被研究对象的真正原因，则可能导致求同法的结论有错。另一方面是由于在被研究对象出现的若干场合，那些看似不同的先行情况中，也许包含了某些共同的因素，如果在运用求同法时未对此加以分析，而它们恰恰是被研究对象的真实原因，那么所得结论也会出错。因此，在运用求同法探究思维对象间的因果联系时，应注意提高结论的可靠程度。对各种先行情况都要进行认真仔细的分析研究，确定在貌似不同的现象背后是否隐藏共同的因素，然后尽可能地增加考察被研究对象出现的场合，最后在用求同法得出初步结论后用恰当的方法予以验证。

（二）求异法

白求恩大夫是每个中国人都熟悉的。一次战役中，白求恩大夫所在的战地医院先后收到两个重伤员。他们受伤的状况很相似，只不过受伤时间不同，一个伤员在 18 小时前受伤，另一个伤员在 8 小时前受伤。因为受伤情况相似，白求恩大夫采取了相同的治疗措施。结果第一个伤员在呻吟中死去，第二个伤员在伤情稳定后就平安出院了。白求恩大夫感慨地说，“生与死就是 8 小时和 18 小时的区别啊”。可见及时抢救、及时动手术是多么重要。该结论的得出就是运用了求异法。

求异法是指在被研究对象出现和不出现的两个场合中，只有一个先行情况不同，这个唯一不同的先行情况就是被研究对象的原因。它的公式是：

场合	先行情况	被研究对象
(1)	A、B、C	a
(2)	…… B、C	……
…… ……	…… ……	…… ……

所以，A 是 a 的原因

求异法中不仅有正面场合，而且有反面场合，可以正反对照。在求异法中，除了一个情况不同外，其他情况都相同，这样可以排除那些相同情况为被研究对象的原因。因此，求异法比求同法更可靠。但这并不意味着求异法不会出错。因为求异法要求在正面场合和反面场合中，除了一种情况不同外其他情况都相同，而这在实践中是很难做到的。由于正面场合和反面场合中的不同情况不止有一个，当另一个不同情况被忽略而它又是被研究对象的真正原因时，运用求异法得出的结论就可能出错。

（三）求同求异并用法

我国古代的医学家孙思邈不但勇于实践，还善于从实践中总结经验。有一段时间他发现一些城里的财主、乡里的富人得了一种脚气病，而贫困人从没得过这种病。他推断这脚气病跟水土无关，如果跟水土有关，那一方的百姓应该都有可能患病。他推测这病很可能与饮食有关。他分析发现富人吃的是荤腥细粮，而穷人吃的是素食粗粮，细粮和粗粮相比缺少了米糠、麦麸。于是孙思邈用米糠、麦麸治好了富人们的脚气病。[①]

孙思邈就是用求同求异并用法找出了脚气病的病因。求同求异并用法是这样来探求思维对象间的因果关系的：考察两组事例，一组由被研究对象出现的若干场合组成，

① 徐德清．趣味逻辑．济南：山东人民出版社，2014.

简称正事例组；一组由被研究对象不出现的若干场合组成，简称负事例组。如果在正事例组中有一个情况是共同的，而这个情况在负事例组的各场合中又都不出现，则可以确定这个情况是被研究对象的原因。其公式如下：

场合	先行情况	被研究对象
正事例组		
(1)	A、B、C、D	a
(2)	A、E、F、G	a
(3)	A、H、I、J	a
…… ……	…… ……	…… ……
负事例组		
(1)	B、C、D	—
(2)	E、F、G	—
(3)	H、I、J	—
…… ……	…… ……	…… ……

所以，A与a之间有因果联系

由上述公式可知，求同求异并用法实际上是“两次求同、一次求异”，共三步。第一步是在正事例组求同，比较其中各个场合有情况A就有对象a；第二步是在负事例组进行一次求同，比较其中各个场合，无情况A就无对象a；第三步是把正事例组和负事例组两次求同的结果加以比较，根据有A就有a、无A就无a，运用求异法可知：A是a的原因。

由于求同求异并用法难以做到单独运用求同法和求异法时的严格推理，所以其结论也是或然的。增加正负事例的组成场合可以提高求同求异并用法所得出结论的可靠性，正负事例的场合越多，就越能排除偶然巧合的情况。

（四）共变法

在古代，人们已经发现人体的生长与脑垂体存在某种联系。为了验证这一发现，1783年英国医生约翰·亨特解剖了一个巨人的尸体，发现他的脑垂体大如鸡蛋。后来他又发现一些侏儒的脑垂体远比正常身高的人的脑垂体小而且发育不全。由此他断定，人的身高与脑垂体之间有因果关系。约翰·亨特的推断用的就是共变法。

共变法是这样来探求思维对象间的因果关系的：在被研究对象出现变化的若干场合，如果只有一个情况发生变化，其他情况保持不变，并且这一变化与被研究对象具有数量上的相关性，则它与被研究对象的变化存在因果联系。其公式如下：

场合	先行情况	被研究对象
(1)	A_1、B、C、D	a_1
(2)	A_2、B、C、D	a_2
(3)	A_3、B、C、D	a_3
…… ……	…… ……	…… ……

所以，A与a之间有因果关系

公式中A_1、A_2、A_3…… 表示唯一变化着的情况A的不同变化状况，共变法就是从两者变化程度上的相关性，断定 A 的变化是 a 的变化之原因。现实世界中的许多被研究对象存在共变关系。例如，一个国家的法制健全程度与社会犯罪率之间、海拔高度与植物种类之间等等，都表现出清晰的共变关系。运用共变法应注意三点：第一，要确定与被研究对象发生共变关系的情况是否是唯一的，如果不能满足这一要求，与被研究对象发生共变关系的情况不止有一个，所得的结论有可能出错。第二，被研究对象之间的共变关系有两类，即同向共变关系和异向共变关系。同向共变就是原因的作用量递加，结果的量也随之增加。异向共变就是原因的作用量递加，结果的作用量却随之递减。例如，一般来说对犯罪活动的打击越坚决有力，犯罪活动的发案率就会相应下降。第三，被研究对象间共变关系的存在是有条件的或者是有限度的，超出一定的范围或限度，被研究对象间的共变关系就会消失。

（五）剩余法

某单位仓库被盗，初步清点物资未发现东西丢失。调查人员进一步勘查现场发现，进入仓库和从仓库走出去的鞋印是同一尺寸、同一型号，可以推定是同一个人的，但走出仓库的鞋印明显比进入仓库的鞋印深，说明该人一定负重物离开。在重新清点仓库物资后发现，丢失了 40 公斤重的铝锭一块。这个案件的分析过程运用的就是剩余法。①

剩余法是这样探求思维对象间的因果联系的：如果已知某一复合情况是另一复合情况的原因，把其中已确认有因果联系的部分减去，那么剩余的部分情况和被研究对象之间也存在因果联系。其公式如下：

已知：复合情况 S（A、B、C、D）和被研究对象 F（a、b、c、d）有因果联系

A 和 a 有因果联系

B 和 b 有因果联系

C 和 c 有因果联系

所以，D 和 d 有因果联系

运用剩余法所得的结论也是或然的。因为被研究对象间的因果联系具有复杂多样性，假如被研究的复合对象中的 d 是由复合情况中的 A、B、C 引起的，就无法断定 D 和 d 之间一定存在因果联系。剩余法的运用是有条件的，运用于多因多果的情况，而不运用于对一因一果、一因多果、一果多因的探求。另外，剩余法只有在确定了被研究对象间的部分因果联系后才能使用。

在生活实践、法律推理中，对探求因果联系的五种归纳方法应当融会贯通、综合运用，发挥相互补充和验证的作用。

第四节　概率与统计归纳推理

概率归纳推理与统计归纳推理同属于现代归纳逻辑的范畴，也都是使用概率统计

① 黄伟力．法律逻辑学新论．上海：上海交通大学出版社，2000：174.

命题，且是或然性推理。但在应用目的上，两者具有比较明显的区别，前者侧重于对所观察事件频率的概括，而后者侧重于对实然事件的抽样统计。

一、概率归纳推理

概率归纳推理旨在以数学的概率论和现代演绎逻辑为工具构造归纳逻辑的形式演绎系统，是现代归纳逻辑的主要发展方向。对于某一个事件，有时不仅要考虑它是否可能出现，而且要考虑它出现的可能性。依据可能性的程度或可能性的大小作出数量方面的估计，就是概率。例如，只抛一次硬币，正面和反面出现很难预测。但是如果大量地进行，正面或反面的出现就有一定的规律。有人做过试验，当投掷24 000次时，硬币正面出现的是 12 012 次，据此可以总结出正面出现的概率是 50%。

一般来说，在大量重复进行同一试验时，事件 A 发生的频率 m/n 总是接近某个常数，在它附近摆动。我们就把这个常数叫作事件 A 的概率，用 P 表示。根据这个定义，求一个随机事件的概率的方法，就是大量的重复试验的方法，用这个事件发生的概率作为它的概率。投掷硬币出现正面的概率为 0.5，即每投一次为正面的可能性为 50%。有些事件的概率可以通过一次试验求得，即用公示 P＝m/n 表示概率。由于任意事件出现的次数不可能大于试验的次数，所以概率总是在 0 与 1 之间变化。某一事件的概率等于 1 时，它就是必然事件；某一事件的概率等于 0 时，它就属于不可能事件。介于 0 与 1 之间不同的概率量，则表示中间的真值。一个判断的概率的高低，标志着判断的真实性程度的高低。判断的概率越大，就越接近真实；判断的概率越小，就越接近虚假。研究概率就是要从量的方面来估计一个随机事件发生的可能性大小，从而估计一个或然判断的真实性程度的高低。概率归纳推理就是建立在对随机事件发生概率的估计的基础上，它以对事件出现的可能性大小作出数量估计为前提。

概率归纳推理有两种具体情形，一是由部分推向整体，它的公式可表示为：

S_1是 P

S_2不是 P

…… ……

S_n是（不是）P

S_1、S_2、S_3、…、S_n是 S 的部分对象，且其中有 m 个是 P

所以，S 类所有对象是 P 的概率为 m/n

这种由部分推向整体的概率归纳，其结论超出了前提所断定的范围，因此它是或然性推理。在司法工作中，如在犯罪侦查中，侦查员会大量运用或然判断，这些或然判断的可能性有些大、有些小，但究竟大到什么程度是可以通过概率的方法来估计的。例如，作案后逃跑的罪犯可能与其家庭或亲戚朋友取得联系，在罪犯的住处搜到犯罪工具，这些都是或然判断。如果我们通过概率方法予以检验，便可以对一些或然判断做到心中有数，从而提高侦查效率。[①]

概率归纳推理的另一种情形是由部分推向个体，即从一类事物足够多的部分对象

① 吴家麟．法律逻辑学．北京：群众出版社，1988.

具有某属性的频率，推出该类任一对象也具有该属性的概率的归纳推理。这种情形的概率归纳推理可用公式表示为：

已观察到的S是P的频率为m/n

S_i是S中任意一个

所以，S_i是P的概率为m/n

需要指出的是，m/n表示已观察到的n个S中m个具有P属性，并且m/n还表示任意的一种比值，由此，若m/n极大地逼近1，则可推出"S_i是P"的结论；若m/n极小地靠近0，则可推出"S_i不是P"的结论。上述这种推理中，前提并未为结论提供充分的保证，结论所断定的并非必然地包含在前提的断定范围之中，因此，结论仍具有或然性。

例子：

在进行法律意义上的亲子鉴定时，根据遗传学规律可知，人的血型所属取决于遗传，而且人群血型的构成比例也会因群族而异。在各种不同血型的配合下，所生子女的血型为O型的概率会有所不同。现根据考察，当父母的血型为B/O型时，子女的血型为O型的概率为0.25。小明的亲生父母的血型为B/O型，由此我们可以推出小明的血型为O型的概率也为0.25。

为了提高概率归纳推理结论的可靠程度，避免出现"以偏概全"或"样本过少"的错误，运用概率归纳推理时必须注意三点：第一，要尽量扩大考察的范围。被考察对象的数量越多、范围越广，所得结论的可靠程度就越高。第二，尽量增加观测的次数。观测的次数越多，结论的可靠性就越大。如果观测的次数多，而且每次所得概率的差异极小，则结论就比较可靠。第三，要充分考虑到客观事物的变化情况。客观事物是不断变化发展的，概率不会是一成不变的，因此要注意研究新情况，不能用对某事件得出的原有概率来推论已经发生变化的事件的概率。

二、统计归纳推理

统计归纳推理就是根据样本具有某种属性推出总体也具有某种属性的归纳推理。统计学中规定，被调查的全部对象叫作总体，从总体中抽选出来的部分对象叫作样本。通常把从总体中选出样本的方法叫作选样。

如果用S表示某个类，用S_1、S_2、S_3、…表示S类中的分子，用P_1、P_2、P_3、…表示分子所具有的属性，用P表示各分子所具有属性的平均数，那么，统计归纳推理的逻辑形式可以用公式表示为：

S_1是P_1

S_2是P_2

S_3是P_3

…… ……

S_1、S_2、S_3、…是S类的部分对象，P_1、P_2、P_3、…的平均数是P

所以，所有S都是P

下面这份统计资料体现的是统计归纳推理。

某化工厂非法排污，造成附近农田大面积受损。在计算化工厂应该赔偿的损失时，我们需要受损农田的损失总数，就可以抽取一部分有代表性的农田，具体算出这些农田平均每亩受损失的数字，再由此推算全部受损农田总的损失的数字。假定抽取的样本农田平均每亩所受损失是400元，受损农田总共是800亩，那么，受损农田的损失总数就是32万元。

从以上推理可以看出，统计归纳推理具有这样的逻辑特征：其前提是关于所选取样本的考察和分析，而结论是基于样本的一种概括，因此，这种推论是从部分推向总体，前提和结论之间的联系是或然性的。其结论的可靠程度、结论概率值的提高都依靠样本的代表性。只有从最能代表总体的样本出发，才能得出关于总体的可靠结论。为此，需要做到三点：第一，根据调查内容和目的，适当加大样本数量，以便消除误差；第二，要从总体的各层中选取样本；第三，要随机抽样，以保证抽样的客观性。

统计归纳推理不仅在科学研究活动中有广泛的用途，而且是法律工作的有用工具。法律工作者常常要进行社会调查，比如了解公众对某项法律规定的看法，了解在某项犯罪活动中不同职业或知识层次的人所占的比例等。由于涉及的对象面广量大，不可能有足够的时间或也没有必要一一加以考察，这时就可以借助统计归纳推理获得某种一般性的结论。另外，在有些案件中涉及数额巨大，如大面积森林被烧毁等，有时不可能计算出精确的数字，就需要借助统计归纳推理求得一种统计命题的结论。

第五节 类比推理

演绎、归纳和类比是人们广泛运用的三种推理形式。在西方逻辑史上，亚里士多德的《工具论》和弗兰西斯·培根的《新工具》分别对演绎和归纳进行了系统的阐述。类比推理这种同样常用的推理形式却一直遭受冷落。类比推理又称类比法，它与模拟法因其推理的基本性质（个别性和或然性）而被划入归纳逻辑。

一、类比推理的含义

类比推理是根据两个或两类事物有若干相同属性，推断出它们还可能有其他属性相同的一种逻辑方法。类比推理的一般逻辑表达方式是：

已知A对象有属性a、b、c、d
已知B对象有类似属性a′、b′、c′
所以，B对象也可能有属性d′

从类比推理的定义和一般方式看出，类比推理的思维方向是从一类特殊对象向另一类特殊对象的过渡，其实质在于寻找两类事物的相同或相似。人们为什么能从一事物与另一事物的部分属性的相同或相似，推出还有其他部分属性的相同或相似呢？这是由于类比推理有其现实的客观基础。它的根据是以世界物质性为基础的统一性，是万事万物之间具有的同一性和相似性。客观事物的相似为人们提供了类比的可能，是类比赖以进行的客观基础。人们要进行科学的类比，还必须具备其他前提条件，否则，类比的科学性、正确性就得不到保障。因此，需要重视类比推理的前提条件，以及进行类比者所具备的关于类比对象的丰富知识和事实根据。这是因为事物的属性和事物间的关系极其复杂，一个科学的类比，总是要抓住不同对象的相同或相似的本质属性和特征进行，而且要注意不同对象的不同属性和特征，思考哪些对象的哪些属性可以进行类比、哪些对象的哪些属性不可进行类比等。

二、类比推理的特征

类比推理的客观基础是事物间的相似性，而事物间的相似性有多种情况。类比推理的进行，依赖于人们头脑中大量贮存的事物的各种各样的相似现象和过程，而且是根据自己的主观目的和意图对事物间的相似情况作类比的。类比推理具有如下特征。

首先，类比推理的结论具有或然性。类比推理是以两个对象之间的类似为基础的，即根据两个对象间的相似，把信息从一个对象转移到另一个对象。但是对象间的相似是相对的、有条件的，任何两个相似的对象系统之间总有一定的差异。人们根据同一属性进行类比推理时，如果推出的属性正好体现了它们的差异，那么类比的推论就不可靠，甚至是完全错误的。如果仅从个别的相似情况进行类比推理，其结论也是不可靠的。相似属性和推出属性不一定具有必然联系，类比推理所得到的结论是或然的，只是一种预言和猜测。

其次，类比推理类型的多样性。演绎推理和归纳推理都有一个比较固定的模式，但类比推理是对两类事物的多种类似属性的比较，有比较者自己的主观目的和意图，因此，它不存在普遍模式。按照不同的目的和根据可以将类比推理分为：正类比、反类比、正反合类比、经验类比、形式类比、实质类比、数学类比、因果类比、综合类比、定性类比、定量类比等。虽然这些类比的分类有交叉的情况，但从中可以看出类比推理的类型是多种多样的。通过这些类比推理可以从不同侧面、不同角度来寻找事物间的相似情况。

最后，类比推理不同于演绎推理。演绎推理的思维形式是从一般到个别，它的结论范围没有超出前提所断定的范围，故其结论是必然性的。而类比推理的思维形式是从个别到个别，结论所断定的范围超出了前提所断定的范围。

三、类比推理在刑事侦查中的应用

刑事侦查是刑事诉讼活动的一个重要组成部分。查明案件事实，收集有罪或无罪的证据材料，查获犯罪人，打击犯罪活动，对于维护社会稳定至关重要。类比推理就是根据两个（或几个）对象在一系列属性上相同或相似，推出它们有其他相同或相似属性的推理。类比推理是侦查人员在刑事侦查中经常使用的推理形式，这种推理形式启发人们思考，有助于建立侦查假设，为侦破案件、缉拿犯罪嫌疑人提供线索。类比推理在并案侦查、查找尸源、认定罪证等方面发挥着重要作用。正确运用类比推理，可以提高破案效率。

例子：

《折狱龟鉴》记载：三国时吴国，有夫死，夫家疑之，诉于张举。妻不服，称火烧夫死。举乃取猪两头，杀其一。两猪皆臵薪烧之，活者口中有灰，杀者口中无灰。乃验夫尸，口中无灰。审妻，妻服罪。

（一）并案类比

侦查人员在研究某个案件时，如果发现这个案件与另一个（或一些）案件有相似之处，且知道其中一个案件是某犯罪嫌疑人所为，那么就可以推测另一个（或一些）案件也可能是同一犯罪嫌疑人所为。当侦查人员对某一个案件所掌握的材料很少时，就更需要侦查人员依据以往的经验大胆展开联想。总结很多侦破实例不难发现，很多罪犯在作案时，其作案时间、地点、工具、手段、动作、目的、动机等方面都有一定的特点和规律性，如果他们连续作案就会在这些方面表现出相似之处。侦查人员根据这一规律，可以把同样性质的几个案件合并侦查，如果发现某一案件是某人所为，就可推测在上述诸方面相同或相似的另一起或几起案件也是他所为。

例子：

2008 年夏的一天晚上，一名中年男人刚刚走到长虹大道涪江路口右转弯处时，脑后便挨了一铁棍，凶手抢走了手拎包，内有人民币 1.2 万元。5 日后，一名五十多岁的男子在涪江路口被歹徒用砖头击晕，被抢走人民币 1 300 元。不久，一拎着手拎包的中年男子行走在火车站疏港路小区路段时，被人用铁棍猛袭脑部，装有 7 000 元人民币和手机一部的手拎包被抢走，该中年男子死亡。

上述案件的共同之处有六个方面：一是作案时间都是在晚上 9 时至 11 时；二是作案工具以铁棍为主，也有用砖头、木棒的；三是犯罪嫌疑人选定作案目标后，跟踪尾随，背后下手，使被害人不能及时反应或反抗；四是作案地点选择在住宅楼群之间、楼门洞内或僻静的路边；五是侵害目标为手拎包的单身男性；六是作案人可能是两人以上。根据这些共同之处，侦查人员推断出这些案件应为一个抢劫团伙所为，且犯罪嫌疑人对地形熟悉、目标选择准、胆大妄为，故推断出应为本市人作案。侦查人员根据这一推断进行深入调查，终于查清了其中一起案件的作案人是 2 名犯罪嫌疑人；并运用并案类比推理，根据几起案件的作案时间、地点、手段、方式、性质等因素相同或相似，推测这几起案件极有可能都是由这 2 名犯罪嫌疑人（或以这 2 名犯罪嫌疑人为主的团伙）所为的。后来这 2 名犯罪嫌疑人交代了全部犯罪事实，证实了警方的这一推断是正确的。

（二）侦查实验类比

侦查实验是实验在侦查领域中的运用，相当于科学研究中的模拟实验，是侦查活动中为了确定对案件侦破有重要意义的某一事实或现象是否存在，或者在某种条件下能否发生，而参照案件发生时的条件，将该事实或现象模拟再现的一种侦查措施。

例子：

法医学史上第一起利用尼古丁进行谋杀的案件，于 1850 年 11 月 20 日发生在比利时。死者的口、舌、喉和胃都有化学物品灼伤的痕迹。最初推测死者为某种苛性液体从口中灌入致死，很可能是硫酸。警方将尸体交由法医学家斯塔斯进行检验，斯塔斯在死者的胃、肠、膀胱的提取物内没有检出硫酸却检出了大量醋酸，但醋酸显然不能致人死亡。斯塔斯猜测，大量的醋酸肯定会把其他某种更加神秘的毒物的作用掩盖起来。经过大量实验，斯塔斯又从这些提取物中检出了尼古丁，但尼古丁不会引起死者口腔、食道发生烧灼伤。死者是否是尼古丁致死的？为何会发生口腔和食道的烧灼伤？斯塔斯推测，死者很可能是灌入尼古丁致死的，作案人为了掩盖尼古丁强烈的刺激气味，往死者口中灌入了大量醋酸以致引起口腔、食道的烧灼伤。为了检验这一推测，斯塔斯于1851年2月27日做了最后一组动物实验：他往一只狗的嘴里灌入尼古丁，把狗毒死。同时用完全同样的方法把另一只狗毒死，然后往它嘴里灌醋酸。前一个实验表明，尼古丁不会将活体灼伤；在第二个实验里则见到了和死者嘴里一样的焦黑烧灼伤。后来的法庭审理中，被告人的供述与斯塔斯的推测完全一致。

从纵向上看，在中国古代就有“张举烧猪”等经典案例为侦查实验在司法领域中的成功运用。从横向上看，当今世界上许多国家或地区鉴于实验方法在侦查破案和诉讼过程中具有的特殊证明作用，都以立法方式将其规定为一种侦查措施或者司法证明方式。

（三）比对推理（比对法）

所谓比对推理就是根据已知对象与被考察对象的特征逐一对应相同，得出被考察的某个对象就是已知的（即所要寻找的）那个对象的结论的推理形式。如查找无名尸源即是用类比推理，通过对无名尸体的性别、年龄、面貌、体形、衣着、特殊标记、职业、死亡时间及死亡原因的分析，与失踪人的特征逐一比对，从而确定是否为同一对象。

例1：

无名尸体具有a、b、c、d属性；

查找对象具有a、b、c、d属性；

所以，无名尸体可能是查找对象。

例2：

2010年的一天，湖北省×××市×××区公安局刑警大队接到报案，在该市的一污水沟中发现一具女尸。经法医鉴定，女尸头部右侧有多处钝器伤，尸体已腐烂。经技术人员确定，此处是抛尸现场。当天晚上，该市电视台播发了寻找尸源的启事。很快，一名男子来到刑警大队。他要找的女人叫李××，现年25岁，广东省韶关人，2011年到××××舞厅当陪舞小姐。此男子与李××相识后，感情一直不错，他出钱两人一起租了一处楼房。据该男子介绍，李××的身上有三个明显特征：膝盖曾摔破，缝了3针；左手腕处缝了2针；口腔左侧上部牙齿曾被堵过洞。经查，这些特征与裸体女尸的特征相符。警方初步认定，女尸就是这个男子所要找的人。后来，此案告破，证实了警方的这一认定是正确的。

该案例运用的是比对推理，其推理形式是：

查找对象有 三个明显特征：膝盖摔破，缝了3针；左手腕缝了2针；口腔左侧上部牙齿被堵过洞。

经查，裸体女尸具有这三个特征。

所以，裸体女尸可能就是要查找的对象。

在运用比对推理查找尸源时要注意两个问题：一是无名尸体与查找对象之间的相同属性愈是本质的，结论的可靠性就愈大。除了事物的复杂性外，犯罪嫌疑人可能对尸体进行破坏，如换穿衣服、头发剪短等等。二是要避免“机械类比”的逻辑错误，即仅仅根据年龄、身高、体态、衣着等表面现象相同或相似来认定无名尸体就是要查找的对象。

四、类比推理在法律适用中的应用

类比推理在法律适用中的应用形式主要有类推适用和判例类推。

（一）类推适用

法律适用过程中，当审理的是法无明文规定的具体案件时，通常采用的方法就是根据最相类似的法律条文进行类推适用。所谓类推适用是对法无明文规定的具体案件，比附援引与其性质最相类似的现有法律规定予以处理。类推适用的法理依据是“等者等之”，即“相同之案件应为相同之处理”的公平、平等原则，其逻辑基础则是类比推理。

法律推理的最基本形式就是“实际上的肯定前件式”。但当确认的案件事实不是 p，而是实质上类似于 p 时（用 p′来表示），便出现了类推适用。法律适用认定案件事实时，还必须运用类比推理找到类推适用的操作媒介——待处理案件与法已明文规定案件之间的“类似性”。美国法学家伯顿认为：“至少有 7 个背景因素可能包含着有用的基点：(1) 制定法文字的通常含义；(2) 适用同一制定法规则的司法判例；(3) 无争议的假设案件；(4) 在同一制定法中其他一些规则所支配的案件或情况；(5) 与制定法相联系的历史事件或情况；(6) 与法律制定同时期的经济和社会实践；(7) 立法史。”①

类推适用的结论只具有某种程度的或然性和妥当性，而不具有逻辑上的绝对可靠的必然性。也正是在这种意义上，我们把类推适用划入实质法律推理的范畴。正如德国学者 J. Esser 指出的，类推适用固然与三段论法（实则演绎法）具有相同的构造，但其特征不在于它是三段论法之一种，而在于对系争两法律案件的重要“类似性”的认定。也就是说，“类似性”的确定，是通过类推方式对法无明文规定的案件比附援引与其类似案件的法律规定。并且，“类似性”的确定往往在区别系争两案件方面具有同等法律价值，以便作同一规范的基础，因此，类推适用为一种价值判断。②

进行类推适用是以法律对有争议之事项未设明文规定为前提的，因此，在进行类推适用时，首先还必须对法律未规定之情形，确认其究竟是立法者有意不规定，还是立法者的疏忽、未预见或情势变更所致。如属后者，则存在法律漏洞。这种情形下的类推适用是补充法律漏洞的重要方法（即法学上所说的“司法类推”），通常被称为“补漏式类推适用”。

---

① 史蒂文·J. 伯顿. 法律和法律推理导论. 张志铭，解兴权，译. 北京：中国政法大学出版社，1999：89.

② 崔建远. 我国民法的漏洞及其补充. 吉林大学社会科学学报，1995（1）.

（二）判例类推

所谓判例类推就是指在法律适用过程中，当法律没有明文规定，或者虽有规定但规定过于概括而含义不明时，法官遵循或参照先前的判例进行法律推理，以对当前待处理案件作出妥当、正确的裁处。其逻辑基础也是类比推理。判例在不同法系和不同国家具有不同的地位，英美法系以判例作为主要法律渊源，以法院先前的判例作为以后审理同类案件的法律依据。但在大陆法系国家和地区，判例只起到一定的借鉴、参考作用。我国也是如此。根据先前判例对以后案件的拘束力不同，判例类推有两种形式，即遵循先例式判例类推和借鉴先例式判例类推。

1. 遵循先例式判例类推

遵循先例式判例类推是以先前判例中所蕴含的法律原则作为后来法院审理相同或相似案件时应遵循的法律依据，为获取待处理案件的裁判结论所进行的法律推理。其典型就是判例法国家适用法律时的主要推理形式，它的结构形式为：

具有拘束力的先例 S_1、S_2、…、S_n 案具有 a、b、…、n 属性，并且适用 R 法律原则

经识别，待处理的 S_{n+1} 案也具有 a、b、…、n 属性

所以，待处理的 S_{n+1} 案也应当适用 R 法律原则

2. 借鉴先例式判例类推

我国是一个以制定法为主要法律渊源的成文法国家，法官在法律适用过程中不能以先前判例作为裁判案件的法律依据，但这并不是说判例在我国毫无作用。“在法律所表现之文字较少明确性之情况，欲求法律之正确适用，必须参考已有之案例而为推理。易言之，最初发生事件之内容，一旦有某一法律条文之适用，则此法律条文所适用之案例对以后类似之事件构成一种典型，即可准予以前之适用而对后来所发生之案件亦予以同一之适用。依案例而为之推理，最重要者在于发现前例与后例间之类似情况，亦即一旦发现前例与后例之间具有类似之情况，则无妨将前例所适用之法律适用于后例。”[①] 我国的法律适用过程中虽不运用遵循先例式判例类推，但可以运用借鉴先例式判例类推。

例子：

四川省新津县人民法院 1995 年受理了一起“啤酒瓶爆炸案”[②]。在啤酒瓶爆炸案中，原告在饮用被告蓝剑集团公司生产的蓝剑啤酒时，一瓶啤酒突然爆炸，击伤原告左眼，致其左眼失明。原告请求法院判令被告赔偿其医疗费、误工费、生活补助费等费用以及残疾赔偿金。法院依据《民法通则》和《消费者权益保护法》的相关规定，判令被告赔偿原告的各种损失共 19 万多元（含残疾赔偿金）。

该法院在之后受理了一起某鞭炮厂产品责任损害赔偿纠纷案件。在本案中，原告在燃放被告生产的魔术弹时，魔术弹发生爆炸，伤其左眼，致使其左眼视力严重下降，并有失明的可能。这一案件事实与先例（“啤酒瓶爆炸案”）中的案件

---

① 蔡墩铭．审判心理学．台北：水牛出版社，1980：701.

② 舒易平诉蓝剑集团公司产品责任损害赔偿案．四川省新津县人民法院（1995）新民初字 294 号民事判决书．http：//sifaku.com/falvanjian/6/zazcb99ee1ap.html，访问日期：2018－04－16.

事实——啤酒瓶爆炸击伤原告左眼并致其失明——极为类似。最终在法院的主持下，原、被告双方很快就达成了调解协议，被告赔偿原告各种损失共13万元（含残疾赔偿金）。

我国案例指导制度正式建立于2010年最高人民法院和最高人民检察院出台的《关于案例指导工作的规定》之后。类比推理与案例指导制度的关系可以概述为：法律适用中的类比推理是一种以案情的相似性判断为前提，以得出相似性结论为目的的法律推理方法。类比推理的过程就是案例的指导过程，类比推理的推论就是案例指导的结论。指导性案例是类比推理的大前提，现实的有类似特性的案例是小前提，类似的判决是结论。案例指导制度所蕴含的核心法律推理方法是类比推理，案例指导制度本身的价值也是类比推理方法的价值的延伸，而能否克服类比推理本身的不足也将成为影响案例指导制度实施能否成功的重大因素。

总体而言，判例类推的适用主要有三个方面的价值：第一，有助于提升诉讼效率。类比推理如果运用得当，可以直接推出可接受结论，从而大幅提高适用法律效率。比如案例指导制度中的众多指导性案例，如果遇到类似的案件，直接类比，即可得出结论，可以省去之前的事实论证、法律发现、法律解释以及演绎等通常三段论所需步骤，从而大大提升了诉讼效率。第二，有利于新案件的解决。类比推理某种程度上是在借鉴之前的案件处理方法，当遇到新案子时，若有科学指引，则可避免走弯路，同时亦可借鉴之前案件的处理结果，以减少冤假错案，从而得出更为公正合理的结论。第三，有助于实现司法公信力的提升。类似案件之间通过类比推理，类似案件会得到类似的判决，从而避免了其他推理导致的同案不同判。

第六节 非单调推理与缺省推理、语用推理[①]

一、非单调推理

（一）什么是非单调推理

经典逻辑的推理形式是演绎的和单调的。演绎性和单调性表现在，推理以已有知识为前提必然能得到新的知识，或者说在保证已有知识为真的前提下，由推理所得的新知识必定也是真的。由此可知，经典逻辑的优点就在于语形上保证推理的严格性，语义上保证推理的有效性。只要确保前提部分的真就可以获取真的新知识。然而，在日常语境下，这种情况并不总是出现，经常出现的是新知识与已有知识之间发生冲突。在必要的时候人们会修改已有知识，以适应对新情况的解释。这就体现出单调推理的局限性。为解决这一难题，满足常识推理的要求，非单调推理便应运而生。

所谓非单调推理（Non-monotonic reasoning），或称具有非单调性的推理，是指随着新信息（新知识和新事实）的增加，原先推出的结论可能被否定的推理。这种非单调性就体现为，新信息的加入会引起原有假设以及基于该假设的推理结果的修正。

① 本节部分的有关内容见张大松．法律逻辑学教程．北京：高等教育出版社，2007：224-270.

例子：

宋江被刺配江州，路过揭阳镇时正遇病大虫薛永在使枪棒卖艺，眼见无人赏他银两，薛永惶恐。宋江仗义赠他白银五两。宋江此时自以为做了一件扶危济贫的事，必然会得到众人支持。谁知没遮拦穆弘、小遮拦穆春两弟兄出言不逊，横加阻拦，弄得宋江一行在镇上连饭也吃不成。晚上宋江一行好不容易找到投宿处，以为摆脱了是非纠缠，没想到却已经一头扎进穆家，险些束手就擒。他们逃出穆家后在芦苇丛中奔走，前有大江，后有穆弘、穆春两弟兄带人追赶，宋江一行自以为今番插翅难飞、必落魔掌。此时，居然在芦苇丛中出现一叶扁舟，载着他们脱离险境，并且艄公不理会岸上穆家兄弟的威胁，摇着他们直奔江心。宋江长舒一口气，以为否极泰来、逃命有望。正在惊魂稍定之际，忽然，艄公抽出尖刀，喝令他们交出钱财，并问宋江要吃馄饨还是吃板刀面。真是“月黑杀人夜，风高放火天”。宋江此时自谓必死，和押送他们的公差一起准备跳江。危机时刻，上流驶下一条船，他的朋友李俊、童威、童猛赶到，终于使宋江转危为安。

此处，“穆弘、穆春的干涉”推翻了“好人有好报”；“一叶扁舟的出现”推翻了“必落魔掌”；“刀板面和馄饨”推翻了“逃命有望”；“李俊等人赶到”推翻了“此命休矣！”

在案情侦查过程中，人们常常需要在信息不完全的情况下，根据一般的经验或常识进行侦查推理，从而得出符合当前情境的结论。但随着新信息的增加，新情况可能与原先推出的结论发生矛盾，这时就会取消原先的结论，依据新的情况重新进行推理。同理，这种非单调推理在法律适用推理或法律论辩中也常常用到。

非单调推理是相对于单调推理而言的。单调推理是那种具有逻辑必然性的推理系统，其结论的有效性不会因新信息的增加而改变，或者说新信息的增加不会使已证明为真的判断变为假判断。传统的演绎推理就是单调推理，使用单调推理的逻辑系统称为单调逻辑。相应地，使用非单调推理的逻辑系统称为非单调逻辑。

（二）非单调推理的逻辑特点

非单调推理的逻辑特点在于它的非单调性，即它不具有推理的逻辑必然性，已推出的结论会因前提、依据修正而被撤销，进而得出新的结论。换句话说，当一个前提判断因被否定而被取消时，对于由该判断而导出的结论也必须重新检查，倘若该结论的有效性不能重新获得证明，那么该结论必须被取消，随后再按新引入的前提进行推理。

非单调推理具有深刻的客观基础。在常识性推理中，人们常常处于不完全信息境况，从而有必要引入某一或某些假设作为推理的依据。同时，为了促进对待解问题的完全解答，往往需要加进一些辅助假设作为试探性或局部的解答，这些假设也可能不正确，因而需要修改或删除。此外，随着客观对象与认知活动的发展，新信息会不断出现，人们会发现原引入假设可能不正确，因而需引入新信息进行再推理，从而得出新结论。

非单调推理的最终目标是实现推理的合理性。这里的合理性主要是指合乎常识的一般情况，或者能合乎情理地解释现实状况，等等。这不同于单调推理所要求的有效性。推理的合理性往往带有时效性和主观性，这种时效性与主观性体现出模态的特征。时效性体现在相信的事实是暂时为真，而非永久为真。随着时间推移，有用信息扩大，所相信的事实可能为假，或者在某段时间内为假。比如，在30年前，人们相信中国的经济实力很弱，而30年后，这种观点就过时了。主观性体现在相信某事实为真的主体之间对于判断事实真的标准可能不一。又如，对于中国人而言，买房子是人生存的必需条件之一；对于欧美人而言，买房子不如租房子，买房子不是人生存的必需条件之一。这种“相信”的直觉可能出自于不同原因，当然，这种“相信”意义下的事实也可能为假。

非单调推理的逻辑理论有多种类型，本书结合涉法思维的特点，仅介绍和讨论实用性强的缺省推理。

二、缺省推理

（一）什么是缺省推理

缺省推理是指以不足以得出结论的信息为前提，并在缺乏可导致相反结论之信息的条件下得出结论的推理。这种推理的特征是试探性或猜测性，倘若有新信息加入，其结论可能会被撤销。可见，缺省推理是一种非单调推理。

缺省推理本质上是一种依据默认信息进行的推理。这里的默认信息是指推理者在当前没有事实证明某个判断为假时而默认该判断为真的信息，或是真假不能确定但若默认其为真而不产生矛盾的信息。这种默认信息就是该推理中的缺省信息或待证信息（或称假设信息）。因此，直言之，缺省推理就是依据缺省信息进行的推理。

例子：

现场作案人的鞋印长45厘米，并可假定作案人是大脚男性；

（非单调地导出）作案人是大脚男性。

这里，缺省了“凡脚穿45厘米鞋的人可能是大脚男性”这一假设性判断，这表明该推理是一个隐含了且默认了某一或某些可真性前提的可能模态三段论。其结论是非单调地导出的：一方面，它的断定强度超出了前提即由含有可能模态判断的前提导出实然判断的结论；另一方面，如果前提中的默认信息发生变化或出现了它的矛盾信息（譬如“小脚女性也会穿45厘米长的鞋”），那么其结论就可被撤销。

从上例可看出，缺省推理的推理公式可表示为：

$p(x), Mq_1(x) \cdots\cdots Mq_n(x)$

$w(x)$

其中，x是指自由的个体变元；$p(x)$表示“x具有属性p”，它是先决条件；$Mq_1(x) \cdots\cdots Mq_n(x)$表示“x可能具有属性$q_1$……x可能具有属性$q_n$”，它是缺省条件；$w(x)$表示“x具有与q属性不矛盾的属性w”，它是结论。

一般而言，缺省推理中的缺省条件至少有一个扩展（或称一个可改变的假设条件），这一扩展可以是与原缺省条件相异的，甚或是相矛盾的。如上例中，“小脚女性也会穿45厘米长的鞋”即是“可以假定作案人是大脚男性”的一个相异的扩展。正是由于缺省推理具有可扩展性，所以它也具有可修正性，即对缺省条件信息及由其导出的结论进行修正。从缺省推理的前提与结论的联系来看，缺省推理是一种或然性推理。因为前提中的缺省条件是一种假设性判断，它有可能被否定，或其中有假判断；同时，它的结论所断定的强度超出了前提，因此，其前提并不蕴涵结论。

（二）缺省推理的应用要求

缺省推理尽管是一种或然性推理，但有助于人们在不具备完备信息的情境下作出合理的推论。当然，基于缺省推理的或然性，为了尽可能提高其结论的可靠程度，运用缺省推理时应注意以下几点。

第一，必须严格遵守缺省推理规则的要求。缺省推理规则的要求是：在没有证据证明某判断为假的情况下可断定该判断为真，但必须验证该判断是否确实为真。这一规则，若结合上述推理公式，可表述为：如果相信 p（x），且 q_i（x）与所相信的知识系统相一致，则可相信 w（x）；但必须检查 q_i（x）与所相信的知识系统是否确实相一致。这一规则中“必须验证缺省命题是否确实为真”的要求非常重要，例如，“甲实施了抢劫，并可断定甲犯抢劫罪（因为法律已有规定），因此，甲犯抢劫罪”，这一缺省推理是否具有可靠性，关键在于缺省命题（即法律规定）的内容是否确实为真、是否确实适用于甲的抢劫行为。

第二，尽可能穷尽多元的缺省条件，以确保较合理的结论产生。缺省推理主要是依据缺省条件而进行推理的，因此，当缺省条件为多元时，缺省推理的结论可能也是多元的；只有具备尽可能多的缺省条件，才能保证所得结论中至少有一个为真。例如，当已知某人死于他杀，但究竟死于何种他杀的信息不全时，要想推得可靠性高的结论，就需要尽可能设想更多的缺省信息。也只有这样，才能有效展开案情分析。

第三，合理限制缺省条件以保证与先决条件的逻辑一致性。穷尽多元、复杂的缺省条件常常是很难的，这就需要抓住有关问题的本质或关键因素以作出合理限制。这里有两种情形：一是合理限制肯定性条件，将具有先决条件特性 p 的对象仅限制为可导出满足 p 的那些对象。例如，对某一行贿案，必须明确限定必备的关键要素即“为谋取不正当利益或在经济往来中违反国家规定，给予国家工作人员以财物”。二是合理限制否定性条件，只考虑确实存在的否定性条件，对其余的因素不予考虑。例如，在否定某一行为的行贿性质时，可明确限定“给予国家工作人员以财物，不是行为者的主观愿望而是被勒索”或“没谋取不正当利益”。总之，合理限制缺省条件可把应考虑的因素限制在易于证明的范围内。

第四，恰当进行缺省假设的优先选择。当缺省假设多元时，人们可以综合评估多个假设的质量，依据各自的特性与可能性确定它们的相对优先特性，并确定选用较高优先级假设。一般来说，缺省假设的优先级取决于它所反映的事物的本质属性或特有属性的深刻程度，所反映的越是本质的或特有的，则越是优先的，因为对一事物起决定作用的是其本质属性或特有属性。

三、语用推理

（一）什么是语用推理

语用推理是指依据话语在特定语境下的具体意义而得出结论的推理。此处，“特定语境下的具体意义”即语义＋语境预设（依语境而对话语意义的设定及选择，包括推理者对话语语义的理解、对话语表达者语意的猜测），它是语用推理的前提；语用推理的结论则是前提的隐涵。显然，语用推理不同于语形推理和语义推理，因为后两者导出结论的依据分别是语形结构和语句意义，但语用推理又是以语形推理和语义推理为基础的。

语用推理中的语境因素是比较复杂的，一般来说，会包括话语、话语行为与话语行为主体三方面的境况，即：话语本身的字面意义（包括话语所指的事物或事态的情境）；话语行为的当下客观情境（包括话语行为发生的具体时间、地点及其他话语背景等）；有关话语行为的主体即表达者与理解者的相互关系、各自素质与当下显性或隐性的意图倾向等。

例子：

我国春秋时期，董叔想娶范宣子之女，叔向劝阻说：“范氏富，不如算了吧。”叔向的话从表面上看好像缺乏足够证据，“富”与“娶”好像不相干。但是，这是一个成功的语用推理。当时的语境是“富必骄，骄必凌人”，这样推导出来的结论是，董叔如果做了范氏女婿必受欺凌。可见，通过语境补足了前提后，从“范氏富”到“不如算了吧”，就显示了足够的证据。

推理具有前提、推理形式和结论三个构成要素。但是，语用推理的三个构成要素却是话语、语境和结论，话语和语境的集合相当于一般推理的前提，这三个要素全部都是带着具体内容的，因此，语用推理一定是具体的推理。同时，从话语、语境到结论，具有跳跃性，不具备形式推理步步相扣的分析性。然而，语用推理之所以能成为推理，是因为其具有推理的由已知推导出未知的最本质的特征。

语用推理的过程为：

（1）一句表达出来了的话语；

（2）这句话语涉及的语境；

（3）补足和阐释缺省的一组话语；

（4）获知这句话语的真实意思。

以上过程实际上是从语表到语里的过程。语表即已经表达出来的话，语里是没有表达出来、由受话者结合语境得到的话。究竟语里是不是说话者的真实意思呢？这具有或然性。故，语用推理是一种或然性推理，因为有语境预设且是多元的，而且，对多元的语境预设还会有多种不同的选择。

例子：

某律师像狐狸，（话语字面意义外的语境预设）

（语用地导出）该律师十分机灵；

或该律师十分狡猾；

或该律师能言善辩；

或该律师难以对付；

或该律师值得聘请；

或该律师绝对不能聘请；

等等。

在这里，前提有两部分：一是话语前提即“某律师像狐狸”；二是前提中括号内的提示即语境预设，因推理者的预设而定。推理者对语境预设的不同而导出不同结论。语境预设使语用推理成为可能。语用推理产生于人们话语表达中留有空缺之时，需要推理者依特定语境进行某种缺省预设，以便在不完备的信息条件下补充相关信息，进而把握话语表达者的语意或显示对该话语内在隐意的偏好选择。语用推理有静态的语用推理与动态的语用推理之分。静态的语用推理是依据已定的单方话语或非互动话语条件下的语境所作的推理。动态的语用推理就是互动会话中如对话、询问、辩论等过程中的语用推理。这时的语境预设主要是会话的隐含之意，它会随着交谈的深入及语境的变换而不断发生变化，因此，会话中的语用推理应特别注意把握会话隐含之意以使其尽可能可靠。

涉法思维中的语用推理可称为法律语用推理，它包括案情确认语用推理、法律规范（解释与适用）语用推理、法律论辩语用推理以及法学语用推理等。这是广义的法律语用推理。狭义的法律语用推理，仅指法律规范语用推理，其语境是法规语言、适用案情、案情情境以及理解者等，这几个方面均有语境预设之选择。可以说，法律选择推理是语用推理，法律适用的形式推理从应用角度看也可被视为语用推理。

（二）语用推理的应用要求

语用推理主要依赖于特定语境下对话语意义的设定及选择，其结论的可靠性程度主要取决于推理者的这种设定及选择的合理性。因此，为了尽可能克服主观设定及选择的随意性，尽可能提高推理结论的可靠程度，语用推理须遵从以下合理性要求。

一是真实性要求，即准确把握特定语境下话语的真实语意。具体要求是，要准确把握话语本身语义，防止作歧义性理解或其他错误理解；要准确把握具体话语的客观情境及其赋予话语的含义，尽可能穷尽语境预设，防止语境预设的片面性和随意性。

二是相关性要求，即语境预设要与话语语义相关，并与具体语境相关，同时结论要与语境预设相关。如果某一语用推理中，语境预设与话语语义、具体语境或结论不相关，那么该语用推理的结论就无可靠性。

三是恰当性要求，即语境预设应尽可能充足以利于导出结论，语境预设的限制与选择应力求把握关键性因素。只有满足这一要求，才可能提高前提对结论的支持程度。

（三）语用推理与缺省推理

语用推理本质上是一种缺省推理。当人们运用语用推理时，总是在不完备的信息条件下进行某种语境预设即缺省预设，以便导出结论，同时，当语境预设发生变化时，原有语用推理的结论就会改变。

例子：

电影《尼罗河惨案》中的一段对话：

波罗（侦探）：露易斯（被杀者林内特的女仆）也被杀死了，因为她企图对那个凶手进行讹诈。我们这么说不仅仅是由于死者手指头上捏着一块从一张 1 000 法郎上撕下来的碎片儿（被杀时情节），更由于在今天早上她说话时用的那种古怪的字眼儿：“假如我睡不着觉，假如我在甲板上。”她这些话究竟说明什么？她说这些话究竟要告诉我们什么呢？

瑞斯（上校）：她要是在甲板上，她就会看见凶手。

波罗：对，可你还是没懂我的意思。上校，很抱歉，她为什么对我们说这话？

瑞斯：是暗示？

波罗：当然是暗示。可干吗要暗示我们？她知道凶手是谁，她有两种做法，可以告诉我们，也可以不露声色以后去找那个有关的人要钱。可这两种做法她都没采用，她用了虚拟的说法儿“假如我在”，这只能说明她的确是在暗示，可她是在暗示凶手。换句话说，凶手当时也在场。

瑞斯：可除去你跟我，另外只有一个人在场。

波罗：一点儿不错，是赛蒙·道尔。

赛蒙（嫌疑人）：什么？

鲍尔斯（医生）：怎么？

波罗：是的，当时大夫一直在你身边儿，露易斯不得不说，可又没别的机会。

赛蒙：简直太荒唐了。

波罗：荒唐？我不认为我荒唐。你的回答我记得很清楚，“并没有人怀疑你，我会照顾你”，是吗？对，这也正是她想要得到的许诺。她得到了。

赛蒙：波罗先生，这次你可真是出丑了，没错。我是说有很多人证明我不可能杀林纳特。

波罗：可是你杀了她，露易斯当时看见了。

上述对话包含以下几个语用推理，即由（1）推（2），由（2）推（3），由（3）推（4），由（4）（5）推（6），由（1）（6）（7）推（8）。

（1）“假如我睡不着觉，假如我在甲板上。”（她说这些话究竟要告诉我们什么呢？）

（2）她要是在甲板上，她就会看见凶手。（她为什么对我们说这话？）

（3）当然是暗示。（可干吗要暗示我们？）

（4）可她是在暗示凶手。换句话说，凶手当时也在场。

（5）可除去你跟我，另外只有一个人在场。

（6）一点儿不错，凶手是赛蒙。

（7）赛蒙：并没有人怀疑你，我会照顾你。（这也正是露易斯想要得到的许诺，她得到了。）

（8）赛蒙杀了林纳特，露易斯当时看见了。

从这里可看出，缺省推理帮助语言使用者建立语境假设。在话语行为中，受话者要准确理解对方的话语意义，就需要借助特定语境预设进行语用推理；而语境预设正是缺省推理所允许的，或者说，正是缺省推理所允许的语境预设奠定了语用推理的前提基础。

参考文献

[1] 金岳霖．逻辑．北京：中国人民大学出版社，2010.

[2] 张继成．实用法律逻辑教程，2版．北京：中国政法大学出版社，2012.

[3] 张斌峰，李永铭，李永成，张莉敏．法律逻辑学导论．武汉：武汉大学出版社，2010.

[4] 郝建设．法律逻辑学．2 版．北京：中国民主法制出版社，2013.

[5] 陈金钊，熊明辉．法律逻辑学．2 版．北京：中国人民大学出版社，2015.

[6] 张大松，蒋新苗．法律逻辑学教程．3 版．北京：高等教育出版社，2013.

[7] 孔庆荣．法律逻辑学基础．3 版．北京：中国法制出版社，2008.

[8] 姜祖桢，刘梅．法律逻辑学．北京：中国物价出版社，2002.

[9] 陈康扬，潘利平．法律逻辑．成都：四川大学出版社，2003.

[10] 濮方平，王萍丽．法律逻辑新编教程．上海：上海大学出版社，2013.

[11] 雍琦．法律逻辑学．北京：法律出版社，2004.

[12] 雍琦．实用司法逻辑．北京：法律出版社，1999.

[13] 沈有鼎．墨经的逻辑学．北京：中国社会科学出版社，1982.

[14] 张光宏．实质法律推理中的利益衡量．求索，2005 (12)．

[15] 孟祥磊，徐平．论类比推理在案例指导制度中的适用．法律适用，2015 (8)．

[16] 党庆远．刍议案例指导制度在审判实践中的作用．河南公安高等专科学校学报，2010 (4)．

[17] 石现明．滑坡论及其在法律推理中的应用．西南民族学院学报（哲学社会科学版），2003 (5)．

延伸阅读

金承光．司法先例与法律推理//梁庆寅．法律逻辑研究：第一卷．北京：法律出版社，2005：93－106.

课后练习题

一、用归纳推理的知识分析判断下列各题

1. 1979 年 3 月，美国三哩岛核电站发生严重事故。1986 年苏联切尔诺贝利核电站也发生了严重事故。所以，目前世界上正在运行的核电站都会发生严重事故。

2. 甲电视机与乙电视机有相同的颜色、外形、出厂日期，并且价钱也差不多，因此，甲电视机与乙电视机的图像质量一样。

3. 天气的预报、车辆的调度以及疾病的防治，通常都是使用逻辑学上的概率归纳推理方法而进行的。

4. 某市今年的凶杀案件增长了近 70%，因此，某市的治安状况变得很糟糕，令市民十分担忧。

5. 某人连续三晚上分别看了一部美国大片，并且第一晚抽了许多烟，第二晚喝了浓茶，第三晚喝了咖啡，结果三晚上都失眠了，于是他认为失眠的原因是看美国大片。

二、运用归纳推理的有关知识，回答下列问题

1. 老师傅为了测验两个徒弟哪一个更聪明，就对他们说：“给你们俩每人一箩筐花生去剥皮，看每粒花生仁是不是都有粉衣包着？”

大徒弟听完，赶紧搬筐回家，连饭也顾不上吃，急忙剥起来。二徒弟却不慌不忙地搬着箩筐走回去，边走边想，然后把三个仁的、两个仁的、一个仁的分别拣了八粒，总共不过一把。二徒弟把几种不同类型的花生剥开后，发现它们无一例外地都有粉衣包着。大徒弟从早剥到晚，才把一箩筐花生剥完，就急忙到师傅那里去报告，到那一看，师弟已在那里了。师傅见两个徒弟都来了，说：“二徒弟先到，就先回答问题吧。”二徒弟说道：“我剥了几粒花生，就知道所有花生仁都有粉衣包着。”大徒弟这才恍然大悟地说：“师弟比我聪明。”

请问：这两个徒弟各用什么推理形式推出结论？大徒弟为什么说师弟比自己聪明呢？

2. 据《益智编》记载，明朝时，冠县有一抱小孩的妇女路过瓜园，顺手摘了一个瓜给小孩吃。瓜主发现后，把其告上县衙。他想：偷一个瓜也不能治罪呀？怎么办？于是，他自摘了30多个瓜，送到官府，诬告是妇女摘的。在大堂上，瓜主一口咬定妇女偷摘了他30多个瓜，被他抓住，人赃俱在。妇女喊冤。县令问瓜主：“妇人偷瓜时带什么样的筐子、篮子？”瓜主说：“没带东西。”县官于是说：“现在你抱着孩子把地上30多个瓜捡起来。”瓜主不能，只好承认是有意诬告。

请问：县官是运用什么推理形式断案的？这种方法可靠吗？为什么？

3. 某电视机厂对其生产的电视机质量的合格率抽样检测，结果如下：

检查台数	合格品台数
50	47
100	94
200	189
300	284

请问：这批产品的合格率为多少？并说明推理方式。

三、根据下面介绍的材料，将其中运用的类比推理整理为典型的推理形式，并指出哪些是其类比物、哪些是需认识的对象，以及其结论的可靠程度

1. 某地农村妇女高××，遵其丈夫张××之嘱，于某日清晨用其夫带回的香油、韭菜、菠菜和鸡蛋，混在一起炒得半熟时给张父吃，以治张父的浮肿病。张父正吃时，住同院的本家小孙子（10岁）来玩，张父喊他同吃。谁知吃后不久，爷孙二人便全身抽搐、口吐白沫、四肢麻木，约30分钟即先后死去。在审讯高××时，她再三提出在往锅里打鸡蛋时，发现有一个鸡蛋打出来后是稀水状，并呈绿色。这个不正常的鸡蛋是否含有什么可致人死亡的药物呢？为弄清案情，侦技人员做了如下实验：他们把各种可能导致出现上述死者症状的农药和其他药物，分别注射入各个鸡蛋，再放置到相当于高××从其丈夫手里得到鸡蛋至打破鸡蛋的时间，之后将这些鸡蛋分别打到不同的碗里观察，结果发现，注射有1605农药的那个鸡蛋，呈现出与高××所述完全相同的现象：鸡蛋是稀水状、呈现绿色。于是推知张父食用的鸡蛋中注射有1605农药。

2. 某公园为了保证游客安全，减少废气污染，明文规定：除园内工作用车外，不准机动车辆进入公园，违者除勒令离园外，罚款200元。有一天，甲将太阳能轿车开进公园，园方管理人员令其离园，并处200元罚款。甲不服，认为自己的车与机动车有些不同。园方认为，甲的太阳能轿车虽与机动车有些差别，但许多方面相同，特别是速度及可能导致的危险都一样，所以应对甲予以处罚。

四、案例讨论题

1. 邹忌修八尺有余，而形貌昳丽。朝服衣冠，窥镜，谓其妻曰："我孰与城北徐公美?"其妻曰："君美甚，徐公何能及君也?"城北徐公，齐国之美丽者也。忌不自信，而复问其妾曰："吾孰与徐公美?"妾曰："徐公何能及君也?"旦日，客从外来，与坐谈，问之客曰："吾与徐公孰美?"客曰："徐公不若君之美也。"明日，徐公来，孰视之，自以为不如；窥镜而自视，又弗如远甚。暮寝而思之，曰："吾妻之美我者，私我也；妾之美我者，畏我也；客之美我者，欲有求于我也。"

于是入朝见威王，曰："臣诚知不如徐公美。臣之妻私臣，臣之妾畏臣，臣之客欲有求于臣，皆以美于徐公。今齐地方千里，百二十城，宫妇左右莫不私王，朝廷之臣莫不畏王，四境之内莫不有求于王：由此观之，王之蔽甚矣。"

王曰："善。"乃下令："群臣吏民能面刺寡人之过者，受上赏；上书谏寡人者，受中赏；能谤讥于市朝，闻寡人之耳者，受下赏。"令初下，群臣进谏，门庭若市；数月之后，时时而间进；期年之后，虽欲言，无可进者。

燕、赵、韩、魏闻之，皆朝于齐。此所谓战胜于朝廷。

请根据上文，运用类比推理，对该案作出分析。

2. 在20世纪30年代香港有一著名的诉讼案，案情是这样的：英国商人威尔斯，向中方茂隆皮箱行订购3 000只皮箱。到取货时，威尔斯想大捞一把，就节外生枝地说：皮箱内层有木材，不能算是皮箱。于是向法院起诉，要求赔偿原价15%的损失。当时的香港处在英国的殖民统治之下，形势很严峻。

被告方律师罗文锦在律师席上，取出一只金怀表问法官："法官先生，这是什么表?"

法官说："这是伦敦名牌金表，可是这与本案没有关系。"

"有关系。"罗文锦坚持说，并继续问道："这是金表，事实没有人怀疑。但是，请问，内部机件都是金制的么？这是人所共知的常识：金表并不全是金制的，内部机件尤其如此。"

罗律师穷追不舍地说："既然没有人否定金表的机件可以不是金做的，那么茂隆行的皮箱案，显然是原告无理取闹，存心敲诈。"

对方无言以对。这场官司，终于以被告的胜诉而告终。

请问：被告方律师是运用什么逻辑推理来赢得诉讼的？请分析推理的逻辑结构。

第七章
实质法律推理

> 法律的生命不是逻辑而是经验。可感知的时代必要性、盛行的道德和政治理论、公共政策的直觉知识，无论是公开宣称的还是无意识的，甚至法官及其同胞所共有的偏见，在确定支配人们所应依据的规则时，比演绎推理或三段论具有更大的作用。
>
> ——霍姆斯．普通法．

推理是从已知到未知、从前提到结论的逻辑推理过程，法律推理是逻辑学中推理知识在法律思维活动领域的具体表现，是推理主体在处理法律事件过程中常用的重要思维方式。“法律推理是人们解决具体问题和纠纷的过程中，适用法律规范、查证事实情况和为作出具有说服力的法律结论所进行的合乎逻辑和情理的思维活动。”[①] 法律推理有逻辑维度、直觉或经验维度和实质合理性三个维度。仅依靠形式法律推理已经很难处理现实生活中的某些问题，在推理过程中还需要价值因素的参与或价值判断。从这个角度而言，法律推理是不断迈向实质合理化的推理，是价值有涉的推理，而不是价值无涉的推理。

第一节　法律推理概述

一、法律推理的含义及特征

法律推理是“根据已知的法律命题，运用逻辑思维方法推论出新的判断，即把已知案件事实和相应的法律规定作为前提，运用逻辑推理的方法作出判决或裁决”[②]。根据这一定义，法律推理具有以下属性。

第一，法律推理是法律适用中的逻辑思维方法。法律适用主要是指法官在审理具体案件中适用法律规定的活动。它既是一种外部行为，又是进行法律推理的思维过程。在这个过程中，法官根据具体案件的情况选择可适用的法律规范，并将抽象的法律规范运用在具体案件中。换句话说，法律推理就是把一般逻辑推理，诸如演绎、归纳或类比推理等，适用于法律命题的活动。

第二，法律推理具有内在的逻辑性。法律推理以案件事实和法律规定为推理的前

---

① 王晨光．法律推理．清华大学当代中国研究中心，中国人民大学法律社会学研究所，1999：5.

② 曾庆敏．精编法学辞典．上海：上海辞书出版社，2000：746.

提，并根据法律规定与案件事实之间的联系，得出对具体案件的处理结论。作为一种复杂的思维活动，法律推理必须遵循形式逻辑的一般规律，否则，其推理的真理性和有效性就会遭到质疑。无论在法律推理的过程中采用了什么样的推理方法，其从前提到结论在表现形式上总应当体现出一定的逻辑性、必然性。[①] 但还应当认识到，法律推理的逻辑是一个区别于形式逻辑的完整系统，“在这个系统中，各种法律推理的方法都可以视为广义的逻辑方法，如演绎逻辑、归纳逻辑、类比逻辑、概率逻辑、模糊逻辑、辩证逻辑，乃至实践理性的经验逻辑等等”[②]。

第三，法律推理是根据法律规范进行的推理，内容的合法性是其所具备的特殊属性。法律推理与一般逻辑推理的主要区别就在于，法律规范是衡量法律推理内容合法性的唯一标准，法律推理活动必须受现行法律规定的制约，严格依法进行，而不能脱离法律规范的内容。

第四，法律推理的目的是为法官的判决提供正当理由。法律推理的过程就是法官证明自己的判决正确的过程。法官对具体案件的判决必须要有可靠的根据与充分的理由，从该角度来讲，法律推理活动就是一个讲理或说理的过程，是法官为自己所作判决提供充分理由的过程。一个好的判决必须将法官根据案件事实和法律规定通过法律推理有理有据地得出结论的过程展现出来，让当事人充分明白法官所作判决的依据、理由以及推理过程，使其对判决结论认同和信服，从而自愿接受法院的判决结果。

第五，法律推理是法官将抽象的法律规定适用于具体案件，进而得出判决结论的过程。法律推理的过程性表明，法律推理不是法官瞬间就可以完成的思考，判决的形成需要一定的时间和环节，而且推理过程中还会出现反复，对有些事实或情节还可能反复考虑，使之不断地与有关法律规定相互比较，从而保障法律适用的准确性。

二、法律推理的分类

关于法律推理的方式或方法，按照目前学界的通说，可以分为两大类：一是形式法律推理，二是实质法律推理。

（一）形式法律推理

形式法律推理也称形式推理，又称分析推理，是指将形式逻辑推理运用于司法过程的推理，具体包括演绎推理、归纳推理和类比推理。

1. 演绎推理

演绎推理是从一般到个别（特殊）的推理，其特点在于从已知的大前提和小前提推导出结论。演绎法律推理由大前提、小前提和结论三段构成，其中大前提就是可以适用的法律规则和法律原则，小前提是经认定的案件事实，结论就是判决或裁定的结果。它的形式如下：

R——法律规定

F——确认案件事实

① 张传新．论法律推理//陈金钊，谢晖．法律方法：第一卷．济南：山东人民出版社，2002：316.

② 张保生．法律推理的理论与方法．北京：中国政法大学出版社，2000：84.

D——裁决（定性）判处结论①

一般地说，演绎推理的方法适合成文法国家适用法律的要求，也是我国法官适用法律解决具体案件所运用的主要推理形式。之所以其能成为我国法官常用的推理方法，主要是因为这种推理能满足法官裁判的需要，即根据现行法律的具体规定来审理案件，来认识具体案件中行为的性质。

2. 归纳推理

归纳推理是从个别到一般的推理。这种推理方法主要运用于判例法国家的司法活动。在判例法制度下，法官处理案件时没有现成的、可适用的法律规则或法律原则，需要从先前的若干判例中总结、概括出可适用的规则和原则。此即所谓的“法官造法”。具体而言，法官要将正在处理的案件与过去已判决的类似案件进行比较，然后从若干个先前的判例中概括出法律原则或规则，再把这些法律原则或规则适用于当前正在处理的案件，进而作出判决结论。

3. 类比推理

类比推理的特点在于它是一种从个别到个别，或者说从特殊到特殊的认识方法。类比推理在法学上也被称为类推适用或比照适用，是指在法律没有明文规定的情况下，比照相应的法律规定加以处理的。这种推理的前提是：尽管法律条文对此没有具体而明确的规定，但该法律条文赖以存在的基本原理和原则可以用于对某一行为或事件进行法律上的评价。所以，对一个规则进行类比，是以一定的政策、公理和衡平的需要为基础的。但由于类推适用有违刑法中的罪刑法定原则和行政法中的依法行政原则，而且在实践中难以准确把握，所以在刑事司法和行政执法领域是不适用类推的。比如，1997 年我国刑法修订时就取消了类推制度，明确规定了罪刑法定原则。但是，在民事司法领域，为了维护当事人的合法权益、保障适用法律的公正，允许类推，即在个案没有可直接作为依据的法律条文时，可以选择民法的有关基本原则和最相类似的规定，作出推理并予以适用。之所以如此，是由于民事司法领域中社会生活的生动性和变化性与成文法的相对稳定性之间的矛盾比较突出，类推的适用可以防止“无法可依”导致的拒绝裁判或恣意裁判，从而使民事主体的权利在成文法没有具体条文可以适用的条件下，也能得到法律的保护。

总体而言，形式法律推理在法律适用中的作用是非常广泛的。它从推理形式上保证了法律推理的有效性。形式法律推理是法律推理最基本的形式，离开了形式推理的法律推理就有可能违背逻辑思维规律，而思维形式的错误必然会导致整个法律推理的无效，所以说，形式法律推理能满足人们对法律推理明确性、必然性、一致性的要求。但是，我们还要看到形式推理在法律推理的局限性。法律推理不同于一般推理之处是，它不但要通过推理作出结论，同时还要保证结论的合理性、正当性，而单靠形式推理的法律推理不能为推理结论的正当性提供证明。而且形式法律推理的理论预设是法律规定的一致性、明确性和完备性，当法律规则模糊、存在矛盾或者存在法律漏洞时，形式法律推理既不能帮助法官填补法律漏洞，也无助于法官对法律规定的抉择，无法确定法律推理的前提，从而使演绎推理成为不可能。

---

① 雍琦．审判逻辑简论．成都：四川人民出版社，1990：11.

（二）实质法律推理

法律推理作为一种实践性推理，本身就是形式与内容的统一，不应该囿于形式逻辑对推理所作的原理、原则要求，而应该把着眼点投注于实际，着力于司法实践中推理问题的探索，从而真正发挥它的工具性作用。

实质推理也被称为辩证推理、实践推理、理性推理、实践理性推理、非分析推理、结果推理等，它“不是从固定的范畴出发进行的推理，它是一种对各种价值、利益、政策进行综合平衡和选择”[①] 的推理方法。实质法律推理是依据立法者制定的法律规范的价值理由而进行的推理，其与形式法律推理的主要区别在于：一是形式法律推理有明显的逻辑结构，如三段论，而实质法律推理没有。二是形式法律推理，特别是演绎法律推理，有明确的法律规定，即大前提，而实质法律推理是法官在没有明确的法律规定、缺少法律推理的大前提的情况下“被迫”运用的推理方法，诸如出现了难以选择可以适用的法律，或者难以选择可以适用的法律规则，或者适用的法律规定的结果是导致法律不公正等情况。可见，实质法律推理是在法律适用中面临相互矛盾的命题或已有的法律规范不能直接涵盖案件的事实时所进行的，其主要作用在于解决因法律规定的复杂性所引起的疑难问题，诸如弥补形式法律推理的不足、填补各种法律漏洞、实现司法的实质正义等。

三、法律推理的有效性

所谓的法律推理的有效性指的是法律推理的前提必须为结论提供可靠的支持，如果能够提供可靠的支持，则我们说这一推理是有效的，否则就是无效的。有效性是法律推理的一个核心概念，是评价法律推理的一个重要的标准。但当我们说一个法律推理是有效的时，到底意味着什么？是说这一推理具有逻辑上的“形式有效性”，还是说这一推理具有内容上的“实质有效性”，或者两者都有呢？逻辑学家与法律学家对于什么是法律推理理解是不相同的，因为他们对法律推理有效性的要求不同，逻辑学家会说，法律推理是逻辑研究的推理形式和规则在法律领域的运用，普通逻辑关于推理的有效性就是法律推理的有效性。而法律学家更关注推理的实质方面，认为推理的形式有效性要求是不言而喻的，但判定一个法律推理是否有效关键还是看该推理是否有实质有效性。

如前所述，我们将法律推理划分为形式法律推理和实质法律推理，因此，法律推理的有效性也有形式有效性和实质有效性之分，但是两者之间是辩证统一的，即使是形式法律推理中也可能是形式有效和实质有效的结合体。法律推理的有效性如我们对法律推理过程的分析，既表现为推理形式上的演绎性，又表现为实质内容上的辩证性，是形式和内容的对立统一，形式上的要求保证法律推理的明确性、一致性、必然性，而内容上的要求则保证推理的合理性、正当性。

（一）法律推理的形式有效性

所谓的法律推理的形式有效性是指法律推理满足逻辑推理形式上的要求。如果一个推理满足逻辑推理形式上的要求，则这一推理有效，反之无效。

---

① 张文显．二十世纪西方法哲学思潮研究．北京：法律出版社，1996：16.

法律推理从法律规范到案件事实，从一般到特殊，其过程可概括为：大前提（法律规范）——小前提（案件事实）——结论（判决），故其属于演绎推理。而形式有效性主要是针对演绎推理的。演绎推理具有确定性特征，只要大小前提确定，其结论必然确定。

法律推理有效性的首要内容就应当是符合演绎推理的形式要件。“一个推理是否有效是从推理的逻辑形式方面加以考察的。如果将任何一个概念或判断带入相应的推理结构变项中，并由此能推出必然结论，则这个推理是有效的，否则为非有效。或者说，一个推理形式是有效的，当且仅当此推理形式的任一解释（即符合此情形的任一有具体内容的推理）都不会出现前提真而结论假的情况。”① 法律推理的总体结构呈现为一种演绎模式，因此，我们在进行法律推理时，应当遵守逻辑学关于推理的规则要求，以达到其形式有效性。

（二）法律推理的实质有效性

为了使当事人能够接受推理得到的结论，法律推理还要满足实质有效性。所谓法律推理的实质有效性指的是法律推理是具有较强的说服力的，法律推理的可信程度优于其不可信的程度。实质有效才是法律推理应追求的首要价值目标。法律推理的过程就是论证判决正当性的过程，是为判决提供理由的过程。这种理由首先是法律上的理由，其次才是案件事实上的理由，最后才是逻辑上的理由。从这三者的关系上看，法律推理要具有说服力，首先应当具有法律上的充分性。“司法三段论”较之于“逻辑三段论”，其考察重点是大前提与小前提的确定。这就是法律推理实质有效性的要求。

一个法律推理的实质有效性包括：第一，推理所依据的前提和推出的结果必须同该法律制度保持一贯性和一致性。其意是指推理意味着赋予法官不同的自主裁量权，这种裁量权有可能被滥用，必须受到约束，约束的方法除了法官的自律和制度的监督外，还有对法律推理本身提出严格的要求。法律体系是一种具有一贯性和一致性的规范体系，对它的遵守能够确保实现某些值得珍视的目标，这就要求无论是对大前提的确定，还是对不同法律理由、裁判结果的选择，都必须“依法作出”，即不论法官本人认为自己所持的价值观如何正确、合理，也不论其作出的结论如何具有可接受性而令人向往，也必须以实在法为依据，以法律上的证据为依据，而不能随心所欲。第二，司法裁判的结果必须合理正当。无论是大前提的确定还是法律理由的形成抑或不同理由的裁断，都必须依一定的价值标准进行选择，这些标准包括正义、善良风俗、公共政策等。第三，以上两点并不存在矛盾，因为法律的创制并非立法者心血来潮而制定，诸多法律规定共同遵循着特定的价值和目标，虽然法官在司法裁决中保持依法裁判和自由裁量权的平衡也许是有困难的，但必须以此为追求目标。

第二节　实质法律推理与法律适用

一、实质法律推理的含义及特征

实质推理又称辩证推理，是指在两个相互矛盾的、都有一定道理的陈述中选择其

① 张斌峰，李永铭，李永成，张莉敏．法律逻辑学导论．武汉：武汉大学出版社，2013：60.

一的推理。这种推理被运用在法律领域旨在解决法律适用中的规范依据，即推理的前提，重在实质内容的选择。实质法律推理是以法律规范的内容、立法的目的和立法基本价值取向为依据的推理，其对法律或案件性质认识的推导过程，建立在事物辩证法的客观基础之上，是逻辑与经验的统一，是逻辑推导与价值选择的统一。实质法律推理具有以下特征。

首先，实质法律推理建立在对形式推理批判的基础之上。美国法学家博登海默认为法律推理应该可以分为分析推理和辩证推理。分析推理即形式逻辑，是指“解决法律问题时所运用的演绎方法、归纳方法和类推方法”[①]，是法律推理的常态。但为了解决形式法律推理的过度形式化倾向，适应现实中案件的多样性，一旦前提与结论之间处于一种非常态的关系时，就必须进行辩证推理，即所谓的实质法律推理。该推理“乃是要寻求一种答案，以解决有关在两种相互矛盾的陈述中应当接受何者的问题”[②]，“……由于不存在使结论具有必然性的、无可辩驳的基本原则，所以，通常我们所能够做的只是通过提出似乎是有道理的、有说服力的、合理的论据去探索真理”[③]。换言之，形式法律推理注重严格依照法律规范来推理，“合法”是其最高准则；而实质法律推理是辩证逻辑在法律思维中的体现，“合理”是其最高准则。

其次，实质法律推理以价值判断或价值推理为核心。当一核心含义清晰明了的法律规范可明确适用于某个案件事实时，司法审判就不需要进行价值判断，运用三段论演绎逻辑法即可作出判决。只有在法律规范的含义过于原则、模糊，或出现了现行法律无法调整的新情形，或需要废弃过时规则以采用某种适时规则的时候，价值判断才能发挥最大限度的作用。博登海默提出法官在解决争议时必须要运用实质法律推理的情形主要有三种：一是出现了没有法律规定的新情形；二是存在两个或两个以上相互抵触的法律规范前提，必须在两者之间择其一；三是现有的可适用的法律规范已过时并且与当代现实完全相悖。[④] 换言之，在不受现存法律规范和原则指导的相互冲突的利益间进行选择时，就需要进行价值判断，作实质法律推理。从这一角度来讲，实质法律推理是一种适用于特殊情况的推理方法，是一个依据一系列法律内外的因素综合案件事实、进行价值判断与行为选择的过程。

最后，实质法律推理落脚在法律推理的正当性与合理性。法律规范是法律推理的前提，在有明确的法律规定时，司法主体必须不折不扣地适用法律，不允许在法律规定之外寻找所谓的法律根据。但当法律存在缺陷时，诸如法律没有明确规定或法律规定相互冲突等，在这些案件的推理中，无法直接适用现成的规则来解决问题，就需要进行实质法律推理，探寻最佳、最合理的判决结果，使其获得社会最广泛的支持和接受。实质法律推理以对法律规范实质内容的评析为前提，要求在推理过程中考虑立法

---

① E. 博登海默：法理学—法律哲学与法律方法．邓正来，译．北京：中国政法大学出版社，1999：491.

② Aristotle，“Analytical Priora”，in *Organon*，transl. by H. Tredennick（Loeb Classical Library ed.，1949），Vol. I，Bk. I. ii. 24a//E. 博登海默．法理学—法律哲学与法律方法．邓正来，译．北京：中国政法大学出版社，1999：497.

③ Aristotle，*The Art of Rhetoric*，transl. by J. H. Freese（Loeb Classical Library ed.，1947），Bk. I. ii. 1355b. 1356 a and b. //E. 博登海默．法理学—法律哲学与法律方法．邓正来，译．北京：中国政法大学出版社，1999：497.

④ E. 博登海默．法理学—法律哲学与法律方法．邓正来，译．北京：中国政法大学出版社，1999：498.

者的目的或意图、社会的公共政策或价值取向、推理主体的个人价值判断等，通过目的考虑、利益衡量、政策判断等诸多方式，使判断结果较其他推理结果具有更大的合理性和可接受性。这既是实质法律推理的目的，也是实质法律推理的落脚点。

二、实质法律推理的适用情形

根据逻辑学的观点，只有前提真并且按照形式逻辑推理规则进行推理得出的结论才是必然真的结论。依照该观点，在法律适用领域中，法律适用者必须严格按照逻辑推理形式进行法律推理。但是，这种推理方式只能适用于与明确法律规范相符合的案件事实。然而，社会生活纷繁复杂且不断发展变化，立法者所制定的法律规范不可能统摄所有的案件事实。法律规范中存在的诸多问题对法律推理产生了不良影响，所以，实质法律推理应运而生。总之，当出现以下情形时，就需要适用实质法律推理。

（一）出现“法律漏洞”或“法律空隙”

“法律漏洞”也称为“法律空隙”，是指现有的法律条文对某一问题没有作出明确的规定，即“法律未规定的案件”（unprovided cases）。概括起来有两种情况：其一，对于个案而言，法律未规定或无明文规定，没有直接相关的成文法规则或先例，没有直接可适用的规则或先例，法律未提供任何指导；其二，现有的成文法不能回答、不能涵盖具体案件，存在法律“缺乏”、法律漏洞、法律空白、法律空隙，法律实然不及应然、不圆满、不完备。

之所以会出现法律漏洞或法律空隙，一方面是因为立法者的观察能力有限，不可能预见将来出现的一切问题，加之立法技术限制，即便立法者能够预见将来出现的问题，也不可能在立法上完全表现出来；另一方面是因为法律规范的稳定性决定了其具有滞后性，使一部分案件没有现成的法律规范可以直接适用。此外，奥地利籍逻辑学家哥德尔（Kurt Godel，1906—1978）提出的不完备性定理或不完全性定理对该问题作了较好的诠释，即“任何一个既定的法律系统都是不自足的、不完备的，企图通过形式理性或逻辑理性建立一个完美无缺的法律体系是不可能的”①。可见，法律漏洞或法律缝隙的出现是不可避免的，要解决法律推理中的大前提的确立，就需要进行实质法律推理。

（二）法律的不明确性或不确定性

法律的不明确性即法律规范含义不清，是指法律概念或法律规定模糊不清、含混歧义和笼统抽象，法律概念或法律规定界限不明确、指向不明确、内容不明确。产生该问题的主要原因在于自然语言本身的不明确性或模糊性。语义的稳定和明确是法律条文的基本要求，但作为自然语言的一部分，法律语言必然具有不明确性或不确定性。构成法律条文的法律语词在很多时候难以达到语义精确性的要求，加之，无法对未来出现的法律事实进行预测，所以无论立法语言还是法律解释的语言在很多时候必须留有空间。② 而即使是那些“用确定的语言表述”的法律规则，也不可能对每一个具体的

---

① 王洪．司法判决与法律推理．北京：时事出版社，2002：74.

② 朱前鸿．语词的模糊性及其对法律实务的影响．北京：中国政法大学出版社，2011：5.

案件或具体的问题都给出精确的结论。所以，在法律推理前如果需要首先解决法律规范的不明确或不确定的问题，就需要运用实质法律推理的方法。

（三）法律的不一致性

法律的不一致性有两层含义：一是内在不一致性，二是社会不一致性。前者是指法律文字与立法本意、法律意图、法律目的和法律精神存在反差或有相悖之处，法律原则、规则或规定之间相互冲突、相互抵触、相互矛盾。后者是指法律原则、规则或规定适用的结果，显失社会公平和公正，明显有悖于社会利益、社会效用、社会公共政策或社会公平正义观念。法律的这种不一致性导致在法律适用过程中出现法律规范之间相互矛盾、相互抵触，或者出现“合法”与“合理”的冲突等情形。在这些问题出现时，形式法律推理的作用就会变得非常有限。而法律适用的过程不止是真与假的问题，还有正当与否、合理与否的问题，因此，实质法律推理的运用不仅必要而且重要。所以，有论者指出，“形式法律推理是法律推理的常态，而一旦前提与结论之间处于一种非常态的关系，就必须进行实质法律推理”①。还有论者提出“……简单案件用形式法律推理，复杂案件用实质法律推理”②。

例子：

美国1969年著名的罗伊诉德克萨斯州案。

案情简介：1969年8月，美国德州的女服务生诺玛·迈卡维声称遭到强暴，由于没有能力生育和抚养孩子，要求医生为她堕胎。但是德州的刑法规定，除为了“保护怀孕妇女的生命”以外的堕胎行为是犯罪行为，所以没有医生愿意为她实施堕胎。迈卡维以杰内·罗伊的名义，指控德州禁止堕胎的法律侵犯了她的“隐私权”。地方法院判决该法侵犯了原告受美国宪法第9条所保障的权利，但是没有提出禁制令（injunction）。罗伊向美国联邦最高法院上诉。美国联邦最高法院于1973年以7比2的比数，认定德州刑法限制妇女堕胎权的规定，违反宪法增修条文第14条“正当法律程序”条款。

判决结果：（1）宪法保护的隐私权包括妇女自行决定是否终止妊娠的权利，法律过分宽泛地禁止堕胎，侵犯了妇女的隐私权。（2）三阶段标准：应根据胎儿存活性划分妇女的堕胎权和政府干预的界限：在妊娠3个月之前，妇女的堕胎权不受干预；在妊娠3个月后、6个月前，政府干预目的以保障妇女健康为限；妊娠6个月之后，政府可以为保护潜在生命而禁止堕胎。

上述案件要解决的核心问题是妇女的堕胎自由是否受宪法保护，但是宪法文本和先例中并不存在关于堕胎自由的明确规则，出现了规则的缺失和模糊性问题。与此同时，此案涉及的堕胎自由问题，在社会上存在支持与反对两种对立观点。所以，当时美国联邦最高法院的大法官们在处理此案时，只能运用实质法律推理进行价值衡量。该判决结果不是真与假的问题，而是如何运用实质法律推理选择更为公众所接受、更为合理的裁决。

---

① 修艳玲．法律推理和利益衡量．福建公安高等专科学校学报，2000（2）．

② 解兴权．法律推理的涵义、性质及其功能．法律科学，1998（6）．

三、实质法律推理应遵循的准则

为了确保司法在法治的轨道上运行，体现现代司法追求公平与和谐的价值，必须明确实质法律推理应遵循的基本准则。

（一）注重程序的理性论辩

实质法律推理的运用，对形式法律推理有纠偏之功效。在法律适用上，经过起诉、调查、辩论等各个环节，法官在对案件的感受不断明朗、清晰的过程中形成对案件的看法。只有在理性论辩的基础上，让所有人充分发表意见，才可能形成真正意义上的多数人的共识，为此，要注重程序的理性辩论机制建立，为实质法律推理提供一个能够保证理性论辩充分展开的制度，通过该机制的有效运作来保障实质法律推理的合理性。

（二）重视法律原则的作用

依据法律规则的司法活动能体现司法的理性，通过对法律原则的解释并赋予它们不间断的、新的内容，保证法官的良知与社会道德习俗保持同步。实质法律推理要求法官在充分考虑现有法律的基础上，综合考虑具体案件的特殊情况，再进行深度分析和高度综合，动用自由裁量权，或将一般性法律具体化，或在法律规则允许的范围内合理变更规则的适用，从而将案件的特殊性与法律的一般性进行很好的结合。在法学研究和法律适用中，根据法律其产生的基础不同，可将法律原则分为政策性原则和公理性原则。公理性原则来自事物本身的性质，得到广泛的认同而被奉为法律公理，具有深厚的道德性，所以，公理性原则较政策性原则有更大的普适性。① 总之，在实质法律推理中要注重法律原则的作用，以其指导法官进行合理的自由裁量，发挥法律原则在保证自由裁量与实质正义有机统一中的纽带作用。

（三）重视回应民意的合理诉求

美国学者莫尔认为，法律不应超出公民的合法期望，当人们对某些问题的现实期望得到了法院的确认时，就促进了公正。什么是公民的合法期望，如何对该期望予以回应，关乎法律实质推理能否获得社会公众的认同与接受。在处理疑难案件，运用实质法律推理的过程中，尤其应当重视司法对民意的主动回应，有效地对民意进行筛选，甄别与吸纳其合理诉求，以增强司法裁决的合理性，使其获得社会最广泛的支持和接受。

四、实质法律推理在法律适用中的限制

实质法律推理主要涉及对法律规定和案件事实本身实质内容的评价与价值判断，其推理结构比较复杂，在考虑个案特殊性的前提下，有时要变通甚至放弃当前部分法律的适用，因而判决结果具有很大的不确定性。有学者指出，“先进的法律制度往往倾向于限制价值论推理（axiological reasoning）在司法过程中的适用范围，因为以主观的司法价值偏爱为基础的判决，通常要比以正式或非正式的社会规范为基础的判决表

---

① 强昌文．论司法中的实质法律推理应遵循的基本准则．理论建设，2012（4）．

现出更大程度的不确定性和不可预见性”①。为此，应当明确实质法律推理的运用范围，将其限制在一定范围内，防止其运用偏离法治轨道。

如前所述，实质法律推理的运用主要针对法律推理中出现的法律漏洞、语义不明、法律条文冲突、合法与合理冲突等特殊情况。因此，具体应把握五方面的界限：其一，对于法律规定清晰、案件事实清楚的案件，不宜运用实质法律推理。其二，实质法律推理解决的是法律规范问题，也就是推理中的大前提问题。而对案件事实的认定，必须遵循证据规则，不能搞所谓的实质推理，即便是民事诉讼中的事实认定，也要遵循以证据为依据，遵循盖然性规则，而不能搞所谓的实质推理和判断。其三，适用法律导致的轻微不公并不是进行实质法律推理的理由。其四，实质法律推理的运用过程中，在考量个案公正的同时，更要充分兼顾司法裁判的社会影响。如果个案裁断可能引发严重的社会不公，则运用实质法律推理方法的时候，就更应当审慎。其五，在进行实质法律推理时，应当将经验、价值判断、价值选择同逻辑规则、维护法律的稳定性结合起来。

第三节　实质法律推理的基本方法

在法律适用中，实质法律推理的方法很多，但比较常见的主要有以下几种。

一、解释推理的方法

在寻找法律的过程中，一旦发现法律不明确或不确定，法官就需要首先对其进行推论或解释，即判明或界定模糊概念、术语、规定或规则的范围或界限，判明或限定含混概念、术语、规定或规则的所指，判明或确定抽象概念、术语、规定或规则的具体内容或具体指向。一旦法官决定援引或适用本条款，即以此条款作为裁判大前提进行司法归类，这种援引、适用或归类本身就表明了法官对此条款的推论或解释，即表明法官对此条款的边界、所指或具体指向的界定、限定或确定。

解释推理是指在法律概念或术语、法律规定或规则模糊不清、含混歧义和笼统抽象时，对法律概念、术语以及法律规定或规则作出明确化、确定化或具体化的解释或推论，发掘其确切含义，消除其模糊、含混或疑义，从而获得判决的法律理由，建立起裁判的大前提。解释推理有三种类型：一是明确化的解释或推论，即确定模糊概念、规定或规则的范围或界限，以消除其模糊；二是确定化的解释或推论，即确定含混概念、规定或规则的所指，以消除其歧义；三是具体化的解释或推论，即确定笼统抽象概念、规定或规则的具体内容，以充实其内涵或内容，消除其疑义。彭某诉厦门肯德基有限公司案就是通过解释推理来进行实质法律推理处理案件的一个典型案件。

案情简介：原告彭某诉称：自己携妻女等人于2001年1月27日到厦门肯德基有限公司厦大餐厅就餐时，因就餐高峰桌位紧张，与其他就餐顾客发生争执，遭

① E. 博登海默．法理学—法律哲学与法律方法．邓正来，译．北京：中国政法大学出版社，1999.

受殴打，其鼻子等处被打伤，眼镜被摔坏。厦门肯德基有限公司违反服务合同约定，未履行保护消费者人身安全的义务，故要求其承担违约责任，赔偿自己医药费、财产损失费、精神损失费等共计人民币 2 973.60 元。

涉及法律条文：（1）我国《消费者权益保护法》第 7 条规定："消费者在购买、使用商品和接受服务时享有人身、财产安全不受损害的权利。消费者有权要求经营者提供的商品和服务，符合保障人身、财产安全的要求。"（2）我国《消费者权益保护法》第 11 条规定："消费者因购买、使用商品或接受服务受到人身、财产损害的，享有依法获得赔偿的权利。"

一审法院判决：福建省厦门市开元区人民法院判决认为：原告彭某付费在被告提供的餐厅就餐，双方形成了以就餐、服务为内容的合同关系。被告未尽最谨慎的注意义务，维护其经营服务场所的治安秩序，为消费者提供良好的就餐环境。在彭某与他人因就餐座位发生争执时被告未能及时予以化解和制止，其行为构成违约，应承担违约赔偿责任。

二审法院判决：福建省厦门市中级人民法院判决认为：被上诉人彭某在上诉人处付费就餐，双方之间形成以饮食服务为内容的合同关系。在该合同关系中，上诉人作为从事饮食经营活动的企业，负有保障消费者财产、人身安全的合同附随义务，但根据公平合理的民法原则，该合同附随义务应限于经营者向消费者提供与餐饮内容有关的安全保障条件，该保障条件包括用餐设备物品如餐具、桌椅、天花板的安全性能及一定的治安安全防范措施等。本案中，上诉人作为经营者，在被上诉人与他人发生争执时已及时向公安部门报警，并进行劝阻。上诉人的上述行为已履行其作为经营者所应尽的保障消费者人身、财产安全的合同附随义务，故在与被上诉人之间的饮食服务合同中并不存在违约行为。据此撤销一审判决，驳回被上诉人的诉讼请求。

上述案件中，一审法院判决认为餐厅未尽最谨慎的注意义务，在彭某与他人发生争执时未能及时予以化解和制止，其行为构成违约，应承担违约责任。这表明一审法院认为在我国《消费者权益保护法》第 7 条和第 11 条的规定中，消费者因购买、使用商品或接受服务时受到的人身、财产损害包括第三人造成的，经营者负有保障消费者购买、使用商品或接受服务时其人身、财产安全不受第三人损害的义务，经营者应当对第三人购买、使用商品或接受服务时给消费者造成的人身、财产损害承担赔偿责任。二审判决的法律观点与一审判决的一致。二审判决与一审判决的区别在于，二审判决认为餐厅在彭某与他人发生争执时已经及时向公安部门报警，并及时劝阻，故已经履行了其应履行的保障消费者人身、财产安全的义务，并不存在违约行为。在本案的判决中，一、二审法院均认为在上述法律条款中消费者因购买、使用商品或接受服务时受到的人身、财产损害包括第三人造成的，经营者具有保障消费者在购买、使用商品和接受服务时其人身、财产安全不受第三人损害的义务，经营者应对第三人给消费者造成的人身、财产损害承担赔偿责任。这种解释或推论是正确的、适当的，体现了我国消费者权益保护法的立法本意或法律意图，体现了尊重和保护消费者的人身、财产安全的法律价值和社会价值取向。

二、还原推理的方法

在寻找法律的过程中，一旦发现直接适用法律的字面规定或规则会造成违背立法本意、法律目的或法律精神的结果，即法律文字与法律真实意思、法律意图或目的、法律精神相悖或存在反差时，法官就需要对相悖或存在反差的法律进行推论或解释，消除法律文字与法律真实意思、法律意图或目的以及法律精神的反差或相悖之处，即要运用还原推理的方法。

还原推理是指在法律文字与法律真实意思、法律意图或目的、法律精神存在反差或相悖时，对法律规定或规则进行解释或推论，发掘法律规定或规则的真实意思、意图或目的、精神，消除法律文字与法律真实意思、意图或目的、精神之间的反差或相悖之处，对法律规定或规则进行还原或重构，从而建立起裁判的大前提。

比如“圣三一教会诉美国国会案”[①] 就是通过还原推理来进行实质法律推理处理案件的一个典型案件。

> 案情简介：美国国会 1885 年通过《禁止通过契约输入外国移民法》，这项法律规定以下行为为非法：任何自然人……或任何形式的团体……按照合同……以预付交通费或其他任何方式帮助或怂恿任何一个或多个外来人、任何一个或多个外国人进入或移民美国……以使在美国从事任何种类的劳动或服务……但是职业艺术家、演讲学者、歌唱家、家庭仆人不在该规定的适用范围之内。圣三一教会（the Church of Holy Trinity）是纽约的一个社团，它于 1887 年与那时在英格兰居住的 E. 沃波尔·沃伦签订了一份合同，合同要沃伦动身去纽约并担任该教会的教区长和牧师。该教会因违反上述法律规定而被起诉。下级法院认为，该教会已经预付给沃伦交通费，让他来美国提供服务，担任教区长和牧师，因而违反了法律规定，应受罚款处罚。教会不服下级法院的判决，向美国联邦最高法院提起上诉。
>
> 从字面意义解释，“任何种类的劳动或服务”可以包括“传教”这一职业活动，因而，圣三一教会资助一个英国传教士进入美国传教属于《禁止通过契约输入外国移民法》所要禁止的行为。关键问题在于：要判明上述禁止条款的法律意图或立法本意是否将圣三一教会资助一个英国传教士进入美国传教这样一种行为包括在禁止之列？是否将“传教”这样一种职业活动包括在“任何种类的劳动或服务”之中？
>
> 美国联邦最高法院认为，从字面上解释，“任何种类的劳动或服务”显然可以包括传教。但是，这应该从立法意图、立法本意，而不是从字面意义得到解释。显示在法律文本字里行间的，未必包含在法律之内，因其没有进入立法意图。立法意图是什么呢？立法意图是法律创制时的意愿。美国联邦最高法院根据上述法律的立法史和立法背景资料指出，参议院试图禁止输入体力劳动者而非其他人的意图是清楚的。上述法律的目的是防止美国商人大量输入廉价外国体力劳动者，

① Rector. Holy Trinity Church v. U. S. (1892).

从而减少美国劳动者的就业机会，造成种种社会弊病。上述法律规定的立法意图并不包括脑力劳动和专业服务。圣三一教会与沃伦的合同在法律上不同于那些输入体力劳动者的合同，沃伦来纽约担任教区长和牧师的服务不属于上述法律中关于“在美国从事任何种类的劳动或服务”的含义范围。故输入牧师的行为并不为法律所禁止，应当把这种行为排除在上述法律的处罚范围之外。据此，美国联邦最高法院推翻了下级法院的判决。

虽然“传教”被包括在“任何种类的劳动或服务”字面的通常意义之内，但美国联邦最高法院认为这是立法者使用的词句造成的结果，不是立法的真正意图，不是立法者的目的，直接适用该法律字面规定会造成违背立法本意、法律意图或法律精神的结果，从而美国联邦最高法院将其拒之于制定法之外。这表明美国联邦最高法院认为《禁止通过契约输入外国移民法》中的文字与立法本意、法律意图或法律精神是有反差的，上述“任何种类的劳动或服务”的立法本意是将“传教”排除在外的，是有此项限制的。这实际上是美国联邦最高法院根据立法的本意或意图，在法律条文中插入或添加了一项限制或保留，从而限定了词句的字面含义，重构了这项法律条文，以还原立法的“本意”或“真实意思”，使法律文字与立法的真实意图相一致，避免出现与立法本意不相符合的判决结果。这就是所谓的法律的还原推理。

三、辩证推理的方法

在寻找法律的过程中，一旦发现法律规定或规则自相矛盾，或者法律规定或规则之间相互冲突、相互抵触、互相矛盾，法官就需要对自相矛盾、相互冲突、相互抵触或互相矛盾的法律规定或规则进行推论和选择，以决定接受哪一个法律规定或规则为适当的法律依据，消除法律的冲突或抵触，从而建立起裁判的大前提。

辩证推理是指在法律规定或规则、法律目的或价值取向相互冲突、相互抵触时，对相互冲突、相互抵触的法律规定或规则、法律目的或价值取向作出选择，平衡、消除或化解法律内在冲突，从而获得可适用的法律规定或规则，建立起裁判的大前提。

例如，美国的缪勒诉俄勒冈州案就是通过辩证推理来进行实质法律推理处理案件的一个典型案件。

案情简介：美国俄勒冈州于 1903 年制定了限制女性劳动者的劳动时间的法律。该法规定，不得雇用任何女性在该州的机器制造企业、工厂或洗衣房 1 天工作超过 10 小时，违者被处以不少于 10 美元不多于 25 美元的罚款。1905 年，俄勒冈州一洗衣房的所有者穆勒违反了州法的规定，被州的巡回法院处以 10 美元的罚款。穆勒不服，认为该州法违反了宪法第十四修正案，并试图利用 Lochner v. NewYork 案的司法先例推翻该州法。官司一直打到美国联邦最高法院，穆勒诉称：这项限制女性劳动时间的法律侵害了联邦宪法所规定的契约自由原则，因而构成违宪。受俄勒冈州委托，布兰代斯（Brandeis）向美国联邦最高法院提出答辩。布兰代斯以两页篇幅批判以往不利的“先例”，其余一百多页乃基于“活生生的事实”不利展开议论，论证妇女的生命、健康需要特别加以保护，该州此一立法乃是为了保护妇女的生命、健康，而保护生命、健康是宪法所规定的基本原则，所以该州此项立法并不构成违宪。

在该案处理中，“契约自由”权利的宪法保护与“妇女生命、健康”权利的宪法保护发生了冲突，或者说，宪法确认的“契约自由”权利与“妇女生命、健康”权利发生了冲突，法官必须运用辩证推理方法，对相互冲突的权利保护作出选择。显然，不同的选择将导致不同的判决。美国联邦最高法院支持了布兰代斯律师的见解，依据所谓的两性本质的差异和人类生活中男女作用的差异，来解释限制女性劳动者工作时间和条件的特别立法的合理性，肯定基于性别的立法分类，维护就业中对女性的差别对待，所以，认定俄勒冈州限制妇女劳动时间的立法并未违宪。布兰代斯律师的意见就涉及目的考量，更涉及利益衡量和价值判断。

四、衡平推理的方法

在寻找法律的过程中，一旦发现对于当前的具体案件，存在明确的法律规定或规则，如果将该规定或规则直接适用于此案，就会造成显失社会公平、公正的结果，是将该规定或规则直接适用于此案，还是拒绝适用而“正当背离”该规定或规则呢？法官不得不在“直接适用”与“正当背离”之间进行衡量并作出选择，以建立裁判的大前提。为此，就要运用衡平推理的方法进行实质法律推理。所谓衡平推理方法是指一旦发现对于当前具体案件，存在明确的法律规定或规则，但是，将该规定或规则直接适用于此案，就明显有悖于情理，会造成显失社会公平和公正的结果，对法律的有关规定或规则制定一个例外，或者说为其拒绝适用、背离该规定或规则找一个正当理由，回避、淡化该法律规定或规则的缺点和难点，对法律规则或规则予以补救，从而建立起裁判的大前提，以对个别案件平衡公正，实现个别公平。衡平推理方法的运用不是在创设一条规则或新的先例，不构成对法规的实质性破坏，只是在法律规定或规则之中附加衡平法意义上的例外，也不是以在某一特殊案件中适用法规会引起一种严重的非正义现象为理由而拒绝适用该法规。

为更好理解该方法，下文将对两起运用衡平推理方法进行实质法律推理的案件进行具体分析。

例 1：盗窃、侮辱尸体案

案情简介：某医院医学博士、眼科医生未曾征得死者生前的同意，也未征得死者家属许可，私自将死者眼睛取下并装上假眼睛，将眼睛的角膜取下并分别移植给在本院就诊的一位普通女工患者和一位普通农村妇女患者。死者家属发现后控告该医生涉嫌盗窃、侮辱尸体罪。

涉及法律条文：我国《刑法》第 302 条规定：盗窃、侮辱尸体的，处 3 年以下有期徒刑、拘役或者管制。

在该案中，为判决寻找法律根据或法律理由，首要解决的问题在于：（1）要判明该医生的行为是否违反我国《刑法》第 302 条的规定，构成盗窃、侮辱尸体罪；（2）一旦判明该医生的行为违反我国《刑法》第 302 条的规定，是将该规定直接适用于此案，还是以直接适用此规定会导致不公平、不公正结果为由“正当背离”此规定呢？一旦判明该医生的行为违反我国《刑法》第302条的规定，构成盗窃、侮辱尸体罪，并决定将该条款直接适用于此案，则只要诉诸形式推理就能建立起裁判的大前提。一旦法官认为直接适用该法规不妥，应当选择“正当背离”此规定，就需要法官运用衡平推理方法，对该法律规定或规则制定一个例外，或者说为其拒绝适用或“正当背离”找一个正当理由，以建立起裁判的大前提。该案最后的结果是，检察机关以该医生的行为虽有不妥，但情节显著轻微危害不大，不认为是犯罪为由决定不予起诉。

例2：损害赔偿案件

案情简介：1999年6月25日客运公司司机叶某驾车途中，遇歹徒抢劫乘客，遂见义勇为，欲将客车开往派出所，然而在与歹徒搏斗过程中，不幸翻车，一乘客受重伤致高位截瘫，歹徒乘机逃掉。该受伤乘客向法院起诉，要求客运公司予以巨额赔偿，而人民法院迟迟不下判。

涉及法律条文：我国《合同法》302条规定：承运人应当对运输过程中旅客的伤亡承担损害赔偿责任，但伤亡是旅客自身健康原因造成的或者承运人证明伤亡是旅客故意、重大过失造成的除外。

该案的法官之所以迟迟难以下判，倒不是因为找不到相应明确的法律规定，而是因为将上述明确的法律规定直接适用于本案这样特殊的情形，其妥当性或正当性需要法官进一步判断和衡量。如果将该规定直接适用于此案，对见义勇为的承运人就有些显失公平和公正，多少有些不合理和不妥当；而如果拒绝适用而“正当背离”该规定，对毫无过错且贫困交加的受害人也是不公平和不公正的。该案给法官带来了一个难题：直接适用该规定抑或“正当背离”此规定是一个两难选择，而且法官还必须要作出选择。最后，广西南宁地区中级人民法院一审判决认为：客运公司是客运合同承运人，应赔偿受伤乘客10.89万元。二审法院判决认为：受伤乘客与客运公司形成客运合同关系，该公司有义务将乘客安全送到目的地。虽然客车翻车是歹徒抢夺方向盘所致，但客运公司承担的是一种无过错责任，遂依法维持一审判决。

五、法律目的推理的方法

德国学者达姆提出，“法律绝不仅是徒具语言形式的东西。它有所志，有所意味；它追求着务实的目的，它的眼中有它在生活中要贯彻的价值”[①]。法律的渊源不仅包括明文规定的具体行为规则，而且包括法律的目的、精神及原则，还包括可以从这些目的、精神及原则推论出的“隐含的具体行为规则”或“类推的具体行为规则”。在寻找法律的过程中，还需要从实践理性或目的理性和价值理性出发，理解法律，探寻法律的真谛，即从“闭塞的逻辑”走向“开放的逻辑”，走向实践理性或目的理性以及价值理性的逻辑。

法律目的推理方法，也被称为工具推理方法，是指根据法律规范所涉及的行为之间的目的—手段关系、条件关系或因果关系，以法律规范的目的理由或目的理性进行推导，从“明确规则”推导出“隐含规则”或“类推规则”。其前提与结论之间具有目

① 梁慧星．民法解释学．北京：中国政法大学出版社，1995：286.

的—手段上的联系，结论在目的—手段关系上为前提所包含和蕴涵，或在共同的目的理由上为前提所类推。法律目的推理方法应遵循的规则有三种类型，即目的应当规则、目的禁止规则和目的允许规则。

目的应当规则的含义为：如果某目的是应当的，则一切使该目的得以实现的必要手段或条件也是应当的。也即如果A是应当的，而B是A的必要手段或必要条件，则B是应当的，即：

OA，A $\vdash$OB

目的禁止规则的含义为：如果某目的是被禁止的，则一切使该目的得以实现的充分条件亦是被禁止的。也即如果A是被禁止的，而B是A的充分条件，则B也是被禁止的，即：

FA，B $\vdash$FB

目的允许规则的含义为：如果某目的是允许的，则一切使该目的得以实现的必要条件也是允许的。也即如果A是允许的，而B是A的必要手段或必要条件，则B是允许的，即：

PA，A $\vdash$PB

总体而言，法律目的推理方法是发掘法律规定或规则的隐含意思、深层含义或类推规则，从“明示法律规定或规则”推论出“隐含的具体规则”或“类推规则”的一种重要的工具，在法官寻找法律的过程中被广泛地运用。

例如，美国著名的米兰达诉亚里桑娜州案中，美国联邦最高法院就是在运用法律目的推理方法进行实质法律推理。

案情简介：米兰达于1963年因涉嫌对一名18岁的菲尼克斯女性居民抢劫、绑架和强奸而被菲尼克斯警察逮捕。他在警局接受了两个小时的讯问并在一份自白书上签名。在其后进行的非常简短的审判中，法庭根据米兰达的供词而判其有罪。随后美国公民自由联盟接受了米兰达的委托进行上诉，声称米兰达的供述是伪造的和受到胁迫的，其在被讯问前不知晓其有不被强迫自证其罪的特权，而且警察也未进行告知。

法院判决：1966年美国联邦最高法院首席大法官沃伦作出裁决，确认米兰达在接受讯问以前有权知道自己的宪法第五修正案权利，警察有义务将它告知嫌疑人，告知权利之后，才能讯问；并将该案发回重审。

美国联邦最高法院认为，尽管联邦宪法并未明确规定警察必须告知涉嫌有罪的人有权保持沉默并且可以获得辩护律师的帮助，但是，第五修正案规定，在刑事检控中不得强迫被告作出不利于自己的证明，被告享有反对自证其罪（self-incrimination）的特权，而强制警察告知涉嫌有罪的人有权保持沉默并且可以获得辩护律师的帮助，乃是不强迫被告作出不利于自己的证明、保障被告享有对抗自罪的特权，从而保证合法审讯的先决条件。在本案中，虽然被告肉体上没有受到强迫，甚至也没有人直接告诉他必须招供，但“心理上”的强迫是存在的。这是因为，警察局审讯室里的“气氛”很令人担心：现代审讯用的是“攻心”战术；审讯在室内进行，同外界隔绝；现场除了被告以外全是警察。警察所问的并不是被讯问者做了没做，而是为什么要做；而且警察还用各种方法松懈被讯问者的警觉，如常常假装同情或者把犯罪的责任推到受害人或社会身上，让被讯问者觉得案件并非那么严重；或者软硬兼施，一会儿口气粗鲁，一会儿温文尔雅。美国联邦最高法院认为，所有这一切，都给被讯问者造成了巨大的心理压力，而这样的供认的可信度是很低的，不应作为合法证据使用。因此，警察在审讯前必须告知涉嫌有罪的人有权保持沉默并且可以获得辩护律师的帮助，否则，审讯是不合法的，得到的陈述不能作为证明其有罪的证据。由于美国联邦立法第五修正案只是指出在刑事检控中不得强迫被告作不利于自己的证明，所以运用形式推理方法无法从上述规定中推论出如下结论：即使警察不会作出任何强迫涉嫌有罪的人说话的事实行为，在审讯前亦必须提出法定警告。因此，上述结论是运用法律目的推理得出来的，是遵循目的禁止规则推出来的。

六、价值推理的方法

法律的价值推理也被称为法律规范的当然推理或强弱推理，是指根据法律规范的同一价值取向、价值理由、价值上的合理性或价值上的一贯性进行的推理。价值推导，其前提与结论之间具有价值的一贯性，结论在价值上的一贯性上或价值关系上为前提所包含、蕴涵或类推。根据价值推理，推出的是一个具有价值理由或价值上合理性的结论。在价值推理中有两种可以遵循的规则，即由强到弱的规则和由弱到强的规则。

由强到弱的规则，是指根据同一立法意图或价值取向，可以从一个较强的必须规范和允许规范推出一个较弱的必须规范和允许规范。由强到弱的规则可以表述为这样的规则，即“命令谁做得较多，也就是命令他做得较少”。例如，为了满足生产和生活的需要，明文规定某供电部门必须负责供应该城市的电力，那么，根据同一立法意图或价值取向，该供电部门就当然必须负责供应该城市某城区的电力。这就是由前一个较强的必须规范推出后一个较弱的必须规范。

由弱到强的规则，是指根据同一立法意图或价值取向，可以从一个较弱的禁止规范推出一个较强的禁止规范。由弱到强的规则可以表述为这样的规则，“禁止谁做得较少，也就是禁止谁做得较多”。例如，某公园的管理者，为了保护草坪不受损坏，明令“禁止游人践踏草坪”或“游人不得在草坪上行走”，那么，根据同一立法意图或价值取向，就当然有理由认为“禁止游人挖掘草坪”等，这是因为挖掘草坪会给草坪造成更大的损坏。这就是从前一个较弱的禁止规范推出后一个较强的禁止规范。又如，英国青年乔治闲极无聊时擅自进入附近的皇家空军机场，坐在跑道上看飞机的日常训练，影响了一架军机的正常降落，乔治因此被控至法院。帕克法官拟依据《官方机密条例》第3条关于“不得在禁区附近妨碍皇家军队成员的行动……”之规定处罚乔治。而乔治的辩护律师认为，乔治不应受罚。该律师辩护道：虽然军用机场毫无疑问是个“禁区”，乔治也妨碍了皇家军队成员的行动，但是，他不是在禁区附近而是在“禁区”里做的事。条例第3条只规定了“在……附近”没有规定“在……里”，所以依据这条规定是不能处罚乔治的。该律师还提醒帕克法官注意，英国是个法治国家，法无明文是不为罪的。对于该案，法官进行法律推理时就可以适用价值推理方法中的由弱到强规则，从前一个较弱的禁止规范推出后一个较强的禁止规范。《官方机密条例》第3条的规定，是为了禁止给皇家空军安全造成危险，所以禁止在“禁区附近”进行有妨碍皇家军队成员的行为。根据立法意图或立法价值，当然有理由认为更不能在“禁区内”进行有妨碍皇家军队成员的行为，因为这会给皇家空军的安全造成更大危险。于是，从不得“在禁区附近”进行妨碍皇家军队成员的行动推导出不得“在禁区内”进行妨碍皇家军队成员的行动。

总之，法律目的推理和价值推理，开辟了一条打破形式推理或逻辑推理短视症的道路，强调在时代的具体条件、情境和价值烛照下解读法律，重视对法律的目的或价值的重构，强调发展法律原则，强调司法造法或法官造法，追求法律对社会的适应性以及与当代社会的价值的契合，追求司法判决结果的正当性或可接受性。

参考文献

［1］王晨光．法律推理．清华大学当代中国研究中心，中国人民大学法律社会学研究所，1999.

［2］曾庆敏．精编法学辞典．上海：上海辞书出版社，2000.

［3］张传新．论法律推理//陈金钊，谢晖．法律方法．第一卷．济南：山东人民出版社，2002.

［4］张保生，法律推理的理论与方法．北京：中国政法大学出版社，2000.

［5］雍琦．审判逻辑简论．成都：四川人民出版社，1990.

［6］张文显．二十世纪西方法哲学思潮研究．北京：法律出版社，1996.

［7］E. 博登海默．法理学—法律哲学与法律方法．邓正来，译．北京：中国政法大学出版社，1999.

［8］朱前鸿．语词的模糊性及其对法律实务的影响．北京：中国政法大学出版社，2011.

［9］修艳玲．法律推理和利益衡量．福建公安高等专科学校学报，2000（2）.

［10］解兴权．法律推理的涵义、性质及其功能．法律科学，1998（6）.

［11］强昌文．论司法中的实质法律推理应遵循的基本准则.理论建设，2012（4）.

延伸阅读

郝建设．法律推理与司法公正//梁庆寅．法律逻辑研究：第一卷．北京：法律出版社，2005：66－78.

课后练习题

一、问答题

1. 什么是实质法律推理？实质法律推理具有哪些特征？

2. 形式法律推理和实质法律推理有何联系与区别？

3. 运用实质法律推理的情形有哪些？

4. 实质法律推理在法律适用中的作用有哪些？

5. 实质法律推理应遵循的基本准则有哪些？

6. 实质法律推理的基本方法有哪些？

二、分析下列实质法律推理所使用的逻辑方法

1. 有一规则规定：步行街内，机动车、自行车禁止进入。现有一人骑马入内，是否适用该规则？仅凭形式推理是无法解决此类问题的，因为原法律规范未作明文规定。但如果从立法目的去考虑，立法者禁止自行车进入是为了保证步行街的行人安全，为了保证这一立法目的的实现，马匹也应当禁止入内。

2. 在美国廷克诉德克诉德·莫伊尼校区（Tinker v. Des Moines School District）一案中，原告诉称：他是一个高中生，1965 年为抗议越战而戴着黑纱去公立学校上学，因此被校方要求停学。原告认为：一个高中生享有美国宪法第一修正案言论自由条款所规定的言论自由，他的抗议属于言论自由条款保护范围内的言论，校方因此要求他停学，违反了美国联邦宪法。美国联邦最高法院裁决：一个在 1965 年为抗议越战而戴着黑纱去公立学校上学的高中生，不能因为戴黑纱的原因被停学。这种抗议属于言论自由条款保护范围内的“符号言论”。第一修正案在普遍意义上保护表达自由，所以，连同批评官方政策的演讲、竞选言论和其他各种比较明显的受保护的表达形式一道，绘画、摄影、音乐以及其他一些表达形式也可能在宪法上受到保护。

3. 在里格斯诉帕尔默（Riggs v. Palmer）一案中，原告诉称，被告作为一个遗嘱的遗产继承人谋杀了其遗嘱人，因而不能准许他获得遗留给他的财产；被告辩称，立遗嘱人已经按照《遗嘱法》的一切要求立了遗嘱，而且在立遗嘱时年龄合格和精神健全，根据该遗嘱条款以及规定遗嘱效力和财产移转的法规，他拥有不可剥夺的遗嘱继承权并因此无可争辩地获得财产。这是一起涉及遗嘱继承的案件——遗嘱继承人为了继承遗产而杀害了被继承人，他是否仍然可以合法继承遗产？法院认为：从法律的字面意义上看，遗嘱是有效的，被告享有继承权，应当准许被告获得遗留给他的财产，但是，我们不能被法律中的一般性语言所困扰，对所有法律和合同的解释与适用都受普通法所确立的基本原则的规制。该法律的字面意义在此案中应当服从法律的这一基本原则，即不应容许任何人以其欺诈行为获利，或利用其错误行为得益，或因其不法行为而有任何权利要求，或利用其犯罪取得财产。这个原则在所有文明国家的法律中都有其基础，即使是制定法也不能超越它们。这些原则无须制定法赋予其效力，却能决定遗嘱的有效与无效。就该案而言，如果咨询立法者，根据语言的通常意义，他们能说遗嘱人或被继承人的财产应该转移给为获得遗产而杀害遗嘱人或被继承人的人吗？被告谋杀了其遗嘱人，从而使遗嘱失去了它的表面有效性，因而不能准许他获得遗留给他的财产。

4. 在美国海因斯诉纽约中央铁路公司（Hynes v. York Central Railroad）一案中，一个 16 岁的小男孩游过哈勒姆河之后，爬上了一块从该河布朗克斯（Bronx）一端的堤岸处伸出的跳板。该跳板是设置在铁路地段上的。正当他站在跳板的顶端准备跳水时，他被该铁路公司所有的电线杆上掉下的高压电线电死并被击入河中。该孩子的母

亲提出损害赔偿诉讼。诉讼双方提出了两种相互抵触的比喻和主张。铁路方的辩护律师将事故发生时该男孩比为非法入侵私有土地者，因而该土地所有人对他不承担应有的注意责任。原告律师争辩说，该跳板以上或以上的空间是属于国家的，因而该男孩应被视为类似于公路上的行人。一审法院采纳了被告方提出的主张并驳回了原告方的起诉。然而上诉法院接受了原告方的观点，撤销了原判。撰写此判决理由的卡多佐法官指出：双方各自的比喻和主张在逻辑上都是可以接受的，但是，正义与理性要求被告承担这种法律责任。在本案中，“土地所有”的法律保护与“个人生命健康”的法律保护发生了冲突。卡多佐法官以“个人生命健康优先保护”这个“正义与理性要求”为由作出了他的选择。

5. 在瓦朗蒂尼诉加纳里（Valentin v. Canali）一案中，一个未成年人起诉要求索回他按照一项租房和购置家具的合同所付的钱款。根据有关成文法的规定，未成年人为贷资供应所签订的合同是完全无效的，但该未成年人在此前已住此房屋和使用此家具有好几个月了。英国后座法院拒绝了该未成年人的诉讼请求，认为：当一个未成年人已就某样物品支付了款项并已消费或使用了它时，他要求重新收回他所付的钱款，是与自然正义相违背的。

第八章
论证篇（上）

在论证理论上……不能放弃逻辑分析，这个判断也由下面一点而来：论述的任何分析必须首先考察其逻辑结构。只有这样做，才有可能系统地去揭示隐含着的前提，才能够搞清楚：在逻辑上不能进行有结论的过渡（推导）时如何插入有说服力的手段去跨越这个鸿沟。

——罗伯特·阿列克西．法律论证理论．

第一节　论证概述

人们在进行思想讨论、意思交换或写文章、著书立说过程中，在法庭论辩、外交争诘或对一些科学原理、理论的说明、解释过程中，总是需要去确立某种思想、某些观点的真实性。而要使他人信服这些思想、这些观点，就需要提出一些理由和根据来证实己方的思想或观点的正确。这种思维过程，在逻辑上通常被称为论证。

一、论证的概念与特征

（一）论证的概念

所谓论证就是用一个或一些真实判断确定另一个或另一些判断的真实性的思维过程，或者说是根据已知为真的判断，来确定另一判断的真实性或正当性的思维过程。在实际工作和科学研究中，人们经常需要确定某一判断的真实性。为此需要引用一些真实判断作为根据，从这个或这些判断中推导出所要确定的判断的真实性。这就是论证的过程。

例 1：

有人认为孔丘能先知，这是不对的。因为如果孔丘能先知，他应当在见到颜渊之前就知道颜渊没有被匡人杀死。既然孔丘以为颜渊被匡人杀死了，可见孔丘并不能先知。

这个论证是用已知为真的判断作根据去断定另一个判断为假，即确定“孔丘能先知”的虚假性。这个论证也是借演绎推理形式来完成的。

例 2：

邓小平同志 1992 年 1 月在视察武昌、深圳、珠海、上海等地时有这样一段论述：

“要坚持党的十一届三中全会以来的路线、方针、政策，关键是坚持‘一个中心，两个基本点’。不坚持社会主义，不改革开放，不发展经济，不改善人民生活，只能是死路一条。基本路线要管一百年，动摇不得。只有坚持这条路线，人民才会相信你，拥护你，谁要改变三中全会以来的路线、方针、政策，老百姓不答应，谁就会被打倒。”

这段论述就是一个论证。这个论证用已知真实的判断作依据，运用演绎的推理形式，逻辑地确定了“要坚持党的十一届三中全会以来的路线、方针、政策，关键是坚持‘一个中心、两个基本点’”这一判断的正当性。

（二）论证的特征

论证是通过援引另一些真实判断来辨别某个判断的真实性，是在思维领域进行的证明，通过口头语言或书面语言表达出来，故亦称为“逻辑证明”或“说理性证明”。因此，它不同于借助某件物品具有的性质或表现出的某些特征，来证明关于某一件事或某种行为是否发生的判断的真实性，例如，“结婚证”可以证明夫妻关系的存在，购物发票可以证明购物行为的发生；也不同于通过同事物实际情况的对比，来证明反映该事物情况判断的真实性，例如，专门验证某人身上是否被砍 10 刀来证明“某人被砍 10 刀”这个判断的真实性。在这些情况下的“证明”虽然也可以被称为对某个判断真实性的证明，但是这样的“证明”仅具有“证实”的意义，不同于我们这里所说的论证。

论证通过一些判断的真实性来确定另一些判断的真实性或正当性，是借助于前者和后者之间构成的推理关系实现的。正是两部分判断之间存在着某种推理关系，才使人们既然承认或相信了前者的真实性，就只能承认或相信后者的真实性。因此，论证总是与推理相联系的，离开了推理就谈不上论证，并且推理的有效性、合理性决定着论证的可接受性和说服力。需要说明的是，论证只是在思维领域进行的证明，通常它仅能说明或确定某个判断的真实性，并不能证实该判断的真实性。一个判断究竟是否为真，当然不是单凭推理来决定的，只有实践才能最终证实一个判断的真实性。总之，思维领域的论证或逻辑证明不能代替实践证明。[①]

二、论证的组成

任何一个论证都是由论题、论据和论证方式三个要素构成的。

（一）论题

论题在议论文中被称为论点。在逻辑学中，论题是通过论证来确定其真实性或正当性的那个判断，是论证者要证明或者反驳的观点，也是展开证明或反驳的出发点。它所要回答的是“论证什么”的问题。根据论证所要回答的“论证什么”的不同，论证分为两类：一类是为了确定一个判断的真实性的论证；另一类是为了确定一个判断的正当性或符合论证者希望“世界是怎样的”所为的论证。传统逻辑学所说论证就是

---

① 雍琦．逻辑．北京：中国政法大学出版社，2007：244.

前一种论证，本书所说的论证则包括上述两种情况。

论题所涉及的判断可能是一个已知为真的判断，也可能是一个已知为假的判断，还可能是一个真假尚待证明的判断。如果论题是一个其真实性或正当性早已得到确证的判断，那么，论证的目的就在于辩护，也就是揭示这个判断的真实性或正当性，让他人不仅知其然，还知其所以然，从而使他人同样理解、相信、接受或拒斥这个判断。如果其论题是后一种情况，则论证的目的就在于探索或发现，即为某个判断或观点提供理论方面或事实方面的理由或根据，以便确立这个判断或观点的真实性或正当性。

一个论证的论题具有唯一性，此处是指“总论点”或“基本论点”。在一个包含许多子论证的复杂（复合）论证中，存在着多级论题的情况，即在总论题或总论点下面存在着若干个分论题或分论点的情况。

（二）论据

论据就是被引用来作为确定论题的真实性或正当性的理由或根据的判断。论据是证明论题是否真实的理由和根据，它所回答的是“用什么来论证”的问题。论据是证明的“血肉”，证明的丰满、充实依靠充足、真实的论据。荀子说“持之有故”，即坚持一个论题，应该有论据。《墨子·大取》说“辞以故生”，“立辞而不明于其所生，妄也”，即论题凭借论据而产生，建立论题而不说明其所产生的论据，是虚妄的论断。

论据应该具有真实性、关联性和独立性这三种性质，它们是建立有效证明的前提和先决条件。论据不真实，无从引出论题的真实。论据与论题没有密切关联的性质，会使二者风马牛不相及。论据不独立于论题，会使证明循环，像车轮在原地无效空转。在论证中，被引来作为论据的判断通常包括以下几种。

第一种是已经证实的事实判断。摆事实、讲道理，以事实作为根据来论证论题的真实性，是在我们的论证中常常见到的，比如“案发现场没有血迹”“张三头上的伤系锐器伤”“死者的牙根呈现青黑色”等。

第二种是科学概念的定义。无论在自然科学中还是在社会科学中，概念的定义都是对客观事物的本质或规律的反映，因而其可以成为论证的论据。司法实践中，对犯罪嫌疑人的行为构成何种犯罪行为的认定就是以科学概念的定义为论据的。

第三种是法律原则、法律（法规）条文、合同条文、依法生效的司法判决、依法作出的司法解释以及国际公约、国际惯例等命题。在司法证明过程中，此类论据往往都属于免证对象。

第四种是公理、原理以及众所周知的常识性判断，如“砒霜中毒的死者牙根呈现青黑色”“如果死者身上有自己无法形成的致命伤，则死者是他杀”等。此类判断的真实性已经过无数次实践的检验，具有普遍意义，因而可以作为论据使用。

（三）论证方式

论证方式就是指论题和论据之间的联系方式，即论据推导出论题的方式，换言之，也就是论证过程中所采用的推理形式。它所回答的是“怎样用论据论证论题”的问题。论证方式是论证的骨骼、脉络和结构，如果论证的骨骼环环相扣、脉络分明、结构严谨，则论证就有较强的证明力和说服力。荀子说“言之成理”，即对论题的论证，顺理成章。《墨子·大取》说“辞以理长”，“今人非道无所行，唯有强股肱，而不明于道，其困也，可立而待也”，阐释了论题是凭借条理而导出，如果论证过程不合理，则犹如行不由径，即使有强健体魄，却因不知在何方，而必然立刻遭困。可见，只有论证方式有效，才能思路畅通、条贯理达。

论证方式包括以下两个方面。

一是采用何种推理形式，使论题和论据发生联系。论证的过程是借助推理实现的，离开推理就谈不上论证。一个结构层次简单的论证就是一个推理，论据相当于该推理的前提，论题相当于该推理的结论。推理可以分为演绎推理、归纳推理和类比推理，论据与论题相联结而构成的推理形式也相应地有这几种形式，因而论证相应划分为演绎论证、归纳论证和类比论证。但由于论证是为了证明论题是否真实，所以论据与论题联结而成的推理必须是必然性推理，也就是必须采用演绎推理和完全归纳推理；而不完全归纳推理和类比推理并不是严格意义上的一种独立论证方式，只能用作论证的辅助手段。

二是采用何种方法，使论据能够证明论题的真实性。证明论题真实性的方法既可以是直接的方法，也可以是间接的方法。前者是论据直接与论题发生联系，也即由论据真直接推出论题真的方法；后者则是运用论据直接确定同论题之间有着真假关系的另一个/些判断的真假，进而确定论题真实性的方法。

三、论证和推理的关系

论证和推理有着紧密的联系，推理是论证的工具，论证是推理的应用。论证和推理可以具有完全相同的语言表达，论证需借助推理来进行，论据相当于推理的前提，论题相当于推理的结论，论证方式则相当于推理形式。两者的联系如下表所示。

论证	推理
论据	前提
论题	结论
论证方式	推理形式

论证和推理的区别有三：第一，思维进程不同。从认识过程来看，推理是由已知前提，推出未知结论，其思维进程是先前提后结论；而论证是先有论题，然后才寻找论据对论题加以论证。第二，对前提（论据）真实性的要求不同。一个正确的论证，其论据必须是真实的；一个正确的推理，其前提未必是真实的。第三，目的不同。论证的目的，是证明真理，由论据真导出论题真；推理的目的，是发现真理，由已知推出未知。

第二节　论证的形式

论证包括“证明”和“反驳”两种形式，证明也称作立论，反驳也称作驳论。

一、证明的概念、种类和方法

（一）证明的概念

证明是根据已知为真的判断通过推理来确定另一个/些判断的真实性或正当性的论

证。证明是论证的表现形式，是论证者通过一定的逻辑形式，组织某个或者某些已知为真的判断来确定待证判断的真实性或正当性的过程。证明作为论证的一种方式，也由三个要素构成，即论题、论据和论证方式。

证明对于司法实践来说更是不可或缺。每一宗案件，不管是刑事、民事案件还是行政案件，从立案到审理，再到判决、裁定，都充满着证明过程，可以说，每一宗案件都是一个完整的证明体系。如在刑事公诉案件的法庭论辩中，公诉人总是根据犯罪事实来证明被告人有罪或罪重，而辩护人则据理对公诉人的指控进行反驳（特殊的证明），以证明被告无罪或者罪轻。接下来，公诉人又针对辩护人的辩护进行反驳，进一步证明自己所持观点的正确性。如此循环往复，直至把事实弄清，使正义得到伸张，判决令人心悦诚服。换言之，没有证明，就没有法庭辩论。[①]

（二）证明的种类

根据证明所用的推理形式的不同，证明可以分为演绎证明、归纳证明和类比证明。

1. 演绎证明

演绎证明，就是运用演绎推理形式所进行的证明，即根据一般性的公理、原理、定律和有关事实的判断，运用演绎推理的形式，推导出特殊判断的真实性。演绎证明的优点是证明力强，只要作为论据的事实及一般原理是真实的，推理形式正确，则论题就是可靠的。也即演绎证明具有必然性。其可进一步分为三段论证明、假言证明、公理法证明等。

(1) 三段论证明。

三段论证明是运用三段论推理论证论题真实性的证明，用公式表示为：

论题：所有 S 是 P

论据：所有 M 是 P

所有 S 是 M

例子：

某市公安局侦查员接到报案后，前往一售货亭勘查现场，发现被害者女售货员颈部有严重的卡痕，生理反应明显，显然是他杀。因为，扼死有以下基本特征：凡扼死的颈部有扼伤，常见颈部皮下和肌肉出血，并且由于被害人的强烈抵抗，常见死者的两手和两臂形成挣扎抵抗伤痕。

上述例子的证明形式如下：

客观现象：女售货员颈部有严重的卡痕；

论题：被害人是被扼死的；

论据：凡颈部有扼痕的死者是被扼死的。

可修复成如下演绎三段论。

凡颈部有扼痕的死者是被扼死的；

被害人颈部有扼伤痕；

① 冉兆晴．普通逻辑学教程．北京：中国政法大学出版社，1999：263.

所以，被害人是被扼死的。

(2) 假言证明。

假言证明是运用假言推理论证论题真实性的证明，用公式表示为：

论题：q

论据：如果 p，则 q

p

例子："如果死者身上有自己无法形成的致命伤，则死者是他杀。死者蔡某身上有自己无法形成的致命伤，所以，死者蔡某是他杀。"即是采用假言推理来证明的。

(3) 公理法证明。

公理法证明是根据某些公理、定义，按照一定的推演规则，推导出一系列定理的演绎证明。根据公理建立起来的演绎体系叫作"公理体系"。在数学科学中广泛应用此种方法，如欧氏几何就是一个公理体系，它包括一系列的演绎证明，这里不作详细介绍。

2. 归纳证明

归纳证明就是运用归纳推理形式所进行的证明，即根据个别或特殊的论据推导出一般性的论题的证明。根据归纳是否包括了全部的对象，归纳证明可以分为完全归纳证明和不完全归纳证明。

(1) 完全归纳证明。

完全归纳证明就是运用完全归纳推理形式进行的证明，它的论据涵盖了归纳的所有对象。用公式表示为：

论题：S 不是 P

论据：S_1 不是 P

S_2 不是 P

S_3 不是 P

S_4 不是 P

(S_1、S_2、S_3、S_4 是 S 的全部)

例子：

地球上各大洲都有矿藏。经地质勘查发现欧洲、亚洲、非洲、北美洲、南美洲、大洋洲和南极洲等地都有矿藏，而这些洲是地球上所有大陆的全部。这就是一个完全归纳证明。

(2) 不完全归纳证明。

不完全归纳证明就是运用不完全归纳推理形式进行的证明，通常以简单枚举归纳推理、科学归纳推理等形式作为论证方式。

例 1：

地震前动物会发生反常现象，如猫儿离家、狗跑乱吠、老鼠出洞、鸡飞鸭叫、牛羊乱窜等反常现象。这是什么原因？有的科学家经过研究认为，原因是在地震发生前，动物可以比人敏感地感受到空气中产生的带电粒子，而这些带电粒子会造成动物血清素含量的增高，血清素含量的增高可以使动物神态颠倒，甚至作呕，因此，地震前动物会发生反常现象。

例 2：

在中华民族的文明史上，有素来发达的农业和手工业；有许多伟大的思想家、科学家、发明家、政治家、军事家、文学家和艺术家，有丰富的文化典籍；在很早的时候，就有了指南针的发明；在 1 800 年前，已经发明了造纸法；在 1 300 年前，已经发明了刻版印刷；在八百多年前，更发明了活字印刷；火药的应用也在欧洲人之前。所以中国是世界文明发达最早的国家之一。

归纳证明的优点是说服力较强，因为“事实胜于雄辩”，援引具体事实容易说服人。演绎推理和完全归纳推理，均是必然性的推理，因此，只要演绎证明和完全归纳证明的论据真实，论题就必然真实。但是，不完全归纳推理是一种或然性推理，即使论据真实，也不一定就能确定论题真实。因此，在进行归纳证明时，我们必须注意在搜集大量材料的基础上进行科学分析，并以典型事例为论据推出论题的真实性。

3. 类比证明

类比证明是运用类比推理形式所进行的证明。在证明过程中，根据一定条件下两个或两类对象在某些属性上相同或类似，确定它们在另一属性上也相同或类似。

类比证明的结构是：

论题：B 具有 d 特征

论据：A 具有 a、b、c、d 特征

B 也具有 a、b、c 特征

例如，《古今谭概》中有一则故事：翟永令的母亲笃信佛教，一天到晚不停地念“南无阿弥陀佛”，翟永令听得不耐烦了，就同样不停地喊“老娘”。老太太当然听烦了，就责备儿子不该不停地喊她。翟永令就以此为证，认为佛祖听见人成天在喊他也会生气的。从此，老太太就减少了念佛的次数。

翟永令就是运用类比证明的方法论证自己的想法：整天念佛无益。

需要注意的是，由于类比证明所运用的类比推理的结论是或然性的，并不完全可靠，故在使用类比证明时，应尽量选择共同点较多的对象来进行类比，避免犯“机械类比”的逻辑错误。

（三）证明的方法

根据论证过程是否可以直接推导出论题的真实性，我们将证明的方法分为直接证明和间接证明。

1. 直接证明

直接证明是根据已知为真的论据，直接推出论题的真实性的证明。它是最主要、最常用的证明方法。直接证明的特点表现为：从论题出发，为论题的真实性提供正面的理由，直接推出论题，而不是通过确定其他判断的虚假来间接推出论题的真实性。直接证明这种用论据的真实性直接推出论题真实性的证明方法，在司法工作领域的运用十分广泛。

例子：

一起故意杀人案的法庭辩论中，被告人的辩护律师陈述了5条辩护意见：

(1) 本案的起因是一个很重要的问题。死者平时不料理家务、好逸恶劳。案发当天，将洗脚水打翻在房间里，后来又摔茶缸将玻璃窗打破。

(2) 是谁先拿凶器榔头？李甲一直说是死者李某先拿的；后检察机关询问被告人，李甲又说是李乙拿出来的。她为什么这样讲以及在什么情况下翻供的？这些问题都值得深思。

(3) 死者李某先拿榔头打被告人李甲，李乙夺过榔头才打李某。被告人的行为属于防卫过当。对于防卫过当，应追究刑事责任，但量刑时应加以区别。

(4) 死者李某被单位开除，又被公安机关收审过，是社会上的危险分子，当天又寻衅滋事，被告人是在激愤的情况下实施犯罪的。

(5) 被告人认罪态度好。发案后，被告人主动给本单位组织打电话，积极抢救，又到派出所投案，有悔改表现。据此，辩护人请法庭依据《刑法》对被告人减轻处罚。

该案中，被告人的辩护律师即是运用了直接证明的方法来证明对被告人应当减轻处罚。辩护人逐一列举了被告人的全部属于减轻处罚的情节——防卫过当、情况紧急、主动投案、积极抢救被害人、有悔罪表现等等，进而推出了被告人应当被减轻处罚的结论。

2. 间接证明

间接证明是通过确定其他判断的虚假来确定原论题的真实性的证明方法。间接证明又分反证法和选言证法两种类型。

(1) 反证法。

所谓反证法，是指通过确定与原论题相矛盾的判断（反论题）的虚假来确定论题真实性的间接论证。运用反证法的步骤有四：第一步，先假定与原论题（p）相矛盾的反论题（非p）为真；第二步，从这个假定为真的反论题（非p）推出与事实（q）相矛盾的判断（非q）；第三步，根据充分条件假言推理否定后件式，从而证明反论题（非p）必然是假的；第四步，根据排中律，两个相互矛盾的判断必有一真，从而证明原论题（p）是真的。

反证法的结构式可以表示如下。

论　题：p真

反论题：非p

证　明：1）假设非p真

2）如果非p真，则q真，但已知q假

3）所以非p假

4）所以，p真

例子：

甲的住宅起了大火，当消防队将大火扑灭后，发现某百货商店女经理已倒在起居室的地板上，并且已死亡。刑侦人员赶赴现场进行勘验，现场的情况是：长沙发前有一张条桌，桌上有空酒瓶一只，一堆烟头和香烟的余渣。因此刑侦人员作出如下结论：死者醉得不省人事时，烟头引燃了沙发，并且引起大火，死者是因失火造成窒息死亡。第二天，法医对死者进行尸检后，在死亡证明书上填写："死亡原因：扼死；死亡性质：谋杀。"

用反证逻辑公式可表示如下。

求证：死者被他人扼死，属于谋杀（p）。

假设：死者不是被谋杀，而是意外窒息死亡（¬p）。

证明：1）如果死者是窒息死亡，那么死者咽喉部及呼吸道内会留下烟灰炭末。2）如果死者是窒息死亡，那么颈部内"U"字形舌骨不会有一条细小骨折裂缝，周围肌肉不会出现点片状血。3）如果死者是饮酒过量导致酩酊大醉、不省人事，那么，其血液中酒精含量必然高。4）如果死者是一氧化碳中毒和缺氧引起死亡的，那么血液中一氧化碳含量也高。5）对1）2）3）4）的检验结果是：死者咽喉部及呼吸道干净，无烟灰炭末；死者颈部"U"字形舌骨上有一条细小骨折裂缝，周围肌肉有点片状血；死者血液中酒精含量只有0.02%，按常规不会引起醉酒；死者血液中一氧化碳只占2%，不会造成中毒死亡。综上所述，由¬p推导出的情况均被法医的尸检结论予以否定（根据充分条件逻辑关系，否定后件，从而否定前件的原理）。6）所以，p真（根据排中律原理，因为，p与¬p是矛盾关系，¬p假，则p真）。

运用反证法时应当注意两方面的问题：第一，实践中，人们在运用反证法时通常省略了"非q，所以非p假"，有时甚至连"所以p真"也省略了，如上例便是。第二，反论题与原论题必须是矛盾关系或者下反对关系，而并非反对或者差等关系。因为前者可以由反论题假推出原论题真，后者则不能。如果不注意到这一点，证明过程就不符合逻辑规则。

（2）选言证法。

选言证法，也称排除法，是运用选言推理，通过确定原论题之外的其他论题为假，来确定原论题真实性的间接证明。选言证法的推理形式是不相容选言推理的否定肯定式，通过"去伪存真"或淘汰的方式否定其他肢判断为假，即可确定论题为真。运用选言证法的步骤有三：一是先构成一个包括论题这一肢判断（p）在内的一个选言判断；二是论证除这一肢判断（p）外，其他的肢判断（q、r、s、t等）均不成立；三是根据选言推理否定肯定式，证明论题（p）真。

选言证法的结构式可以表示如下。

论题：p真

证明：1）p真，或q真，或r真

2）非q

3）非r

4）所以，p真

需要注意的是，在使用选言证法证明的过程中，论题p、q、r要穷尽了所有的肢判断，q、r的总和与p构成矛盾关系。根据排中律，由q、r假，可以推出p必定是真的。选言证法也是排中律在起作用，是由假推真的间接证明。

例子：

某乡渡口的船工甲和其侄儿（16 岁）当夜在船舱内同睡一铺、同盖一被，结果甲被人杀死，其侄儿幸存。侦查员对他杀的原因作了以下推断：仇杀、谋财害命、情杀、误杀。经过深入调查了解，被害人为人忠厚老实，与他人未结怨仇；被害人家境贫寒，缺衣短粮；被害人生前家庭和睦，男无新欢，女无外遇。剩下只有误杀的可能性。如果误杀，一定有凶手企图杀害的另一相像的人，死者的弟弟乙与被害人很像。同时，侦查员又调查到死者弟媳年轻貌美，是否有人企图杀死者弟弟乙，再霸占其弟媳。侦查员由此又推断出三个嫌疑人：丙、丁、戊。这三个人都是三十多岁，都是单身汉，平日生活作风均不检点，尤其爱和女人打闹、挑逗。经过深入调查了解，丙在发案当晚，在家里和他人赌钱到深夜，多人证明他没有离开家外出。由于不具有作案时间，丙的嫌疑被排除。丁患有夜盲症，晚上无法独自行走，因此不具备作案的起码条件，也被排除嫌疑。唯独戊不能被排除，因为该人性情暴躁、身强力壮、作风不正派，夜晚到处游耍，并且曾经调戏过被害人的弟媳，等等。后来在审讯中，戊供认了犯罪事实。

可用选言证法逻辑公式表示如下。

公式一：

求证：案情性质

假设：仇杀、谋财害命、情杀、误杀

证明：1）如果是仇杀，则有仇人。无仇人，所以不是仇杀。

2）如果是谋财害命，被害人一定富有。被害人贫寒，故不会是谋财害命。

3）如果是情杀，那么被害人与其妻子至少有一方有外遇。但被害人夫妻和睦、作风正派，故不会是情杀。

4）1）2）3）的结论未成立，因此，只有误杀可能性（这有待于捕获罪犯来证实）。

公式二：

求证：罪犯

假设：丙、丁、戊

证明：1）丙无作案时间，予以排除。

2）丁无夜间作案条件，予以排除。

3）由于丙、丁不可能作案，故剩下戊作案可能性大。拘留后，在预审中戊供认了犯罪事实。

特别需要强调的是，选言证法所使用的选言判断的肢判断必须穷尽，否则，即使把除原判断以外的肢判断都加以否定，也不能必然推出原判断为真。在司法实践中，由于肢判断的穷尽十分困难，因而独立运用这种方法的情形比较少见。但在侦查实践中，选言证法的运用对于缩小侦查范围、确定侦查方向具有重要的意义。

由于间接证明的证明过程表现较为迂回，故其在司法文书的论证中运用不多，在遵循罪刑法定原则的刑事诉讼活动中运用得更少。在实际证明过程及法庭辩论中，间接证明、直接证明等各种证明方式往往结合使用，从正反两个方面讲清道理，从而使结论具有更强的说服力。

二、反驳的概念、种类和方法

（一）反驳的概念

所谓反驳就是指用一个或一些真实判断确定某一论证的论题或论据的虚假，或确定某一论证的论证方式不正确的思维过程。

例子：

甲：“所有鸟都会飞。”乙：“鸵鸟是鸟，但鸵鸟不会飞。”

这个例子中，乙运用众所周知的“鸵鸟是鸟，但鸵鸟不会飞”这一事实，对甲的论题“所有鸟都会飞”进行了有效的反驳。

反驳与证明是相辅相成的。证明是确定某一论题的真实性，称为“立”；而反驳是确定某一论题的虚假性，称为“破”。确定某一判断 p 是虚假的，也就是确定“非 p”是真实的。同样，要确定某一论证方式是错误的，也就是确定“某一论证方式是错误的”是真实的。因此，从某种意义上说，反驳也是一种证明。确切地说，反驳是证明的一种特殊形式，只不过其侧重点不同而已。

反驳由三个要素构成，即被反驳的论题、用来反驳的论据和反驳方式。被反驳的论题是指需要确定其虚假性的判断，如上例中的“所有的鸟都会飞”就是被反驳的论题。反驳的论据是指用来论证被反驳论题虚假的判断。如上例中的“鸵鸟是鸟，但鸵鸟不会飞”就是反驳的论据。反驳的方式就是指反驳过程中所用的推理形式。如上例中乙在反驳甲时运用的推理形式就是性质判断对当关系推理，准确地说是运用 A 判断和 O 判断之间的矛盾关系进行推理。

（二）反驳的种类

根据反驳的内容进行划分，可以将反驳分为反驳论题、反驳论据和反驳论证方式三种。

1. 反驳论题

反驳论题就是通过反驳来确定对方论题的虚假性，驳倒论题即达到了反驳的目的，故也称反驳论点。如上例中用论据“鸵鸟是鸟，但鸵鸟不会飞”来反驳“所有的鸟都会飞”这一论题。以对方的论题作为反驳对象时，其反驳方法往往是先把对方的论题介绍出来，再予以明确，接下来表示反对者对这一论题的否定态度，然后再用论据详加批驳，最后得出正确的结论，或者明确指出对方的论题不成立。

例子：

认为美国不存在侵犯人权问题，这是不符合实际的。在美国存在种族歧视是任何人都否认不了的事实，而种族歧视说到底是人权问题。四名白人警察殴打一名黑人，这难道不是明目张胆地侵犯人权吗？黑人罗德尼·金被警察毒打了 66

下，连还手自卫的权利都没有，还谈什么人权？而一贯高唱保护人权的美国的司法机关，竟然对毒打黑人的四名白人警察作出无罪判决，难道保护种族歧视就是保护人权吗？

这段话主要是反驳论题。在被反驳的论题之后常用一些习惯性语言，如“这个论题是站不住脚的”“是不符合实际的”“是错误的”“是荒谬的”，然后再论述反驳的理由。

2. 反驳论据

反驳论据是指通过确定对方论据的虚假来确定其论题不能成立。换言之，只要能证明对方的论据是虚假的，则对方的论题也就失去了依据，得不到证明。

例子：

曾有一起遗产纠纷案，当事人一方举出遗嘱，证人也证明自己的签名属实，并且死者是在临终前立的遗嘱，立遗嘱时证人在场。但是，经过查证，证人当时并不在场，因为所谓的证人“在遗嘱上签名的时候”实际上正在外地出差，其单位财会部门有报销车票证明。

这一客观事实就驳斥了证人在场的说法，因此，遗嘱的真实性也就被否定。需要指出的是，驳倒论据不等于驳倒对方的论题，而仅是使对方论题的真实性失去可靠的根据。原因在于，当前提虚假时，结论也可能是真实的。

例子：

《古今谭概·塞语部》记载了北宋范景仁和苏东坡的一场小辩论：范蜀公不信佛，苏公常求其所以不信之故，范云：“平生事，非目见即不信。”苏曰：“公亦安能然哉？设公有疾，令医切脉，医曰寒，则服热药；曰热，则服寒药，公何尝见脉而后信之？”

范景仁不信佛，苏东坡问他为啥不信？范景仁说：只要不是我亲眼见到的事我就不信。苏东坡立即抓住这句话的破绽，用医生看病的例子来反驳他。苏东坡的反驳是机智而有力的，致使范景仁根本无法答复。因为人的知识并不是专靠视觉器官接触外物而得到的，哪能说不是亲眼见到的事就不相信呢？但是，苏东坡的反驳只是驳倒了范景仁提出的论据“只要不是我亲眼见到的事我就不信”，并未驳倒范景仁的“我不信佛”的论题。

3. 反驳论证方式

反驳论证方式是指出对方的论题与论据之间没有必然的逻辑联系，即由对方的论据推不出其论题，犯的是“推不出”的逻辑错误。

例子：

他是杀人凶手，因为凶手杀人使用的是杀猪用的刀子。而他是屠户，有这种刀子。

反驳上面的论证就可以从反驳论证方式入手，指出它的推理形式是错误的。它的推理形式如下。

杀人凶手使用的是杀猪的刀子；

他有杀猪的刀子；

所以，他是杀人凶手。

这个推理是三段论，但中项（杀猪的刀子）两次不周延，违反了三段论推理的规则，所以，这种推理形式是错误的，这个论证也就是无效的。

需要指出的是，驳倒论证方式并不等于驳倒对方的论题，而只能得出对方论题的真实性值得怀疑的结论。原因在于，推理形式无效时，结论也可能是真实的。反驳论证方式的价值在于说明对方对其论题的论证不能成立，因此对方提供的论据无效，最后其论题的真实性也是值得怀疑的。

综上，反驳就是直接确定对方论题的虚假性或不能成立。反驳论题的价值在于确定对方论题的虚假性，而反驳论据和反驳论证方式的价值仅在于确定对方论题不能成立。从反驳力度方面来讲，当然是反驳论题的反驳力度最大，故在实践中，人们常用的反驳方式是反驳论题。

（三）反驳的方法

反驳的方法有直接反驳和间接反驳两种，其中，间接反驳又分为独立证明法和归谬法两种形式。

1. 直接反驳

所谓直接反驳，是指引用真实判断直接导出对方某判断的虚假。绝大多数的反驳都属于这一类，所以直接反驳是最主要、最常见的一种反驳方法。

直接反驳，就是抓住对方论题的实质错误，采取主动出击、进行反驳，以期掌握辩论的主动权，夺取辩论的制高点，促使对方陷入被动。在法庭辩论的过程中，一方有时会回避实质性问题，用一些表面特征来掩盖事实真相，而在次要枝节问题上做文章。此时反驳方可用抓主要矛盾、攻击要害的反驳论题方式进行答辩。

采用直接反驳法，一定要认真地分析对方观点的实质错误，然后抓住其错误的实质进行有力答辩。这是制胜的关键。

例子：

在一起卖淫案中，检察院认为被告人汪某（某桑拿中心领班）以招募、引诱、容留等手段控制多名按摩小姐从事多次卖淫活动，其行为已构成组织卖淫罪，且情节特别严重，因而指控被告人汪某犯组织卖淫罪。辩方认为：只要把本案事实与《刑法》第358条对照，就不难发现检察院指控汪某犯“组织卖淫罪”与事实不符、与法律相悖。《刑法》第358条规定，组织他人卖淫，为组织卖淫罪。该罪的本质特征在于“组织”两字，并以此区别于《刑法》第六章第八节规定的“强迫卖淫罪”“引诱卖淫罪”“容留卖淫罪”“介绍卖淫罪”等罪名。所谓“组织”就是在卖淫活动的事先决策、计划并将计划付之于实施的全过程中，起着领导、指挥、处理（包括赃款的分配、处罚等）的决定性作用，而这显然与汪某的行为不符。本案中卖淫活动由该桑拿中心组织而为，真正起卖淫活动组织作用的是该桑拿中心经理杨某而不是汪某，汪某仅仅是打工的领班。汪某不仅归杨某管，而且归杨某之弟、刘某两位副总经理管，还归温某主管。这个小小的“领班”打工妹有什么地位、资格、权力来组织卖淫呢？根据法律规定和本案的事实，汪某的行为不构成组织卖淫罪。

在该案中，辩方运用了直接反驳的方法。辩方运用已知为真的判断推出控方对被告人的指控不成立。辩方首先指出：组织卖淫罪要求被告人在卖淫活动的事先决策、计划并将计划付之于实施的全过程中，起着领导、指挥、处理（包括赃款的分配、处罚等）的决定性作用。如果被告人在卖淫活动中从事了领导、指挥、处理的活动，那么被告人构成组织卖淫罪，反之，则不能构成组织卖淫罪。接下来，辩方指出被告人没有从事领导、指挥、处理的活动，也不可能从事领导、指挥、处理的活动。因此，辩方依据法律和事实推出“被告人的行为构成组织卖淫罪”的指控不成立。

2. 间接反驳

间接反驳就是通过论证另一个与被反驳的判断有矛盾关系或反对关系的判断的真实性，来确定被反驳判断的虚假性的方法。间接反驳主要表现为独立证明法和归谬法两种形式。

（1）独立证明法

所谓的独立证明法又称独立证明反驳法，是指通过证明与被反驳判断相矛盾或相反对的判断为真，根据矛盾律，从而确定被反驳判断为假。

独立证明法的反驳过程如下所示。

1）被反驳的判断：p

2）假设：非 p 真

3）证明：非 p 真

所以 p 假（根据矛盾律）

例子：

某县检察院公诉人曾指控甲犯了重大责任事故罪。辩护律师在查阅案卷、和被告人甲谈话、调查证人、查看现场的基础上，根据刑法分则的规定，认为被告人甲没有构成重大责任事故罪。辩护律师从重大责任事故罪的构成要件入手进行分析，提出：重大责任事故罪是危害公共安全的一种罪，我国《刑法》第 134 条规定：“在生产作业中违反有关安全管理的规定，因而发生重大伤亡事故或者造成其他严重后果的，处三年以下有期徒刑或者拘役；情节特别恶劣的，处三年以上七年以下有期徒刑。”然而，被告人甲并不具备该罪的主体要件，因为被告人甲是财会人员，属非生产性服务人员，因此，被告人甲没有犯重大责任事故罪。如果被告人甲犯有玩忽职守罪，那也是非责任事故罪。既然如此，指控被告人甲犯有重大责任事故罪是不能成立的。

其逻辑公式如下：

被反驳论题：重大责任事故罪 t

假设：非重大责任事故罪

反驳论证过程：被告人甲不具备犯有重大责任事故罪的主体要件，如果被告人甲确有犯罪，也是非重大责任事故罪（玩忽职守罪）。既然被告人甲犯有非重大责任事故罪是真实的（即符合事实与法律），那么，根据矛盾律和排中律，指控被告人甲犯有重大责任事故罪就是假的（即不符合事实与法律），是不能成立的。

（2）归谬法

所谓归谬法是指从被反驳的判断出发，推出与事理相矛盾的结论，或推出逻辑矛盾，从而证明被反驳判断虚假的反驳方法。归谬法的基本思路是：为了反驳某判断或者确定某判断假，我们首先假定它为真，然后以这个假定为真的判断为前提推导出一个荒谬的结论，最后根据充分条件假言推理的“否定前件就要否定后件”的规则，证明原来的假定是错误的，从而驳倒对方的论题，最终达到反驳的目的。

归谬法可以用来反驳论题，也可以用来反驳论据，还可以用来反驳论证方式。

归谬法的反驳过程如下所示。

1）被反驳的判断：A

2）假设：A 真

3）证明：如果 A 真，则 B、C 真，已知 B、C 假，甚至是荒谬的，所以，A 假（否定后件式充分条件假言推理）

由归谬假设所导出的判断，可以是与已知事实矛盾的判断。

例子：

加拿大前外交官切斯特·朗宁，出生于湖北襄阳，喝中国奶妈的乳汁长大。在他竞选省议员时，反对派说他“喝中国人的奶长大，身上一定有中国血统”。朗宁反驳说：“根据你们的逻辑，你们是喝牛奶长大的，你们身上一定有牛的血统。”

这与已知事实矛盾，所以对方判断不能成立。可见，归谬法是一种“以退为进”的反驳方法，假定被反驳的判断为真，是为了推出荒谬的结论，推出荒谬的结论是为了反戈一击，从而驳倒对方的判断。归谬法具有极强的逻辑力量，因而在法庭论辩等场合被广泛运用。

例子：

在布朗诉墨罗案中，为了替原告争取到一起交通事故的高额保险赔偿，罗伯特·伊·卡特莱特律师必须尽力说服法院废止该州所施行的旨在保护保险公司的《汽车乘客法案》。为此，他在发言中运用了丘吉尔所说的“三击”式辩论来证明该法案因为具有歧视性而违宪：

“法官阁下，假定我的当事人开着车，而且，他已经在友好的‘奥斯特’保险公司进行了保险。他的车在右前座上坐着一位乘客，是他最好的朋友。司机过失地闯了红灯或者过失地驶过了停车标志，撞上了一位陌生人，使这位陌生人和他的朋友都受了伤。根据现行法律，陌生人可以获得赔偿，而他的朋友则不行。好了，你想此人愿意看见谁——陌生人还是他的朋友——就他所造成的损害和伤害从他所投保的保险公司获得赔偿呢？

“假定，他正开车驶向亚利桑那州，此州没有《汽车乘客法案》，他离边境只有 10 英尺（约 3.05 米）。如果他再往前开 11 英尺（约 3.35 米）——就 11 英尺（约 3.35 米）——他的朋友可以因为所遭受的令人痛苦的损害向保险公司追偿。更明白地说，假定他的车里坐着两位朋友，一个在前座，一个在后座。他的车刚好有一半跨越边境线，那么前座上的朋友能够获得赔偿，而后座上的朋友则不能获得赔偿。这合乎情理吗？”

这里，卡特莱特律师首先假定《汽车乘客法案》是合理合法的，然后结合事实场景，提出三个递进式的假设，进而合乎逻辑地演绎推理，分别推出了“陌生人获得赔偿，而朋友不能获得赔偿”“多 11 英尺能获得赔偿，而少 11 英尺不能获得赔偿”“前座上的朋友能获得赔偿，而后座上的朋友不能获得赔偿”这三个严重违反美国联邦宪法和加利福尼亚州宪法的平等保护条款之规定的结论，进而通过充分条件假言推理的否定后件式进行有力的反驳，戏剧性地揭示了被反驳判断的歧视性，充分证立了被反驳判断的非法性。

归谬法与反证法既有区别也有联系。其区别在于：（1）反证法用于证明，它的目的在于确定某一判断为真；而归谬法用于反驳，它的目的在于确定某一判断为假。（2）反证法除了应用否定式假言推理推出反论题非 p 假之外，还要根据排中律从非 p 推出 p 真；而归谬法只要应用否定式假言推理推出假 p 就行了。（3）运用否定式假言推理时，只要求一般地否定假言推理的后件即可；而归谬法在于引出荒谬，后件越荒谬反驳就越有力量。两者的联系在于：反证法是通过确定反论题为假来间接确定论题为真；而在确定反论题为假时，一般都使用归谬法。因此，可以说反证法中包括归谬法。由于反驳是一种特殊的论证，所以论证的规则也是反驳应遵守的。

参考文献

[1] 金岳霖．逻辑．北京：中国人民大学出版社，2010.

[2] 张继成．实用法律逻辑教程．2 版．北京：中国政法大学出版社，2012.

[3] 张斌峰，李永铭，李永成，张莉敏．法律逻辑学导论．武汉：武汉大学出版社，2010.

[4] 郝建设．法律逻辑学．2 版．北京：中国民主法制出版社，2013.

[5] 陈金钊，熊明辉．法律逻辑学．2 版．北京：中国人民大学出版社，2015.

[6] 张大松，蒋新苗．法律逻辑学教程．3 版．北京：高等教育出版社，2014.

[7] 孔庆荣．法律逻辑学基础．3 版．北京：中国法制出版社，2008.

[8] 姜祖桢，刘梅．法律逻辑学．北京：中国物价出版社，2002.

[9] 陈康扬，潘利平．法律逻辑．成都：四川大学出版社，2007.

[10] 濮方平，王萍丽．法律逻辑新编教程．上海：上海大学出版社，2016.

[11] 雍琦．法律逻辑学．北京：法律出版社，2013.

延伸阅读

熊明辉．法律论证及其评价//梁庆寅．法律逻辑研究：第一卷．北京：法律出版社，2005：167－180.

课后练习题

一、分析下列证明的结构，指出其论题、论据和论证方式

1. 从该案的现场看，可以肯定是凶杀案。因为尸体上布满致命伤，自杀不会有这么多致伤；从伤痕的特征看，应属于刺伤，如果是自杀，凶器一定在现场或离现场不远的地方，但在现场及附近，都没有找到刀子。

2. 对待历史文化遗产应采取批判继承的态度。对待历史文化遗产的态度，要么是全盘继承，要么是虚无主义，要么是批判继承。全盘继承，不分精华和糟粕，不能推陈出新，不利于文化的发展，这种态度是不可取的。虚无主义，割断了历史，违背了文化发展的规律，同样不利于文化的发展。只有批判继承，去其糟粕，取其精华，才能促进文化的繁荣。

3. 假如语言能生产物质财富，那么夸夸其谈的人就会成为世界上最富有的人了。但事实并非如此，可见，语言不能生产物质财富。

4. 人治兴则法治衰，法治衰则人情滥，人情滥则后门开，后门开则贪污盛，贪污盛则国家危，所以，人治兴则国家危。

5. 有许多人坐在一间房子里，议论甲的品行。其中一个人说："甲其他方面都不坏，只有两样不好：第一，喜欢发怒；第二，做事鲁莽。"不料甲正好经过门外，听到这话，勃然大怒，一脚踢开门进去，挥拳打那说话的人，嘴里叫道："我到底什么时候曾经喜欢发怒？什么时候做事鲁莽？"别人都说道："过去的情况且不说了，现在的事实不就证明了吗？"

二、请指出下列证明属于什么种类，并写出其证明过程

1. 本案案犯的行为应定抢夺罪，因为本案案犯的行为不外乎定抢劫罪、盗窃罪、抢夺罪三种中的一种。由于案犯在行为中没有用暴力、胁迫或其他方法，故不能定抢劫罪；又因为案犯的行为不是秘密的，故不能定盗窃罪。既然不能定前两种罪，那么就只能定抢夺罪。

2. 1932 年 9 月，国民党当局以"危害民国罪"逮捕了陈独秀。公布开庭时，章士钊律师在辩护词中义正词严地指出："……法庭高悬孙总理遗像，国人奉为国父，所著三民主义党人奉为宝典。孙总理云：民生主义即共产主义……为何孙总理宣传共产主义，奉为国父，而陈独秀宣传共产主义即为危害民国!? 于法于理，能服人乎?"

3. 在审理某杀人案时，公诉人当庭宣读起诉书：被告人甲与被害人乙两人斗殴，甲趁乙不备，抽出事先准备好的匕首朝乙肋下刺了一刀。乙逃跑，甲追上去对乙的背部再刺两刀，其中一刀刺穿心脏，致使乙当场死亡。被告人甲犯的是故意杀人罪。公诉人在法庭辩论中继续对被告人甲的罪名进行证明：如果被告人甲犯的不是故意杀人罪，那么当被害人乙被刺伤逃跑后，他就不会追上去再连刺两刀，并且往致命处刺，可是被告人这样做了，所以，被告人甲犯的是故意杀人罪。

三、分析下列反驳的结构，指出被反驳的论题、反驳方式和反驳方法

1. 某被告人的辩护人说："被告在犯罪前工作积极，曾荣立三等功，希望法庭在量刑时考虑这一点，对被告从轻处罚或免于处罚。"公诉人答辩说："赏罚分明，是我们

党的一贯政策，功归功，过归过，一个人立功只能说明他的过去，不能说明他的现在，更不能拿过去立功抵消现在之过……如果过去立过功，今天就可以胡作非为，且可以从轻或免予处罚，怎么能够体现社会主义国家法律的严肃性呢？”

2. 勃拉温被带上了法庭。法官问他：“你是不是总把自己养的狗叫成施密特，而且经常对狗喊：‘喂！施密特，你这个大坏蛋。’你的行为明显侮辱了你的邻居施密特先生。你知错吗？”

“这您可就错了”，勃拉温抗议道，“我这样做无非是想侮辱一下我的狗。”

3. 在一次国际会议上，一位美国外交人士挑衅地对中方代表说：“如果你们不向美国保证不用武力解决台湾问题，那么显然就是没有和平解决的诚意。”中方代表立即予以反驳：“台湾问题是中国的内政，采取什么方式解决是中国人民自己的事，无须向他国作什么保证。请问：难道你们竞选总统也需要向我们作出什么保证吗？”对方被问得哑口无言。

4. 在关于奴隶制的辩论中，林肯在笔记中写道：“不管甲怎样确证他有权奴役乙，难道乙就不能抓住同一论据证明他也可以奴役甲吗？你说因为甲是白人，乙是黑人。那么，就是以肤色为依据喽。难道肤色浅的人就有权去奴役肤色深的人吗？那么，你可要当心，因为按照这个逻辑，你就要成为你所碰到的第一个肤色比你更白的人的奴隶。你说你的意思不完全是指肤色吗？那么，你指的是白人在智力上比黑人优异，所以有权去奴役他们吗？这你又要当心，因为按照这个逻辑，你就要成为你所碰到的第一个智力比你更优异的人的奴隶。”

5. 药剂师走进邻居一个书商的铺子里，从书架上拿下一本书后，问道：“这本书有趣吗？”书商：“不知道，没读过。”药剂师：“你怎么能卖自己没有读过的书呢？”书商：“难道你能把你药房里的药都尝一遍吗？”

四、指出下列证明或反驳中所采用的证明或反驳方法

1. 一位年轻妇女分娩后，丈夫听说生的是女孩，竟劈脸给妻子一巴掌，因为他认为“妻子生女孩有罪”。有人反驳说：“如果论‘罪’，倒是应该狠狠掌丈夫的嘴巴！因为从科学的观点来看，生男生女，主要由父方的染色体决定。如果生女有罪，不生女只生男，人类怎样繁衍？如果生女有罪，不知这位丈夫的外祖母是否也包括在罪人之列？”

2. 前秦苻融为冀州牧。有老姥遇劫于路，唱贼，路人为逐擒之。贼反诬路人，时已昏黑，莫知其孰是，乃俱送之。融见而笑曰：“此易知耳，可二人并走，先出凤阳门者非贼。”既而还入，融正色谓后出者曰：“汝真贼也，何诬人乎？”贼遂服罪。盖以贼若善走，必不被擒，故知不善走者贼也。（《晋书·苻融传》）

3. 山右民妇有外遇，久之为夫所觉，尚隐忍未发也。妇微窥其意，告于所私，谦毙之。一夕，其夫醉卧，遽以帛勒其项，已气绝矣！复恐迹彰，自焚其舍；尸通身焦黑，颈项模糊；方喜得计，报官验视。妇抢地哀号泣诉。官曰：“尔非与夫同室耶？”曰：“然。”“然则曷为夫死而尔生？”曰：“火起时因其醉！卧，推之不醒，及焰炽，不得已舍之出走，故免予难。”官曰：“此系，非生前之故。”妇抗词不屈。官曰：“是无难辨。视尔夫死两手握。果焚在生前，虽醉人亦必以手护痛。今紧握其拳，其为死后不能运动可知。如不吐实，不汝宥也。”一面饬殓，仍带妇至署。严鞠之，妇不能隐，遂并逮奸夫，正其罪。（《折狱龟鉴补》卷二）

4. 青年阿姆斯特朗被告图财害命。证人说：10月18日晚11时，他在草堆后面，亲眼看到被告人在离草堆二三十米远的地方向被害人开枪，因为月光照在被告人的脸上，所以他看清楚了作案人就是被告人。被告人声称蒙冤，却有嘴难辨。林肯接手此案担任被告人的辩护律师，在做了大量调查取证工作后，发现证人是个彻头彻尾的骗子。林肯在法庭上说：证人一口咬定10月18日晚11点，他在月光下认清了被告人的脸。可是10月18日那天是上弦，到了晚上11点，月亮早已下山了，哪里还有月光？退一步说，证人对时间记得不那么精确，即使时间稍提前，但那时月光应是从西往东照，草堆在东，大树在西，如果被告人脸朝大树，月光可以照到脸上，可是证人根本看不到被告人的脸。如果被告人朝着草堆，那么月光只能照到被告人的后脑勺，证人又怎样看到月光照到被告人的脸上呢？又怎样能从二三十米远的地方看清被告人的脸呢？证人被问得张口结舌，无地自容。法庭最后宣判，被告人无罪释放。

第九章 论证篇（中）

法律如果要受人尊重，就必须提出理由，而法律论证要被接受，就必须符合逻辑思考的规范。

——亚狄瑟．法律的逻辑．

人们在进行论证时，除了应了解论证的逻辑结构和种类以外，还必须遵守论证的一些规则。如果违反这些规则，那么所进行的论证就会缺乏逻辑性，其说服力也将大打折扣。同一律、矛盾律、排中律和充足理由律，作为逻辑思维的基本规律，普遍地适用于人类逻辑思维的全过程。一个正确、有效的论证，首先必须遵循逻辑思维基本规律的要求，必须在论证中表现出思维的确定性、不矛盾性、明确性和论证性。

第一节　思维的基本规律

随着社会交往的频繁，人类在社会生活实践中，面临着越来越多的需要处理的复杂事物。在处理不同事物过程中，人类的思维能力得到不断提高，逐步总结形成了用以指导人类思维的思维规律。这些思维规律体现了人类思维的主观能动性，并对人类的思维活动起着指导与制约作用。

逻辑思维的规律是逻辑思维形式中内在的必然性联系，它有基本规律与非基本规律之分。凡是存在于一切逻辑思维形式并对一切逻辑思维形式都有效的逻辑规律就是逻辑思维的基本规律；而仅存在于某些领域或某一逻辑思维形式并仅对这些逻辑思维形式有效的逻辑规律为非基本规律，又称逻辑规则。① 法律逻辑思维是逻辑思维运用于法律领域的体现，逻辑思维中的基本规则同样适用于法律逻辑思维领域。逻辑思维的基本规律包括同一律、矛盾律、排中律和充足理由律，② 这些逻辑思维的基本规律同样是法律逻辑思维的基本规律。

一、同一律

（一）同一律的基本内容

同一律是形式逻辑的基本规律之一，是指在同一思维过程中，必须在同一意义上

① 张大松、蒋新苗．法律逻辑学教程．北京：高等教育出版社，2007：197.

② 一般认为，逻辑思维的前三个基本规律是由亚里士多德首先提出的，充足理由律是由德国哲学家莱布尼茨首先提出的。

使用概念和判断，不能在不同意义上使用概念和判断。同一律这一基本内容可以用公式表示为：

如果A，那么A，即A=A（或A→A）。

公式中的A表示任一词项（概念）、命题。可以从以下四个方面对同一律作进一步理解。

第一，同一律的前提是在同一思维过程中。所谓同一思维过程，是指同一对象、同一时间、同一关系。这“三同一”也叫作“三节法”，是亚里士多德首先提出来的。这是对同一律作用范围的一种限定，正是有了这一限定，同一律同形而上学的世界观才被区别开来。

第二，思维对象的同一。在同一个思维过程中，思维的对象必须保持同一；在讨论问题、回答问题或反驳别人的时候，各方的思维对象也要保持同一。

第三，概念的同一。在同一个思维过程中，使用的概念必须保持同一；在讨论问题、回答问题或反驳别人的时候，各方使用的概念也要保持同一。

第四，判断的同一。同一个主体（个人或集体）在同一时间（相应的客观事物处于相对稳定状态时），从同一方面对同一事物作出的判断必须保持同一。

（二）同一律的逻辑要求

同一律要求人们在同一思维过程即同一时间、同一条件下对同一对象而言，所运用的词项以及所作的断定必须是确定的、前后一致的。其本质在于强调思维的同一性。具体而言，同一律要求做到以下两方面。

一方面，在同一思维过程中，所使用的词项（概念）有确定的内容，即有确定的内涵和外延。只有如此，运用概念和判断进行推理时，才能保证思想内容的确定性，否则就会发生思维混乱。如“法律”这一概念，有广义和狭义之分，在同一思维过程中，我们应先确定其内涵和外延，如明确采用狭义的解释，即指“经过国家立法机关制定的行为规范”，则遵守了同一律的要求。如果有时采用狭义解释，有时采用广义解释，则违反了同一律的要求。

另一方面，在同一思维过程中，对事物情况所作的判定必须保持同一。一个判断陈述什么就是什么，其前后的陈述必须保持一致，不能随意变更。如对“这种行为是犯罪”这个命题，可以理解为“这是具有社会危害性并依照法律应受刑事处罚的犯罪行为”，也可以理解为对某种严重错误的谴责。如果在同一思维过程中，将两种判定混淆起来，则违反了同一律的要求。

同一律要求思维的确定性和统一性，但是并不否认思维的发展变化。同一律的逻辑要求是以同一思维过程为前提的，如果思维过程不同了，时间、条件发生变化了，对同一对象使用不同含义的概念、命题，或对不同对象使用同一含义的概念、命题，并不违反同一律的要求。

（三）违反同一律要求的逻辑错误

根据同一律的要求，违反同一律的逻辑错误有混淆概念、偷换概念、转移论题、偷换论题四种情形。

1. 混淆概念

混淆概念是指在同一思维过程中，由于认识不清楚或缺乏逻辑修养，无意之中违反了同一律的要求，把表面相似而实质不同的概念当作同一概念使用，从而造成概念混乱。

例子：

在王某某贪污案侦查过程中，侦查人员在收集证据过程中发现由王某某经手的8万元业务收入中有5万元没有上账，但是8万元的收据（记账联）在单位出纳张某某手中。

在确定下一步侦查方向和侦查重点时，有人认为，谁拿着8万元的收据（记账联）就证明谁收到了8万元的业务收入，谁的嫌疑就最大，就应该将谁作为侦查的重点。这种分析判断显然是存在问题的，原因在于这种分析判断没有自觉遵循逻辑的同一律，犯了“混淆概念”的逻辑错误，把“谁打收据谁收了钱”与“谁有收据谁收了钱”混为一谈。[①]

2. 偷换概念

偷换概念是指在同一思维过程中，为达到某种目的，故意违反同一律的要求，把不同的概念当作同一个概念使用。偷换概念有几种手法：第一种是任意改变某个概念的内涵和外延，使其变成另外一个概念；第二种是将似是而非的两个概念混为一谈；第三种是用非集合概念取代集合概念，或相反；第四种是利用多义词造成的混乱。

例子：

某法院审理一起盗窃案。开庭时，被告人双手插在衣袋里，若无其事，十分傲慢。法庭告诫其：“请被告人尊重法庭，把手从口袋里拿出来。”但该被告人竟回答说：“这可太为难我了。我把手放在自己的口袋里，你们要我把手抽出来；而我把手放在别人的口袋里，你们又要把我送进监狱。法官，难道你要我把手一直举在空中不成?”

在本案中，被告人故意将“手伸在别人口袋里偷东西”偷换为“把手放在别人的口袋里”。从表面上看，“放在自己口袋”与“放在别人口袋”中的“放”是相同的概念。但仔细分析可以得知并不是这样，被告人说的后一个“放”是指在别人口袋里偷东西，而不是简单意义上的“放”，是触犯刑法的行为。看似很有道理的辩驳，其实是一个诡辩。因此，被告人的回答违反了同一律，犯了“偷换概念”的逻辑错误。

3. 偷换论题

偷换论题是指在同一思维过程中，为达到某种目的，故意将某个论题更换为另外的论题，并把这个论题当作原来的论题。这是诡辩者常用的伎俩。

例子：

在一起受贿案件中，法官讯问被告人：“公诉人指控你受贿10万元，你认罪吗?”被告人回答：“别人受贿上百、上千万元没事，我认什么罪?”

显然，被告人故意将受贿构成犯罪的论题，偷换为相对他人，自己受贿较少不是犯罪的狡辩。

---

① 张春旺，王国勤．浅议逻辑在职务犯罪侦查中的运用．法制与经济，2011（29）．

4. 转移论题

转移论题，也称离题或跑题，是指在同一思维过程中，无意识地违反同一律，更换了原判断的内容，使论证离开了论题。

例子：

在白某寻衅滋事罪的庭审中，公诉人讯问被告人："在案发现场，你拿刀砍被害人没有?"被告人回答："现场有好几个人，现在都在逃，怎么不追究其他人的责任?"

本案中，法官讯问的目的是查明被告人是否实施了寻衅滋事行为，但被告人以其他同案犯未到案为由转移论题。

（四）同一律在法律中的适用

法律适用首先从立法开始，只有立法明确、一致、规范，才能保证法律适用准确。因此，在立法中应遵守同一律的要求。第一，立法必须做到法律概念明确。在一部法律中，法律概念为法的构成基本要素之一，只有做到法律概念明确，才能保证立法质量。同一律对法律概念的要求即一个法律概念必须在内涵和外延两个方面都是明确的，且应做到前后使用一致。第二，法律命题要明确。法律命题对人的行为具有指引、规范作用，这就要求法律命题必须明确，即一个法律命题所断定的情况必须有所指向，并做到前后一贯，不能随意变化。

在司法实践中，不论是认定事实还是适用法律都应遵守同一律。在侦查工作中，侦查人员是案件的调查者，其所作的判断应与案件的客观事实同一，否则可能造成错案。侦查活动中注重运用同一律还能发现犯罪嫌疑人的逻辑错误，促使其如实供述。在法庭审理中，控辩双方应保持论题的同一，不能你说你的、我辩我的，甚至谈论与案件无关的问题，否则就无法通过辩论发现案件真相，无法实现法庭审理的目的。审判人员要作出正确的裁判，也必须遵守同一律，保持使用法律概念、术语和规范的同一、确定。法官裁判案件适用法律时，必然涉及对法律概念、术语和规范的解释，在解释时必须符合立法目的，保持解释的一致。

二、矛盾律

（一）矛盾律的基本内容

矛盾律又称不矛盾律，其基本内容是，在同一思维过程中，两个互相否定的判断不能同真。此处，"互相否定"是指不可同真的矛盾关系、反对关系。由于矛盾律强调了一个思想及其否定不可同真，于是矛盾律可用公式表示为：A 不是非 A。矛盾律要求，在同一思维过程中，对同一思想（命题）所作的判断必须首尾一致，不能自相矛盾，即不允许同时承认一个思想（命题）及其否定都是真的。

在同一思维过程中，矛盾关系表现为对同一事物或关系的两个判断不能同时为真或同时为假，即当一个为真时，另一个必然为假，反之亦成立。

例子：

证人甲作证称看到嫌疑人案发当天晚上 8 点出现在犯罪现场，而证人乙称，当天晚上8点嫌疑人和自己在家里聊天。

反对关系表现为，对同一事物或关系的判断，当一个判断为真时，另一个必然为假；当一个判断为假时，另一个可能为真，也可能为假。

例子：

在一起交通肇事案件中，证人甲第一次证言称，事发时看到肇事车辆是白色；第二次证言称，肇事车辆为蓝色。

如果第一次证言为假，则第二次证言可能为真，亦可能为假，即该肇事车辆可能为蓝色，也可能不是蓝色，而是其他颜色。

还有一种特殊的逻辑矛盾叫悖论。所谓悖论是指这样一种论断（命题），如果假设它是真的，那么可以推出它是假的；如果假设它是假的，那么又可以推出它是真的。但是悖论问题，是一个涉及逻辑、数学和哲学的复杂问题，并不简单地是一些违反逻辑矛盾律的谬论。著名的悖论有“说谎者悖论”“理发师悖论”“鳄鱼悖论”等。

说谎者悖论是由古希腊人提出的历史上最早发现的悖论。其典型形式是：“我正在说的这句话是谎话。”如果这句话是真的，则这句话是谎话，因而是假的；如果这句话是假的，则这句话不是谎话，因而是真的。

理发师悖论是由罗素在1908年提出的。萨维尔村某位有刮胡子习惯的理发师，给自己立了一条规矩：给并且只给村民中不给自己刮胡子的人刮胡子。根据这条规矩，这个理发师给不给自己刮胡子？如果他给自己刮胡子，根据规矩，他不给自己刮胡子；如果不给自己刮胡子，则同样根据规矩，他给自己刮胡子。

鳄鱼悖论来自古希腊流传的一个故事。一条鳄鱼从一位母亲手里抢走了她的小孩，它要母亲猜它是否会吃掉小孩，条件是“如果她猜对了，它就交还小孩；如果她猜错了，它就吃掉小孩”。该位母亲的回答是“它将会吃掉她的小孩”。那么结果会如何呢？在这位母亲表达了猜测之后，鳄鱼只有两种选择，而这两种选择都与鳄鱼原先的诺言相违背。[①] 在鳄鱼的许诺中，既是前提决定结果，又是结果决定前提，形成了一种自我循环，从而给自我矛盾打开了方便之门，使许诺具有自相矛盾的可能性。不论怎样，鳄鱼都无法执行自己的约定。

总之，悖论的特征是从真实性难以怀疑的前提，合乎逻辑地得出明显虚假，特别是自相矛盾的结论。关于悖论的本质，大致有三种意见：第一，悖论涉及的是逻辑矛盾，必须排除；第二，悖论涉及的是辩证矛盾；第三，悖论涉及的是不同于逻辑矛盾和辩证矛盾的思维矛盾。关于悖论的成因，有人认为是语言的自我指涉，有人认为是混淆了语言的不同层次，也有人认为是现实矛盾在思维中的反映。悖论是对人类思维的挑战，也是对逻辑学的挑战。对悖论的研究，推动了科学的发展。

（二）矛盾律的逻辑要求

根据矛盾律的内容，它对人们的思维所提出的逻辑要求表现为在概念方面和判断

① 鳄鱼的第一种选择，把小孩吃掉。这种选择的结果证明那位母亲的猜测是正确的，按照鳄鱼原先的许诺，此时鳄鱼应该把小孩“毫发无伤”地归还，但是鳄鱼把小孩吃掉了，所以鳄鱼违背了自己的诺言。鳄鱼的第二种选择，把小孩放掉。这种选择的结果证明那位妈妈的猜测是错误的，按照鳄鱼原先的许诺，此时鳄鱼应该把小孩吃掉啊！但是鳄鱼把小孩释放了，所以鳄鱼还是违背了自己的诺言。

方面的要求。

1. 在概念方面的要求

在同一思维过程中，不能用两个互相矛盾或互相反对的概念“A”与“非 A”指称同一对象。如在同一思维过程中，互相反对的概念蕴涵着互相矛盾的概念，它们不能同真。因此，矛盾律对概念的要求具体地说就是在同一思维过程中，不能同时用两个互相矛盾或互相反对的概念指称同一个对象，否则就会出现逻辑矛盾。

2. 在判断方面的要求

在同一思维过程中，一个判断不能既断定某对象是什么又断定它不是什么，即不能同时肯定两个互相矛盾或互相反对的判断都是真的，必须确认其中有一个是假的。准确理解矛盾律还应注意其适用条件，脱离其适用条件，矛盾律无法成立。具体而言，其适用条件有以下几个方面。

其一，矛盾律仅在真假的二值思维下发生作用。形式逻辑是从真假二值的视角研究各种思维形式之间的关系的，在与多值逻辑相区别的意义上我们可称之为二值逻辑。亚里士多德正是从命题真假值的角度提出矛盾律思想的。可见，矛盾律也就是关于真假值的规律。命题的真假是命题与命题之间逻辑关系的基础，因而也就是一切推理和论证的基石。在以真假二值为基础所建立起的形式逻辑系统中，矛盾律对于每一种思维形式来说都起着重要的制约作用，因为矛盾律的功能就是排除思维中的假值而保证我们思想的真，因此，它与真、假值息息相关，没有真假二值，也就无所谓矛盾律。

其二，矛盾律是就同一思维过程而言的。对于同一对象在不同时间或不同方面给予相反的判断，并不违反矛盾律。如“甲既是法官，也是检察官”，如果在同一时间内作此判断，显然是违反矛盾律的，但如果在不同时间内作此判断，是可能成立的，如“甲曾经是法官，后来又担任了检察官”。再如，同时判定“甲是律师”和“甲是会计师”，不违反矛盾律。

其三，矛盾律是针对思维中的形式逻辑而言的，和辩证法中的矛盾规律不同。如不能同时判断“甲既是有罪的，又是无罪的”，但从辩证法上，可以说甲被判有罪对其“既是坏事，也是好事”。

（三）违反矛盾律要求的逻辑错误

违反矛盾律的逻辑错误称为“自相矛盾”。常见的违反矛盾律的逻辑错误有以下三种情形。

1. 概念间的自相矛盾

概念间的自相矛盾，即使用互相矛盾的两个概念指称同一事物。这种错误是由于在同一概念中包含了互相否定的思想。例如，鲁迅先生笔下的孔乙己所称的“窃书不是偷书”，又如“我这样一个每年经手上亿元资金的负责人，贪了公家几万块，算不上犯罪”。这里“窃书不是偷”自相矛盾，“贪了公家几万块”与“算不上犯罪”自相矛盾。

2. 判断间的自相矛盾

判断间的自相矛盾，即使用存在矛盾关系或反对关系的两个命题反映同一事物情况。有时人们由于对所要论证的问题缺乏深入细致的研究，在思想中造成无意识的自相矛盾的错误。这种错误表现为在同一议论中，同时矛盾或互相反对的判断都为真。

前者在实践中常表现为，对一事物情况，既全部肯定又部分否定，或全部否定又部分肯定。如“公诉人的指控基本上完全正确”。再如，在一份辩护词中，前部分论证被告人不构成犯罪，后部分论证被告人具有减轻或从轻的量刑情节。[①] 后者在实践中常表现为，对不能同真、可能同假的两个命题，都予以肯定。

例子：

在一次案情分析会上，甲说：“现有材料充分证明此案是仇杀。”乙说：“现有材料充分证明此案是劫财杀人。”丙说：“甲、乙两人的意见都有道理，我都同意。”

这里，丙同时肯定甲和乙的相互反对的观点，违反了矛盾律。[②]

3. 语句中隐含着相互矛盾的概念或判断

这种错误表现为，从字面上看好像并无矛盾，但仔细推敲就能发现其中的错误。我们常说的“出尔反尔”“前言不搭后语”“不能自圆其说”“自己打自己嘴巴”等，都是自相矛盾，都是违反矛盾律的。

例子：

有一篇介绍罗曼·罗兰的文章说：罗曼·罗兰“发表过的十五个剧本中，有几个早已绝迹，一般不易见到”。

“一般不易见到”指的是很难见到，但终究还能见到。既然“早已绝迹”，又怎么还能见到呢？

（四）矛盾律在法律中的适用

在法律实务中，诸如在制定法律规范、审查判断证据、法庭辩论、法律推理过程中，如果不遵守矛盾律的逻辑要求，则规范或者结论的确定性、正当性和合理性会受到质疑，从而使其缺乏可接受性，进而影响法律规范的实施、证据的采纳、辩论的效果和裁决的效力。

第一，在制定法律时，法律规范本身不能相互矛盾。法律是社会的行为准则，是执法、司法的根本依据。如果法律规范本身自相矛盾，就会模糊合法和违法之间的界限，失去法律规范的逻辑一致性，令整个社会无所适从，从而起不到法律所要的规范作用。这就要求我们在立法过程中必须遵守矛盾律。

第二，在司法实践中，适用矛盾律主要表现在对证据的审查判断方面，必须排除各种证据之间以及证据和案件事实之间的互相矛盾。证据是正确认识案件事实的基础，是正确定罪量刑的依据。因此在办案中，侦查人员要广泛搜集证据，以确定案件的真实情况，并且必须认真审查各种证据自身是否含有逻辑矛盾、是否吻合一致、能否互相印证，如证人证言、被害人的陈述、犯罪嫌疑人的供述和辩解等是否自相矛盾。如果同一案件的证据材料之间出现逻辑矛盾，那就说明其中必有一假。在这种情况下，必须对证据材料重新审查核实。司法实践中，冤假错案大都是未排除证据之间的矛盾

① 此种辩护在我国司法实践中较为常见，不仅体现在书面辩护词中，而且在庭审中也时有发生。导致此种情况的直接制度原因是我国刑事庭审将定罪和量刑程序合二为一。

② 张大松，蒋新苗．法律逻辑学教程．北京：高等教育出版社，2007：203.

导致的，而冤假错案的纠正恰恰就是从发现证据之间的矛盾开始的。

第三，必须避免司法文书违反矛盾律。裁判文书不能在认定被告的行为已经构成犯罪的同时又作出被告无罪的判决。这样明显违反矛盾律的裁判文书显然是不可接受的。如在一起案件中，法院认定被告人构成故意伤害罪，但又指出“被告人之行为属无意之错误，予以从轻处罚”。这显然违反了矛盾律。“无意之错误”应是过失行为，但故意伤害罪属故意犯罪，二者矛盾。

第四，善于利用矛盾律，揭露犯罪嫌疑人、被告人自相矛盾的不实辩解。在办案中常遇到这样的情况：有的犯罪嫌疑人、被告人为了掩盖罪刑、逃避惩罚，常常挖空心思歪曲事实、虚构情节、编造假口供。这就难免出现犯罪嫌疑人、被告人的口供前后矛盾，口供与同案人供述之间矛盾，口供同事实之间矛盾等。在办案人员严密的追问下，犯罪嫌疑人心虚理亏，必然顾此失彼，口供矛盾百出，不能自圆其说。办案人员要善于发现这种矛盾，并紧紧抓住这种矛盾，揭穿犯罪嫌疑人的欺骗伎俩，促其态度转变，如实交代罪行。

三、排中律

（一）排中律的基本内容

排中律的基本内容是，在同一思维过程中，两个互相矛盾的思想不能都假，必有一真。排中律的公式可以表示为“A 或者非 A”，“A”表示任一词项（概念）、命题。

（二）排中律的逻辑要求

首先，在同一思维过程中，不能同时否定反映同一对象的两个矛盾关系的概念，其中必定有一种情况为真。在同一思维过程中，对某一对象，或用概念 A 表示它，或者用“非 A”表示它，二者必居其一。如从刑法中关于犯罪构成的角度，在主体的行为这一表述对象中，某种行为或者属于“犯罪”或者属于“非罪”，绝不能既不是“犯罪”也不是“非罪”。

其次，在同一思维过程中，不能同时否定两个具有矛盾关系或下反对关系的判断。在同一思维过程中，断定同一情况的两个互相矛盾的判断，必有一个是真的，不可能都是假的，因此，对互相矛盾的两个判断，不能都予以否定。如果否定一个判断，必须肯定另一个判断。如，对“被告人的行为构成自首”与“被告人的行为不构成自首”这两个互相矛盾的判断，不能都加以否认，必须肯定其中之一为真。此外，根据排中律，在同一思维过程中，不能同时否定两个下反对关系的判断。所谓下反对关系，是指由一个判断为假可以推出另一个判断为真，但由一个判断为真不能推出另一个判断的真假。在同一思维过程中，两个下反对关系的判断，不可能都是假的，因此，对下反对关系的判断，不能都加以否定。如果否定一个判断，就必须肯定另一个判断。如，如果“我国《刑法》中有的罪名不适用罚金刑”为假，则“我国《刑法》中有的罪名应适用罚金刑”为真。

排中律作为逻辑思维的基本规律，同矛盾律一样，在两个互相矛盾的判断中，不能解决究竟哪个为真哪个为假的问题。但根据排中律的要求，如果已知两个互相矛盾的判断其中一个为假，则可推知另一个判断为真。

正确理解排中律还应注意以下几个问题：第一，排中律仅在真假的二值思维中起作用，排中律只是要求对两个互相否定的思想（判断）排除作出中间选择的可能性。但如果不是两个互相否定的思想（判断），而是存在第三种情况，那就不能要求只在两种可能中选择。第二，排中律的要求是针对同一问题的两个不同假的思想（判断）而言的，如果是两个可同假的思想（判断），否定它们就不能说是“两不可”。第三，排中律也并不排除人们在认识过程中由于对事物尚未作出明确断定而采取的“二不择一”的态度。排中律并不意味着它要求人们在任何是非问题上都必须明确表态。如果对是非问题尚未分辨清楚，或者由于其他原因无法明确表态，不能就视为违反了排中律的要求。对于事物发展的中间状态，即事物处于量变到质变之间的过渡状态，对排中律的辩证分析也是可以成立的。第四，真假的判断不能在逻辑的范围内得到证实，它的证明应该在逻辑系统之外。这是因为结论的真实性依赖于前提的真实性，前提和结论的真实性最终都应在系统外得到证实。①

为更好地理解排中律，还需要注意区分排中律和矛盾律的差别，两者的差异主要有三点：第一，适用范围不同。矛盾律既适用于互相矛盾的思想（判断），又适用于互相反对的思想（判断）。排中律只适用于互相矛盾的思想（判断），不适用于互相反对的思想（判断）。第二，要求不同。矛盾律要求对互相反对和互相矛盾的判断不能同时加以肯定；排中律则要求对互相矛盾的判断不能同时加以否定，必须肯定其中一个是真的。第三，逻辑错误不同。违反矛盾律要求的逻辑错误是“自相矛盾”，违反排中律要求所犯的错误是“模棱两可”。②

（三）违反排中律要求的逻辑错误

同一思维过程中，如果对于两个互相矛盾的思想（判断），既不承认这个，又不承认那个，那就违反了排中律的要求。违反排中律所产生的错误称为“模棱两可”，又称为“两不可”。违反排中律的原因，往往是在“是”与“非”之间含糊其辞，持骑墙居中的态度；或者是认识模糊，把具有矛盾关系的思想混为一谈。排中律的主要作用在于保证思想的明确性。思想具有明确性，才能正确地反映客观事物，才便于被人们理解和把握。排中律是揭露“骑墙居中”“模棱两可”逻辑错误的有力武器。

（四）排中律在法律中的适用

排中律要求排除“两不可”的态度，以保持思想的确定性，对同一情况的两个互相矛盾的思想不可同时否定，其在法律适用中也发挥着重要作用。

1. 运用排中律，揭露、制止被讯问人的模棱两可的行为

在讯问过程中，犯罪嫌疑人、被告人为了掩盖犯罪事实，在回答问话时常常含糊其辞，对什么都不作肯定，甚至对相互矛盾的问题不作回答。这时需要运用排中律，明确指出被讯问人的回答中模棱两可之处，并要求其明确回答问题。

例子：

在一起故意杀人案件中，被害人李某与犯罪嫌疑人王某恋爱多年，后因王某与其他女性有染，加之两人性格不合等原因而分手。之后，王某主动提出恢复关

① 闫坤如．对排中律的辩证理解．淮阴师范学院学报，2004（3）．

② 张大松，蒋新苗主编．法律逻辑学教程．北京：高等教育出版社，2007：207.

系不成。于是，王某在后来的一次会面中杀害了李某。在被讯问时，王某面对讯问人员提出的问题，既不肯定也不否定，采取“含糊其辞”的态度进行回避，企图蒙混过关。对此，讯问人员根据排中律原理，结合所掌握的证据，设置了一系列具有矛盾关系的问题，连续地进行发问，及时地识别出其供述中的逻辑错误，并进行了制止与纠正，使讯问工作得以顺利进行。下面结合该案的几个讯问片段进行分析。

问：“你与李某是否谈过恋爱？”

答：“我与李某相识。”

对于这个问题，本应明确回答是与否，但犯罪嫌疑人王某由于心虚，对此既不否定也不肯定，于是用“我与李某相识”的话来回避。“与李某谈过恋爱”和“与李某没谈过恋爱”是一对具有矛盾关系的判断，二者不能同假，其中必有一个真。显然，对于这一具有矛盾关系的问题，要么予以肯定，要么予以否定，是没有中间道路可走的，但犯罪嫌疑人王某以“相识”来回避明确的选择。

对此，讯问人员根据排中律的要求及时地发现了这一问题，并马上对其回答的内容作了纠正：“我们不是问你与李某是否相识，而是‘你与李某是否谈过恋爱’。”

王某回答说：“也算谈过。”

问：“怎么也算谈过，回答问题不要似是而非，要明确回答究竟谈过还是没有谈过？”

王某无奈地说：“谈过。”

问：“本月 23 日的晚 8 点（案发时间），你是否打过电话约李某出去见面？”

答：“我从前经常打电话约李某出去见面。”

问：“我们不是问你从前是否经常约李某见面，而是案发的当天晚上，你究竟是打过还是没有打过电话约李某出去见面？”

王某很无奈地回答道：“打过。”

问：“见面后，是否去了小北湖畔（案发现场）？”

答：“见面后我们去了好几个地方……”

问：“我们不是问你是否去过几个地方，问的是你们是否去过小北湖畔？”

答：“去过小北湖畔。”

问：“在小北湖畔，你们是否发生了争吵？”

答：“因性格不合，我们曾多次发生过争吵。”

问：“请注意，我们问的是‘当晚是否发生过争吵。”

答：“发生过争吵。”

问：“争吵中，你是否一怒之下，用麻绳勒住了李某的颈部导致其窒息死亡？”

此时王某沉默不语。

接着，讯问人员继续发问道：“李某死亡后，为了制造假象，你是否把死者的尸体抛入了湖中？”

王某听后，欲言又止。

接着，讯问人员对其进行了提醒式的发问："在此，我不得不提醒你，不要老是回避问题，回避是没用的，这不但减轻不了你的罪责，反而会加重你的罪责。请你想好了再回答，好吗？"

王某沉默了一会，回答说："好。"

最终，王某如实地交代了其因恋爱不成而杀人的罪行。

在以上这段讯问中，侦查人员之所以能较顺利地取得讯问成功，究其原因，除了已掌握大量的证据外，还在于他们善于灵活地运用排中律。讯问人员及时地识别出犯罪嫌疑人王某的回答中"含糊其辞""不置可否"的逻辑错误，同时，立即对犯罪嫌疑人王某的回答中的逻辑错误进行了制止与纠正，并要求其针对具有矛盾关系的问题作出"二者必居其一"的选择，迫使其在对一系列具有矛盾关系问题的选择、回答中不得不如实地交代罪行，从而取得了讯问的成功。①

2. 运用排中律，防止讯问过程中滥用复杂问语搞诱供

复杂问语是一种暗含其他假定（有时包含一种错误假定）的问语，对其不能简单地作肯定或否定回答。② 如讯问人员问："你想不想交代你的犯罪事实？"这一问话就使用了复杂问语，它隐含了"你有犯罪事实"这一预设，并要求对方在两个互相排斥的答案里选择一个，给出肯定或否定的回答。单就这一问题的设置、发问来看，对于一个确有犯罪行为的人来说，设置是合理的、发问是恰当的，因为其预设的事实为真。而对于一个根本没有犯罪事实或尚无确凿证据断定其犯罪的人来讲，问题的设置就不合理，发问也不恰当。因为其预设的事实为假或仅仅是一种假定，且预设通常以隐含的形式出现在问话中，不易为人们所察觉，容易使回答话者顺着提问话者的问话轻率地作出回答，其结果无论是作出肯定的还是否定的回答，都将承认这预设中的假定事实存在。显然，这是一种变相的"诱供"或"套供"，而"诱供""套供"是违法的。讯问时即使采用这种不合理的抉择型问题使讯问"成功"，获得了主观上所需的材料，有时也存在产生虚假供述，进而造成错案的风险，因为"诱""套"出来的东西并不都是真的。因此，应注意避免使用此种问语。

四、充足理由律

（一）充足理由律的基本内容

充足理由律是指在同一论证过程中，要确定一定论断为真，就必须有充足的理由，如果没有充足的理由，即没有论证性。其公式表示为：A 真，因为 B 真，并且 B 能推出 A。A 表示某种思想或论断，B 表示得出某种思想或论断的理由，是证明 A 之所以为真的依据。公式所表明的含义是：A 真是因为 B 真，并且 B 真能够必然推出 A 真。

充足理由律反映了正确思维必须具有的论证性，是客观事物因果关系在人们头脑中的反映。客观世界中，任一事物的存在或出现都不是无缘无故的，一定有它存在的现实根据和先行的各种条件。这就决定了正确思维必须具有论证性。充足理由律的内

① 周继祥．排中律在侦查讯问中的运用．北京人民警察学院学报，2007（6）．

② 张大松，蒋新苗．法律逻辑学教程．北京：高等教育出版社，2007：206.

容表明，任何思想或论断，都必须有它的理由和根据，而且理由和根据要能必然地推出所作的结论。由此可知，充足理由律也就是论证中的理由和判断关系。

充足理由律和同一律、矛盾律、排中律具有密切的联系。后三者是前者的基础和必要条件，如果违反后三者，则前者也就无法成立。换言之，如果思想不确定、自相矛盾、模棱两可，则根本谈不上论证。如果概念和判断本身的确定性尚成问题，就无法确定判断与判断之间的联系是否合乎逻辑。同时，前者是后三者的补充。在后三者的基础上，保持了概念和判断的确定性之后，还要求更进一步指出判断与判断之间的联系具有必然性和论证性。只有遵守这四项逻辑规律，才能做到概念明确、判断恰当、推理有逻辑性和论证有说服力。

（二）充足理由律的逻辑要求

充足理由律的要求具体有以下几个方面。

第一，论断的理由必须是真实的。论断的真实性取决于理由的真实性，只有理由真实，才能确立论断的真实性。具体到司法实践中，理由真实，一方面做到所适用的法律必须恰当，适用法律错误就会导致裁判的错误；另一方面要通过审核认定证据的真实性，凡是伪造、篡改甚至主观臆想的证据都不能保证裁判的正确。裁判案件时所称的“证据确实”即是此要求。

第二，论断的理由必须是充分的，即凭借该理由足以确立论断的真实性，或者说，从论据能必然推出论题。裁判案件时所讲的“证据充分”即是此要求。

第三，理由和论断之间应具有必然的因果关系。充足理由律所要求的是理由和论断之间推出的必然性，即从理由能够必然推出所要论证的论断。

（三）违反充足理由律要求的逻辑错误

司法实践中，那些由于证据不足被判无罪的案件即是现有在案证据经综合判断后无法必然得出唯一、确定的结论所导致的，而那些冤假错案的发生，大都是因为违反了充足理由律。根据充足理由律的要求，违反充足理由律的错误有三种。

第一种是理由虚假。所谓理由虚假就是以主观臆造为根据，把根本不存在的虚假判断作为理由。理由是虚假的，由此推断出的结论毫无疑问也是不正确的。

第二种是预期理由。预期理由是指在人们的言论中，特别是在证明或反驳的情况下，把真实性尚待验证的命题或者判断当作论证的理由，即把本身尚待验证的命题或者判断当作已经证实的事实。这当然是逻辑所不允许的错误。预期理由是一种诡辩者经常使用的诡辩手法，往往隐藏在另一个求答的问题中，企图使回答者在回答问题的不经意间承认提问者的预期理由，成为提问者得分的武器。

第三种是推不出。所谓推不出就是虽然作为理由的判断是真实的，但由于理由不够充分，与推断之间没有必然的联系，从理由的真推不出论断的真。造成理由与推断之间没有必然的联系的原因是多方面的，如主观臆想、以偏概全、违反推理规则等。

（四）充足理由律在法律中的适用

在法律适用活动中的任何一个阶段，任何结论的得出均应建立在充足理由律基础之上。刑事诉讼法对判决有罪的证明标准“事实清楚，证据确实充分”的解释即是充足理由律在刑事司法实践中的体现。如果不遵守充足理由律，则可能导致冤假错案。在依靠间接证据定案的情况下，尤其应把握充足理由律的运用。在司法实践中，运用充足理由律应注意以下几个方面。

第一，保证理由的真实，防止使用预期理由。办案机关在确认案件事实的过程中，如果以虚假的所谓“证据”来证明案件事实，在逻辑上就要犯“理由虚假”的错误，如司法实践中的“诬告陷害”“伪证”等情形。如果以真实性尚未确定或无法确定的所谓“证据”来证明案件事实，就犯了“预期理由”的错误。真实性尚未确定或无法确定的判断只能被看作一种“推测”或“猜想”，不能用来证明案件事实。“预期理由”在司法实践中的典型表现是以传闻、估计代替事实，此种情况在对证人证言的判断中应特别注意。保证理由的真实还包括援引法律规范必须真实，不能援引已经失效或者废止了的法律规范，也不能援引已经颁布但还没有生效的法律规范；同时，对所援引法律规范的理解、解释还必须符合法律条文本身的立法原意，即应善意释法，不得恶意曲解。

第二，保证理由的充分性和结论的必然性。如果违反这一要求，即犯了“推不出”的逻辑错误。在事实认定方面，一方面，应保证理由的真或合理性能必然地推出结论的真或合理性；另一方面，理由和结论之间的推理应符合逻辑，即由论据推出论题的推理形式应符合相应的推理规则。同样，此点也要求所援引的法律条文与已经确知的小前提（案件事实）之间要有必然联系。“推不出”的逻辑错误在法律适用活动中具体表现为：其一，推理者或论证者找不到连接案件事实而得出结论的法律条款。这种错误的论证通常是通过省略法律推理的大前提的形式反映出来的。论证者在列举了确认的案件事实之后，由此便得出某一结论。本来，由事实而推出的结论隐含的大前提应该是相关的法律条款，然而在现行法律规范中找不到这样的条款，甚至运用各种法律解释方法也无法依据已有的法律条款作出这样的司法解释。在这种情况下，尽管案件事实的陈述是真的，可是，由此而推出的结论是没有法律依据的。这也清楚地告诉我们，诉讼活动中应当确认的案件事实，绝不是随便抓取得来的案件事实，它必须受相关法律条款的制约，要在拟援引的法律条款制约下列举、陈述确认的案件事实，否则，就会犯“推不出”的错误。如果确认的案件事实不能与相关的法律条款联结，这样的案件事实不论真假如何，均属于与法律规定无关的案件事实，对案件的裁决、判处不起作用。正因为如此，司法工作人员在办理具体案件时，对这类事实也就无须花费更多的精力。其二，由小前提案件事实和大前提得出对某人应该从重或从轻处罚的结论，不是根据相关的法律规定，而是根据某人值得同情或憎恨。这在论证上叫诉诸感情，也不符合充足理由律的要求。

第三，构建法律推理时，在援引法律条款作为法律推理的大前提时，要做到准确、完整和具体。对案件定性和裁决的法律依据应当全部援引，援引具体的法律条款，并具体到外延最小的法律规定。对应当援引的法律条款不能遗漏，对不应当援引的法律条款不能滥加援引。如果援引的法律条款不全面或者滥引了法律条款，就会给人们造成一种所裁决的案件无法可依或者所作裁决的法律依据不足的误解，从而导致裁决、判决结论缺乏合法性和论证性。这样的错误也是理由不充足的错误在法律适用中的具体体现，因而也违反了充足理由律的逻辑要求。[①]

① 张静．论充足理由律在法律推理中的作用．贵州民族学院学报，2003（2）．

第二节　论证的规则

有说服力是对论证的基本要求，而遵守逻辑规则就是论证有说服力的必不可少的条件。论证是由论题、论据和论证方式组成的，因此，论证的规则就包括论题的规则、论据的规则和论证方式的规则这三个方面的内容。违反了逻辑规则的证明没有逻辑性，因而不合乎逻辑，当然就不可能有说服力。下面分别介绍论题、论据和论证方式的规则以及违反这些规则的逻辑错误。

一、关于论题的规则

（一）论题必须清楚、确切

论题必须明确，否则就是“论题不清”。论题是论证的核心，一切努力都是围绕着论题来进行的。如果论题不明确，那么要证明什么或者要反驳什么就没有目标，论证也将是无的放矢、劳而无获的。论题必须明确有以下两层含义。

1. 要准确领会论题的含义

一个论题断定了什么，是怎样断定的，断定到什么程度，都应该了然于心，否则，就会犯“论题不清”的错误。“论题不清”的错误可以有两种表现形式：一是对别人的论题不清楚，二是对自己的论题不清楚。

例如，有的辩护律师在为被告人辩护时，提出“被告应当从宽处理”（司法界也有这么一个口号：坦白从宽，抗拒从严）。

用这样的判断做论题，是“论题不清”的表现。因为，我国《刑法》中属于“从宽”的处理规定，只有从轻、减轻和免除处罚等规定，并无笼统的“从宽处理”的规定。在具体案件中，律师辩护必须表达清楚到底是哪一种“从宽”，否则其论题就含混不清了。

2. 论题必须确切

所谓论题必须确切，是指对论题的意义必须确切把握，在论题可能产生歧义的情况下，更应注意消除歧义，否则，就会犯“论题歧义”的错误。论题清楚、确切要求论题不可含混不清，不应当有歧义，不能模棱两可，更不能自相矛盾。

例子：

《吕氏春秋·淫辞》中记载了战国时期的一件外交官司：空雒之遇，秦、赵相与约。约曰：“自今以来，秦之所欲为，赵助之；赵之所欲为，秦助之。”居无几何，秦兴兵攻魏，赵欲救之。秦王不悦，使人让赵王曰：“约曰，‘秦之所欲为，赵助之；赵之所欲为，秦助之。’今秦欲攻魏，而赵因欲救之，此非约也。”赵王以告平原君，平原君告公孙龙，公孙龙曰：“亦可以发使以让秦王曰：‘赵欲救之，今秦王独不助赵，此非约也。’”

本案问题在于这个条约之措辞本身就是含混不清的，它只笼统规定一方想干什么，另一方就要予以支持，给以帮助，而没有规定碰到双方的意图相矛盾时应该怎么办。

公孙龙就钻了条约措辞含糊不清的空子，采以其人之道还治其人之身的方法，使秦国处于既去攻魏又去救魏的尴尬境地。

（二）论题必须保持同一

所谓论题保持同一，是指在同一论证过程中，论题应始终保持前后一致，贯彻于论证的始终，不能从论证原来的论题转移到论证其他的论题，否则，就会犯“转移论题”或“偷换论题”的错误。

实践中存在两种转移论题的谬误：一种是“证明过多”，另一种是“证明过少”。“证明过多”就是证明了较原论题断定范围要广的论题。例如，原论题是“大量饮酒有害”，结果证明的是“饮酒有害”的论题。显然，“饮酒有害”较“大量饮酒有害”断定范围要广，它不仅包括大量饮酒，还包括适量、少量饮酒，所以是“证明过多”。“证明过少”就是证明了较原论题断定范围要窄的论题。例如，原论题是“体育锻炼能增进健康”，结果在证明中只是讲踢足球如何能增进健康，实际上证明的论题是“踢足球的体育锻炼能增进进健康”，但体育锻炼不仅仅指踢足球的体育锻炼，还包括其他许多方面，所以是“证明过少”。“证明过多”或“证明过少”的错误也可以出现在反驳中，情况与此相类似。

二、关于论据的规则

论据是确定论题为真的依据、根据，如果论据本身不真或其真实性仍不确定，论题就失去了它的支柱，建立在这种论据基础上的论证的说服力也就成问题了。一个正确有效的论证，其论据必须符合下述逻辑要求，遵守下述关于论据的规则。

（一）论据必须是已知为真的判断

这条规则包括两层意思：一是论据必须是真判断；二是作为论据的判断，其真实性必须得到证实，即已知为真。如果用作论据的判断是假的，就犯了“论据虚假”的错误；如果用作论据的判断的真实性尚未得到证实，就犯了“预期理由”的错误。

例子：

某官员的儿子喝醉酒耍酒疯打死人，一审判决以其患精神病为由判以“死缓”。判决一公布，公众哗然，被害人家属不服，逐级申诉到最高人民法院。最高人民法院经调查确认，被告人犯罪前诊治精神病的病历、犯罪后所作的精神病鉴定全是被告人的父母利用非法手段搞的假材料，于是被告人患有精神病的结论被推翻。经再审，杀人凶手受到严惩。

在这个案例中，被告人的父母所作的证明，论题是“被告人患有精神病”，论据是“被告犯罪前有诊治过精神病的病历”以及“犯罪后有关于患有精神病的鉴定”。此证明就是犯了“虚假论据”的逻辑错误。

例子：

电影《十五贯》中，无锡知县过于执认定苏戌娟与熊友兰是杀死尤葫芦、盗走十五贯钱的罪犯。他是这样认定的：“看她（苏戌娟）艳如桃李，岂能无人勾引？而他年正青春，怎能会冷若冰霜？她与奸夫情投意合，自然要生比翼双飞之意。父亲拦阻，因之杀其父而盗其财，此乃人之常情。这案情就是不问，也已明白十之八九了。”

知县过于执认定苏戌娟与熊友兰有罪的证据都是主观臆想、捕风捉影的，这是“预期理由”。

（二）论据的真实性不应依赖论题来证明

论据的真实性当然是需要支持的。作为理论论据，其真实性的支持来自公理、定理、规律、规则以及科学的定义等（当然，真实与否最终还是要看实践）；作为事实论据，其真实性的支持来自客观存在的实际情况。也就是说，论据的真实性必须要在论证之外去寻找，而且归根结底是由社会实践来决定的。如果不是这样，而是在论证内部为论据的真实性寻求支持，那么这种支持其实是毫无意义的，因为这种支持是一种自己对自己的支持，论据的可信度并没有丝毫提高。在论证内部为论据的真实性寻求支持，具体就表现为用论题来论证论据的真实性。这种用论题来论证论据的真实性的错误就叫作“循环论证”。

例子：

鲁迅在《论辩的魂灵》一文中就揭露复古派的诡辩是一种“循环论证”：“……你是卖国贼。我骂卖国贼，所以我是爱国者。爱国者的话是最有价值的，所以我的话是不错的，我的话既然不错，你就是卖国贼无疑了。”

复古派以“爱国者”自居，攻击他的论敌是“卖国贼”。复古派怎样证明自己是爱国者呢？他的推理是：“你是卖国贼，我骂卖国贼，所以我是爱国者。”复古派又怎样证明“你是卖国贼”呢？他的推理是：“我是爱国者，爱国者的话是不错的。我的话既然不错，你就肯定是卖国贼了。”前面证明“我是爱国者”（论题）的主要论据是“你是卖国贼”；后面证明“你是卖国贼”（论题）的主要论据是“我是爱国者”。在论证中，“我是爱国者”这个判断既作论题又作论据，“你是卖国贼”这个判断也是既作论据又作论题。实际上它们的真实性都没有得到证明。可见，这个论证是一个毫无意义的“循环论证”。

三、关于论证方式的规则

在论证过程中，论证方式是联结论题和论据的纽带，只有能从论据合乎逻辑地推出论题来，这个证明才有逻辑性和证明力。论证中所使用的论据不足、论据与论题不相干或违反推理规则，都属于“推不出”的逻辑错误，具体有以下三种。

（一）违反推理规则

由于论证过程都要借助于推理实现，所以，当从论据中推出论题时，必须遵守有关的推理规则或要求。如果在论证中违反了有关的推理规则和要求，就意味着论题实际上并不是从论据推出的，也必然犯了“推不出”的错误。

例子：

鲁迅在《论辩的魂灵》一文中的另一段话：“你说甲生疮，甲是中国人，你就是说中国人生疮了；既然中国人生疮，你是中国人，就是你也生疮了。”

这一段诡辩违背了“论证必须合乎推理规则”的要求，犯了“推不出”的逻辑错误。

甲是生疮的人（即“甲生疮”）；

甲是中国人；

所以，中国人都生疮了。

这是直言三段论推理的第三格，第三格的推理规则是：小前提必须是肯定的，结论必须是特称判断。上面的推理违背了第三格的推理规则，推出的结论是全称判断，是错误的。也就是说，运用直言三段论第三格推理形式推不出全称判断的结论来。

（二）论据与论题毫不相干

通俗地讲，就是论据虽然真实，但与论题风马牛不相及，因此也就不能从论据推出论题。一个经典的例子是所谓“不肖子的狡辩”：

据说古代有一户人家，有这样一个儿子：他的父亲是一位大官，而他长大后一事无成，因此被称为“不肖子”。在不肖子的家中似乎是隔代遗传，因为不肖子的爷爷一生也是无所作为，而不肖子的儿子又很有出息，考上了探花。不肖子的父亲经常责怪不肖子不争气，没有出息。想不到不肖子却振振有词地说：“你的父亲不如我的父亲，你的儿子不如我的儿子，我比你还争气，还有出息。”

在该例中，尽管不肖子狡辩所引用的论据是真实的，但是论据与论题没有逻辑关系，因此，不肖子不能驳倒他父亲对他的指责。这也是“推不出”的错误。

例子：

某法院在一起伤害案件中对被告作出了“免予刑事处罚”的判决。法院的根据是：(1) 被告已经赔偿了受害人的医疗费、营养费；(2) 被告已经被行政拘留了 15 天；(3) 被告打伤了受害人后，并无新的犯罪活动。

这些本身可能都是真实的，但这对于证明被告应当被“免予刑事处罚”没有法律上的依据。

严格地讲，所谓“不相干”，并不是说论据与论题之间毫无联系。事实上，要想在这个世界上找出完全没有任何联系的两个事物或两种事物的情况还真不是一件容易的事。因此，“不相干”的论据与论题之间是可以有这样或那样的联系的。论据与论题之间“不相干”的实质在于，不管论据是真是假，都不能确定论题的真实性或虚假性。这种与论题不相干的论据包括不相干的事例、理论观点、法律条文等。在上例中，某法院对被告作出“免予刑事处罚”判决的过程中，列举的这些“理由”即使都是真的，也不能由此推出对被告“免予刑事处罚”的结论。因为，我国刑法中没有如此连接理由与结论的规定，所以，这里所列举的论据对于所要证明的论题来说就是毫不相干的。

（三）论据不充分

论据是真实的，与论题之间也有一定的相关性，但却不一定能够推出论题，不一定能使论题的真实性或虚假性得到确定。原因在于，除真实性和相关性外，论据还必须是论题的充足理由。只有这样，才能真正推出论题，才能使论题的真实性或虚假性得到确定。如果论据只有真实性和相关性，但却不是论题的充足理由，同样是推不出论题的。论据不充分，由论据的真实性不能必然推出论题的真实性，有以下几种主要表现。

一是推理不合乎逻辑，表现为论据与论题联结而构成的推理形式，不符合有关的推理规则的要求。

> 例子：
>
> 火车到站后，李某不慎错拿了张某的手提包，张某发现后认定李某偷他的手提包，于是二人闹到车站派出所。派出所的同志说："如果李某有意拿张某的手提包，那么手提包里一定有很多钱或者很值钱的东西。"打开张某的手提包，结果发现里面有人民币 5 000 元、名牌手机一个，于是派出所的这位同志认定李某要偷张某的手提包。

派出所这位同志显然犯了"推不出"的错误，因为根据充分条件假言推理规则，肯定后件不能肯定前件，而这位同志恰恰就是从肯定后件到肯定前件。

二是"草率证明"，又称"以偏概全"，就是轻率地采用了不完全归纳推理作论证方式而发生的逻辑错误。一般表现为论据仅仅是个别性事例或有限的几个事例，而且并不典型，论证中又未对这样的个别事例作科学分析，便用来证明一个全称判断的真实性。

> 例子：
>
> 论题：目前的大学生普遍缺乏中国传统文化的学习和积累。
>
> 论据：国家教委有关部门及部分高等院校最近作的一次调查表明，大学生中喜欢和比较喜欢京剧艺术的只占到被调查人数的14%。
>
> 分析：喜欢京剧艺术与学习中国传统文化不是一回事，不能以不喜欢京剧之"偏"而概对中国传统文化的态度之"全"。

三是"以相对为绝对"，就是把在一定条件下为真或者把在某个特定场合下为正确的判断，视为在任何条件、任何场合下都是真实、正确的判断，并以此作为论据来证明论题而发生的逻辑错误。例如，在民主主义革命时期，阶级斗争无疑是当时我国社会的主要矛盾，"以阶级斗争为纲"的提法是正确的。但是，在建设社会主义现代化的今天，如果还提"以阶级斗争为纲"，显然就是错误的。所以，如果以此为论据，来论证我们的工作中心不是经济建设而是阶级斗争，就犯了"以相对为绝对"的错误。

四是"以人为据"，就是以关于某人品质（如某人的道德水准、身份地位、情感意愿等）的评价作为论据，来证明他作出的某个判断的真实性或虚假性而发生的逻辑错误。比如，"某人的观点是正确的，因为某人一贯表现良好""乙的说法是错误的，因为乙品质恶劣，令人厌恶"等。司法工作中比较常见的是，用关于某人品质优劣的评价，来证明他是否实施了某种犯罪行为。

不过，需要注意的是，如果律师在法庭上在对证人的交叉询问中，通过揭示证人品质之优劣来动摇证人证言的可信度，并非犯了"以人为据"的逻辑错误。因此，有学者认为，"以人为据"并不总是谬误，在一定的语境中，这种论证方式可能是合理的或可接受的。

第三节 论证中的非形式谬误

从广义上讲，谬误指的是与真理相对的不符合客观实际的错误认识。从狭义上讲，谬误指的是违反思维规律或逻辑规则的议论，尤其是指论证中不合逻辑的推论。本节所要讨论的谬误主要指狭义的谬误。谬误常常出现在前提与结论的逻辑关系上，是指那些看似正确、具有某种心理的说服力，但经仔细分析之后发现其为无效的推理或论证形式。如果有意识地运用谬误的推理、论证形式去证明某个错误观点，就是诡辩。德国哲学家黑格尔指出："诡辩这个词通常意味着以任意的方式，凭借虚假的根据，或者将一个真的道理否定了、动摇了，或者将一个虚假的道理弄得非常动听，好像真的一样。"① 可见，诡辩是一种故意违反逻辑规律和规则，针对错误观点所进行的似是而非的论证。

论证是推理或推论型的思维形态，通常把与论证相关的谬误分为形式谬误和非形式谬误两种。形式谬误对应于各种推理的有效式，一般来说，每一种有效的推理形式都有一种与之相对应的违反这种推理规则的谬误。形式谬误一般与推理的具体内容无关，在分析这种谬误时暂时可以不考虑自然语言所表达的语义以及语言所使用的具体环境。对于形式谬误，只要熟悉各种有效的推理规则，就不难识别，这里不再作具体讨论。而非形式谬误是有关推理的内容、实质的谬误，它通常与感情、态度、信念等心理因素以及自然语言表达功能的多样性等因素相关。依据传统的分类方法，非形式谬误有相关谬误、歧义谬误和论据不足三种形式。

一、相关谬误

论证的目的是确立论题的真实性或正当性，只有诉诸事实和真理，依赖逻辑和理性的力量，从论据之真推出论题之真，才能产生让人心服口服的效果。如果虽然论证的论据与论题具有一定的相关性，但论证者不是求诸逻辑和理性，而是利用语言表达感情的功能，以言词激起人们心理上的恐惧、敌意、怜悯或热情，引诱人们去接受其论题，就会犯相关谬误的错误。也就是说，相关谬误就是论证诉诸感情、情绪、态度或信念等心理因素而导致的思维错误。具体而言，相关谬误有如下几种类型。

（一）诉诸人身的谬误

诉诸人身的谬误是指用论证者自身或别人在人身或处境上的优势作为论据，来论证某一个命题的真理性。论据与论题之间只有心理上的相关性，并不具有逻辑上的相关性。具体有以下四种。

1. 人格人身保护

人格人身保护是以自己或他人人格高尚为理由，诱使他人相信某论题为真的谬误。

① 黑格尔．哲学史讲演录：第二卷．北京：三联书店，1957：7.

例子：

“我以我的人格担保，我所说的一切都是真的”或“某人人格高尚，他的话一定可信”。

这是典型的因人立言。由于人格高尚与该人说的话是否真实可靠没有必然联系，人格高尚者的话不一定都是真实可靠的。其形式为：

A 断定 P

A 的人格高尚

所以，P 是真的（或可信的）

2. 人格人身攻击

人格人身攻击谬误是指在论证中，以立论者或反驳者的人格或处境为论据，而不是以立论者或反驳者所提出的观点和理由为根据进行辩护或反驳，就会产生人格人身攻击的谬误。日常思维中所说的“因人立言”或“因人废言”就是典型的人格人身攻击的谬误。

例子：

德国哲学家黑格尔在一篇随笔中曾经举了这样一个例子：在市场上，一位女顾客对女商贩：“喂，老太婆，你卖的是臭蛋呀!”这个女商贩恼火了，说：“什么？我的蛋是臭的？我看你才臭呢！你敢这样来说我的蛋？你？要是你爸爸没有在大路上给狮子吞掉，你妈妈没有跟法国人跑掉，你奶奶没有在医院里死掉，你就该为你花里胡哨的围脖儿买件称身的衬衫呀！谁不知道，这条围脖儿和你的帽子是打哪儿搞来的。要是没有军官，你们这些人现在才不会这样打扮呢！要是太太们多管管家务，你们这些人都该蹲班房了。还是补补你袜子上的窟窿去吧!”黑格尔说这位女商贩的议论就是犯了人格人身攻击的错误。

3. 处境人身保护

处境人身保护是以自己或他人处境优越为理由，诱使他人相信其论题为真。

例子：

因某人在科研院所工作，所以，他的成果一定具有学术价值；某人是逻辑学教授，所以，某人说话或写文章一定合乎逻辑；某人专攻伦理学，所以，他的言行举止一定合乎道德规范。

总之，人的出身、经历、职业、地位等各种处境优势，均成为处境人身保护的借口。实际上人们处境的种种外在条件，跟其当前所要论证的论题并无逻辑上的联系，而只是在心理上相关，因而这些心理相关因素并不能成为论证其论题成立的充足理由。其形式为：

A 断定 P

A 是干某某工作的

所以，P 是真的（或可信的）

4. 处境人身攻击

处境人身攻击是依靠攻击对方的处境进行证明、反驳。这属于间接的人格人身攻击。

例子：

比尔："从道德上讲，我相信堕胎是错的。"

戴夫："你当然会那样说，因为你是一个牧师。"

比尔："我给出论证支持我的立场如何?"

戴夫："那并不重要。如我所说，由于你是一个牧师，因此你不得不说堕胎是错的。再者，你正好是教皇的男仆，因此，我不会相信你的话。"

在这段对话中，戴夫采用的针对人的论证形式。由于戴夫攻击比尔是个牧师与认为比尔的立场不成立是不相干的，所以，他就犯了人身攻击谬误。这种人身攻击谬误被称为处境人身攻击谬误。总之，列举某人处境方面的理由，同所论证的论题没有任何逻辑联系，而只能借助某种心理相关性取得表面的说服力，但实际上是经不起理性的推敲的。

其形式为：

论题 P（P 是一种恶行）

A 的处境与 P 相关，或 A 的处境有利于 P

所以，A 一定有 P

应该承认，一个人表现的好坏、品行是否高尚、生活环境的优劣，同他是否在特定条件下实施某种犯罪行为或其他不良行为有一定的联系。但是，一个人平时的表现和品行如何，有无可能走上违法乱纪的道路，同他是否实施了某一具体的违法犯罪行为终究不是一回事。因此，即使证明了某人平时表现不好、品行不端、处境不好，也不足以证明某人一定实施了某种具体的违法犯罪行为。要证明某人确实犯了这种行为，必须拿出确凿的证据来，并在此基础上依据有关法律规定进行论证，而不能用对某人的品行评价来代替。

还有一种处境人身攻击的形式叫作"你也是"，它的特点是：把矛头指向对方的言行矛盾，以图降低对方议论的可信度。实际上对方的言行矛盾跟其所提论题在逻辑上是两回事，不能用对方的言行矛盾作为逃避当前论题论证的遁词或挡箭牌。

其形式为：

A 有根据地指出 B 在×问题上有错

但 A 在×问题或其他问题（与×具有相似性）上有错

所以，A 的意见是错的

（二）诉诸强力的谬误

所谓诉诸强力的谬误就是指那种不是为论题提供理由，而是指出不信服这个论断的人将要受到道德的、宗教的、经济的、武力的等方面的威胁，以迫使他人接受该论断的论证。凭借强力迫使他人接受某论断的方式是多种多样的。

例子：

道德的，"你不信服，良心不得安宁"；宗教的，"你不信服，上帝会惩罚你的"；武力的，"你不信我的话，你的脑袋迟早会搬家的"；经济的，"你不信服，将会受到经济制裁"。

其形式为：

不信服 P 将要得到你不愿得到的结果

所以，P 是可信的

在法律审判中，无论是起诉方或应诉方还是审判方，使用诉诸强力论证是常有的事。

例子：

广州某法院某法官在审判一起房屋买卖纠纷案时对被告说："我劝你还是接受调解，不然你就等着我判吧。"

在这里，法官显然在滥用诉诸强力论证。

例子：

某法院在审理一起买卖纠纷案时，原告代理律师冯某打电话告知被告人叶某说："我警告你，如果你在法庭上还不配合，你不会有好结果的。"

上例中，原告方并不是借助法律程序达到理性说服的结果，而是采用非法的人身威胁作为论据，因而属于诉讼中起诉方滥用诉诸强力的情形。但是，并不是所有的威胁都是谬误。例如，一些国家的法律让人们深信酒后驾驶会受到严惩，虽然这种法律规定借助强力干涉的威胁达到震慑的目的，但人们并不认为这是不合理的，原因在于法律法规是经民主合法程序商讨确定的可接受前提，与结论直接相关。而滥用强力威胁的前提不具有这种可接受性，它和结论也不具有相关性。

（三）诉诸无知的谬误

诉诸无知的谬误是指论证一个观点时没有积极的理由，仅以尚无证据证明该论断为假或为真（即对论题的真假无知），便断定该论断是真的或是假的。

其形式为：

（1）没有证据证明 P 是假的，所以，P 一定是真的。

（2）没有证据证明 P 是真的，所以，P 一定是假的。

从论证的本性来看，没有证明为真，并不意味着某一论断一定是假的，只是表明还没有找到真实证据；同样，没有证明某一论断为假，也不意味着它一定就是真的，只是说明人们还没有找到与该命题相互矛盾的证据而已。因此，人们对某一现象领域或命题的无知，丝毫不能成为对该现象领域或命题下断言的逻辑理由。审判中，必须以事实为根据，绝对不能套用诉诸无知的论证形式，否则，冤假错案将是不可避免的。不过，这种论证模式也并不总是谬误的。

例子：

在我国刑事审判中，根据无罪推定原则，对于被告人是否有罪采取"控方证明原则"，即辩方无须证明自己无罪。

换句话说，如果把"被告人有罪"称为命题 P，那么，如果控方不能证明被告人有罪，则其主张命题 P 不成立，即 P 为假。在这种情形下，诉诸无知与论证结论是相关的，因此，是合理的诉诸无知论证。只有当诉诸无知与论证结论不相干时，才是诉诸无知的谬误。事实上，诉诸无知论证是诉讼中经常使用的一种论证模式。无罪推定原则和举证责任倒置原则的论证模式就是诉诸无知的论证。无罪推定原则是指没有证据证明被告人有罪，那就推定他是无罪的。要注意，推定无罪并不等于犯罪嫌疑人实际上没罪，一旦有证据证明他有罪，可以重审确定其有罪。而举证责任倒置原则，是指提出法律主张一方不承担举证责任而未提出该主张的一方负有举证责任，如果负有举证责任一方不能履行举证责任，那么对方的主张成立。

（四）诉诸怜悯的谬误

诉诸怜悯的谬误是指在论证一个论点为真或一种要求合理时，仅以某人值得同情为由来证明他的主张或要求是合理的，否则有理由被同情的那个人将会有更多或更大的不幸。这种谬误不是提供确凿的证据来论证自己的观点，而是通过诉说可怜的、不幸的遭遇或境况，激起别人的同情、怜悯，使别人接受或相信他的观点是正确的。

例子：

在法庭上常常会看到犯罪嫌疑人泪流满面地诉说："我上有年迈的丧失生活自理能力的老人，下有不能自食其力的年幼的子女，如果我被投进监狱，他们该怎么生活呀？"

这里，犯罪嫌疑人企图用悲戚的面容、呜咽的声音、泉涌的泪水来模糊法官理性思考的视线，以感情取代理性的裁决。

该谬误的论证形式是：

A 是值得同情、怜悯的

所以，关于 A 的命题 P 是对的

很明显，这种论证是不合逻辑的，因为前提与结论没有逻辑相关性，人们的同情心不是论断的逻辑理由。这里并不是说，人们的同情心成了荒谬的东西，而是说将同情之心或怜悯之心作为支持某种论断的根据，是荒谬的。

（五）诉诸公众的谬误

诉诸公众的谬误是指以社会公众或特定团体中的大多数人对某一观点的态度为根据，来衡量一个论断的真假，而不管这一观点是否有令人信服的客观根据。这种论证实际上是"随大流"的一种表现。"随大流"是一种非理性的选择，是一非理性的思维，不是理智的考虑。这种谬误在现实生活中屡见不鲜，其论证形式是：

（1）公众赞同 P

所以，P 是可信的（或非 P 不可信）

（2）公众否认 P

所以，P 是不可信的（或非 P 可信）

例子：

1995 年，在辛普森案宣判之后，盖洛普公司进行了一项民意调查，有 56%的人不同意辛普森案的判决，36%的人同意，因此，结论是辛普森案肯定判错了。

民意调查是诉诸公众的一种情形。诉诸公众的论证本身并不是一种必然性论证，即，即使所有前提都真，结论也不必然为真。但是，如果我们把它当作一种必然性论证来处理，那就犯了诉诸公众的谬误。在上例中，结论是"辛普森案肯定判错了"，即把这个论证当作必然性论证了。这是一种不适当的诉诸公众，因此，犯了诉诸公众的谬误。诉诸公众的论证的谬误性在于：它不是从证据对观点的支持程度去判定此种观点的可信度，而是以某种观点被掌握的人数力量的对比来判定它的可信度，因而结论不是必然的。尽管我们知道，正确的、有说服力的见解终究会赢得公众，但赢得公众的见解并不都是正确的、有说服力的。“真理往往在少数人手里”可作为诉诸公众的谬误的反例。

（六）诉诸权威的谬误

诉诸权威的谬误是指在论证中以本人或他人的权威为根据来论证某一论题。权威是使人信从的力量或威望，它是某种范围里最有地位的、博得人们尊敬的人和事物。权威本质上是一种社会关系：在社会生活的不同领域，某个人或组织得到公认的影响。它表现在科学、生产、教育等诸多领域。例如，知识权威就是那些“成为结论性陈述或证明的来源的个人（如某一特定科学领域的专家）；一个意见值得被接受、被引证或被请教的人”①。这种意义上的权威与论证有着密切关系。信仰权威是人们最自然的心理倾向，因而在日常论证中，人们广泛使用着诉诸权威的论证。但是，权威的话并非句句为真，只有权威的正确意见用作论据才是正确的论证。在论证中，不适当地引用权威人士的观点，来为论证者的论点或行为辩护，甚至以此来压服有充分理由的新探究，都是“滥引权威”。因此，对“A是关于P的可靠权威，A肯定了P，所以P是真的”这种诉诸权威的演绎论证模式应该给予实质性修正。合理的诉诸权威的论证模式应该是归纳的，结论只能是或然的。其形式为：

（1）A是关于P的可靠权威

（2）A肯定P，则P较大可能为真

（3）A肯定P

（4）所以，P较大可能为真

这一归纳模式的核心前提是（2），（2）又有（1）来保证。（1）意味着：A相关P的知识总汇相对丰富，因而他最有可能作出正确断定；A能成为某个专业领域的权威，是因为以往他在多次场合的断言多次被证明正确，因此有理由期望A在n次场合对同类问题断言的可信度较高；A断定的命题，目前尚未遇到具有根本权威的反例，也未遇到比其更合理的假说的挑战。

由上述分析可知，诉诸权威的谬误有三种基本类型：一是在运用诉诸权威的模式时，使用者未能把它看成是归纳的，而把结论的可信度等同于前提的可信度；二是使用者所引用的权威并不是P命题所属领域的权威，论证者关注的只是权威的名望，使我们由于对权威的尊敬而相信结论；三是对于一种颇有根据的新见解，反对者试图通过引用权威来加以否定，甚至当这种新见解与权威的观点不相容时，依然引用权威来加以反驳，企图压制新探究。

在审判中，诉诸权威的论证的情形出现很多，而且常常是合理的。例如，诉诸专家意见就是一种诉诸权威的论证形式。但是专家意见必须符合合理的诉诸权威论证要求，否则同样会犯诉诸权威的谬误。就专家证人而言，关于合理的诉诸权威论证要求，主要体现在证据规则当中。美国《联邦证据规则》第702条对专家意见的审查提出了

---

① 王同亿．英汉辞典．北京：国防工业出版社，1997：339.

下述标准：(1) 专家之科学、技术或其他专业知识应有助于事实审判者理解证据或确定争议事实；(2) 专家的意见应建立在充分的事实或资料基础上；(3) 专家的结论应是根据可靠的原理和方法得出；(4) 专家应令人信服地将原理和方法应用于本案的事实。从我国最高人民法院关于民事诉讼和行政诉讼的证据规则的规定中，可以看出对鉴定意见和专业人员意见（即专家意见，属于权威范畴）提出的具体要求，例如《最高人民法院关于行政诉讼证据若干问题的规定》第 30 条、第 32 条、第 47 条、第 48 条、第 62 条。

（七）诉诸传统的谬误

诉诸传统的谬误是指肯定或否定一个命题，完全以合乎传统为根据。它在关于价值命题的辩护与反驳中尤其常见。传统，是指世代相传的具有民族特点的社会因素。优秀的传统应当继承和发扬，落后的传统应当破除和抛弃。这是对待传统的正确态度。但是，在论证某个观点时，以传统作为正面根据或反面论据，都不能使论点得到充分支持。

其形式为：

(1) 传统见解为 P

所以，P 真（合理）

(2) 传统见解为 P

所以，P 假（不合理）

诉诸传统的论证也并不总是谬误的。例如，尊老爱幼是中华民族的传统美德，因此，在公共汽车上应当主动给老人和小孩让座。这种诉诸传统的论证其前提是为大众所普遍接受的，显然与结论是相关的，因此，是合理的诉诸传统论证。但是，如果诉诸传统论证的前提与结论不相干，那就犯了诉诸传统的谬误。

例子：

交警："这里是单行道，你逆行了，因此，罚款 200 元。"

司机："以前我这样走都没有问题呀！"

在这里，司机借助的也是一种传统来达到说服交警的目的，即他以前这样走都没被罚过款。但是，这个前提与"他违章但不应该被罚"的结论是不相干的，因此，他犯了诉诸传统的谬误。这种谬误的特点在于，对事物情况作断定或论证自己的观点时，不是从事物本身的性质、情况出发作实事求是的分析，进而提供支持论点的有力论据，而是仅仅以传统为论据看是否合乎传统去证明某一观点，因而导致观点得不到充分支持。这里需要说明的是，在法律推理中，当待处理的当前（主要指民事或行政）案件事实在法律上没有明确规定，而法官又不得拒绝审判，必须对诉争事实作出法律的裁决时，如果就诉争事实在民间存在着一定习惯，而且这种习惯（传统做法）具有道德上的正当性，能够促进社会的发展或能够维护社会的正常秩序，就可以将其作为司法裁决的依据。这种情形不能算作诉诸传统的谬误。

二、歧义性谬误

语言只有清楚明确，才能具有可识性、可解性，达到交际的目的。违反语言明确性原则，会导致各种歧义性谬误。歧义性谬误产生的根源有二：一是语言表达的多义性；二是思想认识模糊，认识不清。从逻辑上看，不论是由于语言表达还是由于认识模糊导致的歧义性谬误，都是违反了同一律的逻辑要求的结构。词语的多义性使同一语词可以表达不同的概念、同一语句可以表达不同的判断，使有限的语言材料能够产生多种多样的思想表达含义。这是一种正常的现象。但是，使用多义词而使句子产生歧义，从而导致歧义性谬误的情况是应当避免的。从语言的角度来看，对歧义性谬误我们可以分别从语法、语用和语义三个方面来分析。从语法的角度看，歧义性谬误是句法结构不严谨或语法层次难以切分造成的。从语用的角度看，歧义性谬误是语言使用者对语词使用不当，或脱离语词在语境中的意义而对语词产生误解所造成的。语法和语用方面的因素导致的歧义主要是多义问题，而与语义方面的因素相关的歧义除了多义问题外，主要是指语言表达的意义不明确、含混不清。例如，史书载“齐桓公负妇人而朝诸侯”，其中，“负妇人”的陈述含混笼统，既可以指妇人侍立于齐桓公背后，这在当时是正常的；也可以指妇人被背在齐桓公背上，意为淫乱无礼。可见，如果使用的语义含混、笼统，将会造成认识上的困难与交际上的障碍。

歧义性谬误，主要可以分为以下几类。

（一）语词歧义的谬误

语词歧义的谬误是指一个论证的成立依赖于或明或暗地在论证中将一个短语的不同意义混淆使用。

例子：

甲欠乙10万元钱，一个月后甲偿还乙8万元，乙给甲出具了收据“甲还欠款8万元”。后来，乙将甲告上法庭，要求甲偿还欠款8万元。甲拿出乙出具的收据证明已经偿还乙8万元。但是，双方对欠条表达的意思产生了异议，因为“还”字在汉语中是一个多义字，既可作“偿还”的意思理解，也可以作“尚、尚且”的意思理解。最后，甲因拿不出确凿的还款证据，只好再向乙支付8万元。

（二）语形歧义的谬误

语形歧义的谬误是指论证者在论证中使用了有两种或两种以上意义的一个句法歧义句，而它的正确性依赖于这个语句在整个论证过程中保持一个意义。例如，“他连我都不认识”这个句子由于宾语不清楚，因而具有不同的意义，既可以理解为“他”不认识“我”，也可以理解为“我”不认识“他”。

从言语交际来说，因其语形结构不确定而作双重理解，致使语句意义不确定，造成双方理解不一致，形成交际障碍。在这种情况下，句法歧义不必然与论证有关。但从论证逻辑来说，在一个论证中，如果使用了有两种意义的一个句法歧义句，而且论证的有效性取决于该语句在整个论证中保持一个意义，那么就会发生语形歧义的谬误或导致双方出现谬误。只有在论证者依据具体语境知道提出的语句应是何意但又不予理睬，而利用句法歧义作别种理解，进而推论的时候，这才算论证者犯了语形歧义谬误。避免或对付语形歧义的谬误的根本方法是，读者或听者要认真审查语句的意义，要求作者或说者给出语句确定的含义。

（三）语源的谬误

语源的谬误是指根据某个语词和另一个语词在词源上的派生关系，推断它们所指称的事物也有这种派生关系。这种谬误是在论证中通过混淆语词的原初意义和现实的一般意义而得出结论的。

语词指称事物，因而认识某些事物的性质时，考察它们的相应语词及其来源是必要的，而且是有益的。语词的意义随着历史的发展不断发生变迁，但语词意义的变迁有时反映了事物对象的变迁，例如英语中的“邮局”或“邮筒”一词，原意为“柱子”，通过考察其词源可以知道，很早以前在华盛顿州，由于居住分散，邮递员不可能将邮件送达家户，于是在小路交叉口立起松木树桩，固定一个木箱子，邮递员只要将居住在此树桩方圆几里内的收件人邮件放进木桩上的箱子即可，每一箱子标有一家的姓名，取件人在此从写有自家姓名的箱子中取走邮件。

（四）自身驳斥的谬误

自身驳斥的谬误是指从论证所使用的语句可以推出该语句的否定判断。这种特殊的语句隐含一个矛盾推论。它有三种类型：绝对的、语用的和断言的。

绝对的自身驳斥是指一命题蕴涵了它自身的否定。例如，个别人“看破红尘”，悲观地说：“这世界上没有什么是真的。”如果该判断是真的，则可推出它假。因为“这世界上没有什么是真的”是真的，即“有些东西是真的”，而“有些东西是真的”与“这世界上没有什么东西是真的”相矛盾，因而“这世界上没有什么是真的”是假的。这种自身驳斥的特征是，由它本身为真可推出它本身为假。

语用的自身驳斥是指表达判断的方式与判断本身的意义不相容造成的矛盾。例如，我说“我没说话”，我用笔写下“我什么也没写”，这些判断的内容被表达判断的行为方式否定了：我说了“我没说话”表明我说了话，我写了“我什么也没写”也表明我写了点什么，因此我说的和写的是假的。这种自身驳斥的谬误的特点是，对命题内容或表达方式一方单独考虑时，自身驳斥就不复存在。某个时刻我没说话、没有写字，就可能是真的。因此，只要改变表达方式就不再会有自身驳斥的谬误的出现。如我用笔写下“我没说话”，用口说“我什么也没写”，就消除了自身驳斥。可见，这种自身驳斥与表达方式密切相关，在这一意义上说，自身驳斥的谬误都是语用的。

断言的自身驳斥是指某一陈述被断定时，断定者将含蓄地承认它，但这与判断表达的意思相冲突。例如，“我什么也不相信”，如果该判断的陈述人断定它，就等于他含蓄地相信该判断，因而导致原判断被否定。这种自身驳斥的特征是，判断本身在逻辑上可能是真的，“我什么也不相信”也许反映的是一种有关我的真实情况，甚至“×什么也不相信”，不管×指代何人，形成的判断都可能为真。但是，判断中的×和判断的陈述，断定者不能为同一人，否则会导致自身驳斥。因此，改变判断的陈述者或断定者，自身驳斥就消解了。在日常论证中，我们应小心使用全称量词和自我相关式语句，以免产生自身驳斥。

（五）连贯谬误

连贯谬误是指把通过连贯结构叙述的若干判断中的最后一个命题误解为是由前面的判断推导出来的。例如，亚里士多德在《修辞学》中所举的例子：“他救了一些人，替另一些人报了仇，他使希腊人获得了自由。”对于这种连贯结构，如果认为最后一句是从前两句得出的结论，就犯了连贯谬误。

（六）断章取义的谬误

断章取义的谬误是指把若干判断从其所在的语言环境或超语言环境中分离出来加以理解，并将其作为论证的根据，或对其加以反驳。人们在引证经典、引证名言时常犯此种错误。例如，在西方世界，《圣经》比任何一本书都更经常地被错误地引证，以至于有人说，你能够依据《圣经》“证明”你想证明的任何东西，办法就是“断章取义”。甚至为了证明上帝不存在，你也可以引证《圣经·诗篇》中有这样的话：“没有上帝”，但是这句话出现的语境是“愚人在他心里说‘没有上帝’”。

出现这种错误的主要原因（别有用心者除外）在于引用者没有充分注意语用问题。因为在很多情况下，一判断的确切含义需要通过它的语境加以确定，即是说，当我们引证别人的论点时，既要知道它的一般语义，还要考虑当自己如此这般引用时是否会引起别人对其原意的误解。只有这样考虑，才能使引证最好地传达原意，远避断章取义的谬误。

（七）合成谬误

合成谬误也称为组合谬误，是指由部分具有某种性质推断整体也具有该性质。例如，氯和钠都是剧毒的，所以氯化钠是剧毒的。它的推理形式是：

A_1、A_2、…是 P（A_1、A_2、…是 A 的组成元素）

所以，A 是 P

这种推理形式是演绎无效的，因为有它的反例存在。在上例中，前提是真的，但结论是假的，因为氯化钠并没有毒。这种推理也不具有非演绎推理的恰当性，因为我们不知道在组成元素的某种性质为真时，整体也具有这种性质和没有这种性质的概率哪一个更大。

（八）分解谬误

分解谬误是指由整体具有某种性质推断它的任一组成部分也具有该性质。它的错误推理的方向和合成谬误的推理方向刚好相反。

例子：

法律系 2016 级一班团支部是优秀团支部，所以，该班所有团员都是优秀团员。

（九）强调的谬误

强调的谬误是指增删或错置论证中的命题的强调重点，使对论证的理解走上歧途。

例子：

两个人打架，另外一个人在旁边高喊：“打架不要打头啊。”很显然，劝人不要打头，这是一个善意的提醒，但是，在当时双方打架正激烈的时候，在旁边高喊“打架不要打头啊”，实际上起到的是煽风点火的作用。

（十）“非黑即白”的谬误

非黑即白的谬误是指在两个极端之间不恰当地二者择一。这里的黑、白比喻两个极端。在黑、白之外还有其他多种颜色，而非黑即白的思维方式，却无视其他颜色的存在，把选择的范围仅局限于黑和白这两个极端，并不恰当地要求在这二者之间选择一个。其思维方式是：因为不是黑的，所以一定是白的。

例子：

美国在“9·11”恐怖袭击之后，对整个世界摆出了一副异常强硬的姿态：“或者跟我们一起反恐，那么你是我们的朋友；或者不与我们站在一起反恐，那么你就是我们的敌人。”

但需要说明的是，非黑即白的谬误出现于事物情况不限于两个极端的场合，而对只有两种可能供选择的场合就不适用。如在刑事审判活动中，法官的思维模式就只能是非黑即白的，即不是有罪就是无罪。这里并不存在非黑即白的谬误。

（十一）附加谬误

附加谬误，是指通过给一性质判断的主项和谓项附加同一词项，得出一个结论，但是，同一项与不同的语词组合，让该语词的意义有不同的变化，因此，附加的语词实际是不同的语词。

例子：

象是动物，所以，小象是小动物。

蚂蚁是动物，所以，大蚂蚁是大动物。

（十二）“稻草人”谬误

“稻草人”谬误是指，把一个虚构的、较为容易反驳的论点强加给对方，然后加以攻击。这种谬误犹如绑扎一个稻草人以代表对方，然后用攻击稻草人的办法来冒充对对方的反驳。语言交际的原则之一就是关联原则，即说话要与已定的交际目的相关联。根据这一原则，在正当的辩论中，证明和反驳双方的议论应该切题，即一方所反驳的论题必须是对方真正提出的论题。“稻草人”谬误就违反了这一原则。

“稻草人”谬误有以下几种手法或形式。

一是歪曲论点，把显然愚蠢的思想强加到论点身上，然后加以驳斥。常见的歪曲论点的方式有夸张、概括、推广、引申、简化、省略，等等。

例子：

甲：你这件事做得不对。

乙：什么？你竟然说我什么事情做得都不对。

在该例中，乙故意曲解甲对他所做的一件事情的批评，曲解为甲对他做的所有事情的批评，就如同自己扎了一个稻草人，并把该稻草人贴上对方的标签，以对稻草人的攻击代替对对方的反驳。

二是虚构论点，暗示对方采取某种为反驳者所虚构的特定观点的之一就是强有力地提出相反观点。在讨论、辩论中，如果一方强调某种论点，这马上会给人一种印象，即对方反对这一论点，于是为反驳者所虚构的论点，就无形中被强加给对方了。如某人强调说：“我认为发扬民主才是我部门改进工作的头等大事。”这是在暗示对方的观点正好相反。如果对方不立即声明自己同样赞成民主，那么人们很容易会疑心他反对这一点。当论点本身含有否定成分时，这种归咎虚构论点的效应尤其明显。例如，某人说：“我的看法是我们学校里不应该允许歧视专升本学生、成教生。”这是在暗示对方主张“应该歧视专升本学生、成教生。”而这实际上只是说话者心里的稻草人。

在法律论辩中，这类谬误是起诉方或应诉方经常容易犯的逻辑谬误。作为审判方的法官的职责之一就是把诉讼双方引导至他们各自应当论证的结论即法律主张上来。因此，开庭时，法官通常做的第一项工作就是把双方都认同的法律事实确认下来，尽快挑出诉讼双方的争议事项。对于争议事项，双方意见存在分歧，其观点和主张也是不同的。正常的逻辑思路是：双方论证各自的主张是成立的，同时反驳对方的主张是不成立的。当然，这取决于法官所分配给双方的证明责任。然而，在法庭辩论过程中，无论是起诉方还是应诉方，都可能会出现转移论题，甚至偷换对方论题或把一个论题强加给对方的"稻草人"谬误等情况。

三是避强击弱，是指在讨论、辩论中避开对方较强的论据，而专门攻击较弱的论据，或避开较强的对手，而专攻较弱的对手。这也显示出"稻草人"谬误的实质，是把对方重塑成比实际更弱的形式，以便使对方显得更容易被驳倒，而使自己显得更强大并取得表面的胜利。日常生活中，把别人说成豆腐渣，把自己说成一朵花，以己之长比人之短，都属于这种避强击弱的"稻草人"谬误。

三、论据不足的谬误

正确的论证，其论据应该能够充分地支持论题。论据不足的谬误，是指由于缺乏论据的充分支持，论题不能成立的错误论证。它主要有以下几种形式。

（一）特例的谬误

特例的谬误，也称为以全概偏的谬误，是指把一般原则误用于特殊、例外场合。一般原则都有特定的适用域，不考虑其应用的具体情况和范围，就会发生特例的谬误。

> 例子：
>
> 柏拉图在《理想国》一书中说道："假定一个朋友在精神正常的时候把武器交给我保管，而在精神不正常的时候，来向我索要，我该不该给他？没有人会说该给或给他是正确的。"

如果在对方精神不正常的情况下，仍坚持"欠东西要还"的一般原则，而还武器给他，就犯了特例的谬误。

（二）特例概括不当的谬误

特例概括不当的谬误，也称为以偏概全的谬误，是指由个别特例不恰当地引申出一般规律的错误论证。

> 例子：
>
> 鲁迅曾在一篇文章里写道："一个旅行者走进了下野的有钱的大官的书斋，看见有许多很贵的砚石，便说中国是'文雅的国度'；一个观察者到上海来一下，买几种猥亵的书和图画，再去寻找几个奇怪的观览物事，便说中国是'色情的国度'。"

（三）样本太少的谬误

样本太少的谬误，是指以少数样本为根据，仓促引申出一般结论的错误论证。由概率逻辑可知，随机抽取的样本中的频率同总体中的百分比刚好相当的可能性很小，但样本频率同总体中的百分比接近的概率可能很高。样本越多，样本中的频率便以更高的概率近于总体中的实际百分比；相反，样本太少，这种“接近”的概率就比较低，需要考虑误差加以弥补。样本越少，误差越大，因此，样本太少时，会由于误差太大而使结论靠不住。换句话说，由于据以概括出一般结论的样本太少，发现反例的概率极大，不足以支持一般结论。

样本太少的谬误是以偏概全谬误的另一种表现形式。

例子：

有人根据“一”字的笔画是一画，“二”字的笔画是两画，“三”字的笔画是三画，最后得出了“表示数字的汉字与其笔画相等”的结论。

这犯了样本太少的逻辑错误，因为我们可以马上找到很多反例说明这个结论是错误的。

（四）平均数的谬误

如果在一系列数据中只有少数几个很大或很小的数，那么它的平均数就会给人以假象，据此推出的结论就会出现平均数的逻辑错误。

例子：

一个小伙子在平均深度只有半米的河中溺水身亡。闻者不相信。

其实虽然这条河平均深度只有半米，但最深处却有4米多，这个小伙子正好就是在这个最深处溺水身亡的。闻者之所以不相信，就在于他们陷入了平均数的谬误之中了。

（五）数据不可比的谬误

数据不可比的谬误，是指以将两个根本不具有可比性的数据错误地比较，从而得出一个错误结论的论证。

例子：

以前美国海军强调“海军的死亡率比纽约市民的死亡率还要低，因为纽约市民的死亡率是16%，而美国与西班牙作战期间，海军的死亡率是9%”，于是，刊登广告鼓励青年参加海军。

然而，16%与9%这两个数据不具有可比性，因为海军士兵是经过体格检查等程序严格选拔出来的身强力壮的年轻人，而纽约市民中包括老、幼、病、弱、残，这些人的生存能力很弱，很容易死亡。要想得出的结论在逻辑上具有可靠性，只有选拔纽约市民中身体条件与海军士兵的身体条件基本相同的人来比较。

（六）虚假相关的谬误

虚假相关的谬误，是指把两个并非真正具有相关性的事件误认为具有相关性的事件，从而得出虚假结论的逻辑错误。例如，根据某地居民喝牛奶的人和得癌症的人比例都很高，认为喝牛奶是得癌症的原因，其实两者没有内在联系。

（七）赌徒谬误

赌徒谬误亦称为“蒙特卡罗谬误”。比如，在掷骰子赌博中，每个点数出现的概率都是1/6；在掷硬币的过程中，正面和反面出现的概率都是1/2，每次抛掷都是一个独立事件，前一次的结果与后一次的结果之间没有必然联系。赌徒没有注意到，抛掷骰子或硬币，出现某一特定点数或出现正面是一独立事件，即前一次发生的事件对后一次事件毫无影响。每次投掷硬币面朝上的概率是 1/2，即使硬币已连续出现 10 次正面朝上，下次正面朝上的概率仍是 1/2，否则，就无法解释任何赌博中为什么有些人总体上是赢，而有些人总体上是输的现象了（排除作弊的因素）。

（八）虚假原因的谬误

虚假原因的谬误，是指把根本不是给定结果的原因当成了该结果的真正原因的错误论证。例如，某学生为考研准备发奋学习，第一天晚上，读了 3 个小时的书，喝了一些浓茶，结果晚上失眠了；第二天晚上，又读了 3 个小时的书，又喝了许多咖啡，晚上又失眠了；第三天晚上，还是读了 3 个小时的书，又抽了几根烟，晚上又失眠了。这样，他的身体就吃不消了。于是，他的室友就说："你一读书就失眠，看来你是无法考研复习了。"此处，他的室友误以为他失眠的原因是读书，犯了虚假原因的错误。

（九）以先后为因果的谬误

以先后为因果的谬误，是指把先后关系误认为因果关系，即仅以 B 暂时随 A 出现，就推论 A 是 B 的原因的错误论证。日常人们说的"在此之后，由此之故"就属于这种情况。

例子：

中国古人遇月食便放鞭炮，驱天狗，而每次放鞭炮后月亮都会重现，于是认为放鞭炮是月亮重现的原因。

分析：古代由于天文不够发达，对日蚀、月食的发生的解释是太阳、月亮被天狗吃了，因此希望太阳、月亮回来必须敲锣打鼓，将天狗赶走。但事实是，这几件事之间没有必然的因果关系，原因是被虚构的。

（十）相关误为因果的谬误

相关误为因果的谬误，就是指那种仅根据现象有正相关的关系，便推论它们之间具有因果关系的错误论证。其具体表现为，由于现象 A 和现象 B 存在时间相关或者统计相关，就误认为现象 A 和现象 B 具有因果关系，而事实是有一个共同原因 C 导致了现象 A 和现象 B 两个结果的同时出现。

例 1：记者报道离乡背井的战争难民中的一家人："他们因为房子被毁而逃到这里。"

分析：战争的炮火导致这家人的房子被毁及离乡逃难，房子被毁并不是导致这家人离开原居住地的真正原因。

例 2：越来越多的有说服力的统计数据表明，具有某种性格特征的人易患高血压，而具有另一种性格特征的人易患心脏病，如此等等。因此，随着对性格特征的进一步分类研究，通过主动修正行为和调整性格特征以防治疾病的可能性将大大提高。

分析：上述论证是根据统计发现，A 现象（某性格特征）总伴随着 B 现象（某疾病）出现，因此推断，A 是 B 的原因。而事实上，A 和 B 可能是 C（某种生理因素）

的共同结果。既然在性格特征和疾病之间没有确定的因果关系，那么通过主动修正行为和调整性格特征以防治疾病的设想就不具有可行性。

（十一）因果倒置的谬误

因果倒置的谬误，是指把原因当作结果，或把结果当作原因的错误论证。例如，微生物侵入是造成有机体腐败的原因，而有人误认为有机体腐败才导致微生物侵入。这就是一个因果倒置的典型例证。

（十二）机械类推的谬误

类比推理是根据两个或两类事物在一系列属性上的相似或相同，从而推出它们在另一个或另一些属性也相似的推理。类比推理的结论是或然的，既可能真，也可能为假，因为事物之间固然具有相似之处，但也有差异所在。于是，从两个或两类事物在某些地方相似，推出它们在另外的方面也相似的结论就不具有必然性。类推结论的可靠性程度取决于许多因素，例如，两个或两类事物之间相似的数量；它们之间相似方面的相关性；它们之间不相似方面的相关性。其中最重要的是它们的已知相同属性与推出属性之间的相关程度：其相关程度越高，类推结论的可靠性越大；其相关程度越小，类推结论的可靠性越小，两者之间成正比。如果在类比推理过程中，仅仅抓住事物之间表面上的相同或相似，或两个完全不同的事物进行类比，得出牵强附会的结论，这样的谬误就叫做机械类推。例如，天也是有消亡的那一天的，因为天人一理：天有无数的星斗，人有无数的细胞；天有“五行”，人有五官；天有天河，人有一挂大肠；天有下雨，人有流泪……

（十三）颠倒黑白、强词夺理的谬误

颠倒黑白、强词夺理的谬误，是指在论证中，要想从论据中得出自己想要论证的论题，必须提供一些与论题具有逻辑联系的论据，但由于没有或不能提供这样的论据，论证者采取一些似是而非的论据或提出一些根本不能称其为理由的论据，强行为其错误论题作辩护的错误论证。在法律论证过程中，这种错误主要表现为论证者故意把主观责任同客观条件颠倒，把行为人的行为导致的结果归咎于客观条件，以此掩盖行为人的主观责任。当论证者为了开脱行为人的法律责任而无正当理由的时候，往往会借助这种诡辩手法。例如，在某件强奸案的庭审中，辩护人为被告人辩解：受害人衣着暴露、身材妖娆、长相甜美，对任何男性都很有吸引力，所以被告人才会把持着不住，犯下大错，这是强奸案发生的主要原因。还有在 P2P 集资诈骗案件的庭审中，辩护人把实施诈骗人应当承担的责任，归咎于被诈骗人由于想占便宜，防范意识薄弱，所以才会轻易上当受骗。主观责任和客观条件是两个不同的命题，决不能把“责任”和“条件”混为一谈，否则就犯了“强词夺理”的谬误。

研究谬误的目的是帮助人们在思维过程中正确地进行推理、论证，避免各种逻辑谬误。然而谬误毕竟是一个极其复杂的问题，至今为止人类尚无法提供一张有关谬误问题的一览表，也没有给人们提供一套完整有效的避免方法。但是，我们还是可以针对不同类型的谬误提出一些基本对策，尽量避免在相关领域出现谬误，并能够向进行错误论证的人指出错误所在。对于相关性谬误，应注意不要把心理的因素与逻辑的因素相混淆。在逻辑论证过程中，论题导出的根据只能是真理和事实，而不能是恐惧、爱恨、无知、怜悯、习俗等心理因素。对于歧义性谬误，应注意警惕歧义性语言左右推理的危险。日常语言灵活多变，语言功能多种多样，我们要用逻辑的方向盘来驾驭语言，而不可被歧义迷障了双眼。对于论据不足的谬误，应注意透过曲折、迷离、怪异或冗长的叙述，准确把握跟论题有关的论据之有无、多少，判明论据对论题的支持程度，以识别似是而非的错误论证。

参考文献

［1］金岳霖．逻辑．北京：中国人民大学出版社，2010.

［2］张继成．实用法律逻辑教程．2版．北京：中国政法大学出版社，2012.

［3］张斌峰，李永铭，李永成，张莉敏．法律逻辑学导论．武汉：武汉大学出版社，2010.

［4］郝建设．法律逻辑学．2版．北京：中国民主法制出版社，2013.

［5］陈金钊，熊明辉．法律逻辑学．2版．北京：中国人民大学出版社，2015.

［6］张大松，蒋新苗．法律逻辑学教程．3版．北京：高等教育出版社，2013.

［7］孔庆荣．法律逻辑学基础．3版．北京：中国法制出版社，2008.

［8］姜祖桢，刘梅．法律逻辑学．北京：中国物价出版社，2002.

［9］陈康扬，潘利平．法律逻辑．成都：四川大学出版社，2003.

［10］濮方平，王萍丽．法律逻辑新编教程．上海：上海大学出版社，2013.

［11］雍琦．法律逻辑学．北京：法律出版社，2004.

［12］张春旺，王国勤．浅逻辑在职务犯罪侦查中的运用．法制与经济，2011（9）.

［13］梁根林．刑法适用解释规则论．法学，2003（12）．

［14］刘吉祥．新修订刑法若干法律条文的逻辑思考．学术交流，1999（1）．

［15］闫坤如．对排中律的辩证理解．淮阴师范学院学报，2004（3）．

［16］周继祥．排中律在侦查讯问中的运用．北京人民警察学院学报，2007（6）．

［17］张静．论充足理由律在法律推理中的作用．贵州民族学院学报，2003（2）．

延伸阅读

罗仕国．排中律——无罪推定的逻辑基础//梁庆寅．法律逻辑研究：第一卷．北京：法律出版社，2005：125－132.

课后练习题

一、用逻辑规律的知识分析下列各题

1. 庄子与惠子游于濠梁之上。庄子曰：“鯈鱼出游从容，是鱼之乐也。”惠子曰：“子非鱼，安知鱼之乐？”庄子曰：“子非我，安知我不知鱼之乐？”惠子曰：“我非子，固不知子矣；子固非鱼也，子之不知鱼之乐，全矣！”庄子曰：“请循其本。子曰‘汝

安知鱼乐’云者，既已知吾知之而问我。我知之濠上也。”（节选自《庄子·秋水》）

请问：惠子与庄子之间的这场濠梁之辩，谁违反了逻辑规律?

2. 有一位律师的妻子突然患病，他跑去请来一位医生。医生知道，这位律师是经常赖账的，因此，看病之前，医生与律师口头上订了协议。律师承诺：“无论你把我的妻子治好，还是把她治死，我都如数付给你治疗费。”这样医生就放心了。

医生对律师妻子用心治疗，尽力挽救，但终因病重，律师妻子经抢救无效而死亡了。

医生向律师表示歉意，然后要求付酬金。这时，律师问：“我的妻子是你治死的吗?”

医生答：“当然不是，我的诊断和用药都没有错。”

律师又问：“那么你把她治好了吗?”

医生答：“没有，但是她的死与我的治疗无关。”

律师说：“既然你没有把她治死，也没有把她治好，我为什么要付给你钱呢?”

医生无言答对。

请问，医生为什么上当呢?

3. 正因为有了充足的奶制品作为食物来源，生活在呼伦贝尔大草原的牧民才能摄入足够的钙质。很明显，这种足够的钙质对于呼伦贝尔大草原的牧民拥有健壮的体魄是必不可少的。

如果你对上述的论述有不同的看法，你将如何质疑?

4. 甲：“如果‘世界上没有真理’这个命题是真的，则这个命题不是真的，因此，这个命题不是真的。”

乙：“你绕来绕去，是不是想说‘世界上没有真理并且世界上有真理’?”

丙：“依我看，你们两人中有一个人的看法是成立的。”

请问：丙的说法对吗?

5. 由甲、乙双方协议共同承建的某项建筑尚未完工就发生了倒塌事故，在对事故原因进行的民意调查中：70%的人认为是使用的建筑材料伪劣，30%的人认为是违章操作，25%的人认为原因不清、需要深入的调查。

请解释上述看来包含矛盾的陈述。

二、指出下列证明或反驳存在什么逻辑错误

1. 名人未出名门者委实更多。值得注意的是，如果越是注意查看一些名人的经历，就越是发现他们的出身并不高贵。其家庭既不是有万贯财富的富户，其先父远祖也不具备后辈名人所擅长的技艺，以至于祖传世袭。因此，我们可以说，所有的名人都是从无名小辈中过来的，从没有生下来就是名人的先例。

2. 鲁迅先生在《论辩的魂灵》一文中，概括了当时反动派的奇谈怪论：“你说甲生疮，甲是中国人，你就是说中国人生疮了。既然中国人生疮，你是中国人，就是你生疮了。你既然也生疮，你就和甲一样。而你只说甲生疮，是说诳也。卖国贼是说诳的，所以你是卖国贼。我骂卖国贼，所以我是爱国者。爱国者的话是最有价值的，所以，我的话是不错的，我的话既然不错，你就是卖国贼无疑了。”

3. 三个窃贼在一起分窃来的六颗珍珠。甲取一颗给乙，又取两颗给丙，剩下三颗留给自己。乙、丙不服，问道："你凭什么拿三颗？"甲说："因为我是头！"乙、丙说："你什么时候当的头？"甲说："因为我分的珍珠多！"

4. 罗亭："据你说来，是没有什么信念之类的东西了？"

比加索夫："是的，没有！"

罗亭："这就是你的信念吗？"

比加索夫："是的。"

罗亭："那么你怎么可以说没有这东西呢？这里你首先便已经有了一个信念。"

5. 某人的哲学不值一信，因为他曾因接受不正当馈赠而被免除一切官职。

6. 一位父亲发现儿子吸烟，于是生气地对儿子说："好啊，你竟敢背着我吸烟，回家再说！"儿子急忙对父亲说："爸，您别生气！我以后吸烟一定不背着您！"

7. 甲："您的姓是荷花的荷，还是河水的河？"

乙："那您的姓是坚固的固，还是世故的故？"

8. 甲对邻居乙说道："对不起，您府上能不能不要在深夜弹琴？我家有病人，受不了！"

邻居乙答道："您府上孩子闹您知道不？您家厕所的流水声也很大，您能把厕所关了吗？"

三、指出下列各段议论中的谬误，并分析其实质和种类

1. 由于《圣经》说上帝存在，而《圣经》是上帝所默示的，故此，上帝存在。

2. 昆剧《十五贯》中，无锡知县过于执，仅凭尤胡芦（被害人）养女苏戍娟年轻貌美这一点，便判定她是与熊友兰勾搭成奸、谋财杀死养父的凶手。过于执的论断是："看你艳如桃李，岂能无人勾引？年正青春，岂能冷若冰霜？你与奸夫情投意合，自然要生比翼双飞之意。父亲拦阻，因之杀其父而盗其财，此乃人之常情。"

3. 1908 年，清朝 3 岁的宣统皇帝继位，接受文武百官的朝贺。钟鼓齐鸣，三呼万岁，把宣统皇帝吓得直哭。抱着宣统皇帝的摄政王安慰小皇帝说："快完了，快完了。"后来，清王朝于 1911 年被辛亥革命推翻。清朝的遗老遗少怪罪摄政王，说就是他在登基大典上说"快完了"，所以把大清朝的江山给葬送了。

4. 有政府官员断言，香港大专教育成本比哈佛的还要贵，其中一个理由是：香港学生获得的平均资助高于哈佛学生所获得的资助。

5. 片面乐观主义以为世界是玫瑰园，这种思想常表现为幼稚、假浪漫，"携手漫步彩虹上"那种假浪漫。我们固然应该基本上乐观，这是很有利的做人态度，但不可片面乐观，忽略了世界有阴暗的一面，以致得意忘形、乐极生悲。最好是有适度的（而非神经质的）如临深渊的谨慎。

6. 因为事物的变化，我们才意识到时间的存在，所以时间是指事物的变化。

7. 如果一个政府不容许人民批评它，则它是一个腐败的政府；晚清政府实在腐败不堪，可见它是一个不允许人民批评的政府。

8. 在某件离婚案件的审理中，法官问女方："你为什么要提出与男方离婚？"女方："法官先生，我与他没有共同语言。"法官："你没说真话，你不是说他与你是同一个地方的人吗？怎么没有共同语言？"

9. 甲："政府应该为最低工资进行立法以保障工人免被剥削。"

乙："真是荒谬，你因为找不到一份好的工作才这样说吧。"

10. 学生："老师请让我合格，否则我找工作的时候会有困难。"

11. 每个人天生都有同等的人权，因为这是近代社会的共识。

12. 每个人都是我的敌人或者朋友。如果他/她是我的敌人，我就应该恨他/她；如果他/她是我的朋友，我就应该爱他/她。所以对每一个人，我应该去爱他/她或者恨他/她。

13. 在美国休斯敦举行的一场男子棒球比赛中，酒吧舞女罗伯特突然冲入运动场内，先后和两名运动员亲吻，致使比赛被迫中断。为此，罗伯特因被指控扰乱社会秩序而受审。当地著名律师理查德·海恩斯为罗伯特出庭辩护，提出，"罗伯特是受了地球引力的影响所致，本人没有过错，不应为此承担有关责任"。海恩斯律师在法庭上辩护说："由于罗伯特身体比例不均匀，上重下轻，在靠近栏杆时受地心引力的作用未能站稳而跌入球场，在警察追赶她时，她只好跑到运动员那里以寻求保护。"海恩斯律师的辩护不仅使法庭目瞪口呆，而且也让罗伯特本人苦笑不已。

14. 由于他的父亲是一个罪犯，他必不会是一个好人。

第十章
论证篇（下）

> 特殊的法律论证形式，这里应被理解为法律方法论上所研究的特种论证形式，诸如类推、反面论证、当然论证、悖谬论证等。……目的即搞清楚这些形式在法律论辩中的作用。就它们的逻辑分析而言，它们主要依赖当今借助现代逻辑所进行的研究。所有特殊的法律论证形式都可以表达为有效的逻辑推论形式。
>
> ——罗伯特·阿列克西．法律论证理论．

法律命题的可接受性取决于证立（justification）的质量，法官的立场体现在其裁决中必须充分证立（justify）该裁决以使当事人、其他法官乃至整个法律界接受该裁决。[①] 在讲法说理成了法律人的主要任务以后，法律论证就成了一个非常重要的法律方法。法律论证理论是近三十年来逻辑学、修辞学与法学交叉融合发展的结晶，是法哲学对法治实现理论的一大突出贡献。认真研究法律论证与论辩的方法对法律执业有重要的意义。

第一节　法律论证的概念和基本特征

一、法律论证的定义

所谓法律论证，亦称法律论辩，是指围绕法律问题而展开的对话、商谈、讨论、辩论。广义的法律论证，包括法学争论、立法论证和司法论证。只要是围绕法律问题而展开的论证，不论论证主体是谁，都可称为法律论证。狭义的法律论证仅指司法论证，即检察官、法官、辩护律师等人员在诉讼活动中，为待处理案件寻找法律根据所进行的论证。狭义的法律论证是一个值得逻辑学认真研究的课题。

传统上，法律论证甚至被更狭义地限制到司法论证或审判论证，即法官如何作出裁决的论证。当然，我们这里讨论的，并不限于诉讼过程中审判方的司法论证，而是诉讼过程中起诉方、应诉方和审判方为证成己方主张所使用的论证。因此，一份判决书当之无愧是一个法律论证，一份起诉书和一份答辩状也是一个法律论证。至于立法论证，不在本章讨论的范围之内。

法律论证有三类主体或论证参与者，即起诉方、应诉方和审判方。在我国刑事诉讼中，这三个论证主体分别是公诉人（控方）、被告人（辩方）和审判庭（审判方）；在我国民事诉讼和行政诉讼中，这三个论证主体分别是原告、被告和审判庭。控方和

---

① 菲特丽丝．法律论证原理——司法裁决之证立理论概览．张其山，等译．北京：商务印书馆，2005：1.

原告是诉讼的起诉方，辩方和被告是诉讼的应诉方，审判庭是诉讼的审判方。起诉方的职责是论证自己的诉讼请求合法，其论证的主要目的是证成；应诉方的职责是反驳对方的诉讼请求不合法，其论证的主要目的是反驳；而审判方的职责就是根据双方的论证作出符合法律程序和规范的公正裁决，而且这个裁决是基于好的法律论证，其论证的主要目标是证成与说服。在诉讼博弈中，由于诉讼双方出于己方利益或立场而作出考虑，其论证总是带有一定偏见性，尤其是举证时往往只举出对自己有利的证据，故审判方应当尽量根据诉讼程序洞察到这些偏见，并尽量消除这些偏见，以求得公正的判决，作出一个法律上具有说服力的法律论证。

论证作为各种思维形式的综合应用，它的存在离不开一定的逻辑形式，并受相应的逻辑规律的支配。这就意味着论证必须以逻辑的形式来使自己得以最终实现。

二、法律论证的基本特征

法律论证是一种语言活动，重视提出论据和理由，因而也可以把其作为论辩的活动。从不同的角度观察，可以发现法律论证的不同特征。从法哲学的角度看，法律论证是一种存在于法律活动各个环节的实践理性，体现了论证结论和论证过程的统一，具有目的性、论辩性、交涉性、合理性等属性或特征。但从法律逻辑学的角度看，法律论证还有以下特征。①

1. 法律命题的似真性

“似真性”这一术语来源于英文单词“plausibility”，其词根是“plausible”，其含义是“看起来是真”“似乎为真的”“似乎有道理的”“看起来可信的”“合情的”等。用逻辑学家的术语来翻译，那就是似真的。而根据经典逻辑，真值（真与假二值）是命题的基本性质。经典逻辑假定了“二值原则”是普遍有效的。换句话说，一个命题不是真的，它就是假的；反之，一个命题不是假的，它就是真的。命题有事实命题与非事实命题之分。在通常情况下，对事实命题比较容易判断其真或假，而对非事实命题要判断其真假是比较困难的，通常需要借助论证。这类命题的代表是价值命题。

法律命题是法律三段论的构成要素。每个法律三段论的大前提、小前提和结论都是法律命题。就法律三段论的大前提而言，它是一个法律规范集，即由至少一个法律规范或法条组成的法律命题集合。而所有法律规范命题都是价值命题，即非事实命题。根据主流逻辑观点，这种命题无真假可言。就法律三段论小前提而言，它是一个案件事实集，是由许多案件事实命题组成的。“案件事实”有时又被称为“法律事实”。“法律事实命题”或“案件事实命题”与前面所讲的一般意义上的“事实命题”又有所不同。

鉴于上述分析，既然真值是命题的基本特征，而作为法律命题，法律三段论的大前提和小前提的真假都与经典逻辑意义上的真假有着较大区别，可以把法律命题的这种真值特性称为“似真性”。演绎论证和归纳论证都是要把前提的真值通过推论关系传递给结论。但法律论证并不完全是如此，因为其前提无法用经典逻辑意义上的真假来判定。法律论证是企图把前提的似真性通过推论关系传递给法律结论。或许正是基于

① 陈金钊，熊明辉．法律逻辑学．2版．北京：中国人民大学出版社，2015：172－176.

这个原因，著名非形式逻辑学家和法律逻辑学家沃尔顿（Douglas Walton）认为，法律论证既不是演绎的，也不是归纳的，而是似真的。在这里，沃尔顿把命题的似真性推广到论证上了。

2. 法律论证的权衡性

根据经典逻辑学家们的区分，论证有演绎论证与归纳论证之分。演绎论证对应的英文术语是“deduction argument”，归纳论证对应的英文术语是“inductive argument”。但非形式逻辑学家们已提出存在一种论证，它既不是 deductive argument，也不是 inductive argument，而是 conductive argument。这里的“conductive argument”所对应的中文术语翻译为“权衡论证”，其基本含义是指需要权衡正反两方面的考虑才能完成的论证类型。

权衡论证通常被定义为一种有一系列正反两方面平衡考虑的非演绎论证。权衡论证的评价步骤是：

（1）分别评价正反两面考虑。如，这种考虑是否与结论相关？这种考虑可接受吗？这些考虑作为整体给我们相信结论提出依据了吗？

（2）评价相关结论。

（3）检查反面考虑。要看看这个考虑是否真的是一个相反考虑？并判断是否给结论提供了否定证据？

（4）权衡其余考虑。任何考虑明显是决定性的或的确是决定性的吗？与另一个考虑相关的考虑有多重要？或许还有某些你未曾想过的考虑，当这些考虑出现在你面前时，它可能让天秤倾向另一方向。

总之，权衡论证是一种涉及考察并权衡两方面证据的论证。

例子：

在张学英诉蒋伦芳遗产纠纷案（即所谓“泸州二奶案”）中，审判方论证如下：根据“特别法的效力优于一般法”原则，我应当根据《继承法》判令原告胜诉。但是，如果判令原告胜诉，这就支持了“非法同居”这一违背社会公德的行为。根据《民法通则》第 7 条关于“民事活动应当尊重社会公德”之规定，原告败诉。经过两方面的权衡考虑。因此，判令原告败诉。

在这个论证中，审判方的论证结论是建立在权衡两方面考虑基础之上的，是一种典型的权衡论证。从这个意义讲，所有法律论证都是一种权衡论证。我们把这类的论证特性称为论证的权衡性。

3. 法律论证的可废止性

“可废止性”这一术语来源于英文单词“defeasibility”，有学者将其译为“可反驳性”，也有学者译为“可辩驳性”。1949 年，哈特在《责任与权利的归属》一文中率先引入了“可废止性”概念。哈特认为，我们说一个概念如“谋杀”或“合同”是可废止的，其意思是说，就其应用性来讲，如果应诉方能够证明某些条件的存在构成了一个法律辩护来反对该概念的完全应用的话，那么证明了所有肯定的事实条件存在都是不充分的。如在一个关于合同的诉讼博弈中，如果一方成功地证明了这些条件，并不意味着问题得到了解决，相反，法律程序会将证明责任转移到另一方，让他证明相反的事实，至少需要给对方这样的机会。

法律论证之所以是可废止的，是因为：其一，证明责任分配必须考虑到可废止性；其二，法律知识表示需要可废止性；其三，法律规范本身是可废止的；其四，法律推理是一种不完全信息推理；其五，法律审判是在一致信念集基础上进行证成的，这个信念集应当是可修正的。

从法律诉讼过程来看，无论是起诉方法律论证的结论，还是应诉方法律论证的结论，甚至审判方法律论证的结论，都是可改写的、可证伪的或可废止的。随着举证情况和认证结果的不同，法律论证的结论是可改写的、可证伪的或可废止的。诉讼双方的法律论证是否被接受是由法官来裁定的，法官只有通过肯定一方的法律论证的部分或全部而否定另一方的部分或全部才能建立审判方的法律论证，因而诉讼双方的法律论证具有可废止性。不仅如此，即使是在法律诉讼中充当裁判的审判方，他所作的法律论证仍然具有可废止性。例如，在我国现行法律体系中，法律审判中的"两审终审制"就表明法律论证具有可废止性特征。即便是终审后，当事人仍然有申诉的权利。这又进一步说明了我国已从法律上规定了"法律论证结论的可废止性"。

4. 法律论证的非单调性

法律论证具有非单调性（non-monotonicity），非单调性是相对于单调性而言的。单调性的基本思想是：如果我们给论证增加了新的前提，这种论证仍然是真的，那么可以认为这种论证是单调的。从这个意义上讲，演绎论证具有单调性。法律论证本质上是一种似真论证，这就决定了它具有非单调性。非单调性的基本思想是：假如给论证增加了新前提，论证的结论可能是假的，那么该论证就是非单调的。

可以借助非单调逻辑中关于可废止推理来理解法律论证的可废止性。在非单调推理中，结论可能是由特定信息恰当地支持着的，但当这些信息被进一步的信息扩充时就可能推不出这个结论。这种推理被逻辑学家称为常识推理。纽特认为人类推理不是也不应当是单调的，而是非单调的。波洛克（Pollock）认为常识推理与人类认知的一般特征有关。推理主体是从感知输入开始，然后根据他可获得的理由继续推出信念。这种信念形成过程必须满足明显不兼容的标准：一是主体必须在部分感知输入基础上而不可等到他有了完全信息之后才形成信念；二是主体必须考虑感知输入的无穷集。罗斯（Ross）认为道德直觉在这种感知中起着同样的作用，道德直觉和感知都为可废止推理提供了起点。换句话说，不完全信息推理是一种非常复杂的推理，因为其前提集和结论集都是开放的，具有动态性特征。法律论证是一种不完全信息论证，这种论证需要借助不完全信息推理来实现。那么，在法律论证中，论证主体是如何把前提集的开放性转移到结论集上去的呢？这总是与法律论证直接相关，与诉讼博弈中的证成、反驳和说服直接相关。

第二节 法律论证的建构

一、法律论证的建构

法律论证的建构是指根据法律论证的目的与中心问题，通过一定的步骤与方法，将论证材料组织成一个有论证性的语言结构系统。换句话说，法律论证的建构就是关于如何构建一个有论证性的法律论证的步骤与方法的问题。法律论证作为一种语言结构系统，具有其内在的逻辑结构。尽管法律论证的语言表述会因具体论证的情况差异而有别，但从法律论证的本质来看，它是论据与论题之间按一定的论证方式构成的一种逻辑结构或称为论证结构。这种逻辑结构本质上还是一种推理结构，只是比推理结构复杂一些、开放一些，因为它的论题常常依赖于多个推理来论证，而且常常需要对论据的成立再提供理由或进行再论证。换句话说，它既有论据与论题之间的内部论证，还有对论据自身的外部论证。

对于法律论证的一般结构，我们可用公式表示为（设C表示论题，D表示论据，E为支持D的论据）：

C，因为有D且D支持C；并且，有E且E支持D。

在这一模式中，“支持”即提供一定理由，当这种支持的程度达到可逻辑地导出论题时，该模式就可表示为：

D，因 $[E \wedge (E \to D)]$

$D \to C$

C

这一模式也可表示为：$\{[D \wedge (D \to C)] \wedge [E \wedge (E \to D)]\} \to C$

为了进一步理解法律论证的一般结构、规则和形式，这里再介绍一下美国学者图尔敏的论证结构理论和阿列克西的法律论证理论。

1\. 图尔敏的论证结构理论

图尔敏的论证结构理论也称为论证图解或论证图示理论。图尔敏认为，论证最好被解释为由根据（或事实，Data）支持的主张（Claim）以及依赖于正当理由（Warrant）的推理组成。正当理由本身可能需要“支援”（Backing）支撑。对主张的支持常受到限制（Qualifiers），要认识到可能存在的反驳（Rebuttal）情形。图尔敏用如下方式排列或安排这些要素以图解论证结构。

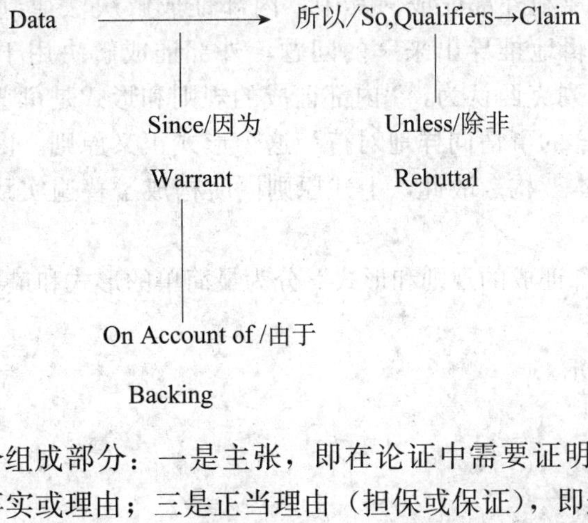

该模式包括六个组成部分：一是主张，即在论证中需要证明的结论；二是根据，即作为论证基础的事实或理由；三是正当理由（担保或保证），即连接根据与主张的桥梁；四是支援性陈述，即通过回答对正当理由的质疑而提供附加的支持；五是限制，正当理由和根据对主张或结论的支持度；六是反驳，即阻止从理由得出主张或结论的

因素。

例子：

威尔逊夫人的女儿朱迪丝实际上将继承不到她母亲财产的任何份额，因为威尔逊夫人只给她留下1美元。你问："她立遗嘱时精神健全吗?"在她的遗嘱上署名的证人（她的律师、她的医生以及三个最亲密的朋友）都证明她立遗嘱时精神健全。

上述论证使用图尔敏的论证结构可展示如下：

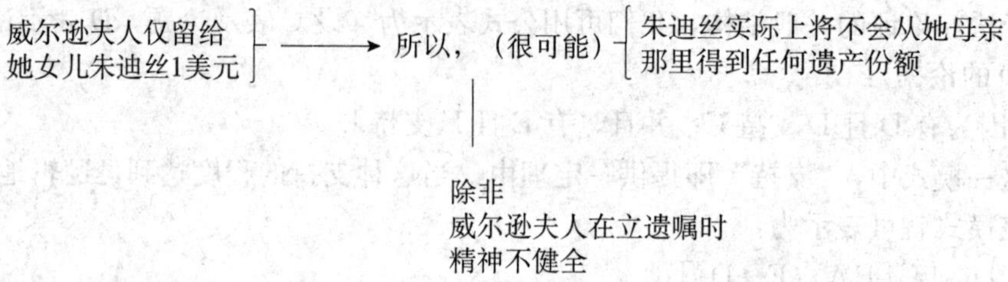

需要注意的是，图尔敏的论证结构理论的影响主要在于该理论对形式演绎逻辑在论证理论之中心地位的挑战，该理论对后来的非形式逻辑等论证理论或论辩理论主要起到了一种理论先驱或理论启蒙的作用，而后来的逻辑学家一般并未优先采用他的论证模式。

2. 阿列克西的法律论证理论

阿列克西的法律论证理论是20世纪70年代及以后占有重要地位的法律论证理论。其思想主要集中于阿列克西1978年的著作《法律论证理论：作为法律证立理论的理性论辩理论》（*A Theory of Legal Argumentation*：*A Theory of Rational Discourse as Theory of Legal Justification*）。阿列克西在该书中，对普遍实践论辩的特殊情形即法律论辩（亦称法律论证）的规则和形式，作了较为详细的分析和概括。他认为，法律论证所涉及的是"规范性命题之特殊情形即法律判断的证成"。这可区分为两个层面的证成：内部证成和外部证成。其中，内部证成解决法律判断"是否从为了证立而引述的前提中逻辑地推导出来"的问题，外部证成解决用于推导的"这个前提的正确性问题"[①]。阿列克西认为："内部证成的规则和形式是可普遍化原则的应用情形，该原则符合'同样的事情同样地对待'这个形式正义原则。内部证成的规则和形式就是法律论证的基本架构。故此，上述原则同时构成了普遍实践论辩和法律论证的基础。"[②]

阿列克西将"内部证成的规则和形式"分为最简单的形式和最普遍的形式。

最简单的形式为：

（1）（x）（Tx→ORx）

（2）Ta

（3）ORa（1）（2）

① 罗伯特·阿列克西．法律论证理论．舒国滢，译．北京：中国法制出版社，2002：210－211．

② 同①274．

最普遍的形式为：

(1)（x）$(Tx \rightarrow ORx)$

(2)（x）$(M_1 x \rightarrow Tx)$

(3)（x）$(M_2 x \rightarrow M_1 x)$

(4)（x）$(Sx \rightarrow M_n x)$

(5) Sa

(6) ORa (1) ～ (5)

与内部证立的形式相对应，阿列克西概括出了内部证立的规则，这些规则是作为可普遍化原则的具体化而表达出来的[①]：

规则1：欲证立法律判断，必须至少引入一个普遍性的规范。

规则2：法律判断必须至少从一个普遍性的规范连同其他命题逻辑地推导出来。

规则3：每当对于a是否为T或者M_1产生疑问时，均必须提出某个规则，对该问题作出决定。

规则4：需要尽可能多地展开逻辑推导步骤，以使某些表达达到无人再争论的程度，即：它们完全切合有争议的案件。

规则5：应尽最大可能陈述逻辑的展开步骤。

从某种角度来看，阿列克西的内部证立与我们通常所说的形式法律推理相对应，而外部证成与实质法律推理相对应。但这并不是说，阿列克西的法律论证理论的提出就没有价值。阿列克西所提出的内部证立和外部证成由于均具有相对成体系的特征，因而更具有理论价值和实践价值。而通常所说的形式法律推理与实质法律推理，一般都缺乏系统和体系的特征，其中不乏模糊、不一致甚至矛盾的地方。

二、论证结构的类型

传统论证的结构是所谓的PPC结构，即“前提——前提——结论”的结构，更简单的结构可以称为前提（或理由、论据）—结论（或主张、论点），前提与结论之间的关系是所谓的支持关系。但在实际论证过程中，论证结构往往比较复杂。前提本身可能需要论证加以支持，此时前提本身又成为另一个论证的结论；结论也可能需要若干相关或不相关论证的支持；等等。另外，在实际论证中，论证可能存在预设和隐含的前提，对于这种论证，在评价之前就必须对其进行重建。在法律论证中，有时我们需要对方将自己的论证的结构予以展示，从而发现其中所隐含或预设的前提（这可能是对方论证谬误之所在）。

当论证有一个以上的前提时，它们与结论所形成的支持关系的不同决定了该论证的结构特征。一般而言，论证结构存在四种基本类型，这四种基本类型又可以通过组合而形成更为复杂的论证结构。这四种基本的论证结构是线性支持关系、组合式支持

---

① 罗伯特·阿列克西．法律论证理论．舒国滢，译．北京：中国法制出版社，2002：276－282.

关系、收敛式（或聚合式）支持关系和发散式支持关系。[①]

1. 线性论证

这种论证下从前提到结论的支持关系成直线式。当然，其中可能存在两个或两个以上的层次。

例子：

甲已经结婚又与他人登记结婚（1），所以甲构成重婚罪（2）；甲构成重婚罪，所以对其应当处以2年以下有期徒刑或者拘役（3）。

该论证的支持关系（有两层）是，（1）支持（2），（2）支持（3）。结构图如下：

(1)
↓
(2)
↓
(3)

2. 组合式论证

这种论证下若干互相联系的前提的组合一起支持结论，其中任何一个前提对于结论的确立都是不可或缺的。

例子：

甲虐待家庭成员（1），并且虐待情节恶劣（2），所以甲构成虐待罪（3）。

其中，（3）只能由（1）和（2）的组合得出，（1）或（2）缺少一个，（3）均不成立。结构图如下：

(1) + (2)
↓
(3)

3. 收敛式论证

这种论证下有多个前提分别支持某一结论。

例子：

反对克隆人（1）有三个理由。首先，不安全。虽然克隆技术近几年发展迅速，但目前克隆动物的成功率还只有2%左右，贸然用到人身上，克隆出畸形、残疾、夭折的婴儿，是对人的健康和生命的不尊重与损害。科学界普遍认为，由于对细胞核移植过程中基因的重新编程和表达知之甚少，克隆人的安全没有保障，必须慎之又慎（2）。其次，可能影响基因的多样性。克隆人的“闸门”一旦开启，人们很可能会以多种多样的理由来要求克隆人或“制造”克隆人，出现所谓的“滑坡效应”或“多米诺骨牌效应”（3）。最后，有损人的尊严。对于公认的人是目的而非工具以及每个人都享有人权和尊严的伦理原则，生命科学界和医疗卫生界自然也要遵循。克隆人恰恰背离了这些原则（4）。

① 武宏志，等．批判性思维：以论证逻辑为工具．西安：陕西人民出版社，2005：80－82.

该论证中，(1) 作为结论，由 (2) (3) (4) 分别支持。

结构图如下：

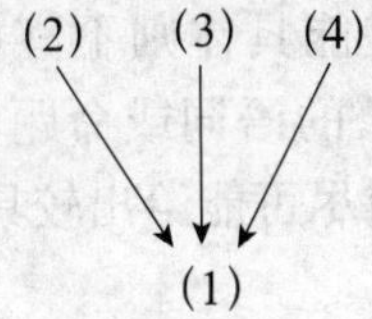

4. 发散式论证

这种论证下同一前提集同时支持两个或两个以上的并行的主张，结构上与收敛式论证恰好相反。

例子：

现查明，某机关干部胡某近两年受贿 20 万元 (1)，应当撤销其县长职务 (2)，并移送司法机关依法惩处 (3)。

其中 (1) 作为前提，分别支持 (2) 和 (3)。结构图如下：

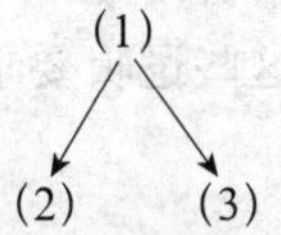

但在实际论证中，由这些基本结构组合起来，可能构成更加复杂的论证结构。

三、法律论证的建构方法与要求

1. 法律论证的建构方法

根据法律论证的目的、逻辑规范与一般结构，构建一个有论证性的法律论证，一般要采用以下步骤与方法。

首先，确立论题观点。法律论证的论题观点，或是自己的立论观点，或是自己对论证中有争议问题的立场，或是对被驳斥观点的态度。确立论题观点时，一定要清晰明确，不能含糊其辞。同时，一个法律论证常常有多个待证观点，这就要求将所有待证观点按其内在关系分出逻辑层次，以免层次混乱、论证无序。

其次，运用材料组织论证。组织论证一般有构造论证结构和运用论证方法两个方面。关于论证方法已在本书第九章作过具体介绍，而论证结构的构造方法可参照上述论证结构模式或图式。对此，不再作具体讨论。

最后，明确清晰地表述论证。虽然法律论证本身是论证者的一种思维活动，但它的功能影响是外在的，它必须通过语言表达出来并有效地影响受众，如读者、听众以及司法活动参与人等。法律论证的表述一般应注意四点：一是观点明确，易于理解。法律论证既要证明观点，又要影响受众，要有鲜明的观点而便于受众理解和把握。观点不明确，就会出现论证混乱、受众不知所云的情况。二是论点与理由孰先孰后，应视具体论证的语境而定。具体论证语境包括论证难度、受众态度是否有利于论证者等。一般来说，论点置于理由之前，有利于引起受众的注意，增强论证的影响力；而当语境不利或者意欲迷惑对方或论点靠归纳概括时，将论点置于理由之后，以便逐步影响受众。三是用语准确，语言简洁。论证表述中，所使用的概念必须科学准确，所使用的命题必须恰当。同时，简洁的语言对于充分利用有限的篇幅和时间实现最佳论证效果，是十分必要的。此外，如果一个论证包含多层多个子论证，较为复杂，那么适当分段为好，以便受众捕捉领会。四是能具体则不宜抽象。论证表述中，为了突出中心和重点，应尽可能少用或不用较抽象的语词或命题，能具体表述的就不要抽象；必须用抽象的语言且有碍受众理解时，应尽可能给出较具体的说明。

2. 法律论证建构的逻辑要求

从论证逻辑的角度看，构建一个有论证性的法律论证，除了应具有一定的法律理论或法律规范依据外，一般还要符合这些逻辑要求：论题观点明确，论据材料充分，论述结构合逻辑，语言明晰规范。其中，论题观点明确一般是指要保持论题的同一，不可出现论题含糊不清或论题杂乱繁多的情况；论据材料充分是指对论题的支持要做到理由恰当、充实，有足够的论证强度，避免因论据不足而缺乏支持力度；论述结构合逻辑是指论证的逻辑结构正确，从论据导出论题的过程没有逻辑错误；语言明晰规范则要求用语规范、准确，避免语意的歧义、指代不清或者概念外延的随意扩大或缩小等。这些逻辑要求有助于人们构建一个论证严谨的法律论证，换句话说，一个具有论证性又有说服力的法律论证是符合这些逻辑要求的。

第三节　法律论证的评价

一、论证评价的标准

论证的评价是指根据一定的标准对论证的有效性或合理性及证明力等所进行的判断。按照亚里士多德的观点，分析标准、修辞标准和论辩标准就被当作论证评价的三条基本标准。其中，分析标准就是指我们通常所说的三段论标准或亚里士多德逻辑标准。当代逻辑学家也有注意到分析标准之外的其他标准。如苏珊·哈克认为，论证评价的标准是逻辑标准、实质标准和修辞标准，其中，逻辑标准讨论的是前提与结论之间的恰当关系，实质标准讨论的是前提和结论的真假，修辞标准讨论的是论证对听众是否具有说服力、吸引力和有趣。① 科恩认为，论证评价涉及许多学科，如伦理学、政治学、美学、认识论、心理学、法学等，但就理性说服目的而言，主要依赖三种标准，即：逻辑标准、修辞标准和论辩标准。② 首先，论证评价的逻辑标准是：一个论证是好的，当且仅当它是逻辑有效的。根据这个逻辑标准，如果前提是真的，那么结论也必定是真的。它是无懈可击的，没有漏洞的。换句话说，如果前提是真的，那么它绝对能保证结论也必定是真的。其次，论证评价的论辩标准是：一个论证是好的，当且仅当它通过理性方式消除了意见分歧。最后，论证评价的修辞标准是指：一个论证是好的，当且仅当它对于目标听众来说是可接受的。

由于形式演绎逻辑在应对日常自然语言论证中遇到很多问题，自 20 世纪 70 年代

---

① Susan Haack, *Philosophy of Logics* (Cambridge University Press, 1978), p. 11.

② Daniel H. Cohen, "Evaluating Arguments and Making Meta-arguments", in *Formal Logic*, 2001 (2), pp. 73 - 84.

中期开始，非形式逻辑学家对论证评价标准进行了进一步的研究，其中比较有影响的是约翰逊和布莱尔，他们提出了论证评价的RSA模式，其中，R指relevance，即相关性；S指sufficiency，即充分性；A指acceptability，即可接受性。①

1. 相关性

论证的真前提不一定给结论的可接受性提供充分的支持，甚至根本就没有提供任何支持。这就产生了前提与结论之间的相关性问题。在形式演绎逻辑中，前提与结论是否相关不是主要考虑的问题。例如，对于实质蕴涵来说，当前件假或后件真时，该蕴涵都是真的，这就产生了很多悖论，即实质蕴涵悖论。同时，前提与结论没有任何关系的蕴涵，在实际思维中也没有多少实际意义。

> 例子：
>
> 下面这三个蕴涵式都是真的："如果雪是黑的，那么特朗普是美国总统"和"如果雪是白的，那么特朗普是美国总统"及"如果雪是黑的，那么希拉里是美国总统"。

但这几个论证由于违背直觉，所以在实际思维中一般不会出现，也就是说，在这几个蕴涵式中，前件和后件之间不具有相关性。此处所说的相关性，就是为了解决在一些论证中，尽管提供了"理由"，似乎为结论提供了支持，但实际上它们与结论的可接受性没有关系。例如，通过指出论证者的"人格缺陷"，即品性存在问题，来否定该论证的"人身攻击"，一般来说属于不相关论证。当然，在特殊情况下，例如在法庭对证人进行交叉询问时，这种"人身攻击"可能又是合理的论证形式。

前提要成为接受结论的好的理由，首先必须与结论相关。非形式逻辑中所提出的相关，指的是一种语用相关。相关性是和论证的语境密切相关的，同一个前提对于某个结论来说，在一个语境中是不相关的，但在另一个语境中又可能是相关的。例如，上文中所提出的"人身攻击"论证，其中所提出的论证者的"品性"问题一般与对该论证的结论是不相关的，但在法庭中对证人进行交叉询问时，又可能是相关的。

一般而言，演绎论证是达到相关性的一种较为理想的方式，其中的前提对于结论来说，不仅是相关的，而且是充分的，这就为结论提供了比较理想的好理由（也由于这一点，有人认为，充分性要求实际上已经暗含了相关性的要求，因为如果前提与结论是不相关的，那么前提对结论来说也一定是不充分的）。在归纳论证中，相关性来自于基本假设：一直以来显现的规则性将继续发挥作用。合情论证（似真或假设性论证）中的论据和作为结论的假设的相关性更取决于具体语境。例如，诉诸权威的论证一般来说属于合情论证，如果诉诸的权威适当的话。但如果所诉诸的权威并不满足合情论证所要求的批判性条件（例如，所诉诸的权威并非该领域的权威；所诉诸的权威的观点与该领域其他权威的观点不一致而又没有合理消除的；所诉诸的权威不是真正的权威；权威的观点和该领域中已为大家所认可的那些知识不一致等），那么诉诸权威的论

① D. N. Walton and A. Brinton, eds., *Historical Foundation of Informal Logic* (Aldershot: Ashgate Publishing Ltd., 1997), pp. 171-172.

证就不是合理的，就可能是不相关的。

2. 充分性

在论证中，不仅要提供真实与相关的前提或理由，而且要求所提供的理由能够为结论提供充分的支持，也就是说，能够让对结论的支持达到比较高的程度，此时结论极有可能为真，或者人们有信心接受该结论。充分性有三个维度：一是是否提供了适当类型的证据（即论据、前提或理由）；二是是否充分提供了该类证据；三是（可以称为辩证或论证相关性）论证者是否对反对意见进行了适当的处理或解决。在法律论证中，这涉及不同法律事务领域中的证明标准问题。对于定罪来说，这种充分性必须达到“排除合理怀疑”的程度；对于民事诉讼来说，特别是对于一般的民事赔偿来说，达到“优势”的程度即可（即相信的程度超出不相信的程度）。

3. 可接受性

可接受性是论证理论中与传统逻辑中的可靠性概念中的“真”这一要求相对应的概念。这是因为“真”对于论证来说并不是非常理想的概念：“真”这个要求对于论证来说既可能太强，又可能太弱。因为在实际论证中，即使是好论证也很难做到前提必然为“真”。典型的情形是关于一个行为或社会政策的建议或刑事判决，在作出相关的决定时，其前提有时并不能确定为“真”，而此时又不能不作出决定，此时，要求好论证的前提为“真”是不现实的。

例子：

没有证明犯罪嫌疑人或被告人有罪的证据（即不能确定这些证据为“真”），就要作出犯罪嫌疑人或被告人无罪的决定。

“真”这一要求又可能太弱，因为，“真”还必须“知道”其为“真”，否则，这个“真”也是没有意义的。当然，理由的可接受性可能不属于逻辑，至少不属于形式逻辑中的问题（形式逻辑就是只考虑思维的形式而不考虑思维的内容的逻辑）。但对于论证来说，这就是一个非常重要的问题了。因为，一旦发现论证的理由（即证据、根据或前提）虚假或不可接受，不管论证所使用的推理形式有多好，其结论也得不到充分的支持，除非在特殊情况下，例如反证法（在反证法中，是先假设某个命题为假，最后得出结论认为，该命题为假是不可能的，由此推知该命题为真。这种用法属于特例）。在实际论证中，可接受的前提要么是真的前提，要么是具有较大似真性的前提。只不过对于具有较大似真性的前提，应当允许对方质疑。如果对方不质疑，他就应当接受该前提。如果对于质疑提出具有似真性的前提的一方不能给出适当的回应，则该方应当收回该前提。

不可接受的前提主要包括：与前述可接受前提相矛盾的陈述；先验为假的陈述（如自身存在矛盾的陈述）；前提之间不一致；含糊或歧义的陈述；需要结论支持的陈述等。可接受的前提主要包括：为经验、证据证明了的事实；公理、原理和公式；公共知识（法律法规、政府公报与文件、法院裁判文书）；恰当的权威等。当然，可接受的前提还包括被对方所承认的命题。

实际论证中，可接受的前提（或证据）可能来源于以下几种情形。

一是公理、原理和公式（先验为真）。

二是官方证明。官方证明包括法律法规、政府公报和政府文件及由政府授权所编辑的一切文献（这涉及社会生活的方方面面，如统计公报、审计报告、新闻发言人的发言、通告、公告、出生证、工商登记簿、婚姻登记簿、行政契约等）。官方证明通常具有极其重要的地位，它们具有公信力，人们可以对之具有信赖利益。但这不意味着人们应不加分析地接受它们，因为它们也有可能出错。

三是法院裁判所认定之证据。法院裁判中所认可之证据，一般不需要加以证实即可使用。但仍需要注意，法院裁判所认可的证据也可能被推翻。因为只要是证据，就有可能接受反驳，如果证据是不可反驳的，那么提出反驳就没有意义。而如果证据是可以反驳的，但并没有提出反驳，那么应当提出反驳的这一方就应当承担对已方不利的法律后果。

四是公开出版物。一般包括一般公众可能利用的，官方证明以外的一切文字资料。如百科全书、词典、杂志、教科书、权威报纸等。对于公开出版物，人们的评判也悬殊，对于有些出版物，人们几乎不加怀疑地接受，而对于某些出版物，人们却怀疑较多。

五是个人著述。个人著述不同于证人证言。个人著述是指为个人所用而不是为官方所用的一切文字材料。某些个人著述日后可能成为官方证明。例如，遗赠被公证或被法庭检验后就成为官方证明；合同被拿到法院作宣判就成了官方证明；等等。因此，个人著述本身可能不构成证据，但个人著述可能成为提供证据的线索。

六是证人证言。证人证言是最通常的证据来源之一。在法庭上或相关机构面前，证人通常要发誓提供证词（我国没有采用证人发誓的程序，一般只是要求证人签保证书，或者告诉证人作伪证所可能带来的法律后果）。

七是个人观察。个人观察一般属于经验证据，故当个人观察作为证据来源时，必须对它进行批判性检验。在法庭辩论中，个人观察经常被使用。律师经常把作案工具出示给法官（或陪审团）看，安排他们察看现场，或让他们看原告的伤情。通过个人观察所提供的证据是由支持某一特殊论点的某个人认真挑选和整理过的，因此，它必须受到谨慎的检验。①

二、法律论证的评价

对法律论证的评价，我们可以根据法律论证的构成要素分开进行，也可以从总体上进行。对论证要素的评价，其标准和依据可以参考本书第八章、第九章。对论证的评价除了要满足第八章、第九章及本章前文阐述的相关要求外，还要满足以下要求。

1. 论证的目的要明确：论题的确定性评价

好的论证首先必须是目标明确的论证。论证的广义目标是消除意见分歧或澄清立场（此时尽管没有解决意见分歧，但可以澄清立场，从而达成妥协或相互理解），而狭义目标是让论题明确。论题明确主要包括以下内容。

一是论题必须清晰。论题所针对的问题明确、范围明确，否则可能会产生“你辩

① 奥斯丁·J. 弗里莱．辩论与论辩．李建强，等译．保定：河北大学出版社，1996：134－139.

你的，我辩我的”之谬误。论题本身也不能隐含矛盾或不一致。

二是论题应当保持同一。在论证过程中，应当保持论题的同一，否则会犯“转移论题”或“偷换论题”的谬误。

2. 合理的论证负担：举证责任——谁主张，谁举证

由于论证是为了消除分歧或澄清立场，所以，论证的起始状态应当是双方对现状的不满。提出论证就是为了支持己方的主张或立场，此时必须提出相关的证据。所谓的举证责任就是要求某一方负担证明责任，否则，该方就要承担对其不利的论证后果。举证责任的分配，一般遵循的原则是“谁主张，谁举证”，但这个原则只是一个较为笼统的原则。在司法领域中，关于举证责任均具有相应的制度规定。在刑事诉讼中，控方承担主要的举证责任，证明被告所犯罪行必须达到排除合理怀疑的程度，而辩方一般不承担举证责任。我国刑法中，只有巨额财产来源不明罪的犯罪嫌疑人或被告人才需要承担证明巨额财产来源合法的义务，否则就被推定为没有合法来源，从而构成犯罪。这是极其特殊的例外。在某些国家的刑事法领域，犯罪嫌疑人或被告人甚至有保持沉默的权利。在民事诉讼中，提出主张的一方只要取得论证的比较优势，即证据优势，就完成了举证责任。

3. 论证的评价要针对不同的听众，即要有针对性

论证不是凭空而发，而是为了说服某些对象即听众。而不同听众具有不同的特征，因此，论证的针对性就是要求论证能够对所针对的听众产生预期的影响。这是论证在修辞上的要求。对于论证的针对性问题，论证者需要对其所可能影响的听众有所了解，例如，了解听众的知识背景和出身背景，要尽量与这些现实或潜在的听众形成“共鸣”。在法庭上，刑事诉讼公诉人和辩护人所面对的听众就是居中裁判的法官（在英美法系，该听众也可能包括陪审团），他们要尽力说服法官相信己方的论证而不是相信对方的论证；在民事、行政诉讼中，原告与被告及其代理人的说服对象也是法官。因此，法官的知识背景、生活阅历、家庭背景、个人爱好、民族甚至性别等，都可能影响到所提出论证的说服力。例如，对于所谓科班出身或学者型（即受过正规法学教育）的法官来说，他更有可能接受具有理论色彩的论证；而非科班出身的法官，可能更容易接受具有较多经验色彩的论证。

4. 论证的语言符合要求：明晰性

符合论证要求的语言应当满足以下三个要求。[①]

首先，使用清晰的语言。由于论证所使用的语言是自然语言，而自然语言不像人工语言那样精密，它通常具有多义或歧义性，其中很多词语和句子具有两种或以上的含义。论证中出现歧义可能导致两种不利后果：一是导致无意义的论证；二是造成正确论证的假象。如果论证双方对某一语词或句子的含义理解不同，双方的论证就可能是不一致的，这样的论证是没有意义的。

其次，使用精确的语言。语言的精确性要求是针对语言的含混性而言的。在论证中，对于那些意义含混的语词和语句应当加以澄清，能够予以定量描述的要尽量进行定量描述。同时，语言的精确性要求也和使用语言的语境有密切关系。例如，在日常

① 武宏志，等．批判性思维：以论证逻辑为工具．西安：陕西人民出版社，2005：117.

会话中，就不一定要求那么精确，有时含混一点可能还有其他的意义。但在法律语境中，例如，在合同谈判、诉讼事务调解及法律论证的环境中，就必须尽量使用精确的语言，否则可能带来不利的法律后果。

最后，使用有针对性的语言。这是论证在修辞上的要求。在法律论证中，一般来说，论证所针对的主要是法官，法官既是听众又是裁判者，这就需要考虑法官心证形成和作出裁决的需要，诉讼各方要尽可能让自己的论证与法官的需要相一致。

第四节 法律辩论与法律论证

在现代诉讼制度下，法律论证具有深刻的对话特征。现代诉讼制度中的程序主义、辩论主义、言词主义和对抗制等基本原则与制度，从体制上孕育了法律论证的对话特征。法律论证主要表现为一种互动的言语行为，而不是一种单向度的、独自式的思维形式，所以，法律论证在司法实践中主要体现为一种互动的辩论与论证形式，这就是法律辩论与法律论证。法律论证主要体现为某一主体主动对某一论点所进行的多层次、多方法的论证，而法律辩论更多地体现为对立的双方主体针对某一论点所进行的多回合的论证。但两者在所运用的法律论证方法上没有本质上的区别。当然，在法律辩论和法律论证中，论证或辩论主体不是为“辩”而“辩”，他们是有目的性和针对性的，即要说服作为裁判主体的法官（在英美法系中还可能是陪审团），因此，在辩论和论证过程中，他们必须考虑修辞因素。

一、法律辩论与法律论证的特征

法律辩论与法律论证除了具有一般辩论与论证的共性以外，还具有自身特征。

首先，合法性。法律辩论与法律论证一般是在法庭中进行的，因此，该辩论与论证必须与法律相关，即使在讨论案件事实的过程中，该事实也应当属于法律事实，即具有法律意义的事实。同时，法律辩论与法律论证必须依法进行。法律辩论与法律论证的启动、进行、终结，以及辩论及论证的责任负担，都需要严格依据法律规定。

其次，制度性。法律辩论与法律论证是在高度制度化的语境（主要为法庭上）中进行，所以必然具有制度化的特征。辩论与论证的程序、规则、胜负判定、发言顺序，等等，都要受到相应制度的约束。

再次，修辞性。法律辩论与法律论证主要是为了说服作为裁判者的法官或陪审团，因此，辩者或论者必须考虑修辞的视角，不仅需要根据事实和法律，而且要注重辩或论的效果，可以充分利用修辞手段，以达到辩或论的目的。应当充分利用论证技巧，例如，可以考虑使用所谓的以毒攻毒、先发制人、先声夺人、幽默风趣、以退为进、矛盾或归谬反驳、避实就虚、丢卒保车等辩论技巧。

最后，即时性。法律辩论与法律论证还有一个需要重视的特征是，这种辩或论是在法庭审理这一特定的时空条件下进行的，由于现代诉讼制度强调言辞主义的特点，因而，论辩要受到时空的限制，具有即时性特征。这就要求辩者或论者具备相应的素质，以产生最佳的辩论效果。例如，论辩者需要具有一定的机智灵活性，具有一定的全局观，具有一定语言表达能力。

二、法律辩论与法律论证的常用反驳技巧①

在论证基本原理部分，已经结合法律实践提出有关的法律论证方法（包括证明方法和反驳方法），这些方法是法律辩论与法律论证中的基本方法。同时，考虑到法律辩论与法律论证中“辩”的特征，我们还需要进一步掌握一定的辩的技巧。当然，需要注意的是，这些技巧是随着论证实践的发展而发展的，只有在论证实践中才能得到正确的把握。关于基本的反驳方法在上一章中已经介绍，这里仅仅介绍部分常用的技巧或方法（技巧也属于方法，但具有灵活性的一面）。

1. 事实反驳法

事实胜于雄辩。在辩的过程中，有时讲一大堆的道理，都难以达到辩的目的，而有时举出一个生动的实例，通俗易懂地表达观点，往往事半功倍。在反驳中，只要能够找出一个真实的反例，就能轻而易举地驳倒对方。

2. 揭示矛盾法

在辩的过程中，只要发现并指出对方的自相矛盾之处，对方的论证自然土崩瓦解。

例子：

美国大律师赫梅尔，曾在一件赔偿案中代表某保险公司出庭辩护。原告声称，他的肩膀被掉下来的升降机轴打伤，至今右臂仍抬不起来。“请给陪审员们看看，你的右臂现在能举多高?”赫梅尔说道。原告慢慢地将手臂举到齐耳的高度，并表现出非常吃力的样子，以示不能再举得更高了。“那么，你在受伤前能举多高呢?”赫梅尔话音刚落，原告不由自主地一下将手臂举过了头顶，引得法庭哄堂大笑。笑声宣告了原告的失败及辩护的成功。

在这一回合的法庭辩论中，原告的失败就在于他那以歪曲事实为基础的逻辑矛盾。而律师的辩护之所以成功，就是因为他运用矛盾律机智而巧妙地揭露了原告的逻辑矛盾，直接反驳了原告的谎言。

3. 让步反驳法

让步反驳是一种迂回反驳的方法，是指在辩的过程中，根据情势变化，可以先退下来，承认共识的事实，似乎作了让步，以此取得对方信任，进而提出对方不得不接受的论点。让步反驳也可以是退下来，姑且承认对方的论点为“真”，然后根据这一论点引出荒谬的结论，再证明对方论点的虚假性这也就是归谬反驳方法。

---

① 本部分的有关内容参考了以下著作：张大松，蒋新苗．法律逻辑学教程．北京：高等教育出版社，2007：244－270．张斌峰，李永铭，李永成，张莉敏．法律逻辑学导论．武汉：武汉大学出版社，2010：353－368．奥斯丁·J．弗里莱．辩论与论辩．李建强，等译．保定：河北大学出版社，1996：411－419．秦甫．律师论辩的策略与技巧．北京：法律出版社，2001.

例子：

在一起抢劫案中，被害人是一个赌徒，被告人抢劫的是赌资。于是，被告人的辩护律师指出，被告人抢劫赌博赃款不具有社会危害性。公诉人设计了一个归谬法：如果抢劫赌博赃款不具有社会危害性，那么推而广之，任何人都可以用枪顶着赌徒的胸膛，甚至使其死亡，赌徒的生命可以不受法律保护。同理，犯罪所得赃款任何人都可以将其据为己有，甚至可以非法取之，以致分赃也是不具有社会危害性的犯罪行为，而是依法保护的“按劳分配”。这显然是荒谬的。

4. 二难反驳法

二难反驳法是指辩者提出一个只有两种可能性的假言前提，迫使对方作出选择，而选择其中任何一种都是对对方不利的。

例子：

某纺织厂在1989年向一家银行贷款95万元，因效益差，无法归还贷款。1991年银行与纺织厂将上述贷款办了转贷手续，并将纺织厂的厂房及机器作为抵押担保。后纺织厂效益一直不尽如人意。1993年2月某实业公司兼并了纺织厂，实业公司为逃避债务，对纺织厂的企业法人营业执照长期不注销，又不年检。银行虽在1994年10月用挂号信邮寄主张权利函，但收信人仍是纺织厂。这时实业公司向银行郑重声明，不承担纺织厂的债务。为此银行只得提起诉讼，遂委托律师代理。

实业公司保留纺织厂的企业法人营业执照的用意是相当明显的，如果银行承认纺织厂的主体资格还存在，那么实业公司就不用承担纺织厂的债务；如果银行不承认纺织厂存在，那么从兼并之日起银行的权利已受到了侵犯，到1995年2月已超过了诉讼时效，实业公司也不用承担纺织厂的债务。总之，无论银行是否承认纺织厂的存在，实业公司都不用承担纺织厂的债务。

律师针对实业公司的不良用意，在向纺织厂的登记机构某县工商局查档时，既摘录纺织厂仍未注销的事实，又注明纺织厂已有2年以上未经年审的情况，为给实业公司设定相反的二难式埋下了伏笔。

不出律师所料，法庭上实业公司提出了它不承担纺织厂债务的二难式理由。如果纺织厂早已被实业公司兼并，银行在兼并2年后才向实业公司主张权利，则已过诉讼时效，银行将败诉；如果纺织厂未被注销，应该是纺织厂做被告，银行起诉的对象错误，银行也要败诉。总之，无论何种情况，银行都要败诉。

律师针对实业公司的二难式诡辩进行发难，提出：（1）纺织厂至今工商登记未注销，银行向其主张权利，时效从主张权利之日起依法中断，诉讼时效从中断之日起重新计算。这样，银行提起诉讼并未超过时效。（2）纺织厂已有2年以上未向工商局年检，依法视为歇业，银行起诉实业公司也并没有错。总之，无论在诉讼时效上还是诉讼主体上银行都没有错，不会败诉。

案件审理结果是银行胜诉。

5. 易位反驳法

易位反驳法是指调换一下双方的角色，指出在相反的情况下，将会得出什么样的结果。双方经过角色转换，能设身处地体会到自己论题错误之所在。如此一来，对方按照设身处地的实际感受冷静思考，承认先前认识上的片面性，否则，对方只会使自己陷入难以自圆其说的尴尬境地。

6. 仿体反驳法

仿体反驳法是指提炼出对方推论的基本结构和表达方法，然后用之于另一类事物的推论之中，得出一个能给对方以某种损害的结论，从而产生比较强烈的“以其人之道，还治其人之身”的效果。

> 例子：
>
> 梁晓声是一位知青出身的作家，他的作品在国内外产生了一定影响。英国一家电视台采访梁晓声，现场拍摄电视采访节目。采访记者四十多岁，是个老练机智的英国人。采访进行了一段时间后，记者让摄像停下来，并走到梁晓声跟前说：“下一个问题，希望您做到毫不迟疑地用最简短的一两个字，如‘是’或‘否’来回答。”
>
> 梁晓声点头认可。
>
> 遮镜板“啪”的一声响，记者的录音话筒立刻伸到梁晓声的嘴边。记者问道：“没有‘文化大革命’可能不会产生你们这一代作家，那么‘文化大革命’在你看来，究竟是好是坏?”
>
> 梁晓声为之一怔，没想到对方的提问竟如此之“刁”，分明有引人上当之意。他灵机一动，立即反问道：“没有第二次世界大战，就没有以反映第二次世界大战而著名的作家，那么您认为第二次世界大战是好是坏?”他的回答如此巧妙，把球又踢给对方。英国记者不由一怔，无言以对。

在该例中，英国记者实际上向梁晓声提出了一个两难问题，无论梁晓声怎样回答，都将陷入对方的陷阱。梁晓声则反应敏捷，聪明地避开对方的问题，并仿照对方的方式，返还了一个令对方更难回答的问题，不仅巧渡难关，且起到了后发制人的作用。

7. 比较反驳法

在论证的过程中，面对辩敌咄咄逼人的进攻，如果直接反驳难以取胜，不妨巧妙地将敌我双方的论据放在一起，使之形成比较，让对方错误的论点自行暴露。

> 例子：
>
> 在一次企业家年会上，有西方记者向一位中国企业家发难：“听说去年你们中国国庆活动花了很多钱，可是中国现在还有很多贫困地区，把这些钱用来治理贫困不是更好吗? 何必搞这些华而不实的东西呢?”这位记者貌似在为中国提建议，话语中却夹杂着恶毒的挑拨和指责。该中国企业家说：“中国的钱该怎么花，用在什么地方合适，该由中国人自己说了算。对过去的纪念，正是为了未来的更好发展。一个国家，对自己历史上的纪念日隆重庆祝，已是国际惯例，并不是中国发明的，这也值得奇怪吗? 1976 年，美国为庆祝独立 200 周年举行了空前盛大的庆典；几年前，法国纪念大革命 200 周年，通过电视转播，全世界都看到了那次大规模的庆典盛况。纪念日庆典美国可以搞，法国也可以搞，中国就不可以搞了吗? 美国也有无家可归的人，法国也有很多穷人，大家的情况都差不多嘛。”记者无言以对。

面对西方记者对我国举行国庆活动的无理非难，该中国企业家首先以“中国的钱该怎么花，用在什么地方合适，该由中国人自己说了算”表明立场，然后搬来“美国独立200周年”和“法国大革命200周年”两大著名庆典，与我国国庆庆祝活动相比较。同样的事件，衡量起来当然不能用两个尺度。西方记者若再发谬论，那就是自己打自己嘴巴了。

8. 顺水推舟法

顺水推舟法是指顺着对方的话头或观点，把对方攻击你的话转变成攻击他自己的话或观点，以达到回击对方的目的。

例子：

俄国著名文学批评家赫尔岑在一次宴会上被那些轻佻的音乐吵得厌烦，便用手捂住耳朵。主人见了忙解释说：“演奏的是流行音乐。”赫尔岑反问一句：“流行乐曲就一定高尚吗?”主人听了非常吃惊地说：“不高尚的东西怎么能够流行?”赫尔岑笑了：“那么，流行感冒也是高尚的了?”

显然，赫尔岑的反驳用语就是顺着主人的话语推导出来的，并且是“以毒攻毒”，从而产生驳斥他人谬论的效果。

9. 幽默反驳法

幽默反驳法是寓反驳于幽默语言方式之中。幽默反驳，不但可以抵挡对方咄咄逼人的责问，使自己摆脱受窘的困境，而且可以揭露问题的实质，给人一种诙谐风趣、轻松愉快的情趣。

例子：

在全国首届律师辩论赛“输血纠纷”的自由辩论中，被告方三辩：“紧急情况下输血，必须保障用血安全。而对方把《献血法》第15条，所谓的‘可以采集血液’等同于‘应当采集血液’。请问，‘可以’和‘应当’是一个概念吗?法律规定，男性满22周岁可以结婚，就是说应当结婚吗?我至今未婚，是否我的违法已经长达7年之久了呢?”

三、质询的方法

法庭中辩论或论证的重要表现形式或环节是质询，对证人进行质询经常采用交叉询问（或质询）的方法，这种方法主要是指辩论各方为反驳对方或加强己方而交互进行询问与回答的论证方法。

（一）质询的功能

质询的功能主要表现为以下几个方面：一是有助于明确对方的论点、论据及论据的效力。辩论过程中，对手的发言可能有些地方不太明确，可能是出于过失或故意，而质询就为己方提供了一个明确对方问题的好机会。二是有助于澄清并强化己方的立场。通过澄清论证，或获取新信息，或找出双方的共识，以限定辩论的时空范围，从而推进辩论的深入进行。三是有助于暴露对方的缺失。如果知道对方的论点、论证方式或证据存在缺失或弱点，质询为己方提供了一个暴露或揭露该缺失或弱点的极好机会。四是有助于揭露对方的骗局。己方可利用巧妙的质询技巧，使对方行骗的伎俩现出原形。五是有助于“请君入瓮”。在论证中不直接向对方提出明确的问题，而是绕着弯子，让对方不知不觉中进入己方所设的圈套中或陷阱中，从而出其不意地取得对对方不利的证据或反驳对方的观点。

（二）质询的方法与技巧

质询作为一种极其重要的辩论形式，是反诘问的基本形式。美国律师爱德华·内纳特·威廉斯曾经对反诘问提出了冷酷而又实用的劝告，同样适用于质询。具体的方法与技巧介绍如下。

第一，质询的问题应力求简明易懂。为了使对方听懂问题，很快进入状态，质询时，务必使用简明易懂的词句来表达问题。不着边际的、模棱两可的问题会把对手搞糊涂，也会把法官或陪审团搞糊涂。被提问者可能要求澄清问题，而这也会浪费时间或减少所提问题的数量。

第二，提问者应当诱导对手作出简短的回答（尽管提问者并不可能要求一个“是”或“不是”的回答）。如果对手的回答是合理的，也可以不打断他，但是如果对手唠唠叨叨地回答，这时提问者可以有礼貌地打断他的话，可以说，“谢谢你，我知道了”或“好，谢谢你，已经清楚了”。

第三，提问者应当避免提问开放性的问题（也即对手可以随意回答的问题）。尽量避免使用“你认为”或“为什么”这样开头的文句，这可能给对手强调自己主张的机会，或会使对手有机会提出支持他们的观点的最佳理由。因此，应当把质询的问题限制在精确的范围内。

第四，提问者不要对被提问者的回答进行回辩。提问者的目的是提出问题并获得答复，从而为真正的辩论做准备。因此，对所作答复的意义应当在陈述性发言中或反驳中进行辩论。

第五，提问者不要提问自己不知道答案的问题，不要试图攻击无懈可击的论点。提问提问者自己都不知道答案的问题，可能会给提问者带来更大的麻烦。对于对手掌握的那些无懈可击的事实或论点，应当转移攻击点，否则只会让法官或陪审团对这些论点或事实的认识更清楚。也就是说，提问者应当把问题集中于自己有把握取胜的问题上。

第六，提问者要致力于诱导对手进入“二难”或矛盾境地。这是最佳的提问方式，所取得的效果当然也最显著。

第七，提问者尽量做到诱使对手误认提问的目的。在法律辩论中，论证双方在辩论之前一般都要对对手可能提出的问题作出预测，以便有的放矢地做好准备。也有回答者喜欢故弄玄虚，或故意唱反调。此时，可以在询问对方的时候来个将计就计，故意暗示对方我方已经知道的答案，而对方可能作出与暗示相反的答辩，如此正好与提问者所要的答案相一致。事实上，这是一种“欺骗”战术。

第八，尽量减少在专业技术层面上对专家进行质询。与专家在专业问题上一较长短，很不明智。例如，在医疗、笔迹鉴定、伤残鉴定、弹痕鉴定、DNA鉴定、精神病鉴定等领域提问者最好不要对该领域专家证人就有关专业技术本身进行质询。但是，提问者可以对与专业有关的程序提出挑战，对于实体问题则可以通过申请其他专家来抗衡。

第九，认真做好摘记。进行询问或质询是为了取得可以在下一次发言中利用的证据。因此，在辩论进行中，特别是在质询过程中，应当认真做好对所提问题和所得到的答复的摘记，不但可用作下一轮发言的基础，也可以在适当时机将询问中尚不清楚的问题重新提出或予以澄清。

（三）回答应注意的问题与可运用的技巧

首先，回答者应当回答任何合理的提问。但不意味着只能简单地回答“是”或“否”，要防止对方可能设计的复杂问语中所隐含的不能接受的预设，此时，回答者可以不直接回答对方的提问。

其次，回答者需要时刻保持清醒。对方的每一个提问可能都是“致命的”，对方提问就是为了推翻回答者的论点或提出他自己的论点。因此，最好想着答，而非抢着答。

再次，回答者可以论证自己的答复。这比直接作出答复效果要好得多。当然对方不一定给你这个机会，机会都是争取到的。

复次，回答者应当及时承认不知道某一问题的答案。如此，可避免对方在此问题上的紧追不放、穷追猛打，同时，也展现了回答者的诚信，赢得评判人员（法庭上评判人员即法官或陪审团）对回答者坦诚的认可。

最后，回答者不应该试图为一个不可辩护的论点辩护。不要作无谓的抵抗，宁可放弃一个论点，也不要让提问者经过提出一系列的问题来逼迫回答者作出一系列的认可，这样只能使评判人员对该论点留下深刻的印象。

此外，回答者应做到礼貌待人。辩论中切忌出现所谓骂人的口头禅，也不要轻易动怒，时刻保持冷静，而尽量让对方首先犯错误。为何不“你做个好人，让你的对手去做坏人”？法官或陪审团会作出公正的评判。

需要强调的是，在法律辩论或法律论证过程中，不管是质询还是答辩，都不仅仅是“辩”的问题，在问和答之前，对事实问题和法律问题都做好充分准备，甚至准备多套应对方案。对于事实问题，应当注意调查研究，没有调查就没有发言权，而且还要善于有选择地加以使用。对于法律问题也需要认真对待，多角度收集资料、充分研究，做到胸有成竹。

参考文献

[1] 张斌峰，李永铭，李永成，张莉敏．法律逻辑学导论．武汉：武汉大学出版社，2010.

[2] 郝建设．法律逻辑学．2版．北京：中国民主法制出版社，2013.

[3] 陈金钊，熊明辉．法律逻辑学．2版．北京：中国人民大学出版社，2015.

[4] 张大松，蒋新苗．法律逻辑学教程．3版．北京：高等教育出版社，2014.

[5] 缪四平．法律逻辑：关于法律逻辑理论与应用分析的思考与探索．北京：北京大学出版社，2012.

[6] 武宏志，周建武．批判性思维——论证逻辑视角．修订版．北京：中国人民大学出版社，2010.

[7] 罗伯特·阿列克西. 法律论证理论. 舒国滢，译. 北京：中国法制出版社，2002.

[8] 菲特丽丝. 法律论证原理——司法裁决之证立理论概览. 张其山，等译. 北京：商务印书馆，2005.

[9] 图尔敏. 论证的使用：简体中文翻译版. 谢小庆，王丽，译. 北京：北京语言大学出版社，2016.

[10] 弗里曼. 论证结构：表达和理论. 王建芳，译. 北京：中国政法大学出版社，2013.

[11] 奥斯丁·J. 弗里莱. 辩论与论辩. 李建强，等译. 保定：河北大学出版社，1996.

延伸阅读

王学棉. 诉讼的逻辑：论证的逻辑——以民事诉讼为例//梁庆寅. 法律逻辑研究：第一卷. 北京：法律出版社，2005：195-202.

课后练习题

一、下列代理词的论证结构层次是怎样的？总论题是什么？该代理词在论证论题时，使用了什么样的论证建构模式？

我受本案原告委托……发表代理意见如下：无论是被告胥某还是四川某出版社，均已严重地侵害了原告钱钟书先生的著作权，两被告也不得不承认这一基本事实。

被告胥某侵害原告钱钟书先生的著作权，包括以下两个方面：第一，胥某未经钱先生同意便对《围城》进行汇校。这种行为违背作者的意愿，侵犯了作者所享有的对作品的演绎权（姑且把汇校也看作是一种演绎）。根据《著作权法》第 10 条第 5 项规定，以“改编、翻译、注释、编辑等方式使用作品的权利”，属著作权人享有，他人未经许可，不得以上述方式演绎原作品。第二，胥某不仅未经钱先生的同意擅自进行汇校，而且擅自授权四川某出版社翻印《围城》原版，虽然打着出版所谓的《围城》“汇校本”的名义。这种行为又侵害了钱先生的另一种权利，即《围城》原本的出版使用权。根据《著作权法》第 12 条及《著作权法实施条例》第 10 条规定，“注释、整理他人已有作品的人，对经过自己注释、整理而产生的作品享有著作权，但对原作不享有著作权”，注释整理者行使权利时“不得侵犯原作品的著作权”。……

本案的另一被告四川某出版社，也严重地侵害了钱钟书先生的著作权，包括两个方面：一是四川某出版社明知胥某未从钱钟书先生手里取得对《围城》的汇校权，却仍将其出版发行，因此共同构成对《围城》演绎权的侵犯；第二，该社出版的《围城》“汇校本”，不仅印发了侵权的《围城》的汇校权，而且未经著作权人和专有出版权享有者的许可，以出版的方式翻印了《围城》原作，又侵犯了《围城》原作的出版使用权。……

二、在于欢故意伤害案中，山东省高级人民法院作出的终审判决是否符合裁定推论的逻辑要求？它是如何体现的？

山东省聊城市中级人民法院审理聊城市人民检察院指控原审被告人于欢犯故意伤害罪并建议对于欢判处无期徒刑。原审被告人于欢不服，提起上诉。山东省高级人民法院受理后，依法组成合议庭，公开开庭审理了本案。

原判认定：2014 年 7 月，山东源大工贸有限公司（位于冠县工业园区）负责人苏某向赵某 1 借款 100 万元，双方口头约定月息 10%。2016 年 4 月 14 日 16 时许，赵某 1 以欠款未还清为由纠集郭某 1、程某、严某等十余人先后到山东源大工贸有限公司催要欠款。当日 20 时许，杜某 2 驾车来到该公司，并在该公司办公楼大门外抱厦台上与其他人一起烧烤饮酒。约 21 时 50 分，杜某 2 等多人来到苏某及其子被告人于欢所在的办公楼一楼接待室内催要欠款，并对二人有侮辱言行。约 22 时 10 分，冠县公安局经济开发区派出所民警接警后到达接待室，询问情况后到院内进一步了解情况，于欢欲离开接待室被阻止，与杜某 2、郭某 1、程某、严某等人发生冲突，于欢持尖刀将杜某 2、程某、严某、郭某 1 捅伤，出警民警闻讯后返回接待室，令于欢交出尖刀，将其控制。杜某 2、严某、郭某 1、程某被送往医院抢救。杜某 2 因失血性休克于次日 2 时许死亡，严某、郭某伤情构成重伤二级，程某伤情构成轻伤二级。原审法院认为，被告人于欢面对众多讨债人的长时间纠缠，不能正确处理冲突，持尖刀捅刺多人，致一人死亡、二人重伤、一人轻伤，其行为构成故意伤害罪。于欢捅刺被害人不存在正当防卫意义上的不法侵害前提，其所犯故意伤害罪后果严重，应当承担与其犯罪危害后果相当的法律责任。鉴于本案系由被害人一方纠集多人，采取影响企业正常经营秩序、限制他人人身自由、侮辱谩骂他人的不当方式讨债引发，被害人具有过错，且于欢归案后能如实供述自己的罪行，可从轻处罚。依法以故意伤害罪判处被告人于欢无期徒刑，剥夺政治权利终身。

二审法院综合考虑上诉人的上诉意见、辩护人的辩护意见、山东省人民检察院的出庭意见、被害人及各诉讼代理人的意见，庭审调查的证据和查明的事实，根据相关法律规定，评判如下：

（一）关于事实和证据

…… ……

（二）关于法律适用

1. 上诉人于欢的行为是否具有防卫性质。上诉人及其辩护人、出庭检察员均认为，于欢的行为具有防卫性质；被害人及其诉讼代理人认为，于欢的捅刺行为不具备正当防卫的前提条件。经查，案发当时杜某 2 等人对于欢、苏某实施了限制人身自由的非法拘禁行为，并伴有侮辱和对于欢间有推搡、拍打、卡颈部等肢体行为。当民警到达现场后，于欢和苏某欲随民警走出接待室时，杜某 2 等人阻止二人离开，并对于欢实施推拉、围堵等行为，在于欢持刀警告时仍出言挑衅并逼近，实施正当防卫所要求的不法侵害客观存在并正在进行。于欢是在人身安全面临现实威胁的情况下才持刀捅刺，且其捅刺的对象都是在其警告后仍向前围逼的人，可以认定其行为是为了制止不法侵害。故原判认定于欢捅刺被害人不存在正当防卫意义上的不法侵害确有不当，应予纠正；对于欢及其辩护人、出庭检察员所提于欢的行为具有防卫性质的意见，本院予以采纳；对被害人及其诉讼代理人提出的相反意见，本院不予采纳。

2. 上诉人于欢的行为是否属于特殊防卫。辩护人提出，根据有关司法解释，讨债人员的行为构成抢劫罪，于欢捅刺抢劫者的行为属特殊防卫，不构成犯罪；出庭检察员、被害人及其诉讼代理人持反对意见。根据刑法规定，对正在进行的行凶、杀人、抢劫、强奸、绑架以及其他严重危及人身安全的暴力犯罪，公民有权进行特殊防卫。但本案并不存在适用特殊防卫的前提条件。经查，苏某、于某1系主动通过他人协调、担保，向吴某（实际贷款人）借贷，自愿接受吴某所提10%的月息。既不存在苏某、于某1被强迫向吴某高息借贷的事实，也不存在吴某强迫苏某、于某1借贷的事实，与司法解释有关强迫借贷按抢劫罪论处的规定不符。故对辩护人的相关辩护意见，本院不予采纳；对出庭检察员、被害人及其诉讼代理人提出的于欢行为不属于特殊防卫的意见，本院予以采纳。

3. 上诉人于欢的防卫行为是否属于防卫过当。于欢提出其行为属于正当防卫或防卫过当，其辩护人提出于欢的防卫行为没有超过必要限度，属于正当防卫；出庭检察员提出，于欢的行为属于防卫过当。根据刑法规定，正当防卫明显超过必要限度造成重大损害的，属于防卫过当，应当负刑事责任。评判防卫是否过当，应当从不法侵害的性质、手段、紧迫程度和严重程度，防卫的条件、方式、强度和后果等情节综合判定。根据本案查明的事实及在案证据，杜某2一方虽然人数较多，但其实施不法侵害的意图是给苏某夫妇施加压力以催讨债务，在催债过程中未携带、使用任何器械；在民警朱某等进入接待室前，杜某2一方对于欢母子实施的是非法拘禁、侮辱和对于欢拍打面颊、揪抓头发等行为，其目的仍是逼迫苏某夫妇尽快还款；在民警进入接待室时，双方没有发生激烈对峙和肢体冲突，当民警警告不能打架后，杜某2一方并无打架的言行；在民警走出接待室寻找报警人期间，于欢和讨债人员均可透过接待室玻璃清晰看见停在院内的警车警灯闪烁，应当知道民警并未离开；在于欢持刀警告不要逼过来时，杜某2等人虽有出言挑衅并向于欢围逼的行为，但并未实施强烈的攻击行为。即使四人被于欢捅刺后，杜某2一方也没有人对于欢实施暴力还击行为。于欢的姑母于某2证明，在民警闻声返回接待室时，其跟着走到大厅前台阶处，见对方一人捂着肚子说“没事没事，来真的了”。因此，于欢面临的不法侵害并不紧迫和严重，而其却持利刃连续捅刺四人，致一人死亡、二人重伤、一人轻伤，且其中一人即郭某1系被背后捅伤，应当认定于欢的防卫行为明显超过必要限度造成重大损害。故对出庭检察员及于欢所提本案属于防卫过当的意见，本院予以采纳；对辩护人所提于欢的防卫行为未超过必要限度的意见，本院不予采纳。

4. 上诉人于欢的行为是否构成故意杀人罪。被害人杜某2近亲属委托的诉讼代理人提出，于欢的行为构成故意杀人罪。经查，虽然于欢连续捅刺四人，但捅刺对象都是当时围逼在其身边的人，未对离其较远的其他不法侵害人进行捅刺，亦未对同一不法侵害人连续捅刺。可见，于欢的目的在于制止不法侵害并离开接待室，在案证据不能证实其具有追求或放任致人死亡危害结果发生的故意。故对上述代理意见，本院不予采纳。

5. 上诉人于欢是否构成自首。于欢及其辩护人提出，于欢构成自首。经查，执法记录视频及相关证据证明，在于欢持刀捅人后，在源大公司院内处警的民警闻声即刻返回接待室。民警责令于欢交出尖刀，于欢并未听从，而是要求先让其出去，经民警多次责令，于欢才交出尖刀。可见，于欢当时的表现只是未抗拒民警现场执法，并无自动投案的意思表示和行为，依法不构成自首。故对此上诉意见和辩护意见，本院不予采纳。

（三）关于刑罚裁量

上诉人于欢及其辩护人提出，于欢具有自首情节，平时表现良好，且被害方有严重过错等从宽处罚情节，原判量刑畸重；出庭检察员提出，对于欢依法应当减轻或免除处罚；被害人及其诉讼代理人提出，应当维持原判量刑。

经查，在吴某、赵某1指使下，杜某2等人除在案发当日对于欢、苏某实施非法拘禁、侮辱及对于欢间有推搡、拍打、卡颈部等肢体行为，此前也实施过侮辱苏某、干扰源大公司生产经营等逼债行为。于欢及其母亲苏某连日来多次遭受催逼、骚扰、侮辱，导致于欢实施防卫行为时难免带有恐惧、愤怒等因素。对于欢及其辩护人所提本案被害方存在严重过错、原判量刑畸重等上诉意见和辩护意见，本院予以采纳。本院还查明，本案系由吴某等人催逼高息借贷引发，苏某多次报警后，吴某等人的不法逼债行为并未收敛。案发当日被害人杜某2曾当着于欢之面公然以裸露下体的方式侮辱其母亲苏某，虽然距于欢实施防卫行为已间隔约二十分钟，但于欢捅刺杜某2等人时难免不带有报复杜某2辱母的情绪，在刑罚裁量上应当作为对于欢有利的情节重点考虑。杜某2的辱母行为严重违法、亵渎人伦，应当受到惩罚和谴责，但于欢在实施防卫行为时致一人死亡、二人重伤、一人轻伤，且其中一重伤者系于欢持刀从背部捅刺，防卫明显过当。于欢及其母亲苏某的人身自由和人格尊严应当受到法律保护，但于欢的防卫行为超出法律所容许的限度，依法也应当承担刑事责任。认定于欢行为属于防卫过当，构成故意伤害罪，既是严格司法的要求，也符合人民群众的公平正义观念。

根据刑法规定，故意伤害致人死亡的，处十年以上有期徒刑、无期徒刑或者死刑；防卫过当的，应当减轻或者免除处罚。于欢的防卫行为明显超过必要限度造成重大伤亡后果，减轻处罚依法应当在三至十年有期徒刑的法定刑幅度内量刑。于欢在民警尚在现场调查，警车仍在现场闪烁警灯的情形下，为离开接待室而持刀防卫，为摆脱对方围堵而捅死捅伤多人，且除杜某2以外，其他三人并未实施侮辱于欢母亲的行为。综合考虑于欢犯罪的事实、性质、情节和危害后果，对出庭检察员所提对于欢减轻处罚的意见，本院予以采纳；对被害人及其诉讼代理人所提维持原判量刑的意见，本院不予采纳。

（四）关于诉讼程序

…… ……

本院认为，上诉人于欢持刀捅刺杜某2等四人，属于制止正在进行的不法侵害，其行为具有防卫性质；其防卫行为造成一人死亡、二人重伤、一人轻伤的严重后果，明显超过必要限度造成重大损害，构成故意伤害罪，依法应负刑事责任。鉴于于欢的行为属于防卫过当，于欢归案后能够如实供述主要罪行，且被害方有以恶劣手段侮辱于欢之母的严重过错等情节，对于欢依法应当减轻处罚。原判认定于欢犯故意伤害罪正确，审判程序合法，但认定事实不全面，部分刑事判项适用法律错误，量刑过重，依法应予改判。撤销山东省聊城市中级人民法院（2016）鲁15刑初33号刑事附带民事判决第一项刑事部分；上诉人（原审被告人）于欢犯故意伤害罪，判处有期徒刑5年。

《　　　　　　　》※任课教师调查问卷

为了能更好地为您提供优秀的教材及良好的服务，也为了进一步提高我社法学教材出版的质量，希望您能协助我们完成本次小问卷，完成后您可以在我社网站中选择与您教学相关的 1 本教材作为今后的备选教材，我们会及时为您邮寄送达！如果您不方便邮寄，也可以申请加入我社的**法学教师 QQ 群：83961183（申请时请注明法学教师）**，然后下载本问卷填写，并发往我们指定的邮箱（cruplaw@163. com）。

邮寄地址：北京市海淀区中关村大街 31 号中国人民大学出版社 806 室收

邮　　编：100080

再次感谢您在百忙中抽出时间为我们填写这份调查问卷，您的举手之劳，将使我们获益匪浅！

基本信息及联系方式：※

姓名：＿＿＿＿＿＿ 性别：＿＿＿＿＿＿ 课程：＿＿＿＿＿＿＿＿＿＿＿＿

任教学校：＿＿＿＿＿＿＿＿＿＿＿＿＿＿ 院系（所）：＿＿＿＿＿＿＿＿＿＿

邮寄地址：＿＿＿＿＿＿＿＿＿＿＿＿＿＿ 邮编：＿＿＿＿＿＿＿＿＿＿＿＿

电话（办公）：＿＿＿＿＿＿ 手机：＿＿＿＿＿＿ 电子邮件：＿＿＿＿＿＿＿

调查问卷：※

1. 您认为图书的哪类特性对您使用教材最有影响力？（　　）（可多选，按重要性排序）

   A. 各级规划教材、获奖教材　　B. 知名作者教材

   C. 完善的配套资源　　D. 自编教材

   E. 行政命令

2. 在教材配套资源中，您最需要哪些？（　　）（可多选，按重要性排序）

   A. 电子教案　　B. 教学案例

   C. 教学视频　　D. 配套习题、模拟试卷

3. 您对于本书的评价如何？（　　）

   A. 该书目前仍符合教学要求，表现不错将继续采用。

   B. 该书的配套资源需要改进，才会继续使用。

   C. 该书需要在内容或实例更新再版后才能满足我的教学，才会继续使用。

   D. 该书与同类教材差距很大，不准备继续采用了。

4. 从您的教学出发，谈谈对本书的改进建议：＿＿＿＿＿＿＿＿＿＿＿＿＿＿＿＿

＿＿＿＿＿＿＿＿＿＿＿＿＿＿＿＿＿＿＿＿＿＿＿＿＿＿＿＿＿＿＿＿＿＿＿＿

＿＿＿＿＿＿＿＿＿＿＿＿＿＿＿＿＿＿＿＿＿＿＿＿＿＿＿＿＿＿＿＿＿＿＿＿

选题征集：如果您有好的选题或出版需求，欢迎您联系我们：

联系人：黄　强　联系电话：010-62515955

索取样书：书名：＿＿＿＿＿＿＿＿＿＿＿＿＿＿＿＿＿＿＿＿＿＿＿＿＿＿＿

书号：＿＿＿＿＿＿＿＿＿＿＿＿＿＿＿＿＿＿＿＿＿＿＿＿＿＿＿＿＿＿＿

备注：※ 为必填项。